KB043210

시민정치 현장연구

참여·분석·제안

서울대학교 사회혁신총서 03

시민정치 현장연구
참여·분석·제안

초판 1쇄 발행 2019년 11월 25일

지은이 사회혁신 교육연구센터

펴낸이 김선기
펴낸곳 (주)푸른길
출판등록 1996년 4월 12일 제16-1292호
주소 (08377) 서울시 구로구 디지털로 33길 48 대륭포스트타워 7차 1008호
전화 02-523-2907, 6942-9570~2
팩스 02-523-2951
이메일 purungilbook@naver.com
홈페이지 www.purungil.co.kr

ISBN 978-89-6291-842-7 93340

• 이 도서의 국립중앙도서관 출판시도서목록(CIP)은 서지정보유통지원시스템 홈페이지(http://seoji.nl.go.kr)와 국가자료공동목록시스템(http://www.nl.go.kr/kolisnet)에서 이용하실 수 있습니다.(CIP제어번호: CIP2019045216)

이 저서는 2018년 대한민국 교육부와 한국연구재단의 지원을 받아 수행된 연구임(NRF-2018S1A5A2A03034198)

서울대학교 사회혁신총서 03

시민정치 현장연구

참여 · 분석 · 제안

사회혁신 교육연구센터 편

푸른길

차례

제2부_ 대학생에 의한 풀뿌리 민주주의 심층 분석

제3부_ 지역사회 혁신을 위한 대학생의 제안

서문

이 책은 2018년 한국정치학회가 기획·주도한 시민정치 교육·연구·실천 프로젝트의 결과물이다. 앞서 한국정치학회, 서울시 마을공동체종합지원센터, 서울대학교 사회혁신교육연구센터가 공동출판한 『Community Based Learning: 대학-지역 연계수업 길라잡이』의 후속편이라 할 수 있다. 전편은 프로젝트에 참여한 전국 16개 대학의 정치학 교강사들이 작성한 커뮤니티 참여형 정치학 수업 매뉴얼이다. '지방선거와 시민정치' 관련 8개 수업과 '마을과 시민정치' 관련 8개 수업, 총 16개 수업의 수업설계과정, 수업계획서 내용, 수업진행 매뉴얼, 학생 프로젝트 예시, 시사점 및 보완사항 등을 담고 있다.

『시민정치 현장연구: 참여·분석·제안』은 이러한 지역 커뮤니티 참여형 정치학 수업을 수강한 학생들의 연구결과를 선별하여 엮은 책이다. 당시 전국적으로 약 500여 명의 정치학도가 자신의 지역 곳곳의 시민정치 사례를 대상으로 '발로 뛰는 연구'를 성실하게 수행하였다. 이들 중 50여 명은 2018년 11월 3일 경기도 수원에 있는 중앙선거관리위원회 선거연수원에서 열린 '2018 유권자 페스티벌'의 학술행사인 '시민정치 교육의 역할과 대학의 미래' 회의에 참여하여 각 지역 시민정치 모범 사례를 발표한 바 있다.

이 책에 실린 글은 이 중 특별히 정선된 13개의 연구결과물이다. 이 책의 저자들은 커뮤니티 참여형 수업을 수강하면서 주요 기존 연구들을 비판적으로 분석하고, 자신의 지역 사례를 선정한 후, 관련 기관과 이해당사자들과의 인터뷰 및 참여 관찰을 실행하였으며, 담당 교수의 책임 있는 지도 하에 일련의 워크숍과 최종 학술행사를 통해 자신들의 연구 내용을 검증·개선하기 위한 노력에 경주했다.

한 예로 필자의 수업을 수강한 학부생들의 성북구 아파트 민주주의 연구는 선거연수원 학술행사뿐 아니라 성북구청과 함께 조직한 지역 워크숍에서 발표되었으며 나아가 2018년 11월 싱가포르에서 개최된 세계정치학학생회(International Association for Political Science Students)에서 영어로 발표된 바 있다. 다른 수업 수강생들의 연구 또한 내부 발표, 지역 워크숍 발표, 학회 학술회의 발표 등 나름 가능한 여러 방식으로 완성도를 높이고자 고민하고 노력한 결과이다. 단언컨대 이 책에 실린 연구물은 한 학기 수업 리포트 내지는 학부생들의 습작 수준을 훌쩍 뛰어넘는 전문적인 연구결과라 생각한다.

2018 한국정치학회에서 시도한 시민정치 교육·연구·실천 프로젝트는 서울대학교 사회혁신교육연구센터의 주요 프로그램으로 이어져 이번에 또 하나의 센터 총서(서울대학교 사회혁신 총서 03)로 출판되게 되었다. 『시민정치 현장연구: 참여·분석·제안』과 『Community Based Learning: 대학–지역 연계수업 길라잡이』(서울대학교 사회혁신 총서 02)가 한 짝을 이루어 향후 정치학뿐 아니라 관심 있는 모든 학계의 지역참여형 수업 프로젝트의 확산과 발전을 위한 밑거름이 될 수 있기를 바란다.

2019년 10월

서울대학교 사회혁신 교육연구센터장 김의영

[첨부자료]

『Community Based Learning: 대학–지역 연계수업 길라잡이』(한국정치학회. 2018)에서 소개된 수업 개요와 본 책에서 대학생 연구프로젝트의 수록 위치

대학 · 학과 명	수업 명(교강사 명)	수업 개요
건국대학교 정치외교학과	시민정치론 (이현출)	• 목적: 광진구 지역사회의 전국동시지방선거라는 정치과정에서 지역의 문제해결형 아젠다를 발굴하고, 지역문제 해결방안을 찾고, 지방선거 후보자들에게 공약으로 제시 • 방식: 이론강의와 참여관찰 및 인터뷰(광진구 시민활동가와 주민 대상) **• 제9장, 제10장 수록**
경희대학교 후마니타스 칼리지	시민교육 (채진원)	• 목적: 시민의 탁월한 삶과 행복한 삶, 공동체와 국가적 시민에 대한 동기부여의 기회 • 방식: 이론학습, 현장활동, 토론과 발표
고려대학교 정치외교학과	비교정치 특수과제 연구 (마을정치론) (신재혁)	• 목적: 마을정치 구조를 파악하고 참여관찰을 통해 마을정치 과정을 분석 • 방식: 전반부 이론 학습 및 연구계획서 발표, 후반부 참여관찰 및 연구결과 발표 **• 제4장 수록**
대구대학교 국제관계학과	갈등과 해결 세미나 (이소영)	• 목적: 지역사회 다양한 갈등 이해고, 학생들 스스로 해결 대안 모색하고자 함 • 방식: 3~4인 1조 / 문헌조사, 조사계획 수립 및 조사수행, 결과분석과 대안모색 **• 제8장 수록**
서강대학교 정치외교학과	정보사회의 정치 (류석진 · 조희정)	• 목적: 현실정치에서 ICT의 영향력과 후보자 · 시민의 효능감 체감 • 방식: 7개 팀이 현장조사 실시 **• 제5장 수록**
중앙대학교 정치국제학과	시민정치론 (손병권)	• 목적: 지자체 수준에서 시민의 참여과정 • 방식: 시민정치와 관련된 세미나와 현장 참여관찰. 과천 시민정치 다함과의 연계를 통해서 진행. 지역정치의 활성화와 지역시민 중심의 시민정치 발전을 위한 선거 및 정당제도의 도입 필요 제안
아주대학교 정치외교학과	지방정치 실습: 전 국동시지방선거 참 여관찰(강신구)	• 목적: 지역사회의 다양한 선거 후보들의 공약이 시민들에게 선택되는 과정을 탐구하고 분석함으로서 민주시민으로서 역량강화 • 방식: 2~3인 팀단위 하나의 선거구에 대한 참여관찰 진행 **• 제2장 수록**
연세대학교 정치외교학과	마을학개론 (이태동)	• 목적: 학생들이 자신이 사는 곳 혹은 관심을 가지는 곳을 중심으로 지역의 문제를 발견 후 지역 문제 해결 방안을 지방 선거 후보자들에게 제시 • 방식: 이론강의와 팀별 현장학습

연세대학교 글로벌 인재학부	세계화 시대의 로컬 거버넌스 (허재영)	• 목적: 신촌과 서대문구의 정체성과 글로벌 관광도시로 동력확보하고 시재생과 관광활성화의 연관성을 바탕으로 지속가능한 공동체 형성을 위한 정책 아이디어 개발 • 방식: 3~4인 1조, 특강, 로컬거버넌스 이론 학습, 콘텐츠 발굴 **• 제12장 수록**
서울대학교 정치외교학부	글로벌리더스 프로그램: 지구화 시대의 시민과 민주주의 (김주형)	• 목적: 지구화 시대에서 시민(권)과 민주주의 다시 상상하고 글로벌 시티즌십에 대한 이론적인 논의를 현장에서의 사례 및 시도와 연결하며 상호풍부화를 도모 • 방식: 현장조사 / 수강생들의 발표 및 토론 (영어)
서울대학교 정치외교학부	시민정치론 (김의영)	• 목적: 성북구의 시민정치 현안들에 대한 교육·연구·실천 프로젝트 수행 • 방식: 수업 전반부는 개념과 이론 교육 수업 후반부는 발표와 피드백 중심 진행 **• 제6장 수록**
숙명대학교 정치외교학과	용산구 지역정치 프로젝트 (김연숙)	• 목적: 참여 민주주의의 효과적인 교육과 사회적 기능을 위한 정치학 캡스톤 디자인의 프로젝트 모형을 개발 • 방식: 팀구성(3~4명) / 이론 강의(30%), 지역활동가 특강, 현장조사활동 등 **• 제13장 수록**
조선대학교 정치외교학과	여론과 정치마케팅 (지병근)	• 목적: 지역정치 작동원리를 이해하고 시민의 지역정치에 참여를 위한 해결방안 및 과제 제시 • 방식: 이론 학습 및 현장 탐방, 5인 1조 (조별활동)
명지대학교 정치외교학과	정당정치론 (김용호)	• 목적: 2018년 전국동시지방선거 현장을 학생들이 참여 관찰하고 한국 정당정치와 선거정치의 본질 이해 • 방식: 1~2인 팀단위 살고 있는 지역 또는 관심 있는 곳의 선거 참여관찰 **• 제1장, 제3장 수록**
한국외국어 대학교 정치외교학과	정치학과 현장학습 찾아가는 시민학교 (이재묵)	• 목적: 다문화사회 구성원들의 정치 행태와 참여과정을 관찰하고 2018년 전국동시지방선거 참여 장려 • 방식: 이론강의, 다문화 연사 특강, 필드 스터디(팀별)
한림대학교 정치행정학과	접경론: 경계와 탈경계의 접경 시민정치(김재한)	• 목적: 접경 또는 변방에서 로컬 차원의 시민정치 현장을 직접 관찰 • 방식: 문헌조사, 현장조사, 인터뷰, 팀활동(2인 1조)
국민대학교 정치외교학과*	정치분석연구 (캡스톤디자인) (장승진)	• 목적: 학생들이 일상적으로 생활하는 지역 현실에서 발생하는 정치적 문제를 파악하고 주도적으로 해결책을 모색함 • 방식: 전반부의 이론 학습에 이어 후반부에는 3명의 학생이 팀을 이루어 성북구의 정치적, 경제적, 사회적 문제들에 대해 조사하고 이에 대한 해결책을 모색하여 보고서를 작성한다 **• 제7장 수록**
경희대학교 정치외교학과*	NGO와 시민정치 (미우라 히로키)	• 목적: 동대문구의 민주주의 발전을 위한 정책안을 제시함. • 방식: 협치, 의회, 마을, 시민사회, 사회적경제 등 세부 주제별로 팀을 구성하여 현장조사를 실시함. 실무자/활동가를 초청한 세미나를 개최해 실천적으로 발표·토론함. **• 제11장 수록**

*『Community Based Learning: 대학-지역 연계수업길라잡이』에 없으나 본 책에 추가된 지역 기반 시민정치 수업임.

제1부

대학생이 참여·분석한 지방선거의 현장

서울시장 선거

2018년 지방선거 참여관찰: 서울시장 후보 분석

명지대학교 정치외교학과 **조규현·박범수**

서울시장은 대한민국의 수도인 서울을 이끄는 직책으로서 총선에서 가장 주목받고 있다. 대한민국은 지난 4년간 세월호 참사 및 대통령 탄핵 등과 같은 정치적 격동기를 거쳤고, 이에 따라 서울시장의 공약과 많은 부분이 변화했을 것이라고 예측했다. 따라서 2014~2018 지방선거에서 동일 진영 후보 간 공약의 변화를 파악하기 위해 각 후보 간 핵심 공약의 선별 및 비교를 통해 차이점을 분석하고, 동시에 여성복지공약과 공약설정 범위의 증대를 가설로 세웠다. 비교해본 결과, 여성복지공약의 증대는 미미했다. 온-오프라인 상에서 일어난 여성복지 신장 운동의 이슈화에도 불구하고 주요 후보들의 공약에서 여성복지 관련 공약의 비중 및 내용은 이전과 비슷한 수준이었다. 반면, 공약의 범위는 확장되었다고 볼 수 있었다. 주목할만한 점으로, 남북 평화 분위기에 맞는 남북 교류 측면의 공약과 최근 심각한 문제로 대두되고 있는 미세먼지에 대한 공약, 그리고 4차 산업혁명과 관련된 공약을 볼 수 있었다.

I. 서울특별시 그리고 참여관찰

1. 서울시의 현안 특징, 역대 서울시장

서울시는 1394년 조선의 도읍지가 된 이래, 대한민국의 수도로서 정치·경제·문화 등 여러 면에서 중심지 역할을 하고 있다. 서울의 인구수를 보면 중심도시의 인구는 전체적으로 감소하고 있으나 남녀를 막론하고 고령인구가 폭넓게 증가하고 있다. 14세 미만 유소년층, 15세~29세의 청년층은 감소하고 있기 때문에 고령인구비율을 보자면 서울은 9.6%로 고령화사회에 이미 진입하였다.

또한 서울시는 강남과 강북의 편차가 심하다는 특징을 지니고 있다.[1] 특히 지난달(2018년 5월) 말 기준으로 서울 아파트의 가격 상승률은 1년 새 8%이지만 강남권(강남·서초·송파구) 상승률은 약 13%로 1.5배 이상의 차이를 보이고 있다. 또한 거래 금액으로는 전체 서울시 아파트 거래 금액 중 1/3수준을 차지하는 등 압도적인 수치를 보여주고 있다.

서울시장은 소통령이라고 불리며, 대권을 향한 고속도로라고도 한다. 서울시장은 2002년 보수 진영의 이명박 시장 이후, 같은 정당 소속인 오세훈 시장의 당선까지 보수 정당이 약 9년간 집권하였다. 그러나 2011년 당선된 진보성향의 박원순 시장이 2014년 재선을 이뤘고, 이번 지방선거에서 또 한 번 서울시장 후보로 3선에 도전한다. 그동안 탄핵정국으로 정권이 바뀌고 남북 정상회담 등 다양한 변화가 있었기에 서울시장 후보자와 당선인에 대한 이목이 집중되고 있다.

---

1. 중앙일보. 2018년 6월 5일. "강남-강북 아파트값 격차 역대 최대…강남권 약세 돌아서는데."

2. 가설

이번 참여관찰의 첫 번째 가설은 '#me too 사건의 여파로 이번 선거에서 여성복지 관련 공약의 비중이 증가했을 것이다' 이다.[2] 최근 연예계 미투 사건을 시작으로 우리 사회의 다양한 분야에서 성희롱 사건이 폭로됐고, 문재인 대통령마저 미투 운동을 지지하며 이 사건이 이슈화되었다. 선거 후보자들은 사회 이슈에 맞추어 공약을 설정하는 경향이 있기에 관찰자는 후보자들의 공약에서 여성 복지 관련 공약의 비중이 증가했을 것이라는 가설을 세웠다.

하지만 참여관찰을 시작한 후 여성관련 공약은 크게 찾아볼 수 없었고, 관찰자는 관찰 초반부터 공약 전체를 비교할 계획이었기에 두 번째 가설을 수립하였다. 관찰자의 두 번째 가설은 '지난 선거 공약에 비해 공약설정의 분야가 다양해졌을 것이다'이다. 우리는 지난 4년 동안 최순실 게이트로 인해 이전 정부가 탄핵되는 사상 초유의 국면을 맞이했고, 새로운 정부가 출범하여 최근 남북 정상회담과 북미 정상회담 등 정치적 급변시기를 겪고 있다. 이에 따라 기존의 경제, 복지, 안전 등과는 달리 새로운 분야의 공약들이 등장할 것이라는 가설을 설정했다.

---

2. #me too는 사회관계망서비스(SNS)에 '나도 그렇다'라는 뜻의 'Me Too'에 해시태그를 달아(#MeToo) 자신이 겪었던 성범죄를 고백함으로써 그 심각성을 알리는 캠페인으로, 2007년 미국의 사회운동가로부터 시작된 운동이다. 중앙일보. 2018년 3월 8일. "11년 전 한 여자가 미투운동을 만든 이유."

Ⅱ. 제36대 서울시장 후보자 공약

1. 후보자의 배경과 공약

1) 박원순(새정치민주연합)[3]

1982	대구지방검찰청 검사	2000	법무부 민사소송개정 심의위원
1986	초대 역사문제연구소 이사장	2000	부패방지입법시민연대 공동대표
1989~1991	한겨레신문 논설위원	2001~2010	'아름다운 재단' 상임이사
1998	감사원 부정방지위원대책위원회 위원	2011~2014	제35대 서울특별시장
1999	국회 제도운영개혁위원회 위원	2011~2015	한국상하수도협회 협회장
2000	일본군 성노예전범국제법정 공동검사		

서울시장 원순씨의 재선 도전

박원순 시장은 2년 6개월이라는 짧은 1기 임기를 마치고, 재선에 도전했다. 2014년 6월 4일 치러진 지방선거에서 새정치민주연합의 서울시장 후보로 출마했다. 6.4 지방선거는 2014년 4월 16일 세월호 참사 직후 치러진 선거였기에 비교적 차분한 분위기 속에 진행되었다.

① 지하철 노후 전동차 교체

세월호 참사와 경주 리조트 참사 등 크고 작은 사건사고들의 여파로 당시 '안전 불감증'에 대한 우려의 목소리가 커졌다. 6.4 지방선거에 출마한 다수의 후보자와 유권자가 중시했던 핵심 키워드는 '안전'이었다. 박 후보도 항상 강조했던 공약은 대부분 '안전'과 관련해서였다.

박 후보는 선거공약서에서 '안전한 도시, 서울!'이라는 타이틀을 내걸고, 침수

3. 주요 이력은 다음 자료를 참조했음. 박원순 홈페이지. "박원순 시장 이력."

피해 위험지역 해소 및 시장직속의 재난컨트롤타워 설치 등을 강조했다. 특히 박 후보는 지하철 노후 전동차를 2022년까지 전면 교체하도록 추진한다는 공약을 내세웠는데, 선거 직전이었던 2014년 5월 2일 발생한 서울지하철 2호선 상왕십리역 전동차 추돌 사고를 의식한 것으로 볼 수 있다. 상왕십리역 추돌사고는 전동차가 추돌 위험이 있을 정도로 가까워졌을 때 전동차를 자동으로 멈추게 하는 신호체계인 ATS(자동열차정지장치)의 고장으로 벌어진 사고이다. 서울시민의 발이 되어주는 지하철에서의 안전 불감증을 근본적으로 해소하기 위해 노후화된 전동차를 전면 교체하겠다는 공약을 내걸었다.

② 골든타임 목표제

박 후보는 화재, 항공기 사고, 교통사고 등 55개 재난의 유형별 초기 대응과 구조 등에 필요한 최소한의 시간을 정하고 이에 맞추어 매뉴얼을 보완하겠다는 〈골든타임 목표제〉도 공약으로 내걸었다. 안전사고 및 재난은 계획된 형태가 아닌, 언제, 어디서 발생할지 모르기에 시장직속의 재난컨트롤 타워와 함께 미리 대비해두겠다는 의지를 보였다.

③ 미세먼지

환경 부문에서 '초미세먼지 20% 이상 감축'을 공약으로 내세웠는데, 이는 '안전'의 시각으로도 바라볼 수 있을 것 같다. 박 후보는 인체 위해성이 큰 초미세먼지에 대한 관리가 필요하다는 내용을 써넣으며 문제해결의 필요성을 강조했다. 선거공약서에서 '중국발 미세먼지'를 서술하여 우리나라만의 문제가 아님을 인지하고, '동북아 대도시 대기환경협의체 구성 및 대기개선 노하우 공유'를 언급하여 타국과의 협력을 통해 문제를 해결하겠다는 의지를 보였다.

④ 일자리, 사회복지

박 후보는 선거관리위원회에 등재되어 있는 당시 서울시장 TV토론에서 '베이비부머'에 대한 복지 정책에 대해 강조하기도 했다. 베이비부머는 1946년부터 1965년까지 베이비붐이 일어난 시대에 태어난 세대를 일컫는 말이며, 현재의 50~60대를 아우르는 용어이다. 박 후보는 이들에게 제2의 인생 설계를 위한 일자리 교육, 자원봉사, 일자리, 건강–문화활동을 약속했다. 더불어 베이비부머를 위한 시민대학 5개소를 거점별로 만들어 이들의 인생 재도약을 응원한다고도 밝혔다.

박 후보는 여성 일자리에 대한 약속도 잊지 않았다. 여권신장과 함께 늘어나는 여성 일자리 창출에 대한 요구에 응답했다. 청년여성을 위한 일자리 1만 개, 사회서비스 일자리 4만 개, 지역연계형 일자리 3만 개, 공공일자리 2만 개 창출을 약속했다.

'찾아가는 복지플래너'의 이름으로, 사회복지인력을 2배 확충하겠다는 계획도 수립했다. 서울시의 업무에서 법적이고 제도적으로 사각지대에 들어가 소외받는 시민들을 돌보는 복지플래너의 필요성을 피력했다. 이들은 주로 사회복지사와 방문간호사로 구성되며, '신생아 출생 - 70세 이상 어르신 거주' 환경을 돌본다. 동주민센터는 주민자치기능을 강화한 민–관의 협력 복지허브 기구로 재구조화를 구상했다.

⑤ 문화

5대 창조경제거점을 육성하겠다는 정책을 내놓았다. 사실 '창조경제'라는 용어는 박근혜 정부에서 강조하던 용어로, 정치적 성향을 떠나 정부와 협력하여 효율적으로 시를 운영하겠다는 박 후보의 뜻을 간접적으로 느낄 수 있다. 개포, 금천, 상암, 동대문, 홍대를 중심으로 5대 거점을 지정해 '맞춤형 중장기 전략'을 추진하고, 지역거점 사회적경제클러스터 12개소를 조성하겠다는 박 후보의 공약이 담겨 있다. 지역주민이 주도하는 특구로서 생활서비스 제공 및 사회적 경제 기업을 육성하겠다는 의도가 있다.

문화향유를 위한 5대 문화 공연시설을 확충하겠다고 약속했다. 서울시는 1,000만에 달하는 시민의 숫자에 비해 문화 기반시설이 너무나 부족하다. 박 후보는 클래식, 국악, 공예박물관, K-POP 등 지역의 특성에 맞는 문화 기반시설의 필요성을 강조하고 여러 시설을 건립할 것을 약속했다.

2) 정몽준(새누리당)[4]

1982	현대중공업 사장	2001	아산재단 이사장
1987	현대중공업 회장	2008	한나라당 최고위원
1988	제13대 국회의원(울산 동구)	2008	제18대 국회의원(서울 동작을)
1993 ~2009	대한축구협회 회장	2008	국회 통일외교통상위원회 위원
1994 ~2011	국제축구연맹(FIFA) 부회장	2008	국회 한미협의회 회장
2000	2002 한일월드컵 조직위원회 위원장	2012~2014	제19대 국회의원(서울 동작을)

"일 잘하는 사람이 안전도 지킵니다"

① 지하철 대기질 개선 및 안전공약

선거공약서와 TV토론을 통해 정몽준 후보 역시 '안전'을 가장 중시했다는 것을 알 수 있다. 앞서 박원순 후보와 같이 지하철 노후차량을 신형 차량으로 교체하겠다는 공약이 있었으나, 정 후보는 '지하철 공기질'에 더 집중했다. 스크린도어 설치 이후 나빠진 지하철 공기질 측정치에 대해 언급하며, 서울메트로가 하루 24시간 가동하던 지하철 환풍기 가동 시간을 박원순 후보가 서울시장 직을 맡은 이후 에너지 절약 차원에서 15시간으로 줄였다는 사실에 대해 정면으로 비판했다. 에너지 절약이 과연 지하철을 이용하는 7백만 서울시민보다 중요한 것이냐며, 이해할 수 없다는 뜻을 내비췄다.

스마트폰 카메라 800만 화소에 비해 CCTV는 50만 화소에 불과하다며 HD급 지능형 CCTV를 설치하겠다는 공약과 200만에 달하는 서울시민 아토피 환자를 위해 아토피 프리지역을 만들겠다는 공약도 내걸었다.

---

4. 주요 이력은 다음 자료를 참조했음. 정몽준 홈페이지. "정몽준 이력."

② 일자리, 재개발

정 후보는 복지, 그 중에서도 일자리를 늘리는 공약에 집중했다. 지방으로 이전하는 100여 개에 달하는 공공기관 부지에 일자리를 창출할 수 있는 창조산업단지를 만들겠다는 약속을 했다. 공공기관이 모두 이전하게 된다면 82만 평의 부지가 생기게 되는데, 서울시민이 가장 중요하게 생각하는 세 가지 중 하나인 '일자리 창출'에 이 부지를 이용하겠다는 것이다. 더불어 유휴부지에 공공성과 공익성을 기준으로 신규 투자를 활성화하겠다고 밝혔다. 정 후보는 시장 직속의 중소기업진흥특별위원회를 설치하여 전체 기업 수의 99.8%, 종사자의 84.7%를 차지하는 중소기업체에 대해 맞춤형 지원을 적극 추진하겠다고 밝혔다.

박원순 시장이 대체로 유보적인 입장을 취해왔던 뉴타운 재개발, 재건축을 활성화하겠다는 뜻도 밝혔다. 한 해 신규주택 40만 호의 절반을 담당하고 있는 재개발, 재건축 사업을 하지 않으면 전-월세 대란이 이어질 것이라는 우려와 함께 재개발, 재건축에 대한 규제를 완화하여 신규주택 공급을 늘리려 했다. 뉴타운 사업은 단계적으로 추진하겠다고 약속했다.

동부간선도로 중랑천 구역 10km를 지하화하여 상층부에 수변공원을 조성하겠다고 약속했다. 동부간선도로 지하화는 2010년부터 추진해 2019년 완공 계획이었으나 10년 가까이 지지부진하다 2026년 개통으로 목표가 미루어졌다. 박원순 서울시장에게 지하화 사업이 늦어지는 이유에 대해 묻고 비판했으며, 정 후보 자신이 시장이 된다면 더 이상 미루어지거나 혼란이 빚어지는 일 없이 단기간에 사업을 끝내겠다는 자신감을 보였다.

③ 문화

서울시는 인구수에 비해 시민이 여가생활을 즐길 장소가 많지 않다. 대한민국 스포츠 분야에도 관심을 가졌던 정 후보는 스포츠 분야의 여가생활 증진에 초점을 맞추었다. 야구장, 테니스장, 배드민턴장 등 생활체육공간을 확충하여 서울시민 생활체육 올림픽을 신설하겠다고 했다. 문화예술 부분 예산을 당시 2.2%에서 3%로 끌어올려 예술인 창작활동 지원과 시민의 예술참여 프로그램을 확대하고, 신촌, 안암 등 대학가를 관광문화특구로 지정하여 젊음이 넘치는 예술문화를 곳곳에서 체험할 수 있도록 장려하겠다고 밝혔다.

3) 정태흥(통합진보당)[5]

1995	고려대학교 총학생회장	2008	민주노동당 성북구위원장
1995	3기 한국대학총학생회연합 의장	2010	민주노동당 전략기획실장
2002	민주노동당 학생위원회 준위원장	2013	통합진보당 서울시당 위원장

세월호 추모, 여당 심판을 위한 선거

① 세월호, 새누리당 심판

선거관리위원회 공식 홈페이지에 등재된 정태흥 후보의 당시 선거공약집은 '책자형 선거공보'가 전부다. 정 후보는 책자형 선거공보와 TV토론에서 자신의 세부적인 공약설명보다는 자신이 노동자를 대변하는 인물임을 호소하거나 안전 불감증에 대한 비판, 당시 여당이었던 새누리당을 심판하자는 내용이 주를 이루었다. '무능정권 심판! 사람을 살리는 정치!'의 슬로건을 중심으로 세월호에 관해 절대 잊지 않겠다, 대통령은 자격이 없다, 무능-무책임 정권을 심판하자는 직설적인 표현을 아끼지 않았다.

새누리당의 정몽준 후보에 대해서도 직접 언급하며 비판했다. 정몽준 후보가 최대주주로 있는 현대중공업에서 사망한 8명의 노동자 산업재해 이야기를 소재로 정몽준 후보는 서울시장이 되어 안전을 말할 자격이 없다는 뜻을 서슴지 않고 내비쳤다.

빈곤으로 자살한 송파 세 모녀 사건과 제2롯데월드 건설노동자 사망사건 등을 언급하며 자신이 '노동자 서민의 삶을 지켜내겠다'고 말했다. 서울시민 1,000만

---

5. 주요 이력은 다음 자료를 참조했음. 선거정보도서관 선거벽보자료. "2014 전국동시지방선거 서울 광역단체장 정태흥 선거벽보."

명 전체를 봤을 때, 특정 계층만을 언급하고 대변하겠다는 뜻을 내비추기란 쉽지 않다. TV토론에서 새정치민주연합의 박원순 후보도 이에 대해 '서울시장은 특정 계층만을 대변하는 자리가 아닌, 서울시민 전체를 위한 공직자가 되어야 한다'고 꼬집은 바 있다.

공약에 대한 정보가 미미하여 정 후보가 소속되어 있는 통합진보당 비례대표 서울특별시의회의원선거 선거공보를 살펴보았는데, 제2롯데월드 임시 개장 불허, 물·전기·가스 무상공급, 뉴타운사업 전면 백지화, 학교 비정규직 전원 정규직화 지원 등 상당히 진보적이고 논란이 많이 일었던 공약들이 약속되었다. 정 후보의 뜻도 이와 다르지 않음을 TV토론을 통해 느낄 수 있었다.

Ⅲ. 제37대 서울시장 후보자 공약

1. 후보자의 배경과 공약

1) 박원순(더불어민주당)[6]

실력은 쌓인다, 원순씨의 3번째 서울

박원순 서울시장은 재선에 성공하고 마침내 3선에 도전했다. 지난 4년간, 정당의 이름이 변화하여 더불어민주당 서울시장 후보로 출마하게 되었다. 이번 선거의 특징은 남북 정상회담, 그리고 북미 정상회담과 이번 지방선거운동 기간이 겹쳐 지난 선거에 비해 투표에 대한 관심이 낮을 것이라고 우려되었다. 실제로 뉴스 표지들을 보아도 정상회담에 대한 내용이 대부분을 차지하기도 하였다.

6. 박원순 후보자 이력은 앞 부분 참조.

① 4차 산업혁명

박원순 시장은 지난 선거의 공약과는 다른 분야의 공약들을 많이 보여주고 있다. 그 첫 번째가 4차 산업혁명을 통해 '스마트시티 서울'로 만들겠다는 공약이다. 이 공약을 실현하기 위해 사물인터넷(IoT), 인공지능(AI), 빅데이터, 바이오/헬스, 문화컨텐츠, 핀테크, 그리고 스마트인프라 산업이라는 6개의 분야를 6대 스마트 전략 산업으로 지정하고 육성하겠다는 주장이다. 또한 ICT기술, 빅데이터 등 새로운 기술을 적극 활용하여 도심교통난, 주택가 주차관리, 안전관리, 취약계층 돌봄, 환경 개선 솔루션을 제공하는 서울형 벤처 5,000개를 육성한다는 결과를 가져오겠다는 것이다.

② 균형 발전

서울시는 강남과 강북, 그리고 신도시와 구도시 등 지역 간의 격차가 커서 다양한 문제가 발생하고 있다. 따라서 박원순 시장은 균형 발전하는 서울을 만들겠다는 공약을 걸었다. 이를 실현하기 위해 지난 선거 때 비판하였던 재건축 초과이익을 환수하여 도시, 주거 환경 정비기금으로 사용한다는 것이다. 또한 도심 전통산업 집적지구를 복합제조 및 유통단지로 정비하고 기능의 복합화를 이루겠다는 공약도 있었다.

③ 격차 해소

도시 간의 균형을 맞추는 것도 중요하지만, 시민 간의 경제적 격차를 줄이기 위해 격차 없는 서울을 만들겠다는 공약도 5대 공약으로 내보였다. 특히 자영업자에 대한 공약에 비중을 두었는데, 자영업자 고용보험을 서울시에서 일부 지원하고 자영업자와 특수직에게도 피고용자처럼 유급병가를 도입하겠다는 공약을 걸었다. 또한 지난 선거에서 베이비붐 세대를 중요시하게 생각했던 것처럼, 이번 선거에서는 75세 이상 고령자와 중증장애인을 기초생활보장제도 부양의무자 기준 폐지에 우선 적용하겠다는 모습도 보였다.

④ 육아

지난 공약에서는 신생아 돌봄을 공약했지만, 이번 선거에서는 공약 범위를 좀 더 확대하여 '서울돌봄 sos' 제도를 통해 통합적인 보건복지적 접근을 실현하겠다는 것이다. 주민에게 돌봄서비스 신청을 받아 72시간 내에 가구를 방문하여 돌봄계획을 수립하고 서비스를 제공하는 등 기관과 연계하는 서비스를 제공하겠다는 목표이다.

또한 현재 어린아이를 둔 부모에게는 어린이집 비용이 큰 부담인 상황이다. 국공립 어린이집의 대기 순번은 너무나도 길어서 아이가 태어나자마자 유치원에 순번을 등록하는 상황까지 벌어질 정도이다. 이에 박원순 시장은 국공립 어린이집을 이용하는 아동의 비율을 50%까지 늘리겠다는 공약을 걸었다. 또한 민간어린이집을 이용할 때 차액 보육료에 대한 본인의 부담을 폐지하고, 2020년까지 200개의 국공립 어린이집을 확충하겠다고 했다. 또한 방과후 혹은 방학기간 중에도 초등학생들을 케어할 수 있는 온종일돌봄협의체를 만들겠다고 하였다. 즉, 지난 선거 공약에 비해 좀 더 세부적으로 아이들의 연령대를 나누어, 각 연령의 아이들을 둔 부모들에게 효과적인 공약을 제시했다고 볼 수 있다.

⑤ 한반도 평화

최근 한반도에는 평화의 바람이 불고 있다. 2번의 남북 정상회담과 북미 정상회담을 통해 북한의 태도가 변화하고 있으며, 국민들은 한반도에 봄이 찾아올 것이라는 부푼 기대를 하고 있다. 이러한 변화에 따라 박원순 시장은 서울과 평양의 교류를 공약으로 내보였다. 2019년에 제100회 전국체전을 서울-평양 공동개최로 추진하겠다고 밝혔다. 경평축구를 부활시키고 공동개최뿐만 아니라 도시인프라의 협력을 통해 평양의 상하수도를 개량하고 평양의 대중교통 운영체계 협력, 그리고 문화예술 교류 등을 통해 한반도의 평화를 앞당기겠다는 취지이다. 이는 굉장히 새로운 느낌으로 다가오는 공약이다. 그동안의 한반도 남북 교류는 청와대 차원에서의 공약이었고, 서울시 하에서 이러한 공약을 내건 것은 처음이기 때문이다. 지방분권의 한 사례라고 보아도 될 정도의 자발적인 모습을 보여주는 공약이라고 생각한다.

2) 김문수(자유한국당)[7]

1996	제15대 국회의원 (경기도 부천시 소사구)	2006	제32대 경기도지사
2000	제16대 국회의원 (경기도 부천시 소사구)	2010	제33대 경기도지사
2004	제17대 국회의원 (경기도 부천시 소사구)		

Change Up! 바꾸자 서울 – 경기도에서 서울로!

김문수 후보는 8년간 경기도지사로서 활동하다가 1번의 휴식기를 거치고 정치인생 처음으로 서울시장 후보자로 등장하였다. 또한 속히 진보적인 활동가 출신으로 활약하다가 보수 정당의 의원으로 활동한 만큼 역동적인 정치인생을 보여왔다고 해도 무방하다.

① 교통 개선

김문수 후보의 공약순위 1위는 도로·지하철 혁명이다. 서울의 전체 평균 통행속도는 지난 4년간 하락 추세이기 때문에 도로와 지하철을 추가 건설하여 출퇴근 시간을 감소시키고, 이를 통해 시민의 삶의 질을 개선한다는 취지이다. 특히 동부간선도로 지하화는 지난 서울시장 선거 때에도 치열한 논쟁 이슈 중 하나였지만, 김문수 후보는 지난 정몽준 후보의 공약을 그대로 이어받아 동부간선도로 지하화를 추진하겠다는 공약을 발표했다.

② 미세먼지

미세먼지로 인해 우리는 많은 영향을 받고 있다. 지난 선거 때 처음으로 박원순 시장이 초미세먼지에 대한 공약을 주장했는데, 이번에는 김문수 후보가 미세

7. 주요 이력은 다음 자료를 참조했음. 중앙선거관리위원회 선거정보도서관. "후보자선전물."

먼지에 대한 공약을 2번째 공약순위로 내보였다. 미세먼지 집진탑을 자치구당 4대씩 총 100대를 설치하고, 어린이집, 유치원, 학교 등에 공기청정기를 지원하며, 미세먼지를 절감하기 위해 전기차와 수소차 보급을 확대하고, 미세먼지의 주범이라고 불리는 노후 경유차의 저공해화 사업을 적극 추진하겠다고 발표하였다. 또한 빌딩숲인 서울 도심에 그린빌딩, 그린월, 도시 숲 등 다양한 녹화사업을 추진하겠다고 밝혔다. 앞서 박원순 시장은 평양과의 협력을 이야기한 반면, 김문수 후보는 중국과 외교 협력을 강화하여 중국발 미세먼지를 저감하겠다고 하였다. 마지막으로 환경 예산을 연차적으로 증액하여 총 2배까지 늘린다는 공약을 내걸었다.

③ 생활비

김문수 후보는 일상적인 생활비용의 절감을 세 번째 공약으로 발표했다. 통신비, 사교육비, 교통비 등을 절감하고 최저생계비 미달 가구에게는 소득 보전을 통해 빈곤을 탈피할 수 있도록 도와주겠다는 것이다. 공공장소에 와이파이존을 확대하고, 인터넷 교육방송을 통해 양질의 수업 콘텐츠를 제공하겠다는 방법을 제시하였다. 또한 서울패스(s-pass)를 도입하여 서울시내에서 무제한으로 사용 가능한 대중교통 정기권을 도입하겠다는 공약도 제시하였다.

④ 4차 산업혁명

박원순 시장은 첫 번째 공약순위로 4차 산업혁명을 제시했지만 김문수 후보는 네 번재 공약으로 4차 산업혁명을 제시했다. 하지만 방법의 차이가 있는데, 김문수 후보는 대학을 중심으로 4차 산업혁명 특구 개발을 추진하겠다고 밝혔다. 즉 서울 소재 대학 주변 지역을 서울시, 주민, 대학, 기업이 협력하여 4차 산업혁명 특구로 개발하고 대학가 주변을 대학과 지역의 특성, 주민과 기업의 요구를 반영하여 다양한 문화가 어우러진 지역으로 육성하겠다는 목표이다. 세부적으로 글로벌기업의 R&D 센터를 유치하고, 스타트업 기업의 육성을 지원하며, 특히 강북 지역을 중심으로 시행한다는 계획이다. 정리해보자면 박원순 시장은 신기술을 통한 4차 산업혁명을 실현하고, 김문수 후보는 대학과의 연계를 통해 경제적 4차 혁명을 실현하겠다는 취지로 보인다.

⑤ 재개발

재개발은 지난 서울시장 선거에서 후보자간의 치열한 공방전을 이루었던 이슈였다. 지난 선거에서는 정몽준 후보가 용산개발을 주장하며 재개발을 주장하는 모습을 보였는데, 이번 선거에서는 김문수 후보가 재개발과 재건축의 규제 완화를 주장한다. 하지만 재개발의 방법에서는 조금 차이가 있다. 김문수 후보는 공공 임대주택과 청년 임대주택, 출산 신혼부부 우대 등 재개발을 통해 단지 도시적 미관 개선이 아닌 사회 초년생에게 도움을 주는 방향으로서의 재개발을 주장하는 모습을 보인다.

3) 김종민(정의당)[8]

2014	지방선거 정의당 중앙선거대책위원회 대변인 정의당 교육연수위원회 위원장 서울시 친환경 무상급식 추진운동본부 공동대표 서울시 희망시정운영위원 박원순 서울시장후보 선거대책본부장 민주노동당 서울시당 위원장 나쁜투표거부 시민운동본부 공동집행위원장 부모협동조합 동글동글 어린이집 이사장
2017	심상정 대선후보 서울선거대책위원장 정의당 대변인
현재	정의당 서울시당 위원장

갑질없는 서울, 제1야당 교체! 심플하게 김종민!

8. 주요 이력은 다음 자료를 참조했음. 정의당 서울특별시당 홈페이지(대표자 김종민)

① 미세먼지

정의당의 김종민 후보는 첫 번째 공약순위로 환경과 직결된 공약을 내걸었다. 4대문 안의 주요 도심에 혼잡 통행료를 도입하고, 차선을 줄여 그 공간에 도시 숲을 조성하여 녹지, 도보, 그리고 자전거도로를 확대하겠다고 밝혔다. 또한 노후 경유차를 전면 통제하고 상용트럭의 전기화를 추진하겠다고 했다. 즉 친환경적인 방법을 통해 미세먼지를 저감하겠다는 목표이다. 이는 현재 유럽에서 추진하는 방법과도 일맥상통하는 부분이며, 환경을 가장 중요시하겠다는 모습을 엿볼 수 있다.

② 세입자

서울의 특징은 세입자의 비율이 반이 넘는다(58%)는 것이다. 이에 기존 진보정당들은 전월세상한제, 계약갱신청구권을 포함한 실제 세입자의 권리를 지키기 위한 유럽 수준의 주거정책을 주장해왔다. 따라서 이를 실현하기 위해 김종민 후보는 두 번째 공약으로 세입자에 대한 제도적 보완을 제시하였다. 지역별 주택문제의 특징이 다르기 때문에 각 지역 실정에 맞는 주거정책을 추진하기 위해 지자체로 권한을 이양할 것을 요구하고 다양한 관련법을 제정하여 세입자 문제를 해결할 것이라고 밝혔다. 그동안 다른 후보들이 주택의 경제적 차원 문제만 제시했던 것과는 다르게 세입자의 입장에서 정책을 주장하는 모습을 보여주었다.

③ 노동조합

최근 다양한 직업군에서 프리랜서로 활동하는 사람들이 늘어나고 있지만 프리랜서가 노동조합을 만드는 것은 쉽지 않은 상황이다. 이에 김종민 후보는 프리랜서공제회를 설립하고 가입자에게 4대보험료를 지원하며 프리랜서노동조합 설립을 지원하겠다는 공약을 걸었다. 또한 법적으로 조례를 지정하고, 노동복지센터를 통해 다양한 복지를 제공하겠다는 방법을 제시하였다.

④ 한강

김종민 후보는 TV토론회에서 박원순 시장에게 신곡수중보에 대한 강력한 이의제기를 하는 모습을 보여주었는데, 이는 김종민 후보의 네 번째 공약순위이다. 한강의 자연성 회복을 위해 신곡수중보를 철거하자고 주장하였고, 결과적으로 한강수변을 생태공원으로 바꾸자고 주장하였다. 신곡수중보는 박원순 시장의 공약이었지만 추진하지 않았고, 자연성 복원을 위해서 수중보철거로 물길 회복을 우선시해야한다고 주장했다. 또한 독일 이자르강을 모델로 삼아 결과적으로 생태공원으로 복원시키겠다는 목표이다.

⑤ 차별

동반자 관계 인증을 위한 조례, 법률을 제정하여 다양한 가족의 삶을 보장하겠다는 공약을 걸었다.(동반자 관계: 노인의 동거, 장애인 등의 각종 공동체, 미혼이나 동성 가정 등 다양한 가족형태로, 기존 결혼관계 외의 가족관계) 주요 내용으로 동반자 관계 인증제도를 도입하고, 주거, 복지, 의료 등에 혼인관계와 동일한 적용을 하며, 각종 시설(체육, 문화 시설 등)을 이용할 때 가족 할인을 적용하겠다고 밝혔다. 즉, 동반자 관계 인증제도를 통해 위의 모든 혜택을 법적으로 가능하게 하겠다는 공약을 밝혔다.

Ⅳ. 정당 간 제36대 후보자와 제37대 후보자 공약 비교

박원순(새정치민주연합)	비교 기준	박원순(더불어민주당)
오로지 시민! 오로지 서울!	슬로건	시대와 나란히 시민과 나란히
지하철 노후 전동차 교체, 골든타임 목표제, 미세먼지, 일자리, 사회복지, 문화	카테고리	4차 산업혁명, 균형발전, 격차해소, 육아, 한반도 평화
재난 컨트롤 타워, 전동차 교체, 골든타임 목표제, 미세먼지 감축, 여성 일자리, 5대 창조경제거점	핵심공약	스마트시티 서울, 재건축 초과이익 환수, 자영업자 특수직 유급병가, 서울돌봄SOS, 제100회 전국체전 서울 평양 공동개최
집권여당이 자신의 성향과 다름에도 정부의 뜻과 함께하려는 협치의 모습	토론회	미세먼지 등 자신의 커리어에 흠집을 남기지 않으려 조심스러운 태도를 보이거나 지지율이 높은 문재인 정부를 굳이 강조

정몽준(새누리당)	비교 기준	김문수(자유한국당)
일 잘하는 사람이 안전도 지킵니다	슬로건	Change Up! 바꾸자 서울
지하철 대기질 개선 및 안전공약, 일자리, 재개발, 문화	카테고리	교통개선, 미세먼지, 생활비, 4차 산업혁명, 재개발
지능형 CCTV, 창조산업단지, 뉴타운 재개발 재건축, 동부간선도로 지하화, 서울시민생활체육 올림픽	핵심공약	도로 지하철 혁명, 미세먼지 집진탑, 중국과의 외교협력 강화, 서울패스, 4차 산업혁명 특구 개발, 재개발 재건축 규제 완화
현대기업, 각종 스포츠 유치 등 자신의 경제적 경험과 커리어를 앞세워 서울시장이 되면 잘할 수 있을 것이란 자신감 돋보임	토론회	경기지사의 경험을 바탕으로 서울시장으로서의 자신감을 보이는 것은 좋으나 너무 지나쳤는지 토론이 불가

정태흥(통합진보당)	비교 기준	김종민(정의당)
무능정권 심판! 사람을 살리는 정치!	슬로건	갑질 없는 서울 제1야당 교체!
안전, 재개발 백지화, 정규직	카테고리	미세먼지, 세입자, 노동조합, 한강, 차별
제2롯데월드 임시 개장 불허, 물 전기 가스 무상공급, 뉴타운사업 전면 백지화, 학교 비정규직 전원 정규직화	핵심공약	혼잡 통행료, 세입자 제도적 보완, 프리랜서 노동조합, 신곡수중보 철거, 동반자 관계
서울시장에 나오려는 것인가 새누리당을 까기 위해 나오려는 것인가에 대한 의문	토론회	자기 주장에 대한 근거가 굉장히 뒷받침있고 일관성 있음. 같은 진보진영의 박원순 시장에 대해서도 비판할 것은 비판하는 모습

Ⅴ. 두 가지 가설에 대한 결론

참여관찰을 진행하면서, 관찰자의 첫 번째 가설에 있어서 실패했음이 밝혀졌다. 관찰자의 첫 번째 가설이었던 '#me too 사건의 여파로 이번 선거에서 여성복지 관련 공약의 비중이 증가했을 것이다'라는 가설이 무색할 정도로 관련 비중의 변화를 볼 수 없었기 때문이다. 세 후보의 5대 공약에는 여성에 대한 공약을 찾아볼 수 없었으며, 아직까지도 여성에 대한 공약은 육아에 초점이 맞춰진 모습이었다. 여성 자체만의 공약은 찾아볼 수 없었다.

두 번째 가설이었던 '지난 선거 공약에 비해 공약 분야의 범위가 넓어졌을 것이다'가 성립될 수 있는 공약들은 확인할 수 있었다. 문재인 정부의 출범 후, 남북정상회담과 북미 정상회담 등 문 정부의 평화적 스탠스를 배경으로 하여 박원순 시장은 주요 공약으로 한반도 평화와 관련된 공약을 내세웠다. 2019년 제100회 전국체전으로 서울-평양 공동개최를 추진하겠다는 목표와 더불어 경평축구의 부활과 공동개최를 넘어 서울-평양 간 도시 인프라 협력을 통해 평양의 다양한 발전을 통해 한반도의 평화를 앞당기겠다는 계획을 밝혔다. 또한 박원순 시장과 김문수 후보는 4차 산업혁명에 대한 공약도 내세웠다. 두 후보자의 4차 산업혁명에 대한 공약 이행방법은 달랐음에도 추구하는 목표는 같았다.[9]

또한 이번 참여관찰의 전체 주제였던 '지난 2014년 지방선거의 서울시장 후보자들과 이번 2018년 후보자들의 공약'은 비슷하면서도 다른 모습을 보였다. 먼저 비슷한 모습으로, 지난 4년간 탄핵정국 등 극변하는 정치 상황 속에서도 각 정당(새누리당-자유한국당, 새정치민주연합-더불어민주당, 통합진보당-정의당)의 성향은 변하지 않았다는 점이다. 보수진영은 경제와 개발 중심의 정책들을 보였다. 후보가 변하지 않았던 더불어민주당은 박원순 시장의 업적을 이야기하며 재도전이라는 타이틀을 보여주었다. 마지막으로 통합진보당, 정의당은 서울시장

9. 박원순 시장이 4차 산업혁명의 과학적인 방법에 접근했다면, 김문수 후보는 대학을 중심으로 4차 산업혁명 특구 개발을 추진 목표로 했다.

후보라는 개인의 모습보다 정당을 어필하는 모습을 보여주었다.

3선에 성공한 박원순 시장은 현직자 프리미엄과 현 여당(더불어민주당)의 높은 지지율을 의식한 듯, 미세먼지와 같은 해결하지 못한 이슈들에 대해서는 크게 언급하지 않는 모습이었다. 김문수, 김종민 후보는 처음으로 서울시장 후보자로 출마했기 때문에 현직자인 박원순 시장에게 공격의 가능성이 컸고, 실제로 TV 토론회에서도 공격적인 모습을 볼 수 있었다. 박원순 시장이 본인에게 불리한 부분의 공약은 공격받는 것을 줄이기 위해 자제하는 모습을 보였다고 해석할 수 있다. 4년 전, 초미세먼지를 처음으로 언급하고 공약을 걸었던 후보는 박원순 시장이었음에도, 자신이 해결하지 못한 문제라는 인식으로 언급조차 하지 않는 것에 대해 관찰자는 아쉬움이 남는다.

참고문헌

노컷뉴스. “6.4 지방선거박원순 2기 ‘안전’을 화두로 출범.” http://www.nocutnews.co.kr/news/4037254 (검색일: 2014.06.05).

박원순 홈페이지. http://mayor.seoul.go.kr/app/wonsoon/story.do (검색일: 2018.06.02).

서울특별시청. http://www.seoul.go.kr/seoul/seoul.do (검색일: 2018.05.22).

서울연구데이터서비스. “데이터로 본 서울.” http://data.si.re.kr/seoul-and-world-cities (검색일: 2018.05.22).

정몽준 홈페이지. http://www.mjchung.com (검색일: 2018.06.02).

정의당 서울특별시당 홈페이지(대표자 김종민). http://www.justice21.org/go/su (검색일: 2018.06.10).

중앙일보. 2018년 3월 8일. “11년 전 한 여자가 미투운동을 만든 이유.” https://news.joins.com/article/22425664 (검색일: 2018.06.06).

중앙일보. 2018년 6월 5일. “강남-강북 아파트값 격차 역대 최대…강남권 약세 돌아서는데.” https://news.joins.com/article/22686172 (검색일: 2018.06.06).

중앙선거관리위원회 선거정보도서관. “2014 전국동시지방선거 서울 광역단체장 정태홍 선거벽보.” https://terms.naver.com/entry.nhn?docId=5636044&cid=60378&categoryId=60385 (검색일: 2018.06.02).

중앙선거관리위원회 선거정보도서관. http://elecinfo.nec.go.kr/neweps/3/1/paper.do (검색일: 2018.06.10).

아주경제. “[서울시장 TV토론회] 정몽준·박원순, 안전·반값등록금·색깔론 놓고 난타전 (종합).” http://www.ajunews.com/view/20140527014555292 (검색일: 2014.05.27).

연합뉴스. “박원순, ‘골든타임 목표제’ 등 10대 안전공약 발표.” http://news.naver.com/main/read.nhn?mode=LSD&mid=sec&sid1=100&oid=001&aid=0006915425 (검색일: 2014.05.20).

2014년 6.4 지방선거 선거공약서 및 공보, 후보자 TV토론회.

2018년 6.13 지방선거 주요공약서, 공보, 후보자 TV 토론회.

수원시장 선거

유권자와 후보자 간 상호작용: 시민사회의 정책제안과 후보자의 공약 형성

아주대학교 행정학과 **전찬영 · 심진보**

아주대학교 정치외교학과 **이건호 · 홍성민**

본고에서는 2018년 수원시장 선거를 통해 바라본 '유권자와 후보자 간 상호작용'에 대해 연구한 결과물들을 담았다. 특히 유권자, 즉 시민사회가 정책을 제안하고 후보자들이 공약을 형성하는 양상에 초점을 맞추었다. 선거라는 과정이 유권자와 후보자 모두에게 한정된 기회를 제공하기 때문에, 이를 활용하기 위한 행위자들의 이익표출 및 포섭 행위가 활발한 양방향 상호작용을 거칠 것이라 가정하고 관찰을 수행하였다.

상호작용의 흐름은 크게 시민사회에서 후보자에게로 향하는 흐름과 후보자에게서 시민사회로 향하는 흐름 두 가지로 구분하여 연구를 진행했다. 시민사회에서 후보자에게로 향하는 흐름에서는 수원시 내에 존재하는 여러 지역사회 현안이나 이익집단들을 파악하고 이에 연관되어 있는 이해 당사자들이 어떻게 후보자들에게 자신들의 메시지를 전달하여 공약 형성에 영향을 미치려 하는지 살펴보고자 했다. 후보자에게서 시민사회로 향하는 흐름에서는 후보자들이 자신에게 표를 던져줄 지지층을 형성하고 확대해나가기 위해 선거전략을 수립하고 공약을 형성하는 과정에서 어떻게 시민사회와 접촉하고 반응하는지를 관찰하고자 했다. 실제로 수원시장 선거 과정에서 행위자들은 활발한 양방향 상호작용을 보여주었으며, 동시에 이러한 상호작용을 저해하는 다양한 요소들 또한 발견할 수 있었다. 본고에서는 상호작용의 형태에 대한 관찰과 함께 이러한 저해요소들을 짚어보고, 선거의 의미와 향후 선거가 가져야 할 방향성에 대해 논의해보고자 한다.

Ⅰ. 무엇을 연구할 것인가?

아주대학교 파란학기 팀 'Vincero'는 실습형 '아주도전' 강의 과제를 통해 정치외교학과 강신구 지도교수님과 함께 이번 지방선거에 대한 참여관찰을 실시하였다. 프로젝트에 참여한 팀원들은 평소 각자 나름의 위치에서 사회현상과 이슈에 각별한 관심을 가지고 실제로 다양한 사회활동에 참여해오던 학생들이었다. 다들 장미대선 이후 초미의 관심이었던 민선 7기 지방선거에 대해 직접 수립한 연구계획을 토대로 참여관찰 프로젝트를 수행한다는 사실에 큰 매력을 느끼고 지원한 것이었다. 팀원들과의 첫 회의에서 아주대학교의 지리적 위치를 고려하여 수원시장 선거를 참여관찰하기로 결정하였으나, 문제는 수원시장 선거에 대한 무엇을 연구할 것인가였다.

구체적인 연구주제와 방향을 설정하기 위해 역대 총선과 지방선거에 대하여 기존에 수행되었던 여러 참여관찰기들과 관련 자료들을 찾아 읽고 의견을 나누었다. 많은 연구사례를 통해 후보자의 선거운동 전략 또는 그들의 행위가 유권자에게 어떻게 영향을 미쳤는가에 대한 관찰이 집중적으로 이루어진 것을 알 수 있었다. 팀원들은 다양한 이해관계가 얽힌 선거라는 과정을 후보자의 행위에만 집중하여 가설을 적용하고 선거 결과가 도출되기까지의 인과관계를 증명해내는 것이 유의미한 연구인지에 대해 의구심을 가졌다. 또 이러한 연구가 유권자를 수동적인 존재로만 해석할 여지가 크다는 문제의식을 통해 유권자와 후보자 간의 상호작용에 대해 새로운 관점에서 연구를 수행할 필요가 있음을 느꼈다.

대의 민주주의는 국민이 대표자를 선출해 정부나 의회를 구성하여 정책문제를 처리하도록 하는 민주주의를 말한다. 이러한 제도 안에서는 선거에서 투표를 통해 선출된 정치인, 행정가들이 임기 동안 그들 스스로 법안을 만들며 정책 전반을 기획하고 운영하게 된다. 이는 곧 유권자들로서는 내가 지지하지 않은 대표자가 당선되거나, 지지했던 대표자가 당선된 후 나의 이익에 반하는 정책을 입안하더라도 좋든 싫든 한동안은 그 결과를 수용하고 감수해야 한다는 뜻이기도 하다.

이처럼 한순간의 승부로 향후 몇 년간의 미래를 감수해야 하는 시스템 안에서 그 대표자들을 선출하는 '선거'라는 일련의 과정이 가지는 의미는 매우 크다. 유권자들에게는 최대한 나의 이익을 실현시켜 줄 가능성이 높은 대표자를 선택하는 과정이며, 반대로 후보자들로서는 선택받기 위해 유권자들에게 최대한 자신의 대표성을 어필해야 하는 과정일 것이다. 따라서 선거는 궁극적으로 유권자와 후보자 모두에게 한정된 기회를 제공하며, 그 안에서 최대한 각자에게 유리한 결과를 이끌어내기 위한 상호작용을 발생시키고 부추긴다.

우리는 이처럼 선거에서 이루어지는 상호작용이 후보자에게서 유권자에게로 향하는 일방적인 형태가 아니라 양방향의 소통으로 발생하는 것으로 보아야 한다고 생각했다. 실제로 선거철이 되면 유권자들은 다양한 이익집단을 형성하여 후보자들에게 공약을 제안하거나 압박을 가하고, 후보자들은 이를 공약에 반영시킨다. 후보자들이 선거운동 전략이나 공약을 통해 유권자들의 표심을 얻으려 노력하는 것만큼, 유권자들도 후보자들로 하여금 자신들의 요구를 수용하도록 상당한 영향력을 행사하는 것이다. 이번 수원시장 선거에 대한 참여관찰을 통해 이러한 유권자와 후보자 간 양방향의 상호작용이 실제로 어떻게 이루어지고 있는가를 살펴보고 싶었다. 이들이 서로의 이익을 관철시키기 위해 선거에서 어떠한 전략과 방식을 취할 것인지도 궁금했다.

본 참여관찰기에서는 우선 수원시의 지역 특성과 역대 선거를 개괄하여 설명한 후 지역 내 집단화된 갈등 또는 이익의 표출 사례 등 선거 과정 동안 드러난 시민사회의 요구와 수원시장 후보들의 선거전략 및 공약 형성과정을 함께 살펴볼 것이다. 그리고 이러한 상호작용이 어떠한 형태로 전개되었으며 그 의미는 무엇인지 선거의 결과와는 결부시키지 않고 현상 자체에 집중하여 해석해 볼 것이다.

Ⅱ. 민선 7기 수원시장 선거와 게임의 판도

1. 수원시의 특성

1) 수원시 개요

수원시는 대한민국에서 가장 큰 기초자치단체로, 인구수가 124만에 이르는 대도시이자 경기도의 대표도시로서 자리매김하고 있다. 세계적인 문화유적관광지, 대규모 교통거점 및 번화가와 한국 최대 기업인 삼성의 사업장을 가지고 있으며, 2000년 이후 광교신도시와 호매실지구 등 대규모 택지개발로 유입 인구가 급격하게 늘면서 자립도시, 탄탄한 인프라를 갖춘 관광도시로서의 기능을 수행하고 있다. 도시의 중심부에는 경기도청이 자리하고 있으며, 교육청, 검찰청, 경찰청 등 주요 행정기관들 또한 운집해 있어 서울의 약 5분의 1 정도에 불과한 도시 면적임에도 경기도의 정치, 행정, 경제 중심지라는 위상을 가진 곳이다. 실제로 선거철이 다가오면 수원시는 서울의 종로구가 그러하듯이 경기도의 민심을 확인하는 지역으로 여겨지기도 한다. 경기도 내에 수원만큼 큰 규모의 표밭이 없기에 수원시장이 아닌 경기도지사, 교육감 선거 역시 공식 선거운동 첫날 방문 또는 주말 첫 집중유세 일정을 수원으로 잡는 것도 비단 놀랄 일만은 아니다. 수원시가 실질적으로 경기도의 정치 성향을 견인한다는 말이 나오는 이유다.

2) 수원시민의 정치 성향

수원시는 지방자치제도가 처음 실시되기 전까지만 해도 영남 출신 중 경부선을 통해 유입된 TK 출신과 강원도 동부전선 출신 등의 영향으로 보수정당이 강세를 보이는 지역이었다. 이후 수도권이 비대해지면서 서울에서 유입된 유권자가 증가하였고, 서서히 보수정당 지지세가 희석되어 왔다고 할 수 있다. 지역을 기준으로 보면 상대적으로 보수성향이 강한 팔달구와 진보성향이 강한 영통구가 공존하고 있다. 팔달구는 구도심이라는 지역적 특수성과 남평우-남경필 부자가 14대부터 19대까지 지역구 국회의원으로만 도합 6대째 당선된 곳으로, 수원의 대표적인 보수 지역구로 불렸다. 다만 박근혜 정부와 탄핵과정을 거치면서 서서히 민주당 지지율이 오르고 있는 상태였다. 반면 영통구는 2003년 팔달구에서 분구된 이래 꾸준한 민주당계 정당의 수도권 최대 텃밭으로 그 이름을 공고히 하고 있었다. 특히 영통구의 광교신도시 및 호매실 지구는 수원에서 중산층과 젊은 층의 비율이 가장 높은 지역으로, 민주당계가 열세를 보였던 19대 총선에서도 민주당 김진표 의원이 당선될 만큼 민주당에 대한 지지세가 강했다.

다만 수원시 전체를 놓고 봤을 때 그 차이는 진보와 보수 어느 한쪽에 대한 지지세가 절대적으로 강력하여 한 정당의 집권이 오랫동안 고착화될 정도는 아니었다고 할 수 있다. 최근 수원시민들의 표심을 살펴보면 염태영 시장이 51%의 득표율로 처음 승기를 잡았던 2010년대 초반만 하더라도 2위를 기록한 한나라당 후보 역시 약 40%의 지지를 얻음으로써 보수정당에 대한 지지세가 만만치 않았다는 점을 확인할 수 있다. 18대 대선에서도 331,507표를 얻은 문재인 후보가 318,913표를 얻은 박근혜 후보를 근소한 수준의 표차(12,594표)로 승리하였다. 이처럼 뚜렷한 지지성향이 드러나지 않고 있던 수원시에서 3선에 도전하는 민주당 염태영 후보와 야당 후보들이 어떠한 선거전략으로 유권자들의 표심을 얻기 위해 고군분투할지 선거 전부터 큰 기대를 모으고 있었다.

3) 역대 수원시장 선거가 지닌 경향성

2018년 민선 7기 지방선거를 앞두고 역대 수원시장 선거들을 살펴본 결과 두 가지 정도의 특이한 경향성을 찾아낼 수 있었다. 첫 번째는 중앙정부에 집권하지 못한, 즉 대통령을 배출하지 못한 야당의 후보들이 항상 여당의 후보들을 제압하고 역대 수원시장 선거에 승리해왔다는 사실이었다. 두 번째는 수원시 유권자들의 표심이 여야에 상관없이 지나치게 한쪽에 편중되는 일 없이 근소한 차이로 보수-진보 진영의 후보들을 2회씩 번갈아 가며 지지하는 스윙지대의 형태를 보여준다는 것이었다. 〈표 1〉을 통해 역대 지방선거 당시 집권 여당과 함께 수원시장

〈표 1〉 역대 수원시장 선거 당시 집권여당과 당선 현황

선거 년도	정당명	성명	득표율(%)	선거 당시 집권여당
1995년(1회)	무소속(민주자유당 탈당)	심재덕	37.30	김영삼 정부(민주자유당)
1998년(2회)	무소속	심재덕	56.60	김대중 정부(새정치국민회의)
2002년(3회)	한나라당	김용서	41.70	김대중 – 노무현 정부 (새천년민주당 – 열린우리당)
2006년(4회)	한나라당	김용서	65.33	
2010년(5회)	통합민주당	염태영	51.42	이명박 – 박근혜 정부 (한나라당 – 새누리당)
2014년(6회)	새정치민주연합	염태영	59.43	

당선 현황을 비교하여 살펴보면 앞에서 언급한 것처럼 수원시장 선거가 가지는 경향성을 분명히 확인할 수 있다.

역대 수원시장들은 모두 재선까지 역임하였는데, 초대 수원시장인 심재덕 씨는 제1회 전국동시지방선거에서 민주자유당 경선에서 탈락하자 무소속으로 출마하여 재선까지 지낸 인물이다. 그는 제3회 지방선거 역시 무소속으로 출마하였으나 한나라당 김용서 후보에게 밀려 낙선하였으며, 한나라당 김용서 前 시장 또한 재선까지 역임하였다. 이때는 김대중–노무현 정부로 새천년민주당–열린우리당이 집권하고 있었다. 이후 이명박–박근혜 정부 때 치러진 5~6회 지방선거에서도 당시 야당이었던 통합민주당, 새정치민주연합의 이름으로 염태영 시장이 당선되었다.

대통령 선거 사이사이에 실시되어 온 역대 지방선거들이 일반적으로 중앙정부의 국정 전반에 대한 중간 평가적 성격을 가져온 것은 전국적으로 동일한 환경이었다고 할 수 있다. 그러나 수원시의 역대 선거 과정들은 전통적으로 보수정당을 지지해온 경상도권이나 진보정당을 지지해온 전라도권의 지방선거들과는 사뭇 다른 모습을 보여 온 것이라 할 수 있다. 그렇기 때문에 이번 수원시장 선거 과정 참여관찰에는 우리의 연구주제와 함께 이러한 경향성의 지속 여부에 대한 기대감 또한 함께 가지고 임했다. 역대 수원시장 선거에서 나타난 경향성이 이번에도 유지된다면 여당 후보인 염태영 前 시장이 아닌 야당의 후보가 선거에서 승리하

게 되는 것이기 때문이다. 반대로 이번 선거에서 염태영 후보가 승리한다면 그는 이러한 경향성을 깨뜨리고 최초로 3선에 성공한 수원시장이 되는 것이었다.

2. 누가 출마하였나?

2018년 수원시장 선거에는 자유한국당, 더불어민주당, 바른미래당에서 총 3명의 후보가 출마를 하게 되었다. 자유한국당에서는 일찍이 수원을 '중점 전략 특별지역'으로 선정하여 시장직 탈환의 의지를 보이며 정미경 前 의원을 전략 공천했다. 정미경 후보는 재선(18, 19대 재보궐) 국회의원 출신으로 사법고시를 합격한 후 10년간 검사 생활을 하다 수원시 국회의원으로 정치계에 입문한 인물이었다. 더불어민주당에서는 3선에 도전하는 염태영 후보를 포함하여 前 경기도 사회통합부지사 이기우, 前 김진표 원내대표의 정책특보 강동구 세 후보가 예비후보 경선을 준비하였는데 다른 후보들이 모두 경선에서 컷오프되면서 염태영 후보가 단수공천을 통해 출마를 확정지었다. 바른미래당에서는 강경식 예비후보가 단독으로 공천에 신청하면서 그대로 최종후보가 되었다.

Ⅲ. 선거를 통해 살펴본 시민사회와 후보자 간 상호작용

1. 왜 양방향 소통인가?

앞서 언급한 것처럼 선거라는 과정은 후보자와 유권자들이 각자의 목표와 이익을 추구하기 위한 양방향 상호작용을 활성화시킨다. 유권자는 표를 얻기 위해 노력하는 후보자에게 자신의 이익을 정책결정 과정에 반영시켜달라고 요구할 수 있으며, 후보자는 이를 수용하거나 거절함으로써 자신의 지지층을 확대해나가려는 동기를 가지기 때문이다. 이처럼 선거는 유권자와 후보자 상호간 협상이

상대적으로 쉽게 이루어질 수 있는 우호적인 환경을 만들어낸다. 따라서 선거 과정에서 나타나는 후보자–유권자 간 상호작용은 후보자가 선거운동과 공약들을 통해 유권자들에게 일방적으로 영향을 미치는 것으로만 해석하기에는 한계가 있다.

수원시장 선거 과정에서 나타나는 양방향 소통을 자세히 살펴보기 위해서 수원시장 선거의 유권자 즉, 수원시의 시민사회(이익집단, 시민단체, 지역 공동체 등 모든 유형)와 수원시장 후보자들 간에 접촉이 이루어지는 양상을 관찰하고자 했다. 특히 선거공약을 둘러싼 시민사회의 제안과 후보자들의 수용 및 공약 형성 과정에 집중하여 현상을 분석하고자 했다. 그 과정에서 나타나는 상호작용의 흐름은 크게 시민사회에서 후보자에게로 향하는 흐름과 후보자에게서 시민사회로 향하는 흐름 두 가지로 구분하여 연구를 진행했다. 첫 번째로 시민사회에서 후보자에게로 향하는 흐름에서는 수원시 내에 존재하는 여러 지역사회 현안이나 이익집단들을 파악하고 이에 연관되어 있는 이해 당사자들이 어떻게 후보자들에게 자신들의 메시지를 전달하여 공약 형성에 영향을 미치려 하는지 살펴보고자 했다. 두 번째로 후보자에게서 시민사회로 향하는 흐름에서는 후보자들이 자신에게 표를 던져줄 지지층을 형성하고 확대해나가기 위해 선거전략을 수립하고 공약을 형성하는 과정에서 어떻게 시민사회와 접촉하고 반응하는지를 관찰하고자 했다.

2. 첫 번째 흐름: 시민사회로부터 후보자에게로

1) 수원시 지역사회 현안과 갈등 사례

수원시 팔달 지역은 2006년부터 '수원시 뉴타운'이라는 이름으로 21개 구역에 대한 주택재개발사업이 진행되어 오고 있었다. 그러나 현재 낮은 원주민 재정착률, 토지보상문제 등이 겹치면서 사업이 장기간 표류하는 중이다. 사업을 조속히 추진하려는 조합측과 토지 보상금을 더욱 높게 책정하려는 토지주들 간의 갈등이 첨예하게 대립하면서 사업이 장기화한 것인데, 최근에는 땅값 하락과 함께 인적이 드물어진 지역들의 슬럼화가 진행되고 있어 또 다른 문제들을 발생시키고 있었다. 그러나 수원시는 이해 당사자들 간에 합의가 되지 않으면 시가 개입하기 어렵다는 말만 되풀이하며 한 발짝 뒤로 물러나 있는 모양새가 지속되면서 재개발 중단을 요구하는 주민들의 공분을 사고 있었다. 이에 지역주민들로 이루어진 '팔달 8·10구역 재개발 비상대책위원회'는 지방선거를 앞두고 시청 앞에서 매주 농성과 시위를 반복하며 당시 시장이었던 염태영 후보의 자질을 공격하고 조속한 재개발사업 추진을 주장하는 등의 집단행동을 통해 불만을 표출하고 있었다.

영통구에서는 지역의 자원회수시설인 쓰레기 소각장의 운용 기간 연장 문제로 시와 주민들 사이에 갈등이 격화되고 있었다. 본래 2000년부터 2015년까지 운용하기로 했던 소각장에 대하여 지난 4월 수원시가 한국환경공단의 시설 안정성 평가결과를 근거로 12년 더 연장 운용하기로 결정한 것이 계기였다. 이 과정에서 주민협의체와의 소통이 이루어지지 않은 채 결정이 이루어지면서 지역주민들이 설명 부족, 정보공개 미비 등의 이유로 집단 반발하기 시작했다. 반면 시는 충분한 절차를 거친 뒤 내린 결정이기 때문에 법률상 하자가 없다는 입장을 고수하고 있었다. 결국 이 갈등에 타협안을 내놓은 이들은 영통 지역구에 출마하는 시의원 후보들이었다. 각 정당의 시의원 후보들은 선거전략을 짜는 과정에서 쓰레기 소각장 사안에 주시하고 이에 대한 해결책들을 공약으로 내세웠다. 영통 주민연대는 이들을 초청하여 서로의 공약 등을 비교하는 토론회를 열기도 했다. 지역사회의 이해 당사자들이 적극적인 집단 이익의 표명을 통해 실제로 지역구 시의원 후보들의 공약 형성에 영향을 미치고 선거라는 과정을 지역문제 해결의 창구로 활용하는 사례를 보여준 것이다. 다만 일련의 과정들이 수원시장 선거의 과정에서는 주목을 받지 못하였고, 수원시를 대표할 만한 문제점으로 인식되기 어려웠다는 점이 아쉬웠다. 따라서 수원시 전체를 아우를 수 있는 공약을 더욱 선호하는 수원시장 선거의 후보자들에게는 시민사회의 접촉 시도 또한 크게 드러나지 않았다.

또 다른 지역 현안으로는 수원역 일대 성매매 집결지 폐쇄 및 역세권 중심상권 개발 사업에 대한 갈등이 존재했다. 이는 염태영 후보가 수원시장 재선 당시 '안전도시 수원'을 공약으로 내세우면서 수원역 고등동 일대에 밀집해 있는 성매매 업소들을 정비하고 그 지역에 새로운 상업지구를 개발하고자 추진한 사업이었으나 난항을 겪고 있었다. 수원시는 지역 여성단체들과의 논의를 통해 성매매 여성의 치료 및 자활 지원을 병행하여 사업을 추진하겠다는 계획안을 발표하고 특위를 꾸려 논의를 진행하고 있었으며, 지역 여성단체들 또한 수원시장 후보자들에게 이에 대한 공약을 반영할 것을 지속적으로 요구하고 있었다. 그러나 성매매 사업자와 업소가 위치한 지역의 토지주들, 그리고 성매매 종사자들까지도 생계와 사유재산권을 주장하며 사업 추진을 거세게 반발하고 있었다. 토지 등 소유자의 3분의 2 이상 및 구역 면적의 2분의 1 이상이 사업에 찬성해야만 정비계획 수립 절차를 진행할 수 있는 현행법 기준도 방해물로 작용했다. 절반에 가까운 토지주들의 반대로 사업은 장기 표류하고 있었고, 심지어 그들 중 절반 가량이 수원지역에 거주하지 않는 것으로 확인되어 수원시민들의 반감이 더욱 커지고 있었다. 전국 성매매 집결지 업주와 종사 여성으로 구성된 한터전국연합회의 수원지부는 시가 여성단체의 의견만 수렴하고 성매매 종사자들에 대한 실질적인 자활 지원 정책 마련에는 뒷짐을 지고 있다며 생존권을 주장하는 집회와 시위를 개최했다. 이러한 지속적인 이익 표출은 전국동시지방선거가 종료된 후에도 대규모 생존권 침해 규탄 집회로 이어지기도 했다. 이처럼 지방선거를 전후하여 여성단체, 토지주, 성매매 업주와 종사자들, 시와 지역주민들 사이에 상반된 이해관계가 복잡하게 얽히면서 각기 다른 방향으로 이익 표출과 갈등이 지속되고 있었다.

2) 조직화된 이익집단들

지난 5월 28일, 수원시에서는 '2018 수원시 100대과제선정위원회(이하 과제선정위원회)'가 주최한 '제7회 전국동시지방선거 수원시장 후보자 초청 정책토론회'가 열렸다. 과제선정위원회는 이 토론회에서 수원시가 겪고 있는 지역갈등이나 개선되어야 할 부분 등 지역 현안을 총체적으로 다룬 100여 가지의 과제를 선정하였다. 해당 안건들은 수원시장 후보들에게 제안되었으며 후보자들은 이를 바탕으로 토론을 거치기도 했다. 과제선정위원회는 원래 2017년부터 연동형 비례대표제와 지방선거 4인 이상 선거구 획정 등 선거제도 개혁을 요구하는 '정치개혁 시민행동'으로 연대했던 지역시민단체들이 지방선거를 맞아 한시적으로 출범시킨 단체였다. 이들이 제안한 100대 과제들은 수원여성회, 수원환경운동연합, 수원이주민센터 등 의제별로 활동하고 있는 다양한 시민단체들이 각자의 분야에 대한 전문성을 바탕으로 폭넓고 깊은 정책들을 직접 고안했다는 점에서 의미가 있다. 또한 개별 단체들이 연대하여 거대한 하나의 위원회를 조직함으로써 각개전투로는 달성하기 어려운 제안 정책의 선거공약화라는 공동의 목표를 함께 추진한 것은 상당히 영리한 전략이었다고 볼 수 있다.

토론회는 자유한국당 정미경 후보가 후보들의 자질 검증에 대한 논의가 빠져있다며 불참을 통보한 관계로, 더불어민주당 염태영과 바른미래당 강경식 두 후보만이 참석한 채 진행됐다. 토론은 주로 분야별 시민단체들의 질의에 후보자들이 응답하는 방식으로 이루어졌으며, 시민사회와 수원시장 후보자들이 한자리에 모여 간담회를 가짐으로써 유권자와 후보자 간에 더욱 직접적인 상호작용을 발생시킨 사례로 볼 수 있다. 특히 후보자들 스스로 시민사회의 정치 참여 역량을 크게 평가하고 있고, 선거에서 승리하기 위해 이들과의 활발한 소통 또한 중요시한다는 점을 확인할 수 있었다. 다만 토론회가 종료된 후 수원시 100대 과제 선정위원회 측에 선거 이후 수원시의 공약 이행 여부에 대한 사후관리는 어떻게 진행되는지 문의해 보았으나 만족스러운 답변을 얻을 수 없었다. 위원회는 지방선거를 위한 한시적인 단체이므로 지방선거 종료 후 해산할 것이고, 개별 정책을 제안한 각각의 단체 단위로 정책과제 이행 여부를 모니터링할 것이라는 답변을 얻었을 뿐이다.

다음 날인 5월 29일에는 수원시 사회복지협의회(이하 협의회)와 수원시 사회복지사협회(이하 사협회)가 수원시 사회복지시설 및 기관들을 중심으로 구성한

'사회복지정책개발추진단(이하 추진단)'을 필두로 '6·13 지방선거 수원시장 후보초청 사회복지 정책제안 협약식(이하 협약식)'을 공동 주최했다. 추진단은 수원시장 후보들에게 사회복지종사자 처우개선 및 사회복지 노후시설 개선 등 전반적인 사회복지정책 의제를 제시하고, 이를 공약으로 채택할 것을 제안했다. 총 23가지 의제로 구성된 제안 공약들은 사회복지 분야에 종사하고 있는 실무자들이 직접 작성하여 제안한 것들로, 내용의 구체성과 실행방안이 짜임새 있게 제시되어 있어 후보자들에게 전반적으로 긍정적인 반응을 이끌어냈다. 다만 협약식 종료 직후 연구를 위한 추진단 인터뷰를 요청하였을 때, 앞선 과제선정위원회의 사례와 마찬가지로 추진단이 협약식 직후 해체 수순을 밟았기 때문에 곤란하다는 답변을 얻어 아쉬울 수밖에 없었다. 또한 수원시의 공약 이행에 대한 사협회와 협의회 차원에서의 직접적인 피드백이나 압박 등의 후속 조치는 고려하지 않고 있으니 언론을 통해 수원시의 공약 이행 여부를 주목해달라는 관계자의 답변 또한 의아했다. 선거 기간을 활용하여 사회복지정책 제안을 위한 추진단을 꾸리고 후보자들의 공약에 그들의 이익을 반영하기 위해 직접 접촉을 시도하는 등 적극적인 움직임을 보여준 점은 인상 깊었으나 공약 이행에 대한 사후관리는 전혀 이루어지지 않는다는 점은 아쉬운 대목이었다.

3) 온라인 플랫폼을 통한 시민제안 공약

중앙선거관리위원회는 이번 제7회 전국동시지방선거를 맞아 2018년 4월 24일부터 기관 사이트에서 '우리 동네 공약 지도 및 우리 동네 공약 제안 서비스'를 운영하며 시민들의 해당 서비스에 대한 적극적인 활용을 장려했다. 이 서비스는 17개 시·도와 226개 구·시·군별 관심 이슈를 바탕으로 제작되어 유권자들이 언제든지 자신이 거주하는 동네의 주요 이슈를 파악하거나 원하는 공약을 제안하는 것이 가능했다. 이는 특정 지역에 거주하는 유권자가 마음만 먹으면 본인의 거주지에서 겪는 불편함이나 개선점을 희망공약 형식으로 직접 선관위 홈페이지에 작성하여 공약 지도에 반영시키고, 후보자들이 이를 검토하여 선거공약으로 활용할 수 있다는 것을 뜻한다. 또 온라인 플랫폼이라는 특성상 후보자와 정책 제안자가 직접 대면할 필요가 없어 의사소통에 할애되는 시·공간적 비용이 대폭 줄어들 뿐 아니라, 지역주민들의 생활과도 밀접한 공약이 제안될 수 있는 여지가 큰 유용한 서비스였다.

실제로 수원시의 희망공약 지도별 키워드를 살펴본 결과 월드컵경기장, 경기도청 신청사, 전통시장, 장애인, 청년, 학생, 학교, 청소년, 중소기업, 버스 등이 자주 언급된 것을 알 수 있었다. 수원시민들이 제안한 희망공약 비율은 경제/일자리가 27.1%(전국 20.2%)로 가장 높았고, 교육이 21%(전국 19.7%)로 2위, 정치/행정이 20.5%(전국 19.5%)로 그 다음을 차지했다.[1] 중앙선거관리위원회가 이러한 서비스를 제공함으로써 해당 플랫폼이 적절히 활용만 된다면 수원시의 시민사회와 후보자들 모두 선거공약에 대한 의사소통을 활발히 이어나갈 수 있는 환경이 조성된 것이다.

그러나 선관위의 야심찬 서비스 홍보와 노력에도 불구하고 우리 동네 희망공약 서비스의 이용 빈도는 저조했다. 올해 해당 서비스가 개시된 후부터 시민들로부터 제안된 수원시의 각 지역구별 희망공약 개수는 장안구 22개, 권선구 12개, 영통구 12개, 팔달구 7개로 고작 53개에 불과했다. 그중에 내용이 중복되는 공약들이 있다는 점을 감안하면 실제 제안된 정책의 다양성은 많이 부족한 편이었다. 게다가 제안된 몇 안 되는 정책들도 대부분 선거공약으로 보기 어려운 단순 민원성 게시글에 그친 사례가 많았다. 이와는 별개로 중앙선관위는 다음의 〈표 2〉와 같이 우리 동네 공약 제안에 올리는 정책에 대해 다섯 가지 조건을 갖추어야 한다고 안내하고 있는데, 이 조건들 또한 상당히 까다로웠다.

사실상 정책전문가가 아닌 일반 시민들이 이러한 조건을 모두 충족하는 정책을 제안한다는 것은 불가능에 가깝다. 설령 명시된 조건을 충족시킨 정책제안이라 하더라도, 후보자들이 해당 게시글에 관심을 갖지 않는 이상 그들의 공약에

1. 중앙선거관리위원회. 2018. "중앙선거관리위원회 우리 동네 공약 지도 보기."

〈표 2〉 '우리 동네 공약 제안' 정책의 조건

• 우리 동네 공약 제안에 올리는 정책은 다섯 가지 조건을 갖추어야 합니다.
1. 정책의 목표가 무엇인가? 2. 우선순위가 어느 정도인가? 3. 정책을 실현하기 위해 밟아야 하는 절차는? 4. 정책 완성의 기한은? 5. 정책을 위해 드는 재원은 얼마이며, 재원 조달 방안은?

출처: 중앙선거관리위원회 홈페이지

반영시키기는 어려울뿐더러 실제로 공약에도 전혀 반영되지 않은 경우가 다반사였다.

4) 첫 번째 흐름에 대한 총평

선거 과정에서 나타나는 두 가지의 큰 상호작용의 흐름 중 시민사회로부터 후보자들에게로 향하는 흐름을 먼저 살펴보았다. 이러한 흐름에는 지역사회에 존재하는 문제들에 대한 이해 당사자들의 이익 및 갈등 표출, 지역보다는 직능단체나 자신들이 속한 조직의 가치에 기반하여 영향력을 미치고자 하는 이익집단들, 중앙선관위원회의 온라인 플랫폼 서비스를 통한 시민들의 정책제안 사례가 있었다. 해당 사례들은 선거 과정에서 후보자들에게 영향력을 미치고자 했던 시민사회의 다양한 시도들을 잘 보여주고 있으나, 그 효과는 실제로 상당히 미약하며 여러 가지 측면에서 한계를 지니고 있었다.

지역사회 문제의 사례에서는 시민사회 내부 구성원들의 이해관계가 통합되지 않거나 상호 갈등 관계에 놓여 있는 경우가 많았다. 이는 유권자들의 결집이 분리되어 후보자들에게 영향력을 미칠 만큼의 강력한 이익표출 행위를 조직화하지 못하게 만드는 요인으로 작용했다. 게다가 시민사회를 구성하고 있는 개별집단들이 가진 조직력과 입지 등에 따라 수원시장 후보자들과의 접촉을 이룰 수 있는 창구에도 격차가 존재했다. 이러한 창구에서 소외된 팔달구 재개발사업 지역

주민들과 수원역 성매매 종사자들의 경우 자발적으로 일시적인 이익집단을 형성하여 대규모 시위나 농성의 형태로 이익을 표출할 수밖에 없었다. 대부분의 지역갈등 사례들이 해당 지역구만의 문제로 인식되는 점 또한 수원시장 후보자들에 대한 접근을 더욱 어렵게 만드는 요소이다. 수원시 전체를 아우를 수 있는 공약들을 더욱 선호하는 수원시장 후보자들에게는 상대적으로 미시적인 지역구의 문제들이 매력적으로 와닿지 않을 가능성이 크기 때문이다. 실제로 영통구의 쓰레기 소각장 사례에서도 수원시장 후보보다는 지역구 내의 문제에 좀 더 집중하고 힘을 쏟을 가능성이 큰 시의원 후보들에 대한 접촉이 훨씬 두드러졌다.

기존에 조직을 갖추고 있던 직능단체나 이익집단들의 이익표출 사례에서는 지역사회보다 상대적으로 더욱 적극적이고 활발한 움직임이 나타났다. 이러한 이익집단들은 지역사회 갈등 사례들과 달리 대부분의 내부 구성원들이 동일한 이해관계를 공유하고 있기 때문일 것이다. '2018 수원시 100대 과제선정위원회'와 '사회복지협의회 및 사협회' 모두 토론회나 협약식과 같은 공식 석상을 마련하여 후보자와 직접 접촉하고 적극적으로 정책을 제안했다. 또한 산재되어 있던 개별단체들이 정책제안이라는 공동의 목표를 가지고 조직력을 형성하여 강력한 하나의 초월적 단체를 출범시키는 형태로 동력을 확보하는 전략을 보여주었다. 실제로 수원의 지역시민단체와 직능단체를 포함한 여러 이익집단들은 이러한 전략으로 인해 후보자들과의 접촉에 있어서 상당한 우위를 점할 수 있었다. 주목할 점은 선거라는 동기가 사라졌을 때 개별 단체들이 다시 원래의 상태로 돌아가 한시적으로 출범시켰던 초월적 집단을 해체시켰다는 점이다. 선거가 종료된 이후의 정책제안에 대한 조직적인 차원의 사후관리는 섬세히 고려되지 않고 있다는 뜻이다.

마지막으로 중앙선관위의 우리 동네 공약지도 서비스를 통한 온라인 플랫폼 형식의 공약 제안 방식이 있었다. 이 플랫폼은 시민들의 정책제안과 의사표현이 제3자가 마련해놓은 창구를 통해서도 활성화될 수 있다는 사실을 보여주고 있다. 다만 이러한 창구가 적절히 활용되기 위해서는 철저한 사후관리와 접근성에 대한 보완이 뒷받침되어야 한다. '지역 단위 시민사회의 정책 거버넌스 활성화'라는 목적을 가지고 서비스를 시작한 중앙선관위의 야심찬 취지는 주목받을만했으나, 결론은 용두사미가 되고 말았기 때문이다. 정작 시민들의 서비스 이용도는 매우 저조했고, 제안 정책들은 일상적인 민원에 속하는 경우가 많았으며 불완전했다. 선관위가 요구하는 정책제안들의 요건은 까다로웠고, 후보자들 또한 해당 서비스를 통해 제안된 정책에 관심을 두지 않았다. 선거 기간 동안 수원시장 후보 중 더불어민주당의 염태영만 이 서비스를 잠깐 언급했을 뿐이었다.

3. 두 번째 흐름: 후보자로부터 시민사회로

1) 왜 공약이 중요한가?

선거 과정에서 나타나는 양방향 소통을 살펴보면서 시민사회로부터 여러 정책이 제안되고 후보자들이 선거공약을 형성하는 과정에 특히 집중하고자 했던 이유는 간단하다. 정상적인 사회라면 선거에서 유권자와 후보자 모두에게 가장 중요시되어야 할 것은 당연히 선거공약일 수밖에 없고 또 그래야 하기 때문이다. 서론에서 언급한 바와 같이 유권자에게 있어 대의민주주의 제도하에서 이루어지는 선거는 특정 후보가 당선됨으로써 미래에 발생할 것이라 예상되는 기대이익을 취사 선택하는 과정이며, 한 번의 결정이 이루어지고 나면 얼마 동안은 돌이킬 수 없다. 따라서 유권자들은 각자의 기대이익과 기준에 따라 최적의 후보자를 선택하려 할 뿐만 아니라, 더욱 적극적으로는 그들의 공약 형성에까지 직접 영향을 미치려고 노력하고 있었다. 다만 다양한 사례들을 통해 살펴본 결과 많은 노력과 시도들이 있었지만 여러 한계들이 나타났다는 점을 알 수 있었다.

당선을 최종 목표로 하는 후보자들에게 있어서도 최대한 많은 유권자들의 지지를 얻어내고 확실한 내 편으로 만들 수 있는 효과적인 방법은 좋은 선거공약을 제시하는 것이다. 상호작용의 두 번째 흐름에서는 후보자들이 선거공약을 형성하는 과정을 비롯하여 유권자들을 설득하고 지지를 확보하기 위해 사용하는 선거운동 전략들을 눈여겨 살펴보았다. 각 후보자들의 선거캠프를 방문해 수원시의 지역 현안에 대한 입장과 주요 공약, 시민사회와의 의사소통 과정 등에 대한 인터뷰를 진행하고 선거운동 기간에는 후보자들의 유세 일정에 따라 현장을 옮겨 다니며 그들의 연설을 분석하였다. 수원시장 후보자들은 각기 다른 경력을 통해 정치에 입문한 만큼 각자의 특화된 공약과 캐치프레이즈를 내걸고 끊임없이 시민사회와 접촉하며 선거운동에 임하고 있었다. 그들의 인터뷰와 질의응답, 선거유세 과정에 대한 참여관찰을 바탕으로 비교 분석을 진행한 결과, 후보별로 나타나는 특이점과 공통점들을 파악할 수 있었다.

2) 수원시장 후보자들의 선거운동 전략

자유한국당 정미경 후보는 인터뷰 당시 수원 군공항 이전, 교통체증 해소, 미세먼지 없는 환경도시, 고등학교 무상교육 및 과밀학급 해소 등을 주요 역점사업으로 언급하였다. 또 수원시 권선구 지역구 국회의원으로서 일해 온 경험을 언급하며 수원시에 대한 애정과 관심도를 표하고 국방위 위원으로서 군공항 이전문제에 관련해 자신이 기울여온 노력을 강조했다. 그러나 정 후보는 인터뷰를 비롯하여 선거운동과 유세 활동의 대부분을 지지율 1위를 달리고 있는 더불어민주당

〈그림 1〉 상대 후보의 부동산 투기 의혹이 적힌 정미경 후보의 선거 플래카드

염태영 후보에 대한 네거티브 전략에 활용하는 경향을 보였다. 자신의 선거공약을 짜임새 있게 제시하기보다는 염태영 후보가 전직 시장으로서 추진해왔던 사업이나 정책들을 비난하고 그의 입북동 부동산 투기 의혹을 거론하며 후보자의 자질과 윤리의식부터 검증해야 한다는 입장을 고수했다. 실제로 정 후보의 선거 공보물과 현수막에는 염태영 후보의 부동산 투기 의혹에 대한 문구가 크게 삽입되어 있어 선거공약을 다룬 정책 자료들은 눈에 잘 띄지 않았다. 연설의 내용도 공약을 알리기보다는 더불어민주당 독주체제에 대한 우려와 염태영 후보에 대한 네거티브가 주를 이루었다.

더불어민주당의 염태영 후보는 선거 기간 내내 독보적인 지지율 1위를 달리며 축제 분위기 속에서 선거를 치르고 있었다. 특히 중앙당인 더불어민주당과 문재인 대통령의 높은 인기에 힘입어 여당 소속 정당인으로서 가진 우위를 최대한 활용하며 자유한국당 정미경 후보 측의 네거티브 전략을 정면으로 맞받아치고 맹비난했다. 그는 수원시장 3선에 도전하고 있는 만큼 더 큰 수원 만들기, 수원 특례시 실현을 주요 공약으로 언급하며 수원시장 재선 경험에서 비롯된 노련함과 행정업무의 연속성을 강조하였다. 특히 유세 지역에 따라 해당 지역구에 그간 자신이 수원시장으로서 이루어왔던 업적들을 소개하며 지지율을 공고히 하고자

〈그림 2〉 염태영 후보의 공약 제안 시민공모

했다. 그와 더불어 염 후보는 실제 공약 전문에 시민들에게 직접 제안받은 공약을 삽입하여 노출시킴으로써 기존의 권위주의적 행정에서 벗어나 시민들과 소통하는 민주적인 시정을 펼쳐나가겠다는 이미지를 확립시키려고 노력하는 듯했다.

바른미래당 강경식 후보는 수원시 학교운영위원협의회 회장직을 지낸 경험을 바탕으로 교육전문가를 자처하며 교육과 관련된 공약을 우선순위에 두었다. 그는 직무 교육을 3년 정규 과정으로 만드는 '비즈니스 스쿨' 사업과 지역사회의 청년 실업률 개선을 주요 공약으로 내세웠다. 또 강 후보는 인터뷰에서 다른 두 후보들에 비해 지지율이 부진하여 당선 가능성이 현저히 낮은 상황이지만 이번 선거에서 당이 의미 있는 득표율을 얻을 수 있도록 끝까지 완주하겠다는 강한 의지를 내비쳤다. 선거 기간 내내 더불어민주당 염태영 후보에 대한 대대적인 네거티브 전략을 펼치고 있는 자유한국당 정미경 후보에 대해서는 정책 선거를 훼손하고 있다며 불편함을 드러냈다. 자신의 선거운동 전략에 대해서는 "선거는 축제다"라는 컨셉으로 선거 과정 자체를 즐겁게 생각하고 임하겠다고 밝혔다. 이후의 선거유세 과정에서는 축제라는 컨셉에 맞게 즐겁고 다양한 선거운동을 시도해

〈그림 3〉 유세 현장에서 드럼을 연주하고 있는 강경식 후보의 모습

출처: 경기일보(2018년 6월 10일)

보겠다는 취지로 자신이 직접 유세차량 위에서 드럼을 연주하기도 했다.

3) 수원시장 후보자들의 공약 형성 과정

① 자유한국당 정미경 후보와의 인터뷰

자유한국당 정미경 후보는 선거공약이 형성되는 과정에 대해 선거본부 자체에서 개발한 공약도 많지만 외부에서 여러 시민단체나 지역사회가 제기한 다양한 민원과 요구사항들을 청취해서 선거공약에 반영하려 노력 중이라고 밝혔다. 선거캠프로 접수되는 수많은 민원들의 경우 염태영 후보가 시정을 운영하면서 갈등을 빚어왔던 지역 문제를 비롯한 이해 당사자들의 사례가 상당수를 차지하고 있었다. 지지율 2위를 달리고 있는 정 후보가 실질적으로 염태영 후보를 견제할 인물로 여겨지고 있는 점과 함께 자유한국당과 더불어민주당 사이의 알력도 어느 정도 작용한 것으로 보였다. 그밖에도 정 후보는 민원을 통해 접수되는 다양한 요구사항들을 검토한 뒤 필요하면 당사자들을 캠프로 불러 간담회를 진행하기도 한다고 밝혔다.

> "저희 선거캠프로 민원이 정말 많이 들어와요. 가장 찬반이 뜨거운 문제 중 하나가 재개발 문제에요. 그밖에도 여러 단체들에서 간담회 요청이 들어와서 최대한 많이 만나보려 하고 있어요. 미세먼지 문제 때문에 학부모들이 관련 정책을 만들어달라고 요청하기도 했어요." (자유한국당 정미경 후보)

② 바른미래당 강경식 후보와의 인터뷰

바른미래당 강경식 후보는 수원시의 각 지역별 시도의원 후보자들과 당 지역위원장들을 선거캠프에 불러 모아 토론을 거쳐 선거공약을 다듬었다고 밝혔다. 해당 지역의 문제는 그 지역에서 오랫동안 거주하거나 활동을 이어온 당사자들이 가장 잘 알고 있기 때문에 지역에서 출마한 시도의원 후보와 당직자들의 의견을 모았다는 것이었다. 그밖에도 100대 과제선정위원회의 주관으로 진행한 토론회를 비롯하여 선거캠프로 여러 시민단체와 이익집단의 수많은 민원과 제안을 받았지만 모든 사안을 공약에 반영하기는 어려웠다는 점도 덧붙였다.

"선거공약을 만들기 위해 수원시의 각 지역구에서 오랫동안 지역 활동과 거주 경험을 가진 여러 시도의원 후보들, 당 지역위원들을 모두 선거캠프로 불러 모아 날 잡고 끝장토론을 거쳤어요. 그리고 그 토론 과정에서 나온 좋은 의견들을 다듬어 선거공약에 반영했죠." (바른미래당 강경식 후보)

③ 더불어민주당 염태영 후보와의 인터뷰

더불어민주당 염태영 후보의 행보에서 주목할 만한 부분은 SNS를 통해 별도의 시민제안 공약에 대한 공모 과정을 거쳤던 점이었다. 염 후보는 SNS와 블로그, 우리 동네 공약 지도 서비스를 통하여 시민들로부터 제안받은 정책 중 총 6가지를 시민제안 공약으로 선정하여 공보물에 삽입했다. 다만 우리 동네 공약 지도와 선거 책자를 비교해본 결과, 시민들이 공약 지도를 통해 제안한 정책들이 선거 책자에는 일부 누락되어 있었다. 이후 염태영 후보와의 간담회를 통하여 어떠한 기준으로 공약을 선별하고 반영했는가에 대한 응답을 들을 수 있었다.

"공약의 선정 기준과 우선순위를 정하기 위해서는 먼저 수원시 전역에 혜택을 줄 수 있는 사업인지 고려하고 다수의 시민이 원하는 사업인지 확인해요. 또한 국가에서 실행할 수 있는 일인지도 기준의 일부라고 생각해요." (더불어민주당 염태영 후보)

또한 현직 시장으로서 시정을 운영해오면서 그간 꾸준히 접해온 지역과 시민사회의 민원 사례들을 정책화해나가는 행정 시스템의 필요성에 대해 공감한다며 이를 점진적으로 실현해 나가겠다는 입장을 밝히기도 했다.

"선거는 민주주의의 꽃이며, 다양한 이해관계가 분출되기도 하죠. 또한 현장에서 여러 목소리를 가장 잘 수렴할 수 있는 장이라고 생각해요. 물론 수원시장일 때의 업무가 워낙 바쁘다 보니 모든 민원인과 시민단체를 만나기는 힘들었어요. 하지만 그런 민원들을 정책화하는 시스템은 꼭 갖춰야 한다고 생각해요." (더불어민주당 염태영 후보)

4) 두 번째 흐름에 대한 총평

선거 과정에서 나타나는 두 가지의 큰 상호작용의 흐름 중 후보자로부터 시민사회로 향하는 흐름을 후보자들의 선거전략과 공약 형성과정에 집중하여 살펴보았다. 각 후보자들은 선거 과정에서 당선을 목표로 저마다의 선거전략과 공약을 제시하며 시민사회의 지지를 확대해나가고자 노력하였다. 그러나 그 이면에는 우리가 연구하고자 했던 공약 형성과 정책을 중심으로 시민사회와 활발한 소통을 이어가는 형태의 선거와는 거리가 먼 경향들이 나타나기도 했다. 참여관찰과 비교 분석을 진행한 결과, 수원시장 후보자들의 선거운동 전략에서는 특이점이 두드러지게 나타났으며, 공약 형성과정 또한 각자 나름의 방식으로 이루어졌으나 그 기조에서 여러 공통적인 특징 또한 발견할 수 있었다.

일부 수원시장 후보자의 선거운동 전략은 정책 선거를 방해하는 요소로 작용하기도 했다. 자유한국당 정미경 후보의 네거티브 전략이 대표적인 사례였다. 정 후보는 정책을 중심으로 유권자를 설득하고 지지 세력을 확보하고자 노력하기보다 선거운동의 대부분을 더불어민주당 염태영 후보의 입북동 땅 투기 의혹을 알리고 그의 자질을 공격하는 데 할애했다. 염 후보 또한 정 후보의 공격에 불쾌한 기색을 감추지 않고 맞받아치면서 두 후보의 유세 활동의 상당 시간이 상대방에 대한 공격들로 채워졌다. 두 후보의 모습을 지켜보던 바른미래당 강경식 후보는 정책 선거가 훼손되고 있다며 불편함을 드러냈고 결국 쌍방을 모두 비난하고 나섰다. 물론 선거 과정에서 개개의 후보자들이 올바른 윤리의식과 시민들의 대리자로서 충분한 자질을 지녔는지 검증하는 것은 매우 중요한 절차이다. 그러나 정 후보의 선거전략은 지나치게 네거티브에 편중되어 있어 오히려 자신을 포함한 다른 후보자들이 시민들에게 각자의 공약을 알리고 소통할 기회와 에너지를 앗아갔다.

후보자들은 선거공약을 형성하기 위해서 시민단체가 주최한 토론회나 간담회에 참석하는 등 다양한 공식 석상에서 시민사회와 소통하려 노력했다. 또 인터뷰를 통해 추가적으로 선거캠프를 통한 연락이나 간담회, SNS 공모 등의 방법 또한 동원하여 여러 단체와 이익집단들의 민원과 제안들을 접수하였다고 밝힌 바 있다. 그러나 일련의 과정들은 상당 부분이 불투명하고 비공개적인 석상에서 이루어진 것이 사실이다. 선거캠프에서 실무를 담당하거나 직책을 맡지 않는 이상, 어떤 후보자에게 어떠한 개인 또는 단체들이 민원을 제기하였는지, 그 내용은 무엇이었는지 세세히 알아내는 것은 불가능했다. 또 그 과정에서 특정 단체들과 간담회를 실시하고 정책을 받아들여 공약을 형성하기까지의 구체적인 진행 단계, 공약 확정에 대한 판단 기준 또한 선거를 준비하는 후보자와 캠프 관계자가 아니라면 알 수 없는 것들이었다. 이는 후보자들이 최종적으로 유권자 앞에 내놓는 대다수의 선거공약이 사실상 밀실에서 만들어져 시민사회의 이익이 반영된 것인지, 후보자들의 입맛에 맞는 정책들이 반영된 것인지에 대한 여부조차 파악하기 어렵다는 것을 뜻한다. 그 실효성과 당위성에 대한 판단 기준 또한 누군가 자세히 설명해 주지 않으면 알 수 없다.

또 수원시장 후보들은 수원 군공항 이전, 청년취업, 미세먼지 해결(녹색재생) 등 지역발전을 꾀하거나 전국적 차원의 난제들에 대한 해결 의지를 보였으나, 수원역 성매매 집결지 사례와 같이 갈등이 첨예하여 이해관계가 엇갈리는 지역사회의 현안들에 대해서는 입장을 분명히 밝히고 적극적으로 어떤 노력을 경주하겠다는 발언을 꺼려하는 모습을 보였다. 자유한국당 정미경 후보의 인터뷰에는 시민들의 한 표가 아쉬운 상황에서 이러한 사안들에 대해 말을 아끼고자 하는 후보자들의 난처함이 잘 드러나 있다.

"현재 성매매 집결지 폐쇄 문제, 재개발 갈등과 같이 이해관계가 복잡하게 얽혀 있는 사안들에 대해서 이번 선거 기간 동안 특정한 입장을 취하거나 공약으로 내세우는 것은 부적절하다고 생각해요. 이해관계가 얽혀 있는 문제를 흑백 논리로 결정할 수는 없거든요. 당선이 된다면 지역마다 찾아가서 각 지역별 요구사항을 수렴하여 점진적으로 해결해 나갈 생각이에요." (자유한국당 정미경 후보)

비단 정 후보뿐만이 아니었다. 강경식 후보 또한 마찬가지로 갈등이 첨예한 지역사회의 문제들에 대해서는 현실적으로 공약화하기 어렵다는 입장을 밝혔으며, 염태영 후보는 자신이 시장으로서 추진하고자 했으나 지역갈등이 첨예하여 장기화하고 있는 여러 사업들에 대해 지지부진하다는 표현보다 점진적으로 합리적인 방안을 모색하는 중으로 이해해달라고 답했다. 이러한 모습들이 한편으로는 수원시 전체의 이익을 추구하고 시민 대다수가 원하는 공약을 우선시하는 합리적이고 이성적인 후보들의 모습으로 느껴졌다. 그러나 막상 수원시를 대표하는 지자체장을 목표로 하면서도 한창 주목받고 있는 지역사회의 이슈들에 대해 자세히 언급하기 꺼려한다는 사실은 쉽게 납득하기 어려웠다.

Ⅳ. 선거 결과와 우리의 결론

2018년 6월 13일 치러진 제7회 전국동시지방선거에서는 교육감, 광역단체장, 기초단체장, 지역구 광역의원, 비례대표 광역의원, 지역구 기초의원, 비례대표 기초의원을 선출하는 총 7개의 선거가 동시에 실시됐다. 이번 선거는 지방선거 사상 두 번째로 높은 투표율인 60.2%를 기록하며 박근혜 전 대통령 탄핵과 장미대선에 이어 국민의 정치에 대한 높은 관심을 보여 주었다. 수원시장 선거는 더불어민주당 염태영 후보의 당선으로 결론지어졌다. 염 당선인은 총 득표율 66.99%의 높은 득표율로 자유한국당 정미경 후보(26.7%)를 누르고 수원시의 첫

3선 시장이 됐다. 앞서 수원시장 선거에 대해서 언급했던 '야당 후보의 승리'와 '3선 장벽'이라는 두 가지의 경향성은 염태영 당선인의 사례를 기점으로 깨진 셈이 되었다.

수원시장 선거 결과를 언급함에 있어서 우리의 연구가 선거 과정을 분석하여 특정 후보가 왜 승리 또는 패배할 수밖에 없었는지에 대한 인과관계를 추정해보는 연구가 아니었음을 다시 한번 밝히고 싶다. 당선자가 누구인지에 따라 특정 후보에게는 우호적인 글이 될 수도, 비우호적인 글이 될 수도 있는 연구 또한 하고 싶지 않았다. 선거 과정 전반을 살펴보며 시민사회와 후보자 간에 이루어지는 양방향의 상호작용을 현상 그대로 관찰하고 싶었을 뿐이다. 다만 그러한 상호작용 중에서도 선거공약에 초점을 맞춘 데에는 "선거는 어떠해야 한다."라는 연구자들 나름의 판단과 기준이 적용되었던 것은 사실이다. 시민사회와 후보자들이 상호 간에 정책을 제안하고 이를 받아들여 공약을 형성하는 일련의 과정들을 집중적으로 관찰하고, 이러한 과정에서 벗어나 있거나 상호작용을 방해하는 요소들이 무엇인지 수원시장 선거를 통해 살펴보고 싶었다. 그리고 상기와 같은 상호작용이 더욱 활발하게 이루어질 수 있는 조건들을 제시하여 앞으로의 선거가 이러한 조건들을 보장할 수 있는 문화적 · 제도적 환경이 만들어져야 한다는 이야기를 나누고 싶었다.

선거 과정에서 나타나는 시민사회와 후보자 간 상호작용의 흐름에는 크게 시민사회로부터 후보자에게로 향하는 흐름과 후보자로부터 시민사회로 향하는 두 가지의 흐름이 있었다. 수원시장 선거에서 이 흐름들을 살펴본 결과, 시민사회와 후보자들 사이에 발생하는 양방향 소통을 방해하는 여러 요소를 발견할 수 있었다.

정책을 제안하고 공약이 형성되는 과정에서 이해관계가 복잡하여 갈등이 심한 의제이거나 미시적인 지역 문제에 해당하는 현안들은 수원시장 선거에서 주목을 받기 어려웠다. 갈등이 심할 경우 유권자들의 결집이 분리되어 후보자들에게 영향력을 미칠 만큼의 강력한 이익표출 행위를 조직화하지 못했다. 수원시장 후보자들 또한 유권자들의 한 표가 아쉬운 상황에서 이러한 갈등 관계에 대해 입장을 분명히 밝히지 못했다. 지역에 한정될 수밖에 없는 미시적인 공약보다 수원시 전체를 아우를 수 있는 공약을 내세우는 것이 수원시장 후보들에게는 더욱 유리하기 때문이기도 했다.

다만 이 부분에서는 우리의 연구에도 한계가 있다는 점을 인정할 수밖에 없었다. 실제 영통구의 쓰레기 소각장 사례에서 지역주민들은 수원시장 후보자가 아닌 지역구 시도의원 후보들에게 더욱 적극적으로 접촉을 시도했으며, 시도의원 후보자들 또한 이 문제에 관심을 가지고 공약을 형성하는 등 활발한 양방향 상호작용을 보여주었다. 반면 기초자치단체장으로서 수원시 전체를 신경 써야 하는 수원시장 후보들에게 지역 현안 하나하나에 관심을 쏟기를 바란다는 것은 어쩌면 과한 요구였을지도 모른다는 생각이 들었다. 오히려 세세한 지역 문제와 관련된 상호작용을 살펴보기 위해서는 우리 연구의 대상 자체가 조금 더 지역과 시도의원 선거에 집중될 필요가 있었던 셈이다. 시민사회와 후보자 간에 지역 문제에 관련된 상호작용이 상대적으로 활발하게 나타나지 않았던 것은 우리가 참여관찰의 대상을 수원시장 선거로 결정한 시점부터 예견되었던 결과일 수도 있다.

일부 수원시장 후보자의 선거운동 전략이 정책 선거에 초점이 맞춰져 있지 않아 선거공약을 기반으로 하는 상호작용이 잘 일어나지 않거나 방해를 받기도 했다. 자유한국당 정미경 후보의 지나친 네거티브 전략은 수원시장 선거를 염태영 후보의 부동산 투기 의혹에 대한 논란의 장으로 변질시켰으며, 정책 선거를 훼손시키는 요소로 작용했다. 이는 자신뿐만 아니라 다른 후보자들에게까지 영향을 미쳐 시민들에게 각자의 공약을 알리고 소통할 기회와 에너지를 상호 비난과 공격에 낭비하도록 만들었다.

시민사회가 후보자와 접촉하기 위해 활용할 수 있는 창구에는 상당한 격차가 존재했으며, 대다수의 상호작용이 비공개적이고 불투명한 과정으로 이루어지기도 했다. 후보자들에게 접촉할 수 있는 창구를 보장받지 못한 이들은 시위나 농성과 같은 저항 운동을 통해 이익을 표출하고자 했다. 기존에 조직을 갖추고 있던 직능단체나 이익집단들의 경우 산재해 있던 개별 단체들이 정책제안이라는 공동의 목표를 가지고 조직력을 형성하여 강력한 하나의 초월적 단체를 출범시키는 형태로 후보자와 접촉할 창구를 확보하기도 하였다. 그러나 대부분의 정책 제안이나 후보자들에 대한 접촉은 언론에 노출되거나 공식 석상에서 전개되지 않고, 선거캠프를 비롯한 비공개적 루트를 통해 민원의 형태로 제기됐다. 그리고 당연히 어떠한 개인 또는 단체들이 민원을 제기하였는지, 그 내용은 무엇이었는지 세세히 알아내는 것은 불가능했다.

선거 과정에 대하여 양방향 소통을 연구주제로 삼은 데에는 앞으로 대한민국의 선거를 비롯한 정치와 행정 전반에서 시민사회와 정책 결정자 간에 활발한 상호작용이 보장되길 바라는 연구자들의 염원이 담겨있기도 했다. 이번 수원시장 선거 과정을 살펴본 바로는, 중앙선관위의 온라인 플랫폼과 미약하나마 염태영 후보가 시도했던 SNS 공약 시민공모 방식이 조금의 가능성을 시사하고 있다고 생각한다. 이러한 시도들을 참고하고 발전시켜 선거 과정에서 누구나 접근할 수 있는 창구를 마련함으로써 시민사회의 참여 의지를 더욱 활성화하는 것이 중요하다. 나아가 이들이 제안하는 정책들을 투명하고 공개적인 절차를 거쳐 실행 단계로 옮기는 제도적 장치가 보완되어야 한다. 그렇게 되기 위해서는 이번 전국동시지방선거를 비롯하여 시민사회와 정책 결정자, 유권자와 후보자 사이에서 발생하는 상호작용 과정 전반을 고찰하는 후속연구와 제언 또한 지속되어야 할 것이다.

참고문헌

강원택. 2012. 정당론 수강생들, 『서울대생들이 본 2012 총선과 대선 전망』. 푸른길.

경기일보. 2018년 6월 10일. “강경식 수원시장 후보 선거 앞두고 수원 특화 공약 발표 … 뮤직 이벤트 펼치기도.” www.kyeonggi.com/news/articleView.html?mod=news&act=articleView&idxno=1484867 (검색일: 2018.06.10).

김용호·정당과 선거 수강생들. 2016. 『2016 총선 현장에서 배우다』. 푸른길.

김의영. 2015. 『동네 안의 시민정치』.

염태영 수원시장 페이스북. www.facebook.com/all4thepeople (검색일: 2018.05.22).

이태동. 2017. 『마을학개론』. 푸른길.

중앙선거관리위원회. “우리동네 공약지도 보기.” www.nec.go.kr/portal/contents.do?menuNo=200706 (검색일: 2018.05.29).

______. “공약제안 안내 및 제안하기.” www.nec.go.kr/portal/contents.do?menuNo=200502 (검색일: 2018.05.29).

중앙선거관리위원회 선거통계시스템. info.nec.go.kr/electioninfo/electionInfo_report.xhtml (검색일: 2018.05.20).

인터뷰 개요

① 염태영 후보에 대한 인터뷰

- 2018년 6월 8일 염태영 후보 선거캠프에서 실시
- 참석자: 심진보, 이건호, 홍성민 외 16명

② 정미경 후보에 대한 인터뷰

- 2018년 5월 23일 정미경 후보 선거캠프에서 실시
- 참석자 : 전찬영, 심진보, 이건호, 홍성민 외 12명

③ 강경식 후보에 대한 인터뷰

- 2018년 6월 6일 강경식 후보 선거캠프에서 실시
- 참석자: 전찬영, 심진보, 이건호, 홍성민 외 8명

안양시장 선거

6.13 지방선거 참여관찰 보고서: 안양시민은 어떤 기준으로 표를 행사하는가

명지대학교 정치외교학과 **여마리아**

본 연구는 현재 거주지역인 안양시 유권자의 투표행태를 알아보는 것을 목적으로 한다. 이를 위해 2018년 6월 13일 치러진 제7회 지방선거 중 현 거주지인 안양시 시장선거를 참여관찰하였으며, 연구를 통해 안양에 어떤 삶의 모습과 문제들이 있는지 살펴보고 안양시민은 어떤 기준을 가지고 투표를 하는지 알아보고자 하였다.

이 과정에서 '안양시 유권자의 가장 큰 투표기준은 정당'이라는 가설과, 더하여 '응답자는 자신이 실제로 그런 것보다, 지지정당을 찍는 일명 '줄투표'가 아닌 합리적으로 투표하는 유권자라고 인식'한다는 하위 가설을 설정하여 실제 선거결과와 얼마나 일치하는지 살펴보았다.

참여관찰 방법으로는 안양시의 전반적인 사회경제적 특성을 분석함과 동시에 선거에 영향을 미칠 만한 주요 이슈 조사, 후보와의 인터뷰 진행, 안양시민을 대상으로 한 설문조사 실시 등 다양한 시각에서 선거를 분석하였다.

보고서를 작성한 지 9개월여가 지났으므로, 현 시점(2019년 3월)에서 추가 및 보완이 필요하다고 생각되는 내용에 대해 다소 수정을 거쳤음을 밝힌다.

Ⅰ. 선거구의 특징

1. 사회경제적 특징

1) 발전 연혁

경기도 남서부에 위치한 안양시는 1970년대 경제개발 시기 서울의 거주 및 공업 기능을 분산하는 1기 수도권 신도시로 성장하였다. 이후 80년대에는 공업도시로서의 기능을 강화함과 동시에 상업, 서비스업 등 3차산업이 대두했다. 90년대 평촌 신도시개발은 그 정점을 찍은 시기라고 할 수 있으며, 이에 따라 자연적·사회적 인구 또한 증가했다.

하지만 2008년 627,330명으로 최고치를 기록한 인구는 2018년 5월 말 기준 583,447명으로 10년간 꾸준한 감소추세에 있고, 전국적인 출산율 감소와 고령화 현상을 예외 없이 경험하고 있다.[1] 또한 전문·관리직 및 판매·서비스직, 기능·단순노무직 등 모든 영역의 노동인구 대부분이 서울로 유출되며[2] 일명 베드타운(bed town)으로 전락했다. 경기도 전체 수치와 비교해 봤을 때도 2007년 기준 경기도 관내 거주자의 88%가 도내에 직장을 가지고 있는 반면, 안양시의 경우 69%에 그쳐 서울의 베드타운 역할이 특히 두드러진다고 할 수 있다.[3] 비록 2007년 지표이지만, 발전이 극대화된 시기에도 경기도 내 타 지역에 비해 그 비율이 낮다는 점에서 현재는 그 비율이 대폭 감소했을 확률이 높다는 점을 추론할 수 있다.

이러한 점들을 종합해 볼 때 경기도 내 여타 성장관리지역 도시들에 비해 안양은 정체상태에 접어들었다는 것을 확인할 수 있다.[4]

---

1. 안양시. “2018년 5월말 주민등록 인구현황.”
2. 손승호. 2014. “수도권의 직주균형과 통근통행의 변화.”『대한지리학회』. 제49권 제3호. p.8.
3. 안양시. 2010. “제2기 안양시 지역사회복지계획 최종보고서.”
4. 안양시. 2010. p.20.

2) 행정구역별 특징

안양시는 크게 동안구와 만안구 두 개의 행정구역으로 나뉘는데, 이 두 지역은 대조적인 특징을 지니기 때문에 각 지역의 특징과 차이점을 짚고 넘어갈 필요가 있다.

먼저 동안구가 차지하는 면적은 안양시의 37%에 불과하지만 인구는 56.7%(약 33만 명)로 만안구 인구를 훨씬 웃돌며, 2017년 기준 27,101개 기업이 입주해 있다. 특히 평촌 신도시개발로 기업체가 집중되어 있고, 학원 밀집지구인 '평촌 학원가'로 인해 거주연령이 비교적 낮다는 것이 특징이다.

반면 만안구는 나머지 63%의 면적 중 녹지가 61%를 차지하며, 약 25만 명이 거주하고 있다. 공·상업 지역이 9.2%에 불과하며 17,713개 기업이 입주해 있다는 점에서 경제규모가 동안구보다 확연히 작음을 알 수 있다.[5] 가수 MC 스나이퍼의 '안양 1번가'라는 노래가 있다. 노래에서 안양 1번가는 술자리에서 벌어지는 싸움을 적나라하게 표현하는 가사의 배경이 되는데, 이를 통해 외부인들의 안양에 대한 인식을 간접적으로 알 수 있으며 도시슬럼화현상이 심각한 상태라는 것을 보여준다.

5월 29일에는 만안구 석수동 금천교회에서 열린 '연현마을 환경문제 해결 방안 모색을 위한 안양시장 후보자 정책토론회'에 참석했다. 아스콘 공장에서 배출되는 발암물질과 불법 골재채취 영업, 그로 인해 발생하는 환경 및 소음문제에 관한 후보들의 해결 방안을 듣는 시간이었다. 지역의 특정사안을 주제로 토론회를 갖는 것은 드문 일이고 예상보다 많은 400여 명의 주민이 참석했다는 점에서 문제의 심각성을 느낄 수 있었다.

---

5. 안양시. "2017년 기준 사업체조사 결과."

〈그림 1〉 연현마을 정책토론회에 참석한 주민들의 모습

〈그림 2〉 연현마을 정책토론회에 참석한 주민들이 후보들에게 궁금한 점을 작성한 모습

2. 역대 안양시장 선거 분석

앞에서 언급한 요소들을 종합해 봤을 때 안양시민의 현재 시정 만족도는 다소 낮을 것으로 예측할 수 있다. 지난 몇 차례의 안양시장 선거가 이를 뒷받침하는 근거가 된다.

먼저 안양시는 예측이 쉽지 않은 흥미로운 선거구라고 할 수 있는데, 2014년 제6회 지방선거 당시 여당이었던 새누리당 이필운 후보가 야당후보 최대호에 932표라는 근소한 차이로 승리한 바 있다. 세월호 참사 이슈로 인해 당시 여당인 새누리당에 크게 불리한 상황이었음에도 불구하고 야당 후보였던 최대호를 둘러싼 비리의혹으로 표가 갈렸고, 결국 최대호의 낙선으로 이어졌다는 점을 볼 때 그 불투명성이 두드러진다고 할 수 있을 것이다.

또 한 가지 주목할 점은 전·현직 시장의 4번째 대결이었다는 점이다. 최대호 후보와 이필운 후보는 지난 3차례의 지방선거에서 대결구도를 형성하며 번갈아 각각 1승과 2승을 거둔 바 있다. 이를 통해 스윙보터(swing voter)가 많은 안양시 선거구의 특성을 확인할 수 있다.

6월 13일 이 두 후보는 또다시 경쟁하게 되었고, 여기에 전략공천을 받은 바른미래당 백종주 후보가 젊고 새로운 이미지를 내세워 가세하면서 안양시 유권자가 새 인물에 표를 줄 것인지가 또 하나의 관전 포인트가 되었다.

Ⅱ. 후보별 주요 공약 및 이슈

직접 진행한 설문조사에서 안양시민들은 안양의 가장 시급한 현안으로 청년일자리 확대(33.8%), 경기침체 극복(20%), 안양시 숙원사업 시행(16.9%)을 꼽았는데, 세 후보의 공약에는 이를 해결하기 위한 각자의 대안들이 녹아 있었다.

1. 기호 1번 더불어민주당 최대호 후보

최대호 더불어민주당 후보가 내건 주요공약으로는 시민불평회 등 시민 참여플랫폼 운영, 청년창업 활성화 지원정책 실시, 경부선 국철 지하화사업, 박달 테크노밸리 조성 등이 있다. 지난 2018년 5월 30일 최대호 선거사무소에서 최 후보와의 인터뷰를 진행했는데, 그는 공약들의 실현가능성에 강한 확신을 내비치고 있었다. 다음은 청년창업 활성화 지원정책의 실현가능성에 관한 최 후보의 답변이다.

Q1: 석수 청년스마트밸리 추진을 위해 많은 조건들이 따르는데, 얼마나 성공을 확신하고 4년 임기 동안 완성시킬 수 있는지?

"안양시에 일정기간 이상 거주한 청년을 대상으로 컨설팅부터 마케팅, 청년들이 특히 약한 네트워킹이나 법률지원, 자금지원까지 모든 서비스를 제공하며 100% 성공시킬 것이다. 또 이는 장기프로젝트가 아니므로 임기 동안 무조건 완성할 수 있다."

시민들에게 익숙한 후보라는 점 외에 본인이 가지는 경쟁력에 대해 묻는 질문에서는 틀에 박힌 정치가 아닌 시민들과 더불어 이루어가는 지방정치를 실현할 포부를 드러냈다.

Q2: 총선이나 이번 더불어민주당 내 경선을 봤을 때 안양에서 인지도가 큰 요소로 작용한다고 볼 수 있는데, 동일하게 인지도 면에서 강점을 가지는 이필운 후보에 비해 가지는 경쟁력이 있다면?

"나는 그야말로 시민 출신 후보다. 밑바닥에서 시작해 시민들과 공감대를 형성할 수 있고, 시민의 뜻을 잘 받들 수 있는 후보이기 때문에, 고정관념에 갇힌 틀에 박히지 않은 다른 유연한 사고를 할 수 있다."

한 가지 짚고 넘어가야 할 것은 최 후보와 그 측근을 둘러싼 비리의혹이 여전히 해결되지 않았다는 점이다. 권리당원 모집에 금품이 오간 의혹, 시외버스터미널 부지 선정과정에서의 엄청난 입찰가와 투기의혹, 처남을 성남문화재단 상근 무기 계약직에 입사시킨 것 등이 그 내용인데, 이는 곧 최 후보가 가지는 가장 큰 핸디캡이자 상대진영의 공격 포인트이다. 지난 6월 4일 이필운 후보 측 선거캠프는 안양시청 송고실에서 기자회견을 열어 최 후보를 향해 "아니면 말고 식의 고소고발이나 '가짜뉴스', '흑색선전' 식의 기만술로 안양시민을 속이려 들지 말고 자신과 관련된 각종 의혹에 대해 직접 해명해야 한다"며 이번 경선과정에서 제기된 여러 의혹을 철저하게 밝힐 것을 강력히 요구했다.[6] 그러나 최 후보와의 인터뷰 당시 보완해야 할 점을 묻는 질문에 이런 의혹을 완곡하게 부정하고 있음을 알 수 있었다.

Q3: 보완해야 할 점이 있다면?

"안양 출신이 아니라는 점을 토박이인 상대후보가 공격하고 있는데, 안양에서 태어나지 않았다는 것이 연고가 없다는 점에서 약점인 동시에 오히려 강점이 될 수 있다고 생각한다."

2. 기호 2번 자유한국당 이필운 후보

다음으로 자유한국당 이필운 후보이다. 이 후보는 제2경인전철 건설, 박달·비산역 설치 추진, 안양교도소 이전 및 경기남부법무타운 조성, 청년 및 저소득층

---

6. 안양신문. 2018년 6월 6일. "안양시장 이필운 후보 클린캠프, '불법비리 의혹 최대호 후보' 강력 규탄."

주거복지 지원, 안양·의왕·군포 3개 시 통합 추진, 100만 그루 녹색도시 조성 등의 공약을 내세웠다. 그러나 이는 지난 선거와 크게 다르지 않은 내용이다. 특히 '안양교도소 이전'은 안양시장 재임 시절 재건축의 불가피성을 시민들에게 설명하며 법무부와 재건축을 추진했던 것에서 입장을 번복한 것이며, '100만 그루 녹색도시 조성'은 전임 신중대 안양시장이 추진했던 '나무 100만 그루 심기사업'을 재추진하는 것이라는 지적을 받았다.[7] 상대 진영 후보들은 행정가의 특징이 규모가 큰 사업 시행 시 발생할 수 있는 잠재적 문제에 대한 책임이 두려워 아무 일도 벌이지 않는 것이라고 공통적으로 지적했다.

그러나 이 후보의 민선 4기와 6기에 대한 전반적인 시정평가는 나쁘지 않은 편이다. 행정고시 출신으로 전문성을 가진다는 점을 높이 들어 무리 없이 시정을 운영했다는 것이다. 특히 평생교육사업과 사회복지시설 운영과 버스정보시스템과 안전도시 조성, 하천길 조성 및 가로수 관리 등의 측면에서 시민들의 심심한 호응을 얻고 있는 것으로 나타났다.[8] 덧붙여 이 후보를 지지하는 측은 오랜 라이벌인 최대호 후보의 비리의혹을 언급하며 후보의 청렴도를 강조하기도 했다.

또한 선거캠프에 여러 차례 후보와의 인터뷰 요청을 했으나 진행할 수 없었는데, 이는 현직자가 가지는 핸디캡을 의식한 것으로 보인다.

3. 기호 3번 바른미래당 백종주 후보

마지막으로 바른미래당 백종주 후보이다. 주요 공약으로는 안양교도소로 안양시청사 이전 추진과 안양·의왕·군포 3개시 통합, 석수 종합체육복합단지 조성 등을 제시했다. 백 후보는 전·현직 시장이었던 나머지 두 후보의 재임 때 달라진 게 없음을 강조하고, '시장부터 바꾸자'는 슬로건을 내세우며 시민들의 인식변화를 호소했다.

---

7. 인천일보. 2018년 6월 12일. "안양시장 후보 공약."
8. 국제뉴스. 2018년 6월 22일 "이필운 안양지방정부, 시정현장평가 시민들 '만족'."

백 후보의 가장 큰 약점이라고 한다면 바로 인지도를 떠올릴 수 있는데, 후보 본인도 이를 잘 인지하고 있음을 후보와의 인터뷰를 진행하며 확인할 수 있었다. 동시에 두 후보에 비해 지난 시정 운영의 책임소재가 없다는 점이 작용하여 다소 직관적이고 파격적인 답변을 들을 수 있었다.

다음은 5월 28일 백종주 선거사무소에서 백 후보와 진행한 인터뷰 중 이를 언급한 부분이다.

Q1: 안양시의 숙원사업을 지금까지 시행하지 못한 이유가 있을 것인데 어떻게 실현할 계획인가?

"우리나라 정치의 근본적인 문제다. 단계적으로 실행할 생각을 하지 않고 당선이 되면 외면하는 태도가 문제라고 생각한다. 부족한 재정은 단계별 프로세스를 계획해 해결하자. 안양예술공원에 레일바이크 설치 등으로 관광객을 끌어들이고, 그 수입으로 공원 주변 정비사업을 하는 등 단계적으로 범위를 확장해가면 4년 안에 해결 가능할 것이다. 또 안양시는 다선이 지배함으로써, 이들이 시민이 아니라 중앙당 눈치를 보며 중앙에 예속된다는 점이 안양시의 정체를 야기하는 큰 원인이다. 이를 극복하기 위해 시민들의 인식변화가 중요하다. 시민들을 만나보면 '바꿔어야지'라고 말하면서도 결국 1번이나 2번을 찍는다. 내게는 젊고 역동적으로 일할 수 있는 에너지가 있다. 안양을 역동적인 도시로 만들기 위해 안양시민, 특히 청년들의 결단을 당부 드린다."

백 후보의 경제공약은 만안구에서 더욱 두드러지는데, 바로 만안구 석수동에 복합스포츠테마파크를 조성하고 이를 FC안양의 주경기장으로 활용하여 만안구 경제에 활력을 불어넣겠다는 것이 그 골자이다. 그는 인터뷰 전반에 걸쳐 안양을 관광명소로 육성할 계획을 강하게 내비쳤다. 다음은 그 내용이다.

Q2: 공약 1순위에 안양시청과 의회 이전이 올랐는데, 설명 부탁드린다.

"안양의 핵심 부지를 차지하며 상권 발전을 저해하는 안양시청과 의회를 이전하고, 최근 흉악범죄보다 경제사범이 많은 안양교도소 이미지를 바꿈으로써 상권을 더욱 활성화하려고 한다. 현재 비산동에 위치한 종합운동장을 활용률이 낮은 석수 종합체육시설로 이전하고 아직 미비한 각종 시설을 확충함으로써 국토 효율성을 제고하여 주변 상권의 자연스러운 발전을 유도하려고 한다. 이 모든 요소를 활용해 동안구-만안구 간 지역격차를 해소하고 안양을 활력 넘치는 관광벨트 도시로 발전시키는 것이 목표이다."

Q3: 경제 관련 공약 이외에 다른 공약이 있다면?

"단연 복지다. 우리나라 복지의 문제점은 수혜자가 이중, 삼중으로 혜택을 받는다는 것이다. 소아전문병원 설립, 당장 가정 안에서의 생활비를 해결하도록 3자녀 이상 가정에 고등학교 졸업 때까지 매달 10만 원을 지원하는 등의 맞춤형복지를 실현하겠다. 이외에도 주차난 해결을 위한 주차타운 건설, 불이 많이 나는 지역에 소방도로확장 등 4차 산업혁명 시대에 맞게 인공지능과의 연계를 통한 복지를 시행할 것이다. 이는 또 다시 비용문제로 귀결되는데, 앞서 말한 관광벨트 개발을 통해 자금의 선순환구조를 형성할 것이다."

4. 중대사안에 관한 후보별 의견 및 해결 방안

1) 안양교도소 이전

안양교도소 이전 문제는 안양시의 오랜 '골칫덩이'기에 당연히 세 후보의 공통적인 공약이지만 그 해결방법에서는 차이를 보였다. 안양교도소는 얼마 남지 않은 개발가능지역으로 꼽히는 곳에 위치해 있어 혐오시설로서 뿐 아니라 개발문제도 함께 얽혀 있는 복합이슈이다.

먼저 최대호 후보는 시장 재임 당시 추진했던 방식대로 교도소 유치를 희망하는 지역을 찾아 이전하고 이에 대해 여러 인센티브를 부여하는 방법을 제시했다. 또한 교도소가 아닌 '법무타운'으로 명칭을 바꾸어 주변 환경 및 인식을 개선하겠다는 계획을 밝혔다. 이필운 후보는 효율적인 국유지 관리를 위해 이미 정부차원에서 검토 중인 대상임을 언급하며 지역정치인들과 힘을 모을 것을 약속했다. 백종주 후보는 안양·군포·의왕 3개시 통합을 먼저 추진한 후 한적한 곳으로 교도소를 이전하고 그 부지에 행정복합단지를 건설할 계획을 밝혔다.

하지만 이는 최대호와 이필운 두 후보들이 지난 3차례의 선거에서도 주장했으나 여전히 계류 중인 사안들로, '이번에는 누가' 이를 실현할 수 있을 것인가가 관건이라고 해야 할 것이다.

2) 연현마을 아스콘 공장으로 인한 환경문제

앞서 언급한 '연현마을 환경문제 해결 방안 모색을 위한 안양시장 후보자 정책토론회'에서 발의된 '연현마을에 있는 아스콘 공장이 불법적으로 골재 채취업을 해온 데서 오는 소음공해 및 발암물질 배출, 상권발달 저해 등의 문제의 본질적인 해결을 위한 해결책이 있다면 답변해 달라'는 공통질의에 대한 각 후보들의 답변이다.

"우선 공장 이전은 업체의 동의가 있지 않는 한 쉽지 않기 때문에 업체의 동의를 얻어내면서 상생할 수 있는 방법을 고안해야 한다. 따라서 주민들과 협력하여 업체에 협조를 요구함과 동시에 행정기관의 협조가 필요할 것이다." (이필운 후보)

"인수위에서 연현마을 부모모임을 포함한 시장 직속 민간TF를 구성해 일 년 내 아스콘 공장 폐쇄, 경기도 보건환경 연구원과의 협력을 약속드린다. 일차적으로는 안양시와 경기도가 합의한 내용을 반드시 시행하도록 압박하고, 당장 유해먼지로 고통 받는 학생들을 위해 초등학교와 중학교에 미세먼지 방충망과 공기청정기를 설치하겠다. 특히 이필운 후보와 지니는 근본적인 차별점은 공장 자체의 사업체 전환을 촉구하는 것이다. 용이한 서울과의 지리적 접근성을 이용해 공장 부지를 진로적성 체험장으로 전환해 수익성 또한 제고하겠다. 그 성공사례로 연 수입이 300억에 달하는 영등포 키자니아가 있다.” (백종주 후보)

“재임 당시 공장을 이전하는 것으로 합의를 이뤘지만 연임 실패로 인해 무산되었다. 이를 다시 추진해 공장 부지를 반드시 이전할 것이며, 불가능하다면 공영개발을 추진할 생각이다. 2010년 시장 재임 당시 안양시 최초로 연현마을 재해산업감사를 실시하여 이행 강제금 5,000만 원과 2012년부터 2014년 2,800만 원의 현상금을 부과한 바 있다. 시대정신에 맞게 주민의 건강한 삶을 위해 (이 문제를) 앞장서 해결할 것이다.” (최대호 후보)

각 후보 모두 문제점에 대해 잘 인지하고 있었고 각자의 방법으로 해결의지를 보였는데, 흥미로웠던 것은 백종주 후보의 태도였다. 앞서 언급했듯 다른 두 후보 모두 시장직을 수행한 경험이 있는 바 오래 지속돼 온 이 문제의 책임에 있어 자유롭지 못 한 반면, 백 후보는 그렇지 않기 때문에 자신을 알릴 기회를 적극 활용하는 모습을 볼 수 있었다. 실제로 거침없는 발언으로 장내에서 가장 큰 박수를 받기도 했다. 안양의 거물급 인사들과의 대결에서 첫 출마가 양날의 검이 될 수 있음을 보여주는 장면이었다.

Ⅲ. 설문·여론조사 분석

이번 참여관찰의 목표가 안양시민들의 투표기준을 알아보는 것이기 때문에, 조사결과 분석은 가장 중요한 지표가 된다고 할 수 있을 것이다. 이를 위해 직접 설문을 진행하였으며, 여론조사 전문기관의 조사결과를 참고하여 분석하였다.

1. 채택한 조사 방식

1) 직접 진행한 현장 설문조사

서면 및 구글폼 설문조사를 통해 부모님이나 친구들과 같은 가까운 지인부터 식당이나 카페 등 사업장에서 만난 시민들, 사전선거일과 선거 당일 투표장에 나온 시민들까지 안양시 거주자에게 의견을 물었으며, 총 66개의 답변을 받을 수 있었다.[9] 특히 6월 9일 사전투표일에는 안양시 동안구 범계동 행정복지센터 사전투표소에서, 6월 13일 선거 당일에는 안양시 만안구 석수동 럭키아파트 투표소에서 직접 시민들을 만나 설문을 받았다(두 장소 모두 사전에 관계자의 양해를 구한 뒤 진행하였다). 조사기간은 2018년 5월 28일부터 선거 당일인 6월 13일까지 총 17일이었다. 문항구성은 다음과 같다.

- 유권자 층 구분을 위한 문항: "지금 거주하고 계시는 지역에 체크해 주십시오", "해당 연령대에 체크해 주십시오", "성별을 선택해 주십시오", "직업을 선택해 주십시오."
- 정치관심도 측정을 위한 문항: "현재 안양시장 선거에 출마한 후보를 모두 알고 계십니까?", "현재 안양시장선거 후보들의 공약을 파악하고 계십니까?"
- 당시 자유한국당 소속 안양시장에 대한 정권교체의지 측정을 위한 문항: "안양시의 현안 중 가장 중대한 사항은 무엇이라고 생각하십니까?", "마지막으로, 2016년 국정농단 사태가 이번 지방선거에 얼마만큼의 영향을 미칠 것이라고 생각하십니까?"

---

9. 구글폼 설문조사 링크를 참고문헌에 표시했음.

특히 다음의 두 문항을 통해 유권자의 지지기준을 주관적, 객관적인 두 가지 시각에서 살펴보고자 하였다.

• 유권자의 투표기준 측정을 위한 문항: "지금까지의 선거에서 본인의 가장 큰 투표기준이 된 요소를 두 가지 선택해 주십시오", "응답자께서는 대다수 유권자들의 가장 큰 투표기준은 무엇이라고 생각하십니까?"

직접 진행한 설문은 양적측면에서는 한계가 있지만 지인들에게 의견을 물음으로써 성의 있는 답변을 들을 수 있었고, 여론조사가 현실을 얼마나 잘 반영하였는지 검증하는 역할을 함으로써 더 정확한 분석이 가능했다.

2) 리얼미터의 여론조사

개인이 조사한 인원으로는 표본을 만드는 데 무리가 있다고 판단하여 여론조사 전문기관 리얼미터에서 실시한 여론조사 결과를 참고하였다. 중부일보의 의뢰로 5월 25일과 26일 2일간 진행하였으며, 안양에 거주 중인 만 19세 이상 남녀를 대상으로 유선 ARS을 통해 확보한 706개의 표본에 대한 통계이다.[10]

2. 조사결과 분석

〈그림 3〉은 직접 진행한 설문 중 본인의 가장 큰 후보 선택기준을 묻는 질문에 대한 응답이다. 당시 두 가지를 선택하도록 한 것은 응답자에게 선택의 폭을 넓혀주기 위함이었다. 하지만 이로 인해 답변이 갈리게 되어 압도적인 비율을 차지하는 답변을 밝혀내기에는 적절하지 않은 방법이었다는 점에서 아쉬움이 남는다. 조사 결과, '공약'이 58.5%, '정당' 55.4%, '후보의 도덕성 및 청렴도'가 53.8%

10. 리얼미터. 2018년 5월 26일. "6.13 경기 안양시장 선거 여론조사."

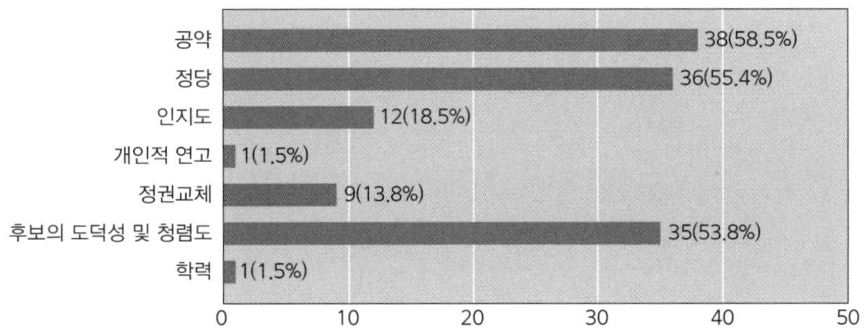

〈그림 3〉 질문 '지금까지의 선거에서 본인의 가장 큰 투표기준이 된 요소를 두 가지 선택해 주십시오'에 대한 응답

로 바로 뒤를 따랐다.

〈그림 4〉의 '대부분의 유권자의 선택기준'을 묻는 질문에서는 정당이 56.1%로 압도적인 비율을 차지함을 확인할 수 있다. 이 문항을 포함한 이유는 이번 참여관찰에서 설정한 또 하나의 가설 때문인데, 바로 '응답자는 자신이 실제로 그런 것보다, 지지정당을 찍는 일명 '줄투표'가 아닌 합리적으로 투표하는 유권자로 인식'한다는 것이다. 이를 위해 '대다수의 유권자'라는 표현을 통해 자신을 객관화하여 답변하도록 하였으며, 설문결과 다수 유권자가 결정적으로 표를 행사하는 대상은 '정당'이라는 것을 확인할 수 있었다.

리얼미터의 여론조사 결과 〈그림 5〉와 〈그림 6〉 또한 후보지지도와 정당지지

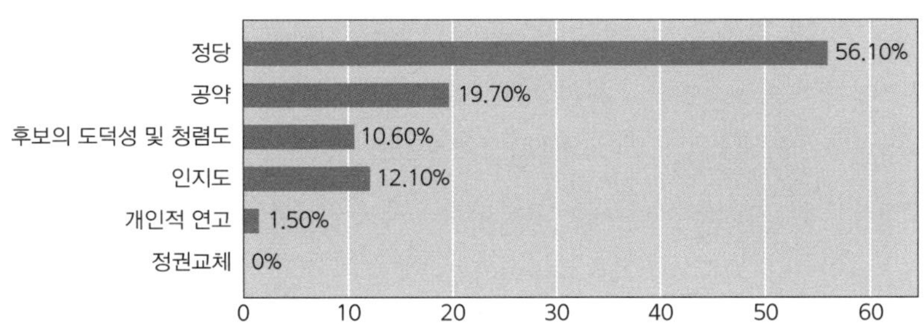

〈그림 4〉 질문 '응답자께서는 대다수 유권자들의 가장 큰 투표기준은 무엇이라고 생각하십니까?'에 대한 응답

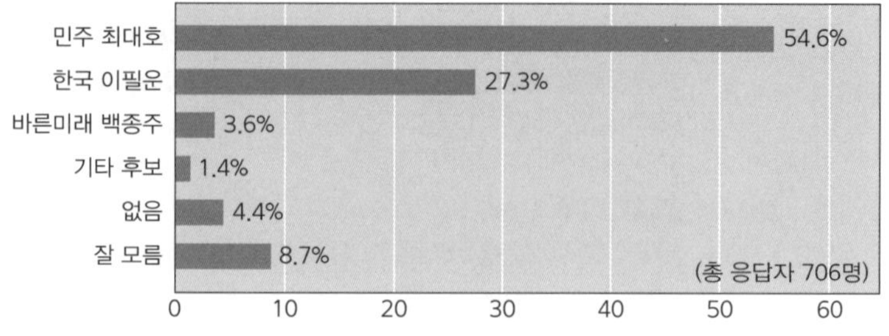

〈그림 5〉 리얼미터의 차기 안양시장 지지 조사결과

출처: 리얼미터. 2018. p.9

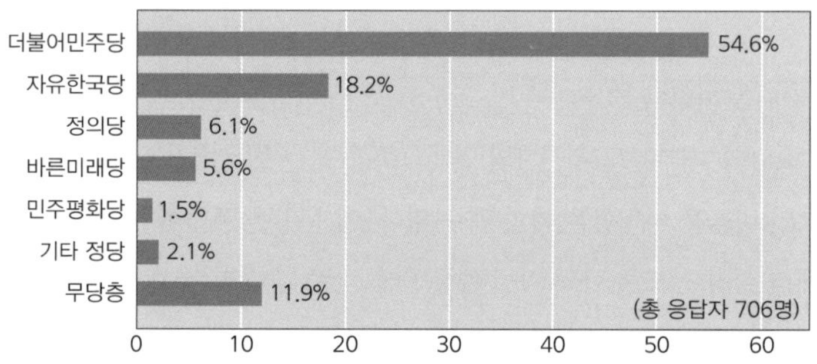

〈그림 6〉 리얼미터의 '안양시 유권자의 정당 지지도' 조사결과

출처: 리얼미터. 2018. p.15

도가 유사함을 보이는 모습을 확인할 수 있는데, 곧 후보에 대한 지지가 정당에 기인하는 것임을 뒷받침하는 근거가 된다.

한편 〈그림 7〉에서는 지지강도 측면에서 70%를 가뿐히 넘는 최대호와 이필운 후보에 비해 백종주 후보가 불리한 형세를 보이고 있음을 확인할 수 있다. 진보-보수정당 연합에서 오는 바른미래당의 정통성의 한계이자, 백 후보가 첫 출마로 고전하고 있음이 드러나는 대목이다. 따라서 새 인물론을 내세우며 주의를 환기하고는 있으나, 이것이 승리로까지 이어지기엔 무리일 것으로 판단하였다.

지금까지 살펴본 점들을 종합해 볼 때 유권자의 선택을 좌우하는 가장 큰 요소는 정당이라는 결론을 얻어, 최종적으로 정당 및 후보지지도 모두 가장 높은 비

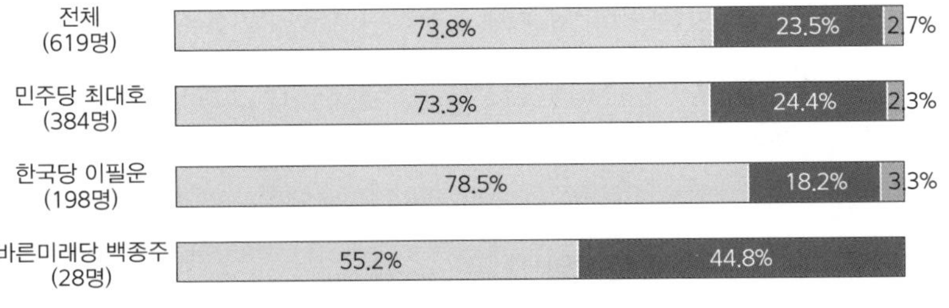

〈그림 7〉 리얼미터의 후보지지 강도(지속성) 조사결과

출처: 리얼미터. 2018. p.11

율을 기록한 더불어민주당 최대호 후보가 승리할 것으로 예측했다. 더불어 4년 전 선거에서 후보의 개인적 자질 문제가 크게 작용하여 낙선한 전적이 있기는 하지만, 2018년 선거에서는 당시만큼의 영향력을 발휘하지는 못할 것이라고 판단하였다.

Ⅳ. 선거결과 분석

1. 선거결과 개관

제7회 전국지방선거는 전국 투표율 60.2%로 마감되었다. 지방선거 투표율이 60%를 넘은 것은 1995년 첫 지선 이후 23년 만이다. 중앙선거관리위원회는 투표율 상승의 원인으로 지난해 대통령 선거로 높아진 국민의 정치의식과 참여열기가 이번 지방선거까지 이어졌다는 점, 사전투표 제도가 지난 3차례의 전국 선거를 거치며 국민들에게 널리 알려진 점 등을 꼽았다.[11] 안양시는 경기도 투표율 57.8%를 웃도는 62.9%의 투표율을 기록했다.[12]

11. 연합뉴스. 2018년 6월 14일. "지방선거 최종투표율 60.2%…국회의원 재보선은 60.6%."
12. 중앙선거관리위원회. 2018. "제7회 전국동시지방선거 투표율 분석."

결과는 예상대로 더불어민주당 최대호 후보의 압승이었다. 각 후보들은 최대호 56.2%, 이필운 38.3%, 백종주 5.5%를 득표했고, 이로써 최대호와 이필운은 또 다시 시장직을 주고받게 되었다.

2. 안양시장 선거에 작용한 요인

선거결과 분석에 앞서 전국적인 개표결과를 언급하지 않을 수 없다. 시도지사 17명 중 더불어민주당은 14명, 자유한국당 2명, 무소속 1명이 당선되었고, 국회의원 재·보궐선거 또한 12석 중 더불어민주당이 11석을 가져가며 그야말로 압승을 거두었다. 지방선거를 실시한 이래 '역대 최대 승리'이자, 상대 진영에게는 '역대 최악의 패배'인 셈이다.

이에 대한 주요인으로 세 가지를 꼽았으며, 이 요소들이 긴밀히 연관되어 작용하며 뚜렷한 선거결과를 가져올 수밖에 없었다고 판단했다.

1) 안양시민의 투표기준은 결국 '정당'

앞서 언급했듯 최대호 당선자에게는 결론 나지 않은 여러 비리의혹이 있다. 응답자의 투표기준을 묻는 문항에서 후보 개인의 도덕성 및 청렴도가 53.8%를 차지했지만, 2014년 최대호 후보의 결정적 낙선요인이었던 측근비리 문제가 이번 선거에서는 전국적인 여당 지지 돌풍을 막지 못한 것이다.

이를 통해 '응답자는 자신이 실제로 그런 것보다, 지지정당을 찍는 일명 '줄투표'가 아닌 합리적으로 투표하는 유권자라고 인식'할 것이라는 가설이 성립됨을 확인할 수 있었다.

2) 4. 27 남북정상회담

더불어민주당이 압도적 지지를 얻은 여러 요인 중, 특히 선거를 바로 앞두고 4

월 27일 열린 남북정상회담의 역할이 크다고 판단하였다. 국민들은 2007년 이후 10여 년 만에 극적으로 성사된 이번 만남에 대해 잦은 잡음으로 혼란스러워하면서도 한반도에 오랜만에 찾아온 평화 분위기를 내심 반겼다. 더불어 선거를 하루 앞둔 6월 12일에는 세계의 이목을 끈 북미정상회담이 개최되었다. 회담 결과에 대해서는 장기적으로 지켜볼 필요가 있지만, 김정은 국방위원장과 트럼프 미 대통령이 얼굴을 마주하며 악수를 하고 대화를 나누는 장면은 강력한 인상을 남기기에 충분했다. 이에 따라 회담의 주역인 문재인 대통령 개인뿐 아니라 여당에 대한 지지 또한 고공상승했으며, 역시 안양시장 선거에서도 대통령 편승효과가 십분 발휘되었다고 해야 할 것이다. 실제로 최대호 선거캠프 방문 당시 자원봉사자에게서 문 대통령에 대한 지지로 여기고 겸손한 자세로 임하고 있다는 말을 듣기도 했다.

3) 2016년 국정농단 사태의 여파

앞선 요소들과 더불어 2016년 박근혜 정부의 국정농단 사태가 해당 선거에까지 영향을 끼친 것으로 풀이된다. 이미 2017년 대선으로 정권교체가 이뤄진 후 1년여가 지났지만, 국민들은 여전히 대한민국 현대사에 남을 사건에 분노와 그로 인한 상처를 지우지 못하고 있었음을 설문조사 마지막 항목인 '2016년 국정농단 사태가 이번 지방선거에 얼마나 영향을 미칠 것이라고 생각하십니까?'에 대한 응답을 통해 확인할 수 있었다. 40%가 '매우 큰 영향을 끼칠 것', 50.8%가 '어느 정도의 영향을 끼칠 것'이라고 응답했으며, '적은 영향을 끼칠 것' 혹은 '거의 영향을 끼치지 않을 것'이라고 응답한 시민은 나머지 9.2%에 불과했다.

Ⅴ. 결론 및 맺음말

이로써 최대호 당선인은 2번째 승리를 거머쥐어 현재 안양시정을 운영하고 있다. 그러나 이는 안양시민들이 온전히 후보 개인에게만 던진 표가 아니었음을 당선자 본인도 잘 알고 있을 것이다. 앞으로 중요한 것은 그가 내건 수많은 공약을 실현하는 일이며, 또한 이미 한 차례 시장직을 수행하며 지난 시정운영의 책임에서 자유롭지 못한 바 그 책임을 다 하기 위해 노력하고 또 실현해내는 앞으로의 임기가 되어야 할 것이다.

참고문헌

국제뉴스. 2018년 8월 22일. “이필운 안양지방정부, 시정현장평가 시민들 ‘만족’.” http://www.gukjenews.com/news/articleView.html?idxno=539048 (검색일: 2018.06.07).

리얼미터. 2018년 5월 26일. “6.13 경기 안양시장 선거 여론조사.” https://www.nesdc.go.kr/files/result/201903/FILE_201805270940483040.pdf.htm (검색일: 2018.05.30).

손승호. 2014. “수도권의 직주균형과 통근통행의 변화.” 『대한지리학회』. 제49권 제3호.

안양시. 2010. “제2기 안양시 지역사회복지계획 최종보고서.” (검색일: 2019.02.23).

안양시. “2018년 5월말 주민등록 인구현황.” http://www.anyang.go.kr/web/board/BD_board.view.do?seq=20180603101830500&bbsCd=1042&pageType=&showSummaryYn=N&delDesc=&q_currPage=2&q_sortName=&q_sortOrder=&q_searchKeyType=TITLE___1002&q_searchKey=&q_searchVal= (검색일: 2018.06.04).

안양시. “2017년 기준 사업체조사 결과.” http://www.anyang.go.kr/web/board/BD_board.view.do?seq=20190122144600210&bbsCd=1060&pageType=&showSummaryYn=N&delDesc=&q_currPage=1&q_sortName=&q_sortOrder=&q_searchKeyType=TITLE___1002&q_searchKey=&q_searchVal= (검색일: 2019.02.23).

안양신문. 2018년 6월 6일. “안양시장 이필운 후보 클린캠프, ‘불법비리 의혹 최대호 후보’ 강력 규탄.” http://www.anyangnews.co.kr/news/articleView.html?idxno=10706 (검색일: 2018.06.08).

연합뉴스. 2018년 6월 14일. “지방선거 최종투표율 60.2%…국회의원 재보선은 60.6%.” https://www.yna.co.kr/view/AKR20180614157400001?input=1195m (검색일: 2018.06.14).

인천일보. 2018년 6월 12일. “안양시장 후보 공약.” http://www.incheonilbo.com/news/articleView.html?idxno=814377#08hF (검색일: 2018.06.13).

중앙선거관리위원회. 2018. “제7회 전국동시지방선거 투표율 분석.” http://elecinfo.nec.

go.kr/neweps/ezpdfwebviewer/ezpdf/customLayout.jsp?contentId=2F6570646174612F455031382F4D4F4E323031382F30312F4D4F4E3031323031383030333352F4D4F4E3031323031383030333355F30303031532E706466 (검색일: 2018.06.13).

구글폼 설문조사

"6.13 지방선거 참여관찰 설문조사." https://docs.google.com/forms/d/e/1FAIpQLSdvUS6hv52AtVxxeIgHgMoaHWvHA9UTCxS4q6N75nDooPW6GQ/viewform?usp=sf_link.

제4장

성북구의원 선거

마을정치의 유세 전략: 중산층을 잡아라

성북구 '가' 선거구의 제7회 전국동시지방선거 기초의원선거 참여관찰 연구

고려대학교 정치외교학과 **조재현·권정우·서승현**

본 연구는 제7회 전국동시지방선거의 서울 성북구 '가' 선거구 기초의원 선거에 대한 참여관찰을 바탕으로 후보자들의 치밀한 유세 전략을 분석하기 위해 진행되었다. 이를 위해 전체 유권자를 비조직화된 일반 유권자와 조직화된 유권자로 구분하여 후보자의 유세 방식을 탐구하고자 했다. 우선, 비조직화된 유권자를 공략하려는 후보자의 전략을 확인하기 위해 "후보자가 유권자를 소득 분포에 따라 차별적으로 공략할 것"이라는 예상을 세워 첫 번째 연구를 진행했으며, 그 과정에서 저소득층과 초고소득층보다는 중·고소득층을 주로 공략할 것이라는 결과를 확인할 수 있었다. 한편, 조직화된 유권자에 대한 전략을 연구하고자 "후보자가 자신의 이전 또는 현재 소속집단을 유세 과정에서 활용할 것"이라는 예상을 바탕으로 두 번째 연구를 진행했다. 참여관찰과 공보물에 대한 문헌연구를 동시에 진행한 결과, 후보자들이 이전 또는 현재 소속집단을 소극적으로 활용하는 모습을 확인할 수 있었다.

이를 바탕으로, 후보자들이 유세 과정에서 비조직화된 유권자의 소득 분포는 적극적으로 활용한 반면, 조직화된 유권자를 동원하는 데서는 비교적 소극적인 태도를 보였다는 점이 확인됐다. 또한, 이에 덧붙여 제7회 전국동시지방선거 개표결과 분석을 통해 선거에서 후보자들이 소속집단을 활용하는 것이 당선 가능성을 제고할 수 있을 것이라고 전망했다.

I. 후보자의 목표는 '당선'

본 연구자는 두 가지 연구 질문을 시작으로 연구를 진행하였다. 첫째는 "후보자는 유권자의 소득 분포에 따라 어떻게 다른 유세 전략을 취할 것인가?"였고, 둘째는 "후보자는 자신의 이전이나 현재 소속 집단을 어떻게 공략할 것인가?"로 상정하였다.[1]

첫 연구에서는 후보자들이 저소득–중·고소득–초고소득자 가운데 특히 중·고소득자를 공략하여 선거를 진행할 것이라고 예상했고, 두 번째 연구에서는 후보자들이 자신이 소속된(또는 소속되었던) 집단을 선거 과정에 동원할 것이라고 예상했다.

후보자가 선거에 임하는 목표는 단연 '당선'이고, 목표를 달성하기 위해 길거리 유세, 문자메시지를 통한 유세, 플래카드 홍보 등 다양한 방법을 동원한다. 이 연구는 후보자들이 어떤 유권자들을 상대로 유세를 하고, 왜 이런 전략을 짜는 것인가에 대한 의문으로 출발했다. 또한 후보자들이 성북구 '가' 선거구 내에 존재하는 엄청난 빈부격차를 염두에 두고 소득 계층에 따라서 유권자를 다르게 공략하리라는 것과, 작은 선거구인 만큼 인맥이 강력한 힘을 발휘할 수 있기 때문에 조직적으로 자신의 소속집단을 공략할 것이라고 예상했다.

1. 첫 번째 연구는 조직화되지 않은 유권자, 두 번째 연구는 조직화된 유권자로 구분하여 그 차이를 알아보는 데 방점을 두고자 했다.

Ⅱ. 후보자는 과연 어떤 소득계층을 공략하나?

1. 연구의 배경

1) 초양극화된 성북동, 중산층이 탄탄한 삼선동의 지리적 특성

제7회 전국동시지방선거의 성북구 '가' 선거구는 성북동과 삼선동으로 구성된 지역이다. 우선 성북동은 서울 전체에서도 가장 큰 부촌이자, 그에 상응하는 거대한 달동네가 공존하는 곳이다. 이러한 지역적 특성 덕분에 성북구 '가' 선거구는 유권자의 소득 수준에 따른 후보자의 태도를 연구하기에 적합한 곳이라고 판단했다. 한편, 삼선동은 상권, 특히 도·소매업이 매우 발달된 동이다. 성북구와 종로구로 이어주는 교통의 요충지이자 탄탄한 중산층을 가지고 있는 삼선동은 성북동의 유권자들과는 다르다. 이처럼 다양한 스펙트럼의 유권자가 공존하는 성북구 '가' 선거구는 후보자가 어떤 소득계층을 공략할지 알아볼 이 연구의 최적지라고 할 수 있다.

성북동은 동면적은 넓지만(2.86km^2) 녹지 및 공원이 차지하는 비율이 높다. 삼선동의 면적은 성북동에 비하면 작지만(0.92km^2) 성북동보다 많은 26개의 통이 있는 것은 주거 지역이 더 넓은 이유 때문이다.[2] 인구밀집도로 보자면 초고소득자들의 인구밀집도가 굉장히 낮은 것은 사실이나, 저소득, 중소득, 고소득층의 밀집도에서는 크게 차이를 보이지 않았다. 초고소득층은 성북동에 밀집되어 있었고, 중·고소득층은 동소문로 근처[3]에 밀집되어 있었으며, 저소득층은 성북동과 삼선동 옆을 따라 위치한 성곽 주변에 주로 위치했다. 이 지역의 저소득층은 대부분 고령층으로, 금전적 문제 이외에도 다른 지역으로 이주할 가능성이 낮아 보인다.

---

2. 성북구. 2013.『성북구 마을만들기 기본계획 수립 연구용역 최종보고서』.
3. 삼선동과 성북동 사이 경계에 위치한 길이다.

2) 가운데 위치한 유권자를 공략해야 한다는 '중위 투표자 명제'

이렇게 저소득, 중소득, 고소득(그리고 초고소득)층이 밀집되어 있다는 것은 후보자가 어느 지역에 공략할 것인지를 명확히 파악할 수 있다는 의미를 갖는다. 후보자의 유세 동선이나 각 지역에 대한 공약 등을 보면 다양한 소득 지역에 대해 각각 어떤 공략을 하는지를 볼 수 있다. 유세 동선이 어디에 많이 분포되어 있는지를 통해 확인할 수 있는 것이다. 그렇다면 후보자들은 어떤 소득 지역을 공략할 것인가?

후보자들은 부동층(浮動層)을 주로 노리고 싶어 하는데, 이들은 관념상 '중산층'일 가능성이 높다. 중산층은 일반적으로 고등교육을 수료하는 등 교육 수준이 높고 많은 사람들이 봉급생활자로서 자신의 거주지를 베드타운으로 생각하는 사람들이 많다. 그러므로 매우 정적인 유권자보다는 동적인 유권자, 특히 부동층일 가능성이 높다. 정치적 관념상으로도 고소득자나 저소득자보다는, 소득 이동 가능성이 높고 정치적으로도 유동적인 중산층이 상대적으로 부동층에 속할 것으로 보인다. 그런 만큼 중산층이 모이는 역이나 버스 정류장, 그리고 중·고소득 주거 지역을 중심으로 후보자들이 유세에 나설 것이라는 예상을 할 수 있다.

이는 비교정치경제 이론인 '중위 투표자 명제(median voter theorem)'에서도 근거를 찾을 수 있다. 유권자를 정책 선호에 따라서 한 줄에 세운다면 양극단보다는 중도층에 매우 많은 유권자가 모이게 된다. 가장 많은 표를 얻으면 이기는, 우리나라의 다수제 선거제도 하에서는 가장 많은 유권자의 선호를 잡을 수 있는 정책을 낸 정당이 유리하게 된다. 그러므로 유권자가 많이 몰린 중간층을 공략하거나, 양당제의 경우 가장 중간에 있는 한 명의 유권자를 얻으면 적어도 50.1% 대 49.9%로 이길 수 있다는 설명이다.

만약 유권자의 정책 선호를 경제 정책으로 전환한다면, 소득에 따라 왼쪽은 저소득, 오른쪽은 고소득층이 모이는 형태를 띠게 된다. 저소득층은 재분배와 높은 세율을 지지할 것이고, 고소득층은 낮은 세율과 자유 시장을 지지할 것이라는 사회경제적 관념에 따라 움직일 것으로 보면, 중산층은 둘 중 하나의 선호 정책을 골라야 한다는 것이다. 즉, 저소득층과 고소득층보다 선택의 폭이 넓은 '부동층'에 해당한다는 것이다. 후보자들은 이러한 경향을 파악하고 중위 투표자에게 어필하는 정책들을 내세워 그들의 표를 얻으면 선거에서 승리할 것이라고 보는 것이다. 그러므로 중소득 지역을 후보자들이 공략할 것이라는 예상은, 기회를 극대화하는 정치인으로서 당연한 것이라고 판단했다.

2. 연구 방법 및 결과

이 연구를 위해 성북동과 삼선동의 소득 분포, 성북구 '가' 선거구 후보들 개개인의 유세 동선에 대해 분석했다. 이러한 소득 분포에 대한 분석을 실제 참여관찰 내용에 적용하여 후보자들의 유세 방식이 유권자들의 소득 분포를 고려한 것인지 확인하고자 했기 때문이다. 이를 분석하기 위해서는 두 가지가 필요하다. 첫째로는 '유권자의 소득 분포'를 알아보아야 하며, 둘째로는 '후보자들의 유세 장소(동선)'를 알아야 한다. 그러나 첫 번째 요소인 '소득 분포'에 있어서는 성북동과 삼선동에 거주하는 모든 유권자 개개인을 대상으로 조사할 수 없다는 현실적 한계에 따라, '소득 분포'라는 독립변수를 '유권자의 주택 가격'으로 대체하여 조사했다.

1) 부동산을 통한 소득 분포 파악

첫째로는 유권자 소득을 대신 측정할 수 있는 '유권자의 주택 가격'을 알아보기로 했다. 주택 가격의 분포를 알아내기 위하여 주택 가격에 대한 개황을 파악하고자 해당 지역의 부동산을 방문하여 지역별 주택 가격 차이에 미치는 영향 요인과 실제 주택 가격 분포에 대해 직접 인터뷰를 진행하였다. 그리고 각 부동산 공인중개사에서 공통적으로 언급한 주택 가격 영향 요인을 통해 그 분포를 구분할 수 있었다. 본 연구를 위해 방문하여 자문을 요청한 부동산은 〈표 1〉과 같다.

〈표 1〉 연구 과정에서 자문을 구한 성북동·삼선동 내 부동산

상호명	주소
리치 공인중개사사무소	서울 성북구 동소문로13길 12 (동소문동6가)[4]
돈델 공인중개사	서울 성북구 성북로 31 (성북동1가)
서울부동산 중개사무소	서울 성북구 선잠로2길 4 (성북동)

소득 계층에 대한 구분은 본 연구에서 가장 결정적인 기준들 중 하나이다. 당초 연구 계획에서는 성북동과 삼선동 주민들의 주택 가격을 중심으로 '저소득 – 중소득 – 고소득'의 3개 계층으로 나누고자 했다. 그러나 실제 현장답사 내용과 직접 청취한 전문가 의견을 종합한 결과 기존의 계층 구분은 적절치 않다는 결론에 이르게 되었다. 성북동의 대사관로와 선잠로에 거주하고 있는 주민들의 상당수는 330.5m^2(약 100평) 이상의 대저택을 보유하고 있으며, 일반 민간 주택 외에도 외교관 사택이 다수 분포해 있다. 그러나 삼선동에 위치하고 있는 일부 아파트[5]의 경우 비교적 고소득자가 많이 거주하고 있으나 성북동의 초고소득자와의 괴리가 매우 크다는 것을 확인할 수 있었다. 이들을 성북동 고소득 주민들과 똑같이 '고소득자'라고 단정하기에는 무리가 있다고 판단했다. 따라서 성북동과 삼선동 주민들을 '초고소득자 – 중소득 및 고소득자(중·고소득자) – 저소득자'로 구분하는 새로운 기준을 채택하여 연구를 진행했다. 중·고소득자의 인구 비율이 상대적으로 높았다. 하지만 이 선거구의 지정학적 특성상 매우 큰 달동네와 부촌이 공존하는 만큼, 다른 선거구에 비해서는 저소득자 – 중·고소득자 – 초고소득자 비율이 균형적이기 때문에 적용할 수 있다고 봤다.

각 부동산에서는 주택 가격에 차이가 발생하는 가장 결정적인 요인으로 '교통 편의성'을 꼽았다. 접근성이 좋은 지역일수록 주택 가격이 올라간다는 것이다.

4. 삼선동의 주요 주거지구와 가깝게 위치해 있었기 때문에 이곳을 방문했으며, 이 사무소에서 특히 많은 정보를 얻을 수 있었다.
5. 코오롱아파트와 삼선SK뷰아파트

성북동과 삼선동의 지리적 특성을 고려할 때 교통 편의성이 높은 곳은 다시 2가지로 나누어질 수 있는데, (i) 역세권과 (ii) 대로(동소문로)변 및 성북천변이다. (i) 역세권의 경우, 두 동에 걸쳐 있는 지하철역인 4호선·우이신설선 성신여대입구역과 4호선 한성대입구역으로부터 도보로 5~10분 이내에 위치하는 지역을 의미한다. (ii) 대로변 및 성북천변은 한성대입구역과 성신여대입구역을 이으며 성북동과 삼선동의 경계 역할을 하는 동소문로와 삼선동의 북부를 가로지르는 성북천의 주변 지역을 의미한다.[6]

반대로 소득 수준이 낮은 곳은 도로변에서 멀리 떨어진, 그중에서도 접근성이 가장 떨어지는 맹지에 있는 집들이었으며 이들의 집값이 가장 떨어지는 경향을 보였다. 이런 집들은 삼선동 중심부와 성북동 일부 부분에 몰려 있다. 그러나 선거구에서 집값이 가장 떨어지는 곳은 성곽 쪽에 붙어 있는 난개발 지역으로, 길도 잘 뚫려 있지 않을 뿐더러 언덕이기 때문에 접근성 역시 매우 떨어져서 집값이 가장 낮게 측정됐다. 구체적으로는 성북동의 북정마을, 삼선동의 원앙빌라 근처와 장수마을 등이 있다. 또한, 이곳은 난개발 지역이기 때문에 집값의 인상이나 재개발로 인한 거주인의 단체 이동 모두 사실상 어렵다는 점도 고려됐다.

아파트 역시 대로변에 가까이 있고 접근성이 좋은 아파트는 설령 오래됐다 하더라도 높은 가격대를 보인 반면, 교통이 편리하지 않고 대로변과 먼 아파트는 가격이 현저히 떨어지는 모습을 보였다. 예를 들어, 지어진 지 20여 년이 된 삼선동 코오롱아파트는 지어진 지 8년 정도 된 SK뷰아파트와 가격 차이가 크지 않다. 코오롱아파트는 동소문로 바로 옆에 지어졌고, 성신여대역과도 가깝기 때문이다. 하지만 SK뷰아파트는 코오롱아파트에 비해 동소문로와 지하철역에서 떨어진 편이다. 그 반대의 경우로, 삼선대우푸르지오아파트는 코오롱아파트보다 지어진 지 오래되지는 않았지만 접근성이 좋지 못하고 대로변과 멀어서 SK뷰아파

6. 다만 성북동이 갖는 지리적 특수성 때문에 고려해야 하는 예외가 한 곳 있는데 바로 대사관로와 선잠로 주변의 고지대 단독주택 밀집 지역이다. 이 지역은 본 연구에서 설정했듯 '초고소득자'가 거주하는 소위 '부촌'이 형성된 지역이다.

〈표 2〉 성북구 '가' 선거구의 소득 분포 지역

소득 계층	지역
저소득자 거주지	• 삼선동: 한성대학교 캠퍼스 부근 난개발구역(원앙빌라, 광성빌라, 장수빌라 등) • 성북동: 북정마을
중·고소득자 거주지	• 성북동 및 삼선동의 저소득·초고소득자 거주지 외 전 지역
초고소득자 거주지	• 성북동: 대사관로와 선잠로 부근의 단독주택 밀집 지역 • 삼선동: 없음.

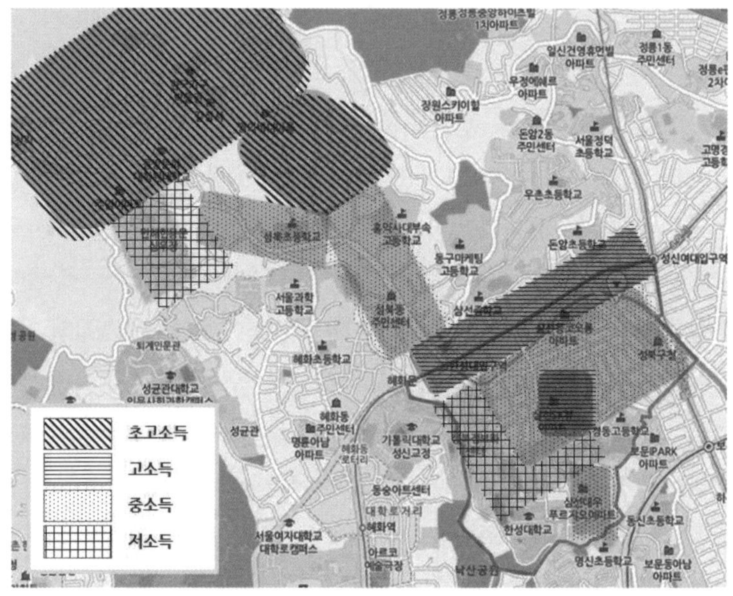

〈그림 1〉 성북구 '가' 선거구의 소득 분포도

지도 정보: 네이버 지도(https://map.naver.com)

트에 비해 1억 5천~2억 원 가량 매매가가 낮다.

이에 따른 결론은 세 가지였다. 첫 번째는 일반적으로 고소득층은 대로변에, 저소득층은 난개발지역과 접근성이 매우 떨어지는 지역에, 그리고 중소득층은 고소득층과 저소득층 사이에 끼어 있다는 것이다. 두 번째 결론은 초고소득층은 예외적으로 선잠로와 대사관로에 거주한다는 것이고, 마지막으로 저소득층이 거주하는 지역들은 오랫동안 저소득으로 남을 가능성이 높고, 이들의 이주 가능성 역시 낮다는 것이다. 이를 바탕으로 성북동과 삼선동 지역의 저소득 – 중·고소득자 – 초고소득자 거주 지역을 구분하면 〈표 2〉와 같다. 이는 후보자들이 어느 소득 집단에 집중적으로 유세를 했는지에 대한 중심 척도로 활용됐다.

2) 후보자의 유세 동선 파악

둘째로 조사해야 하는 '후보자들의 유세 장소(동선)'를 조사하기 위해 취했던 방법은 세 가지였다. 첫째는 선거사무소에 직접 연락하여 유세 계획을 받는 것이었고, 두 번째는 전화를 통해 주요 유세 장소들을 알아내는 것이었으며, 마지막은 직접 유세 장소를 방문해 후보자들의 유세 장소를 찾는 것이었다.

이번 선거에 성북구 '가' 선거구 기초의원 후보로 출마한 후보는 기호 1번 더불어민주당 임태근 후보, 기호 2번 자유한국당 한건희 후보, 기호 3번 바른미래당 송대식 후보였다. 이들의 선거유세 동선을 참여관찰의 방법으로 직접 확인하여 지도에 표시하는 방식으로 연구를 진행했다.[7]

참고로, 선거사무소를 직접 방문하여 자료를 습득하는 방식이 가장 선호되는 것은 자명한 사실이었지만, 연구하는 세 후보자 중 이러한 도움을 준 후보자는 바른미래당의 송대식 후보자가 유일했다. 더불어민주당 임태근 후보자 사무실은 유세계획을 구체적으로 세우지 않고 그날의 필요에 따라 유세 장소를 정한다고 응답했으며, 유세 지역을 본 연구자에게 계속 알려주기로 했지만 안타깝게도 실천되지는 않았다. 한건희 후보자는 연구자의 신분으로 연락을 취했을 때의 연락이 모두 거절당했기에 도움을 받을 수 없었으나, 본 연구자 중 한 명이 실제로 해당 지역구의 유권자였기에 유권자 신분으로 유세 장소를 물어봤을 때에야 비로소 주요 유세 장소들을 알 수 있었다. 결과적으로, 연구를 통해 알아낼 수 있었

7. 지도상에 표기한 사각형 아이콘은 선거사무소의 위치, 원형 아이콘은 연구 과정에서 알려진 유세 장소이다.

던 유세 동선 중 가장 정확하고 구체적인 것은 송대식 후보자였고, 한건희 후보자가 다음으로 많았으며, 임태근 후보자는 연구원들의 부단한 노력에도 불구하고 많은 정보를 알아낼 수 없었다.

① 더불어민주당 임태근 후보

앞서 설명했듯 오직 참여관찰로만 유세 동선을 알아낼 수 있는 후보자였다. 위 지도에서 볼 수 있듯, 임태근 후보자의 유세 장소는 ▲한성대입구역 근처 ▲명동 골목 ▲삼선교 버스정류장 근처였다. 다른 곳에서도 유세를 펼쳤을 가능성이 있으나 그 장소들을 모두 확인하는 것은 현실상 어려웠다. 그러나 한성대입구역 근처에서 집중적으로 유세를 한다는 것만은 알아낼 수 있었다.

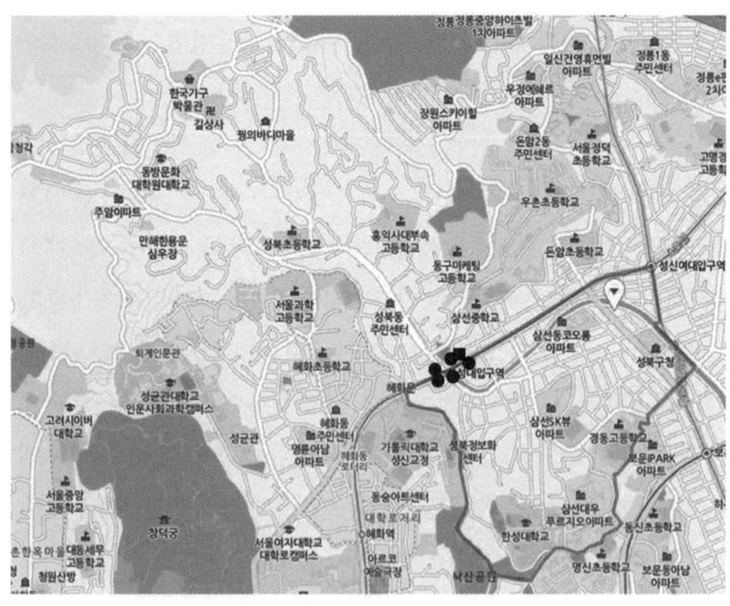

〈그림 2〉 임태근 후보자 유세 장소

지도 정보: 네이버 지도(https://map.naver.com)

② 자유한국당 한건희 후보자

한건희 후보자에 대한 데이터는 참여관찰에 기초하여 조사한 양이 상대적으로 적다. 가장 비협조적인 후보자였기 때문에 연구자들이 유세 현장에 동행하는 것을 상당히 꺼려했고, 그로 인해 참여관찰로 얻을 수 있는 정보량이 적었기 때문이다. 그러나 선거사무소에 유권자로서 문의한 결과 알아낼 수 있었던 유세 장소는 ▲한성대입구역 ▲명동골목 ▲삼선교 버스정류장 ▲성북구청 앞 ▲성북천 다리 ▲쌍다리였다. 이외에도 참여관찰 과정에서 성북동 안쪽으로 유세하러 가는 이동 모습을 육안으로 확인하였으나, 유세 위치가 정확하게 파악되지 않았기에 표시하지 않았다.

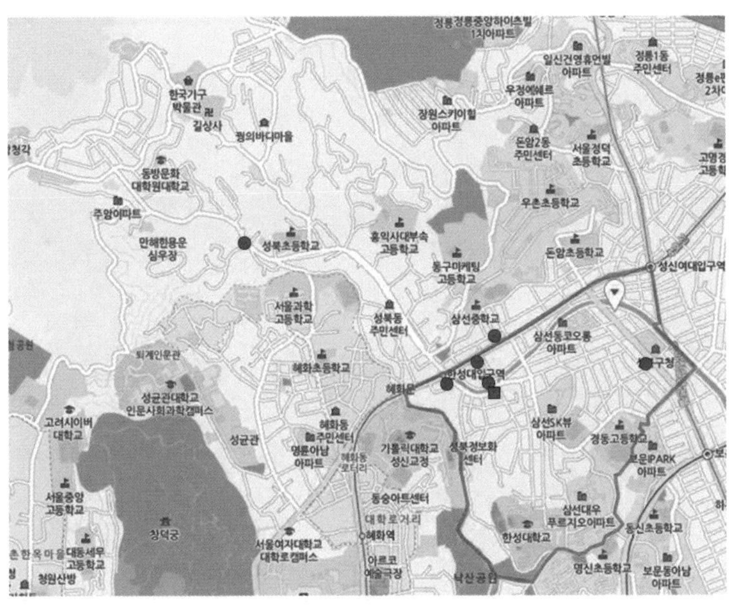

〈그림 3〉 한건희 후보자 유세 장소

지도 정보: 네이버 지도(https://map.naver.com)

③ 바른미래당 송대식 후보자

송대식 후보자는 세 후보 가운데 가장 협조적이었으며, 연구자들이 참여관찰을 하는 과정에서 가장 많이 마주칠 수 있었던 후보자다. 그 덕분에 가장 많은 유세 장소를 알아낼 수 있었다.

> "8명의 선거운동원과 (후보자의) 가족들, 그리고 (후보자) 본인을 중심으로 선거운동이 이루어지며, 8명의 선거운동원은 2명씩 4개 조로 편성되어 각 조별로 지역을 돌아가며 맡아 유세를 진행합니다." (송대식 후보자)

송 후보자 캠프에서는 실제 각 선거운동원의 조별 유세 동선에 대해 구체적인 계획 자료를 제공하기도 했다. 송대식 후보자의 알려진 유세 장소는 ▲명동골목 ▲동소문로 3곳 ▲돈암시장 ▲성북구청 앞 2곳 ▲한성대입구역 ▲나폴레옹 앞

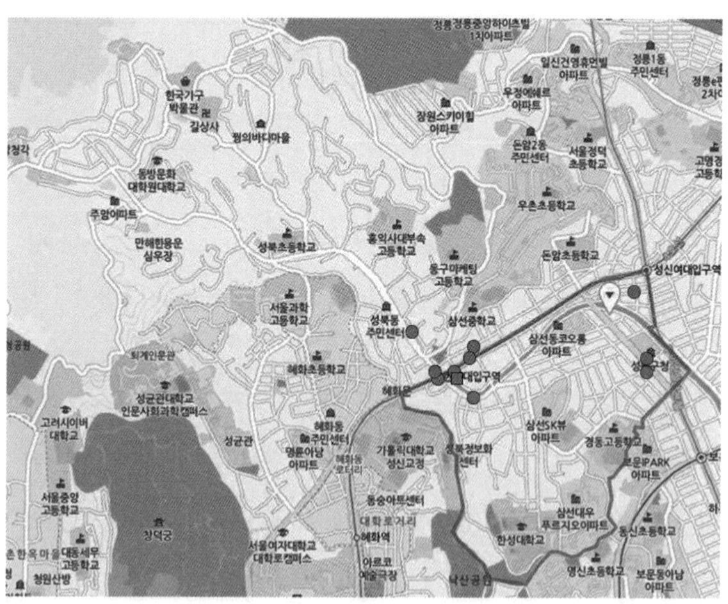

〈그림 4〉 송대식 후보자 유세 장소

지도 정보: 네이버 지도(https://map.naver.com)

▲성북큰길이다. 송대식 후보에게 특별한 점이 한 가지 있는데, "오토바이 구의원은 항상 여러분 곁에 있습니다"라는 슬로건을 내세워 유세를 진행했다는 점이다. 실제로 연구를 위해 사무소를 찾아갔을 때에도 후보자가 직접 오토바이를 타고 이 선거구의 주요 도로나 중심지를 지나가고 있었으며, 참여관찰 도중 선거구 곳곳에서 종종 목격됐다. 정해진 유세 동선을 제외하고도 오토바이를 통해 골목 구석구석을 지나 다녔던 점이 확인된 바 있다. 특히 송 후보와의 전화통화 인터뷰에 따르면, 송 후보 캠프는 비교적 비공식적 방식으로 오토바이 유세를 진행한 것으로 보인다.

〈그림 5〉 송 후보자의 슬로건이 있는 입간판

"오토바이를 타고 돌아다니는 유세 동선은 특별히 지정되어 있지 않고, 선거운동원의 유세 지역에 가서 지원 유세를 하는 방식으로 진행됩니다." (송대식 후보자)

3) 유세 동선과 소득 분포에 대한 종합 분석

세 후보자들이 유세를 공통적으로 주력한 곳은 ▲한성대입구역 ▲동소문로 ▲명동골목 지역으로 분석됐다. 이를 소득 분포와 함께 대입해본 결과, 후보자들이 유세한 곳 전체가 중·고소득층이 밀집된 곳에 집중됐다는 것을 알 수 있었다. 이 결과는 앞서 본 연구에서 예상했던 바와 일맥상통했다. 세 후보자가 유세한 곳을 바탕으로 만든 이 선거구의 유세동선을 종합하면 〈그림 6〉과 같다.

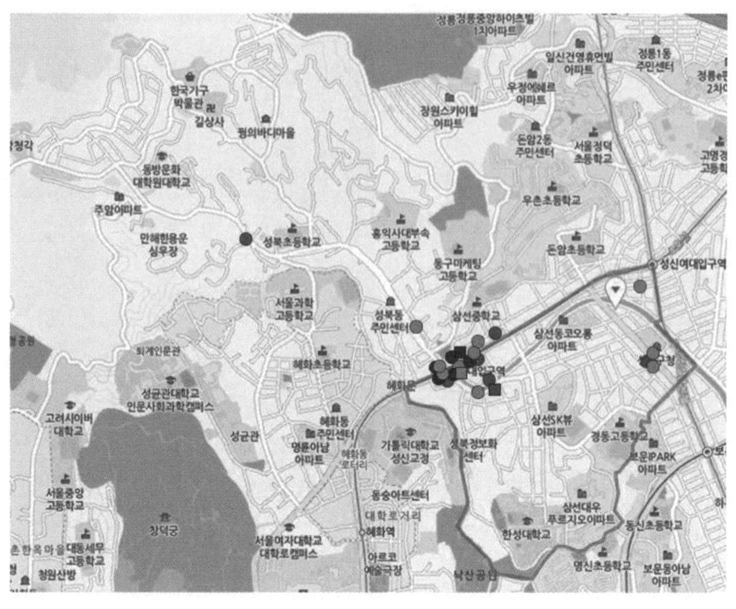

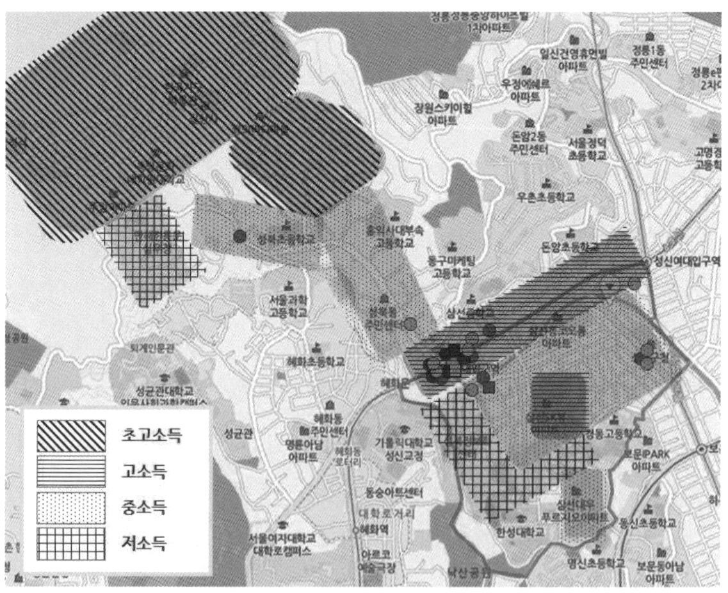

〈그림 6〉 세 후보자의 유세 장소 분포(상), 유세 장소와 소득 분포를 교차한 지도(하)

지도 정보: 네이버 지도(https://map.naver.com)

4) 더욱 확실하게 연구할 수 있는 '공약 분석'

하지만 소득 지역과 유세 지역 자체를 교차하여 분석하는 것만으로는 문제가 있었다. "본래 많은 유동인구가 모이는 지역을 공략한 것이 아닌가"하는 비판에 부딪힐 수 있기 때문이다. 후보자들로서는 가장 편하게 다닐 수 있는 대로변이나, 가장 큰 사거리 그리고 역 주변에 유세를 집중하는 경향이 존재한다. 하지만 송대식 후보의 경우를 살펴보면 오토바이를 통해서 다양한 지역을 공략하는 것처럼, 꼭 그렇지만은 않다고도 할 수 있다. 그러나 더욱 명료하게 관계를 확인하기 위해서, 유세만을 통한 것이 아니라 후보자가 '어느 지역'을 주된 표적으로 하여 공약을 내놓았는지를 확인해 보기로 했다.

5) 공약 지도를 통한 후보자의 전략 분석

세 후보자의 공약 내용은 각자의 공보물을 참고하여 구성하였다. 공약 내용 중

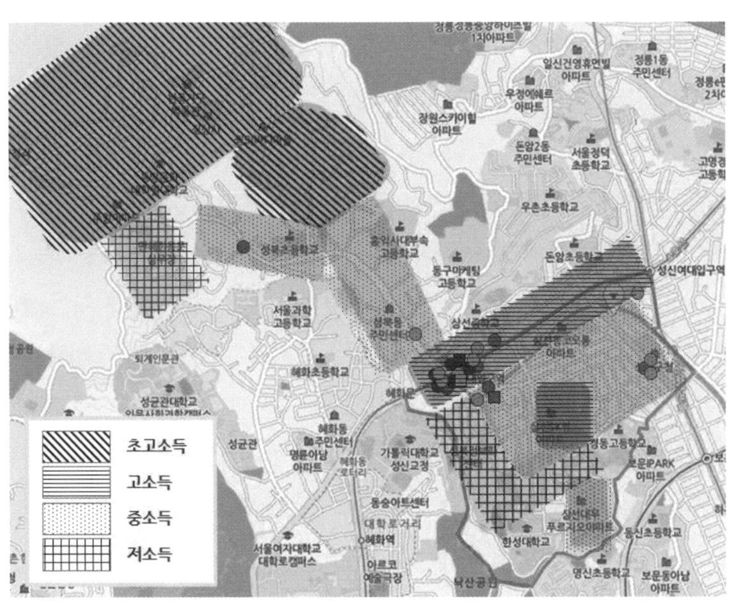

〈그림 7〉 세 후보자의 공약 지도

지도 정보: 네이버 지도(https://map.naver.com)

〈표 3〉 '가' 선거구 소득 지역 별 공약 개수 분석

구분	더불어민주당 임태근	자유한국당 한건희	바른미래당 송대식	전체
저소득 지역	1개 (①)	3개 (③)	2개 (1+①)	6개 (22.2%)
중소득 지역	6개 (4+②)	2개 (②)	2개 (1+①)	10개 (37.1%)
고소득 지역	4개 (2+②)	3개 (③)	2개 (②)	9개 (33.3%)
초고소득 지역	0개	0개	2개 (2)	2개 (7.4%)

'CCTV 설치', '우범지역 가로등' 등의 모호한 공약은 제외하고, '건설', '확장' 등 특정 지역에 공략한 공약 내용을 살펴보고 이를 지역적으로 분류했다. 현직자의 경우에는 자신의 구의원 시절 치적 사업을 홍보하는 경우가 많으므로 이를 사각형의 아이콘으로 배치했다. 이외의 이후 공약 사항의 경우에는 동그라미로 표시했다.

이처럼 후보자들의 공약 지도를 통해 후보자들이 어떤 지역에 공약하고자 하는지를 분석했다. 더불어민주당 임태근 후보의 경우에는 검정색, 자유한국당 한건희 후보의 경우에는 짙은 회색, 바른미래당 송대식 후보의 경우에는 옅은 회색으로 공약 지도를 표시했다.[8]

임태근 후보의 경우에는 삼선동에 주요하게 대부분의 공약을 집중하고 있고, 성북동에는 약 4개의 공약이나 치적 사항을 나타냈다. 한건희 후보 역시 자신의 공약을 대부분 삼선동의 대로변이나 주거 밀집지역에 두었고, 성북동에는 2가지 공약을 내세웠다. 송대식 후보의 경우에는 반대로 삼선동 재개발 지역인 성곽 주변에 대한 공약 1가지를 제외하고는 치적 사업이나 공약을 대부분 성북동에 밀집시켜 큰 차이를 보였다.

위에서 보이는 바와 같이 공약 지도와 소득을 교차해봤을 때 육안으로 보기에도 중소득 지역과 고소득 지역에 매우 많은 공약이 존재함을 볼 수 있다. 이전의 유세 지역 지도보다도 더 고르게 분포되어 있지만, 그래도 중·고소득 지역에의

8. 다만, 〈그림 7〉의 공약 지도는 각 후보자 간 차이를 구분하는 것보다 세 후보자가 공약을 내건 지역들의 전반적인 분포를 살피는 것이 목적이다.

공약 개수가 압도적으로 많은 것을 확인할 수 있었다. 초고소득이나 저소득 지역의 면적이 적은 것이 아니기 때문에 이정도의 공약 정도는 면적에 비교해 매우 적은 수준이다.

〈표 3〉과 같이 임태근 후보의 경우에는 전체 11개의 공약 내용 중 단일 소득 지역 공약과 치적 사항 개수도 모두 중소득과 고소득에서 더 높은 것을 볼 수 있다. 한건희 후보는 다른 후보에 비교해 중소득 지역 공약이 적지만, 다수가 중소득과 고소득 지역에 대한 유세임을 볼 때 해당 소득 지역에 더 많은 치중을 하는 것으로 보인다. 송대식 후보는 다른 후보와 달리 단일 소득 지역에 대한 공약이나 치적 사업에 대한 홍보가 동일했으나, 고소득이나 저소득 지역에 다수 치적 사업을 쏟고, 중소득이나 고소득의 경우에는 공약 사항을 제시해 부동층의 득표율을 더 높였다고 볼 수 있다.

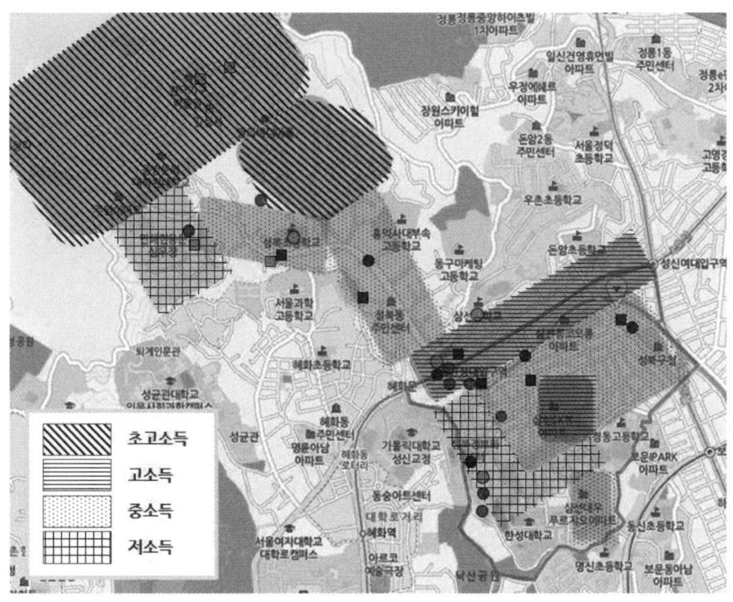

〈그림 8〉 세 후보자의 공약 지도와 '가' 선거구의 소득 분포를 교차한 지도

지도 정보: 네이버 지도(https://map.naver.com)

6) 중·고소득자를 공략하려는 후보자의 전략 확인

후보자들은 중소득, 고소득층 공략에 치중한다는 것을 알 수 있다. 먼저 유세 지역을 통해 중·고소득자의 대다수인 통근 생활자나 유동인구를 공략함과 동시에, 공약 역시 이들을 목표로 삼고 있었다. 또한 구의원 등에 관심이 없거나 큰 영향이 없다고 보는 부동층에게서 득표율을 높이려고 한 것을 확인할 수 있었다. 임태근 후보자의 경우에는 선거 구도가 더불어민주당에 기울어져 있던 만큼 매우 정적(靜的)인 선거유세를 했지만, 중소득이나 고소득 지역을 매우 집중적으로 공략하면서 많은 득표율을 얻어내고자 했다. 또한 다른 두 후보자 역시 공통으로 집중하는 한성대입구역 부근을 제외하고는 중소득 지역이나 고소득 지역에서 주로 유세를 하는 것으로 보아 예상한대로 역세권의 다양한 부동층을 공략하면서 2위 싸움을 하는 것으로 나타났다.

물론 이 인과관계에 대한 반론이 있을 수도 있다. 후보자의 주요 공략 지역과 소득수준의 인과관계는 존재할 수 있는데, 바로 "역세권에 '많은 사람들이' 살기 때문에 그러한 것이 아닌가"하는 질문이다. 후보자들이 사람들이 많은 곳을 공략하는 것 역시 자연스러운 행태일 뿐더러 중·고소득 유권자일수록 교통이 편리한 곳에 밀집하여 사는 경향도 존재하기 때문이다. 후보자들이 중·고소득층 주거지

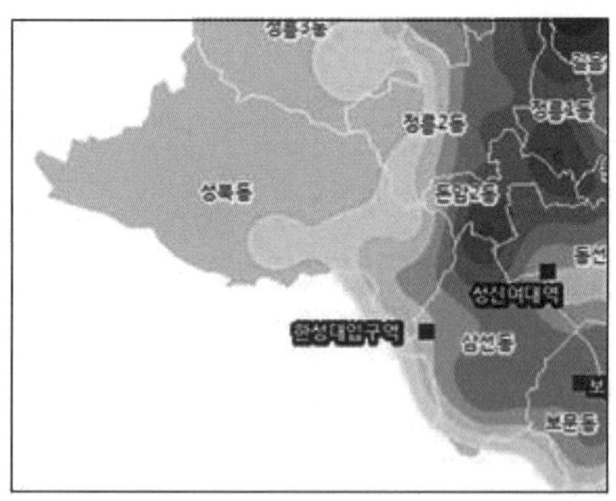

〈그림 9〉 성북구 인구밀집도(색깔이 진할수록 더 밀집도가 높은 지역임.)

출처: 행정안전부, 주민등록인구 기준, 2011.

역을 공략하는 것이 소득에 따른 것인지, 인구가 밀집된 곳을 공략하는 것에 따른 것인지에 대한 의문을 제기할 수 있다.

그러나 성북구 '가' 선거구의 인구밀집도(그림 9)를 살펴보면 가장 유세 지역이나 공약이 몰려 있던 한성대입구역 부근이 상대적으로 밀집되어 있지 않음을 볼 수 있다.[9] 대신 삼선동 동쪽인 성북구청 주변에 가장 많은 인구가 모여 있고, 삼선동 남쪽 성곽 부근 등의 저소득 지역 역시 상당수의 사람들이 거주한다는 것을 알 수 있다. 또한 성북동과 삼선동 사이의 경계인 동소문로 역시 고소득층으로 분류됐는데, 그 부근에 사람들이 매우 밀집되어 있다고도 볼 수 없다. '가' 선거구가 전반적으로 매우 낮은 인구밀집도를 보여주는 만큼, 한 계층에 인구가 몰려 있는 현상은 없었다. 후보자들의 중·고소득층 공략이 단순히 사람이 많아서가 아니라는 증거이다.

삼선동 북쪽이나 동쪽의 인구밀집도가 가장 높지만, 유세 지역이나 공약 지도를 확인해 보면 이 지역에 대한 공략은 적은 편이다. 전반적으로 인구가 많이 살고 있다고 공략하는 것이 아니라 중산층으로 볼 수 있는 유동인구, 즉 선거의 부동층을 집중공략하면서 표를 얻어낼 수 있도록 노력하는 것으로 결론지을 수 있다.

Ⅲ. 후보자가 속하거나 속했던 집단을 선거에 동원하나?

1. 연구의 배경 – 일본의 특이한 선거 문화 '후원회(後援会)'

지방선거 중 '구의원'을 뽑는 방식은 다른 비례대표나 구청장 등을 뽑는 방식과는 매우 다르다. 후보자의 수도 다양하고, 기호도 '1–가', '2–나' 등 하나의 정당이 여러 명의 후보를 공천하는 방식도 존재한다. 이번 연구에서 가장 눈여겨 본 부

9. 성북구. 2010. "민선5기 중점추진 과제연구: GIS기반 공간현황분석."

분은 1개의 선거구에서 여러 명의 구의원이 당선되는, 이른바 단기 비이양식 투표제도를 채택한 중대선거구제(SNTV-MMD)[10]를 구의원 선거에서 사용한다는 것이다.

이 선거제도가 가진 가장 큰 특징은 바로 '2등', '3등' 싸움을 할 수 있다는 것이다. 최다득표자 1명의 후보만을 선출하는 것이 아니므로, 당선을 위해서는 1위만 할 필요는 없다. 10~20%의 득표를 하더라도 당선될 수 있으므로 후보자들은 적은 득표율을 받아도 무방하지만, 가능한 한 확실히 자신을 찍어 줄 사람들을 확보해야 한다. 특히 성북구 '가' 선거구는 2명 정수의 구의원을 선출하는 중선거구이다. 등수와 상관 없이 34% 정도의 득표율을 얻으면 당선이 확정된다. 그러므로 매우 공략하기 어려운 일반 유권자들보다는 자신들이 아는 지인이나 자신이 속해 있는 곳의 구성원들처럼 더 조직화된 유권자들의 표를 자신의 표로 고정시키려고 노력할 것으로 예상할 수 있다.

이러한 예상의 배경에는 일본의 1993년 이전 선거제도가 자리잡고 있다. 일본의 하원인 참의원선거는 우리나라의 구의원선거 방식과 동일한 SNTV-MMD로 채택해 1955년부터 1993년 선거 개혁까지 실시됐다. 이 선거제도로 인해 고정 투표층 확보를 위해 '후원회(後援會)'를 후보자들이 많이 만드는 경향이 있었다. 지역 내에서 자신을 도와주고 자신의 당선을 위해 표를 던져 줄 사람들의 모임을 결성하는 것이다. 당시 집권당이었던 자유민주당은 이러한 방식을 통해 계속해서 지역 네트워크를 형성하고 자신들의 후보를 당선시켜 왔다. 일본 학계에서는 이러한 선거제도의 특성이 자유민주당에게 장기적인 1당 우위체계를 가능하게 했다고 하는 등, 이 선거제도 하에서 조직적 선거 전략의 필요성이 끊임없이 제기됐다. 이처럼 한 선거구에서 2~3명이 당선되는 선거제도일수록 자신의 당선을 위해서는 자신의 소속 집단을 꾸리거나 이용하는 것이 매우 중요하다는 것을 알 수 있다.

---

10. 한 표당 한 명에게만 투표할 수 있을 때, 한 정당이 여러 명의 후보를 내고 정당과 상관없이 후보가 얻은 투표 순위에 따라 당선되는 제도(Single Non-Transferrable Voting system in Multi-Member District).

우리나라의 경우에는 현행 정치자금법상 광역의원과 기초의원은 '후원회'를 결성할 수 없다. 그러므로 정당들은 우선 아파트 부녀회나 입주회장, 봉사단체장 등 지역에서 명망 있는 오피니언 리더를 공천할 것으로 볼 수 있다. 이미 후보자의 이름이 잘 알려진 상황에서 후보자 개인의 조직까지 활용해서 선거에서 이길 가능성이 높기 때문이다. 후보자가 후원회를 결성하는 것은 불가능하지만, 자신의 혈연, 지연, 학연 등이 걸쳐 있는 소속집단이나 소속집단에서의 활동 내용을 홍보한다면 자신의 고정 투표층을 확보할 수 있다고 본 것이다. 특히 자신이 해당 소속집단에서 높은 위치에 자리하고 있다면, 구성원들을 선거유세에 활용하기에 용이할 것이다. 여러 공보물에서 보더라도, 많은 후보자들이 '민주평통자문회의'나 '부녀회', '호남향우회 ○○지부' 등 자신의 선거구에 있는 여러 소속집단을 강조하고 있는 것을 확인할 수 있다.

이번 연구에서 소속집단에 대한 연구를 하는 것은 후보자들이 오직 선거유세만 하며 조직적이지 않은 일반 유권자층만 공략하는 것이 아니라는 것을 확인하는 데에 있다. 우리는 일반적인 유권자들을 만나면서 선거유세를 하는 후보자들의 모습을 매우 일상적으로 만날 수 있지만, 후보자의 당선을 위해서는 후보자 소속집단의 조직력 역시 중요한 요소라고 볼 수 있기 때문이다. 이렇게 조직력이 강한 후보일수록 일반 유권자들에게 유세를 많이 하지 않아도 당선에 유리할 것이기 때문이다. 이처럼 지역 내 '소속집단'에 대한 공략 방식까지도 연구하고자 하였다.

2. 연구 방법과 결과

1) 후보자 공보물을 통한 연구

이 연구에서는 선거유세를 통해 만날 수 있는 '비조직화된 일반적인 유권자'가 아니라, 지연(地緣)이나 혈연, 학연을 특징으로 하는, 후보자의 이전 또는 현재 소속집단에 속한 '조직화된 유권자'에 대한 유세나 공략을 확인하고자 했다.

먼저 각 후보자의 공보물에서 찾을 수 있는 경력과 이전·현재의 소속집단을 위주로 연구했다. 선거일인 6월 13일 이후 5일(2018.06.14~18) 동안 각 단체에 연락하여 각 후보자들의 소속 여부와 활동 여부를 확인했다. 다만 대부분의 단체에서 각 개인의 활동 여부를 명확하게 알고 있는 것은 아님을 확인했다. 또한 일부 단체(종교 단체나 정당 당협위원회 등)는 공략 대상에 들어가지 않거나 유세가 현실적으로 불가능하여 연구를 진행하는 실익이 없다고 판단하였기 때문에 연구 대상에서 제외했다.

또한 이는 참여관찰 중심의 연구가 어려운 만큼 문헌 중심의 연구를 통해 진행했다. 후보자들이 특정 단체 소속 여부를 공보물 등을 통해 어떻게 집중적으로 홍보하는지, 그리고 후보자들이 어떤 홍보 전략을 취하는지에 대해 중점 연구하였다. 자신의 이전·현재 소속 여부를 경력란 등을 통해 강조함으로써 선거구와의 인연을 보여준 셈이다. 학연, 지연 등 밀접한 관계에 있는 유권자를 공략하려는 의도가 있을 것이라는 예상에 공보물을 확인하여 연구를 진행했다.

2) 공보물을 통해 살펴본 각 후보자의 전략

① 더불어민주당 임태근 후보자

더불어민주당 기호 1번 임태근 후보는 '호남향우회'를 중심으로 조직된 유권자를 공략했다. 임태근 후보 사무실에 방문했을 때 호남향우회 성북구지회에서 제공한 화환을 찾을 수 있었고, 당시 선거사무소의 사무장 등 대부분의 인사들이 호남 출신이었으며 전라도 사투리를 사용하는 사람들이 많이 있었다는 사실 역시 확인할 수 있었다. 또한 공보물에서는 '전남 보성 출생'과 '호남향우회 성북구 연합회장(現)'을 기재하면서 호남 출신이라는 점을 매우 강조하는 모습이었다. 기타 후보와는 달리 출생지나 눈에 띄는 소속집단을 '호남'에 집중하면서 성북구에 많이 거주하는 호남 출신의 유권자를 공략하는 모습이었다.

임태근 후보가 선거구와의 인연을 가장 강조한 부분은 자신의 의정경험은 물론, '욱구장학회'의 회장으로서 관내 학생들에 대한 장학사업을 주도하고 있다는 부분이었다. '12년째 회장'직을 맡는다는 점을 이전부터 공보물에서 강조하면서 매년 10명의 저소득 청소년에게 장학금을 전달한다고 밝혔다. 비교적 약하게 조직화된 유권자에 대한 공략이지만, 수혜를 받았거나 취지에 공감하는 선거구 내 학부모들을 공략한 전략이라고 볼 수 있다.

② 자유한국당 한건희 후보자

자유한국당 기호 2번 한건희 후보는 '해병전우회 서울시연합회'를 중심으로 조직된 유권자를 공략했다. 사무실이 언제나 부재중인 경우가 많았고, 가족을 중심으로 유세를 펼쳤기 때문에 직접적인 확인은 어려웠다. 다만 공보물의 경우에 '해병대 사진'이나 해병대에서의 복무 경력을 '해병대 991기 만기전역' 등으로 강조했다. 현직으로 '해병전우회 서울시연합회 청년봉사단장(現)'을 대표적으로 기재하면서 청년의 이미지는 물론 선거구 내 해병대 출신의 유권자를 공략하기도 했다. 해병대 출신으로 '해병전우회 서울시연합회' 조직에 가입된 조직적 유권자들은 물론, 조직화 정도가 낮지만 해병대 출신인 일반 유권자들까지 공략한 것으로 보인다.

지역구와의 인연을 강조하기 위해 출생지와 성북구 내 초등학교 졸업 사실도 기재했다. 선거구 인근의 '동선동' 출생을 공보물에서 밝혔지만 벽보 등에서는 '성북구'라고 포괄적으로 표현하면서 정보를 제한했다. 초등학교 역시 선거구 내 초등학교가 아닌 '성신초등학교'를 기재했지만, 성북구와의 인연을 강조하기 위한 의도로 보일 뿐 지역구와의 인연을 강조한 것은 아닌 것으로 풀이된다. 하지만 이 부분은 소속 집단으로 조직화된 유권자에 대한 공략으로 보긴 어려우며, 오히려 지역을 잘 알고 있다는 강점을 드러내는 부분이라고 판단할 수 있다.

③ 바른미래당 송대식 후보자

바른미래당 기호 3번 송대식 후보는 다른 후보자에 비해 '지역구' 관련 소속집단이나 소속집단과 연결된 활동을 주요하게 홍보했다. '성북동 출생'이나 '성북초교' 졸업을 강조하면서 자신이 가장 지역구에 가까운 후보자임을 드러냈다. 이전 공보물의 '광주대학교 중퇴' 사실이 현재 '한성대학교 행정학과 4학년 재학'으로 수정되면서 선거구 내의 학교를 다니는 사실을 홍보하기도 했다. 조직화된 한성대 학생들을 주로 공략하는 것으로 보인다. 또한 선거를 거듭하면서 더욱 유권자에게 강하게 어필할 수 있는 부분을 발견하고 이를 강조하려고 했던 것으로 추정할 수 있다.

더 나아가 구의원 직책으로 참여하게 된 '성북구 푸드마켓 운영위원(現)'을 강조한 것은 사회 공헌을 강조하면서도 운영위원에 참여하는 오피니언 리더들에게 인지도를 쌓겠다는 의도로도 볼 수 있었다. 연구 과정에서 성북구 푸드마켓 관계자들에게 '운영위원회'와 '운영위원'의 역할과 구성에 대해 문의한 결과, 이 단체가 구의원과 유력 기부자들로 구성되어 있고 운영회의는 물론 다양한 사회 공헌 행사에도 함께 참여한다는 정보를 얻었다. 즉, 선거구 내 오피니언 리더들을 통해 관련 인지도를 간접적으로 쌓았을 가능성이 높다고 판단할 수 있는 것이다. 또한 이러한 지역구 중심의 홍보 활동은 지역주민들 중에서도 장기 거주자인 일반 유권자를 공략했을 가능성이 더 높을 것으로 보인다.

특히 송 후보자는 지역구의 천주교나 기독교 성향을 지닌 유권자도 함께 공략

〈표 4〉 세 후보자의 이전·현재 소속집단과 공략 대상 유권자

구분	더불어민주당 임태근	자유한국당 한건희	바른미래당 송대식
강조된 소속집단 (전/현 모두)	호남향우회 (연합회장) 민주당 성북갑 관련 욱구장학회 (회장)	해병전우회 서울시연합회 자유한국당 성북갑 관련	성북초등학교 라파엘클리닉 천주교 성북동성당 성북구 푸드마켓
강조된 소속집단의 유형	호남	해병대, 지역구	지역구, 종교
공략 대상 유권자	호남향우회 회원 호남 출신 유권자	해병대 전역자 해병전우회 회원	지역구에서의 장기 거주자 성북동성당 신자 천주교, 기독교 신자

하고 있다. '천주교 성북동성당 주일학교 교사 및 교장(前)'을 꾸준히 기재하면서 선거구 내의 천주교 신자들인 유권자 또는 성북동성당에 다니는 유권자들을 염두에 둔 전략을 펼쳤다. 또한 가족사진을 공보물에 포함시키고, 선거구 내 봉사단체인 '라파엘클리닉'에서 무료 진료 봉사한 경험을 강조했다. 전반적으로 기독교를 종교로 갖고 있는 일반적 유권자를 공략했다고 판단할 수 있다.

3) 소속 집단을 주된 전략으로 활용하지 않은 후보자들

대다수의 후보가 다양한 방식으로 자신의 소속집단에 소속된 '조직화'된 유권자를 공략했다. 그러나 큰 영향을 미쳤거나 이곳에 중점을 두고 선거운동을 펼치지 않은 것으로 판단할 수 있다. 그러므로 '34%'의 득표 가능한 유권자를 얻기 위해 조직화된 유권자를 적극적으로 공략했다고 볼 수 없다. 이는 두 번째 연구 질문에서 제기한 '조직화된 유권자의 공략' 문제에 명확하게 답변하지 못한 결과로 볼 수 있어 다소 아쉬운 부분이다.

또한 비조직화된 일반 유권자를 조직화된 유권자로 전환하려는 시도를 볼 수 없었다. 쉽게 말해, '좋은아버지회' 등과 같이, 후보자로서 다양한 지역 단체에 참여해 자신들의 유권자 풀(pool)을 늘리려는 시도를 할 것이라고 예측했지만, 어느 후보자도 그러한 모습을 보여주지는 않았다. 이 두 번째 연구 질문 전반에 후보자들 모두 미온적인 결과를 나타냈으며, 이미 존재하는 소속 집단들 역시 선거유세나 홍보 부분에 대해 알지 못하는 등 관련 부분에 있어서 후보자의 적극성을 찾지 못했다.

소속집단을 통한 유세가 적었던 것은 한쪽으로 기울어진 선거구도에서 찾을 수 있다. 참여관찰을 통해 민주당의 지지율이 매우 높아 이미 민주당 임태근 후보의 당선은 거의 확정적이었던 것을 느낄 수 있었던 상황이다. 그러므로 자유한국당 후보나 바른미래당 후보는 부동층, 즉 대면 선거운동에 주력하며 선거운동을 펼쳤다. 소득 분포에 기초한 일반 유권자 대상 유세를 매우 활발하게 펼쳤기 때문에 소속 집단을 동원한 조직화된 유권자에 대한 공략에는 소극적이었던 것

으로 추정할 수 있다.

다만 비교적 임태근 후보가 자신의 '호남향우회'라는 조직을 잘 활용한 것이 선거구도의 유리한 부분에 크게 작용한 것으로 보인다. 임태근 후보자는 조직된 유권자 층이 두터웠고, 자신의 당선 가능성이 높다는 판단에 비교적으로 다른 후보보다 대면 선거유세에 큰 중점을 두지 않았던 것이다. 그렇기 때문에 자신의 소속집단, 호남향우회의 회원이나 관련 인사들을 활용하는 정도가 더욱 잘 드러났다고 판단된다.

Ⅳ. 만약 후보자들이 자신의 소속 집단을 충분히 활용할 수 있었다면?

1. 두 가지 연구의 결과

2018년 전국동시지방선거에서 성북구 '가' 선거구에 출마한 기초의원 후보자를 연구하는 과정에서는, 물론 모든 후보자가 적극적으로 연구에 협조하지는 않았다는 한계를 내포했다. 그러나 후보자들의 유세 방식에 대해 선거사무소를 직접 찾아가고 유세 현장을 생생하게 연구하면서 선거가 현장을 발로 뛰며 이루어지는 과정이라는 사실을 다시금 터득하게 되었다.

본 연구에서 조명한 두 연구를 간단히 정리하면 다음과 같다. 첫 번째 연구에서 확인하고자 했던 유권자의 소득(주택 가격) 분포에 따른 후보들의 유세 방식에 대한 연구는, '비조직화된 유권자에 대한 후보들의 태도'로 일반화할 수 있었다. 연구 결과, 비조직화된 유권자에 대한 유세에 있어서는 후보자들이 적극적인 양상을 엿보였다. 즉, 예상대로 비교적 중·고소득자에 대한 공략이 매우 두드러지게 나타났으며, 이는 각 후보자들에 대한 참여관찰로 파악한 유세 동선과 공보물에 기록된 공약들에서도 확인할 수 있었다.

또한 두 번째 연구에서 확인코자 했던 후보자 소속 집단에 따른 후보자의 유세 및 홍보 방식에 대한 연구는, '조직화된 유권자에 대한 후보들의 태도'를 보여주는 가설로 일반화할 수 있었다. 그러나 연구 결과는 기존의 예상과 다소 달랐다. 후보자가 자신의 소속 집단을 대부분 동원하기는 하였지만, 각 집단에게 전략적으로 중점을 두고 선거운동을 진행한 것은 관찰되지 않았기 때문이다. 또한 후보자들의 공보물을 부가적으로 살펴본 결과, 자신의 소속 집단에 대해 대부분 강조함으로써 지연·학연·혈연 등을 이용하고자 한 부분이 확인되었으나, 이들을 통해 적극적인 유세 활동을 펼치지는 않았다. 이에 조직화된 유권자에 대한 후보자의 태도는 비교적 소극적이었다고 결론내릴 수 있었다.

2. 연구를 통해 파악한 한국 지방선거 문화의 특징

연구 결과를 바탕으로 할 때, 본 연구는 2가지 측면에서 의의를 가진다고 할 수 있다. 첫째, 기초의원 선거라는 특성상 후보자 개개인에 대한 유권자의 무관심이 높음에도 불구하고 소득 분포를 공략한 후보자의 유세가 상당히 체계적이었다고 볼 수 있었다. 유세 현장을 답사한 결과 성북동과 삼선동의 유권자들은 이번 구의원 선거에서 어떤 특정 후보자가 출마했는지에 대해 깊은 관심을 나타내고 있지 않았다. 이는 사실상 유권자들이 후보자의 정당만을 보고 '정당 투표'를 했을 가능성이 높다고 추론할 수 있는 점이다. 하지만 이러한 유권자의 무관심에 비해 후보자들은 오토바이를 직접 타고 이동하거나 유세 동선을 선거운동원들과 사전에 체계적으로 구성하는 등 상당히 체계적인 방식으로 유세를 진행한다는 사실을 확인할 수 있었다. 즉, 유권자들의 높지 않은 관심에도 불구하고 후보자 각자 나름의 체계적인 방법으로 후보자들이 유세를 진행한 점은, 첫 번째 연구에서 확인되었듯 기초의원 선거가 비체계적인 이른바 '동네 투표'에 그치는 것만은 아니라는 것을 방증한다.

둘째, 소속 집단이라는 전략적인 유세 방식이 한국 지방자치단체 선거에서 크게 효과적인 모습을 보이지 않았다는 점이다. 일본의 경우, 각 후보자는 배후에 자신을 지지(support)하는 이익집단을 두고 선거에 임하여 해당 집단을 통해 보다 효율적인 선거를 진행한 바 있다. 그러나 한국 지방자치단체 선거는 여전히 후보자와 소속 집단 간의 유착이 비교적 끈끈하지 않은 배경에서 이루어지기 때문에 일본과 달리 후보자가 자신의 소속 집단을 유세의 수단으로 주로 이용하지 않았다고 볼 수 있다.

3. 후보자가 소속 집단을 활용할 때 예상되는 긍정적 효과

후보자의 소속 집단에 관한 두 번째 연구를 보면 후보자들의 적극성이 떨어진 점이 엿보였다. 이는 실제 선거 개표현황을 통해서 더욱 확실히 드러났다.

더불어민주당의 임태근 후보의 경우 비례대표기초의원 선거에서 더불어민주당이 득표한 51.82%에 비해 3.82%p만큼 높은 득표율을 받았고, 바른미래당의

〈표 5〉 제7회 전국동시지방선거 성북구 '가' 선거구 비례대표기초의원 선거 개표 결과

읍면동명	정당별 득표수(득표율)					무효 투표수	기권수
	더불어민주당	자유한국당	바른미래당	정의당	계		
성북동	3,716	1,997	854	1,027	7,594	224	6,226
삼선동	6,132	2,521	1,355	1,404	11,412	296	9,669
계	9,848 (51.82)	4,518 (23.77)	2,209 (11.62)	2,431 (12.79)	19,006	520	15,895

출처: 중앙선거관리위원회

〈표 6〉 제7회 전국동시지방선거 성북구 '가' 선거구 기초의원 선거 개표 결과

후보자별 득표수(득표율)				무효 투표수	기권수
더불어민주당 임태근	자유한국당 한건희	바른미래당 송대식	계		
11,958 (55.64)	4,910 (22.84)	4,620 (21.50)	21,488	816	15,877

출처: 중앙선거관리위원회

송대식 후보의 경우 비례대표기초의원 선거에서 바른미래당이 득표한 11.62%에 비해 9.88%p만큼 높은 득표율을 기록했다. 반면, 한건희 후보는 유독 비례대표기초의원 선거의 정당 득표율보다 0.93%p만큼 낮은 득표율을 기록했다.

임태근 후보의 경우 현직자 프리미엄과 소속 집단의 동원이 모두 작용하여 정당 득표에 비해 높은 득표율을 받았고, 송대식 후보의 경우 소속 집단에 대한 동원이 약했으나 현직자 프리미엄에 의해 정당 득표를 앞서는 득표를 할 수 있었다. 한편, 한건희 후보는 '현직자 프리미엄'과 '소속 집단 요인'을 모두 활용하지 못했기 때문에 정당 득표에도 못미치는 득표율을 기록한 것이다. 이는 결국 현직자 효과를 배제한다면, 후보자의 소속 집단 동원 여부가 득표율에 큰 영향을 미쳤다고 볼 수 있는 대목이다.

이를 바탕으로 하면, 후보자는 소속 집단을 적극 활용하여 기회를 극대화하는 노력을 기울여야 할 것으로 보인다. 본 연구의 조사 결과와 실제 개표 결과를 비교해보더라도, 후보자의 소속 집단 동원 여부 자체가 미치는 영향이 충분히 당락을 좌우할 수 있음을 알 수 있기 때문이다. 이에 차후 선거에서도 후보자가 자신의 당선 가능성을 제고하기 위해서는, 자신의 소속 집단을 공략하는 것이 충분한 영향을 미칠 수 있을 것으로 본다.

전반적으로 본 연구는 후보자가 자신의 당선 가능성을 높이는 전략에 초점을 두고 진행됐다. 참여관찰 연구가 유권자를 대상으로 하는 것이 쉽지 않다는 판단에서 후보자에 대한 연구로 선회한 바 있지만, 기대 이상으로 다수인 유권자를 분석하는 것만큼이나 유의미한 결과를 도출할 수 있게 되었다. 본 연구 결과를 토대로, 한국 지방자치단체 선거에서 후보자가 취하는 유세 방식이 이전보다 치밀한 체계성을 지닐 수 있기를 소망한다.

참고문헌

성북구. 2013.『성북구 마을만들기 기본계획 수립 연구용역 최종보고서』.

성북구. 2010. "민선5기 중점추진 과제연구: GIS기반 공간현황분석." http://gisutd.com/?portfolio=4442&ckattempt=1 (검색일: 2019.02.27).

중앙선거관리위원회. "선거통계시스템." http://info.nec.go.kr (검색일: 2018.06.20).

행정안전부. "주민등록인구통계." http://27.101.213.4 (검색일: 2018.06.20).

네이버 지도. https://map.naver.com (검색일: 2018.06.19).

제5장

지방선거와 SNS

SNS와 현실정치: 영향력과 활용가능성을 중심으로

서강대학교 심리학과 **정신호**

서강대학교 프랑스문화학과 **김민지·서자현**

촛불시위로 대표되는 기존 제도정치의 무용은 정치인을 둘러싼 불신에서부터 비롯되었으며, 이를 해결하기 위해서는 직업 정치인들의 떨어진 신뢰도를 회복하는 일이 가장 중요하다. 본 연구는 신뢰도 회복에 있어 가장 중요한 요소를 소통의 확대라고 생각하였고, 특히 인터넷 발달을 통한 온라인 공간에서의 소통이 정치인과 시민과의 거리를 좁힐 수 있다고 가정하였다.
위 가설을 증명하기 위해 익명의 시민 380명을 대상으로 온라인 설문을 진행하였고, 정치인의 SNS 활동이 선거의 득표율과 연관이 있는지를 알아보기 위하여 제7회 지방선거에 출마하는 지역의회의원 후보자 77명의 SNS 활동을 분석하였다. 또한 추가적으로 제7회 지방선거에 출마하는 후보자 4명에 대한 심층인터뷰를 통해 실제 직업 정치인들의 SNS에 대한 의견을 수렴하였다.
연구 결과 시민이 느끼는 체감 소통 수준이 높을수록 정치인 신뢰도 역시 높아지는 모습을 보였다. 또한 정치인의 SNS 활동은 득표율에 유의한 상관관계를 보였다. 하지만 그와 동시에 시민과 정치인의 설문에서 공통적으로 현행 SNS 활용의 어려움을 발견하였다.
따라서 본 연구는 새로운 형태의 온라인 플랫폼 모델을 제시함으로서 연구를 통해 발견한 문제점을 해결하고자 하였다. 정치 영역에서의 신뢰도 회복을 위해 지속되는 비효율적인 정치적 소통에서 벗어나 새로운 소통 방법을 제안한 본 연구는 새로운 시도의 방향을 제시하고 있다는 점에서 그 의의를 가진다.

I. 정치 신뢰의 하락과 대의제의 위기

2016~2017년, 일련의 과정을 통해 이루어낸 정권 교체는 정치권력이 시민에게 종속되어 있다는 사실을 다시 한 번 각인할 수 있었던 사건이었다. 지난 몇 차례의 촛불집회를 통해 우리는 한국에서 시민에 의한 정치가 이루어지고 있음을 증명하며 민주주의 국가로서 자부심을 가지고 세계의 부러움을 받을 수 있었다. 이렇듯 촛불집회로 대표되는 거리의 정치가 일상화된 현실은 지금까지 긍정적인 측면만이 주로 조명되어 왔다.

그러나 외면하고 있는 부분을 바라보면 눈에 들어오는 것은 기존 제도정치의 무용(無用)이다. 대의제로 대표되는 제도정치가 존재함에도 불구하고 시민이 직접 거리에 나서 촛불집회 등의 행동을 보여야만 비로소 문제 해결이 시작되는 모습은 기존의 제도정치가 국가적 갈등 상황에서 제대로 작동하지 않는다는 것을 의미한다. 직업 정치인이 아닌 시민이 문제가 있을 때마다 거리로 뛰쳐나올 수는 없기 때문에 국가 운영의 안정성을 위해서는 제도정치의 보완이 절실하다. 따라서 제도정치의 무용은 어디서 기인하는지부터 살펴볼 필요가 있다.

대의제의 기능 장애를 불러오는 가장 큰 원인은 정치인을 둘러싼 불신이다. 한국행정연구원에서 발표한 국회 신뢰도 수치는 긍정 응답률이 약 15%로 다른 기관들과 비교했을 때 최하위권이다.[1] 자신의 손으로 뽑은 정치인들을 믿을 수 없다는 말은 시민 의견을 정치인이 제대로 반영하지 못하고 있다는 뜻이며, 정치인의 비리, 범죄 등 각종 사건 사고가 더해지며 정치 영역의 이미지는 더욱 실추하게 되었다.

신뢰와 같은 사회적 자본의 부재는 갈등 상황을 해결하는 데 보다 많은 거래비용을 필요로 하며 문제해결이 비효율적으로 이루어질 수밖에 없는 원인이 된다. 따라서 대의제가 제대로 작동하기 위해서는 직업 정치인들이 시민 의견을 정책

1. 2017년 국회 신뢰도 긍정응답 15%(한국행정연구원. 2017. 『2017년 사회통합실태조사』. p.175).

에 제대로 반영하고 도덕성을 회복하여, 떨어진 신뢰도를 회복하는 일이 가장 중요하다. 그러기 위해서 선행되어야 할 부분은 바로 소통의 확대다. 시민은 자신을 대표하는 의원들과 소통이 제대로 이루어지지 않는다고 느끼고 있으며,[2] 정치인들도 의원 한 명이 지역구의 모든 현안을 알 수 없음을 강조하며 시민의 적극적인 정치 참여를 호소하고 있다.

이러한 시민과 정치인 사이의 소통의 부재를 해결하기 위한 방안으로 온라인 소통의 제고가 필요하다. 인터넷 발달로 인해 온라인 소통이 활발해지면서 정치인과 시민이 소통할 수 있는 통로가 늘어남에 따라 정치 영역이 시민과의 거리를 좁힐 수 있는 기회를 맞게 되었다. 특히 스마트폰 혁명을 통해 모바일 시대를 살고 있는 우리는 이동성, 신속성 측면에서 기존의 소통 방식을 압도하는 기술을 누구나 손쉽게 사용하고 있다. 이러한 상황에서 새로운 기술에 적응하는 모습을 보여주는 정치인에 대한 시민의 평가는 기존 정치인들에게 많은 시사점을 보여줄 수 있다.

따라서 이 조사연구는 실제로 소통 수준이 신뢰도에 영향을 주는지 검증한 후에 온라인 활동, 특히 SNS 활동이 정치인의 활동과 지지에 현실적으로 영향을 미치는지 알아보고자 한다. 세부적으로는 지방선거 출마자들의 SNS 사용 현황과 활용 목적 등을 조사하고자 한다. 또한 SNS 확산을 통한 모바일 기술의 활용은 시민에게 직접민주주의의 기회를 열어주는 소중한 방법이 될 것이다. 따라서 시민이 원하는 정치 관련 정보와 참여 형태를 조사하여 정치 참여 계층 모두의 욕구를 충족시킬 수 있는 온라인 플랫폼을 구상하고, 그것을 현실 정치에 적용하는 것을 제안하고자 한다.

2. 2017년 국회와 국민 간의 소통평가 긍정 응답 19%, 지방 의회와 국민 간의 소통평가 긍정 응답 32%(한국행정연구원. 2017. pp.148~151).

Ⅱ. 연구 설계

'시민이 체감하는 정치인과의 소통 수준이 시민의 정치인 신뢰도에 영향을 주는가'와 'SNS에서의 소통이 현실정치에 유의미한 영향을 주는가'라는 연구 질문을 바탕으로 연구가설을 다음과 같이 구성하였다.

> [**연구가설 1**] 시민이 체감하는 정치인과 소통 수준이 높을수록 정치인에 대한 신뢰도가 올라갈 것이다.
> [**연구가설 2**] 정치인의 SNS 활동 수준이 높을수록 선거 득표율이 올라갈 것이다.

1번 가설을 증명하기 위해 익명의 시민 380명을 대상으로 온라인 설문 조사를 진행했다. 설문조사에서는 시민의 SNS 사용 현황, 체감하는 정치인과의 소통 수준, 시민이 생각하는 정치인의 신뢰도를 측정했으며 이를 분석하여 가설을 증명하고자 했다.

2번 가설을 증명하기 위해서는 제7회 지방선거에 출마하는 지역의회의원 후보자 77명의 SNS를 조사하고 분석했다. SNS 조사는 제7회 지방선거 공식 선거운동 기간인 2018년 5월 31일부터 6월 12일까지 진행했으며 게시글, 댓글, 좋아요 등 소통 수준을 측정할 수 있는 자료들을 수집하고 이를 분석하여 가설을 증명하고자 했다.

또한 제7대 지방선거에 출마하는 후보자 4명에 대한 심층인터뷰를 통해 정치 현장에서 활동하는 대표자들의 SNS에 대한 의견을 수렴했다. 시민의식 조사, 후보자 SNS 조사, 후보자 심층인터뷰 분석결과를 바탕으로 SNS 활동이 현실 정치에 실제로 영향을 미치고 있는지 알아보고, 장점은 부각시키고 단점은 보완하여 현실 정치에서 사용할 수 있는 새로운 SNS를 제안하고자 한다.

Ⅲ. 시민의식 조사 결과

1. 시민 SNS 사용 현황

구글 설문시스템을 이용하여 2018년 5월 12일부터 5월 21일까지 10일간 온라인 설문조사를 진행하였다. 총 380개의 설문지가 수집되었으며, 그 중 불완전하게 답변한 한 명의 설문을 제외한 379명의 자료를 연구에 사용하였다. 응답자들은 221명(58.3%)이 여성, 158명(41.7%)이 남성이며, 연령은 20대 180명(47.5%), 30대 34명(9.0%), 40대 68명(17.9%), 50대 76명(20.1%), 60대 20명(5.3%), 70대 이상 1명(0.3%)으로 이루어져 있다. 학력은 초졸 2명(0.5%), 중졸 3명(0.8%), 고졸 43명(11.3%), 전문대졸 39명(10.3%), 대졸 292명(77.0%)으로 이루어져 있으며, 거주 지역은 서울/경기/인천 218명(57.5%), 충청/대전/세종 76명(20.1%), 전라/광주 11명(2.9명), 대구/경북 13명(3.4%), 부산/경남 31명(8.2%), 강원/제주 27명(7.1%)으로 분포해 있다.

가장 먼저 시민 SNS 사용 여부를 살펴보면 응답자의 대부분인 337명(88.9%)이 SNS를 사용하고 있다고 답했다. 사용하는 SNS의 종류로는 주로 개인 메신저 용도로 사용하는 카카오톡의 비중이 제일 높았고(69.1%), 페이스북(39.8%)과 인스타그램(32.7%)이 그 뒤를 이었다. SNS 사용 시간은 하루 1시간 이상 2시간 미만이라고 답한 응답자가 99명(26.1%), 2시간 이상이라고 답한 응답자가 90명(23.7%)으로 나타나 하루 1시간 이상 SNS를 사용한다고 응답한 시민이 절반에 달하는 모습을 보여 SNS가 생활의 많은 시간을 차지하고 있다는 것을 보여 주었다.

2. SNS 사용의 정치적 목적

시민들은 정치 정보를 습득하는 매체로 신문/TV/라디오(64.1%) 다음으로 SNS(28.8%)를 꼽았다. 아직도 정치적 정보를 일방향 소통 매체인 신문/TV/라디오에서 주로 얻는 이유는 인터넷이나 SNS 상의 정보는 공신력 없는 정보가 많기 때문이라고 생각된다. 그러나 SNS를 통해 정치적 정보를 얻는다고 답한 응답자 중에 정치인을 SNS에서 팔로잉한 경우는 33명(30.2%)에 그쳐 정치인을 팔로잉해서 정치적 정보를 얻으려는 시민은 많지 않았다.

전체 SNS 사용자들 중 정치인을 팔로잉하는 경우는 81명(24.0%)으로 나타났다. 시민들은 후보자 선택 기준을 묻는 질문에 정책(73.9%)과 능력(63.3%)을 가장 중요한 두 가지로 꼽았고, 정치인에게 원하는 SNS 컨텐츠 또한 정책 정보(46.4%), 현안에 대한 의견(35.6%) 등을 꼽았다. 또한 정치인을 팔로잉했다고 답한 응답자들은 정치인을 팔로잉한 목적을 정보 습득(48.1%) 또는 소통 수단(30.8%)이라고 답했다. 그러나 정치인을 팔로잉하는 것이 유용하냐는 질문에 대해서는 긍정 응답(55.5%)과 부정 응답(44.4%)이 큰 차이를 보이지 않은 것을 보면 정치인이 SNS에 게시하는 내용들은 팔로워들에게 큰 유용성을 제공하지 못하고 있는 것으로 보인다.

정치인을 팔로잉했다고 답한 응답자들은 정치인을 몇 명이나 팔로잉했냐는 질문에 대해 주로 1명(32.0%), 2명(28.3%)이라고 답했다. 어떤 정치인을 팔로잉했냐는 질문에 대해서는 시민 대부분이 중앙 정치인인 대통령(69.1%)과 국회의원(60.4%)을 팔로잉했다고 답했다. 광역자치단체장과 기초자치단체장은 각각 28.3%, 16.0%의 응답률을 보였으며, 교육감이나 지방의회의원들은 10% 미만의 응답률을 보여 SNS 상에서 지방의회의원들은 소외받고 있음을 알 수 있다.

3. 체감 소통 수준과 정치인 신뢰도의 관계

[연구 가설 1]의 검증을 위해 시민의식조사를 통해 정치인을 얼마나 신뢰하는지와 지역정치인과의 소통 수준을 얼마나 체감하는지 5점 리커트 척도를 통해 측정했다. 또한 함께 측정한 다른 변수들도 분석해서 어떤 변수들이 정치인 신뢰도와 유의한 상관관계를 가지는지 알아보고자 했다. 양적으로 표현할 수 없는 주

관식 답변들을 제외한 자료들을 변수로 삼았으며, 수집한 자료는 SPSS 23.0 프로그램을 사용해서 상관분석 및 선형 회귀분석의 방법을 통해 분석했다.

측정 변수들의 상관관계는 〈표 1〉과 같다. 가설에서 핵심 변수인 정치인 신뢰도와 다른 변수 간의 상관관계를 살펴보면 우선 연령($r=-.193$, $p<.01$)이 정치인 신뢰도와 유의한 부적 상관을 보인다. 반면 지지정당유무($r=.238$, $p<.01$), 정치인 팔로잉 수($r=.154$, $p<.01$)는 정치인 신뢰도와 유의한 정적 상관을 보이는 것으로 나타났다. 가장 주목할 부분은 [연구 가설 1]에서 독립변수와 종속변수였던 체감 소통 수준과 정치인 신뢰도가 유의한 정적 상관관계($r=.424$, $p<.01$)를 보이고 있다는 점이다.

[연구 가설 1]을 증명하기 위해 독립변수로 시민이 체감하는 지역의원과의 소

〈표 1〉 시민의식조사 변수들의 상관관계 (상관계수, 유의확률 순, N=379, *p<.05, **p<.01)

	1	2	3	4	5	6	7	8	9
1. 연령	– –								
2. 학력	–.241** .000	– –							
3. 지지정당 유무	.208** .000	–.041 .430	– –						
4. 정치인 신뢰도	–.193** .000	.052 .230	.238** .000	– –					
5. SNS 사용 여부	–.040 .443	.059 .255	–.080 .122	–.008 .859	– –				
6. SNS 사용 시간	–.338** .000	.121* .018	–.077 .135	.074 .150	.698** .000	– –			
7. 정치인 팔로잉 수	.063 .222	.044 .398	.192** .000	.154** .003	.147** .004	.088 .087	– –		
8. 체감 소통 수준	–.032 .538	–.061 .236	.046 .371	**.424**** **.000**	.040 .442	.088 .086	.032 .535	– –	
9. 신 SNS 참여의향	–.159** .002	.089 .084	.056 .276	.065 .204	.110* .032	.208** .000	.138** .007	.041 .423	– –

〈표 2〉 체감 소통 수준과 정치인 신뢰도의 인과관계 (N=379, ***p<.001)

독립변수	종속변수	B	β	R^2	F
체감 소통 수준	정치인 신뢰도	0.427	.424***	.180	82.743***

통 수준을 설정하고 종속변수로 시민이 느끼는 정치인 신뢰도를 설정하고 회귀분석을 실시했다(분석 결과는 〈표 2〉 참조). 분산분석표에서는 회귀모형 유의확률이 .000으로 유의하고 R^2이 .180으로 나타나 체감 소통 수준이 정치인 신뢰도에 약 18%의 영향력을 미치고 있음을 알 수 있다. 따라서 시민이 체감하는 지역의원과의 소통 수준이 시민이 느끼는 정치인 신뢰도에 유의한 영향력을 미치는 것으로 나타나 [연구 가설 1]은 지지되었다.

Ⅳ. 제7회 지방선거 후보자들의 SNS 현황

1. 정치인 SNS 사용 현황

조사를 진행할 SNS는 시민의식 조사에서 카카오톡(Kakao talk) 다음으로 많이 사용하는 것으로 확인된 페이스북(Facebook)으로 선정했다[3](개인 메신저 위주의 기능을 가진 SNS는 자료 수집에 제약이 많기 때문에 분석 SNS 종류에서 제외했다). 후보자 SNS 분석을 위해 선정한 대상은 성남시 수정구 시의원 후보자, 세종특별자치시 시의원 후보자, 부산 해운대구 시의원 후보자로 총 79명이었으며, 이 중 무투표 당선된 2명[4]을 제외한 77명을 대상으로 조사 및 분석을 진행했다.

조사 대상자의 정당 분포는 더불어민주당 25명(32.5%), 자유한국당 23명

3. SNS 사용 종류: 카카오톡 69.1%, 페이스북 39.8%(시민의식 조사결과, n=379).

4. 성남시 수정구 다 선거구.

(29.9%), 바른미래당 14명(18.2%), 정의당 1명(1.3%), 민중당 2명(2.6%), 무소속 12명(15.6%)으로 이루어져 있었다. 각 후보자들의 페이스북 계정에 접속하여 게시물이 올라온 후에 하루의 유예기간을 두고 게시물의 성격, 게시물의 수, 좋아요 등을 측정했다. 측정기간은 형평성을 위해 제7대 지방선거 공식 선거운동기간인 2018년 5월 31일부터 6월 12일까지 진행했다.

조사 결과 페이스북을 사용하는 후보자는 45명(58.4%)이었고 사용하지 않거나 계정이 확인되지 않은 후보자는 32명(41.6%)이었다. 가장 눈에 띄는 점은 일반적인 SNS 사용자와 비교했을 때 훨씬 많은 친구수를 보유했다는 것이었다. 페이스북을 사용하는 후보자 45명의 평균 친구 수는 1276.13명이었으며, 조사 기간 동안 게시글을 단 한 건도 올리지 않으며 소극적으로 SNS를 활용했던 후보자 10명조차도 평균 431명의 친구 수를 보이며 활동에 비해 친구 수가 많다는 일관적인 특징을 보였다.

그러나 2주간 평균 게시글 수는 8.67개, 게시글 당 평균 좋아요 수는 37.07개로 나머지 지표는 친구 수와 비교했을 때 저조한 모습을 보였다. 이는 후보자들이 일반 시민들과 비교했을 때 온라인으로 하는 실질적인 소통의 크기는 차이가 없음을 보여준다. 조사 기간 동안 분석한 게시글의 성격은 주로 유세활동 인증 사진이나 홍보 이미지, 영상 등이었고 공약이나 정책과 관련된 게시글은 전체의 5.13%에 그쳤다. 시민의식 조사에서 시민들이 정책 관련 정보를 원했던 것과는 다른 모습이 나타나 정치인들이 SNS 소통을 통해서는 시민들의 수요를 충족시켜주지 못하고 있음을 알 수 있다.

후보자들의 SNS를 보면서 느낀 점은 SNS가 일상 영역에서는 많은 변화를 이끌어낸 것과는 달리 정치 영역에서는 달라진 부분이 없다는 것이었다. 대표적으로 상업 영역에서는 SNS를 이용한 빠른 피드백을 통해 서비스의 질을 향상시키고 원활한 즉시소통으로 다양한 이벤트를 활용하며 SNS의 장점을 이용하는 모습을 보였다. 그러나 정치인은 그저 자신의 활동을 알리고, 지지자는 지지를 표명하는 정도에만 그치고 있어 10년 전 미니홈피 수준을 벗어나지 못하고 있는 것처럼 보인다.

또한 의정활동기간과 유세활동기간을 비교했을 때 SNS 사용량이 현저하게 차이가 났으며, 자신을 지지하는 댓글에만 반응하고 비판하거나 충고하는 댓글에는 반응하지 않는 모습을 보여 소통을 선택적으로 하는 모습을 보였다. 마지막으로 시민들은 후보자의 SNS에서 정책 관련 정보를 알고 싶어 했으나, 실제로 후보자의 SNS 계정에서는 후보자의 정치관이나 정책방향 등은 알 수 없고 오로지 유세활동을 알리는 용도에만 그치는 경우가 대부분이어서 시민들의 수요 욕구를 정치인들이 맞춰주지 못하고 있다는 것을 알 수 있었다.

2. 좋아요와 득표율의 관계

조사를 통해 수집한 자료는 SPSS 23.0을 사용하여 상관분석, 선형 회귀분석방법으로 분석했다. 후보자의 SNS 활동이 득표율, 당선 여부와 어떤 관계가 있는지 알아보기 위하여 상관분석을 실시했다. 그 후에 유의미한 상관관계를 갖는 변수 중 어떤 변수가 득표율이나 당선 여부에 얼마나 큰 설명력을 갖는지 알아보기 위하여 선형 회귀분석을 실시했다.

측정 변수들 간의 상관관계와 유의확률은 〈표 3〉과 같다. [연구 가설 2]에서 종속변수로 설정한 득표율과 다른 변수 간의 상관관계를 살펴보면 게시물 당 좋아요 평균 수(이하 '좋아요 평균', $r=.421$, $p<.01$)가 유의한 상관을 보였다. 좋아요 평균 변수는 당선 여부와도 유의한 정적 상관을 보이고 있다($r=.464$, $p<.01$). 즉, SNS 활동 중에서 득표율에 유의미한 영향을 미치는 요소는 정치인과 시민이 소통하고 있다는 것을 나타내는 지표라고 할 수 있는 좋아요 변수라는 것을 알 수 있다.

상관분석을 통해 득표율과 당선 여부와 유의미한 상관을 갖는 SNS 활동 수준 지표는 좋아요 평균 변수임을 확인했다. 따라서 [연구 가설 2]를 증명하기 위해 독립변수로 좋아요 평균을 설정하고, 종속변수로 득표율과 당선 여부를 설정한

〈표 3〉 제7대 지방선거 출마자 SNS 조사 분석 상관분석
(상관계수, 유의확률 순, N=77, *p<.05, **p<.01)

	1	2	3	4	5	6	7	8
1. 정당	– –							
2. SNS 사용여부	-.280* .014	– –						
3. 게시글 성격	-.139 .227	.286* .012	– –					
4. 게시글 합계	-.151 .189	.356** .001	.136 .237	– –				
5. 좋아요 평균	-.304** .007	.570** .000	.273* .016	.171 .137	– –			
6. 친구 수	-.168 .145	.503** .000	.163 .156	.289* .011	.609** .000	– –		
7. 득표율	-.579** .000	.213 .063	.069 .549	.138 .232	**.421**** **.000**	.200 .081	– –	
8. 당선 여부	-.532** .000	.288* .011	.134 .246	.014 .903	**.464**** **.000**	.241* .035	.801** .000	– –

〈표 4〉 좋아요 평균과 득표율의 인과관계 (N=77, ***p<.001)

독립변수	종속변수	B	β	R^2	F
좋아요 평균	득표율	0.293	.421***	.178	16.202***

〈표 5〉 좋아요 평균과 당선 여부의 인과관계 (N=77, ***p<.001)

독립변수	종속변수	Nigelkerke R^2	Exp(B)	p
좋아요 평균	당선 여부	.280	1.037***	.000

뒤 분석을 진행했다(분석 결과는 〈표 4〉, 〈표 5〉 참조).

첫 번째로 좋아요 평균과 득표율의 회귀분석의 관계를 살펴보면 분산분석표에서 회귀확률이 .000으로 유의하고 R^2값은 .178로 나타나 좋아요 평균 변수가 득표율 변수에 약 17.8%의 설명력을 가지고 있음을 보여 준다.

두 번째로 좋아요 평균과 이분형 변수인 당선 여부의 인과관계를 측정하기 위해 로지스틱 회귀분석을 사용했다. 결과를 살펴보면 Hosmer-Lemeshow 적합도 검정 결과 유의확률은 .470으로 모형은 적합했고, Nigelkerke R^2은 .280으로 측정되어 좋아요 평균 변수가 당선 여부 변수에 약 28%의 설명력을 갖는 것으로 나타났다. 독립변수 유의확률은 .000으로 매우 유의한 수준이었고 Exp(*B*)는 1.037로 나타나 좋아요 평균 변수가 하나 증가할수록, 당선 가능성이 1.037배 늘어나는 것으로 예측되었다.

이같은 결과는 정치인의 SNS 활동 수준이 높을수록 선거의 득표율이 올라갈 것이라는 [연구 가설 2]를 지지한다. 좋아요 평균 수가 가장 높은 예측력을 보이는 이유는 SNS에 게시물을 올릴 때마다 꾸준히 긍정적인 소통을 이어가는 사람들의 수를 의미하는 좋아요 평균 변수가 실질적인 소통을 뜻하기 때문에 득표율을 유의미하게 예측하는 것이라고 생각된다. 특히 유권자 수가 상대적으로 적은 지방의회선거 특성상 부동 지지층을 유지하는 것이 중요한데, 이러한 지지층의 크기를 좋아요 평균 변수가 잘 나타냈다고 보인다.

V. 정치인 인터뷰

시민 설문과 정치인들의 SNS 사용에 대한 계량 연구에 더하여, 질적 연구로서 정치과정에 실질적으로 관여하고 있는 정치인과 관여할 의향이 있는 후보자들이 SNS 사용에 대해 구체적으로 어떠한 생각을 가지고 있는지를 알아보기 위해 인터뷰를 시행하였다. 제7회 지방선거에서 재선에 도전하는 현역 정치인 2명과 새롭게 출마한 2명의 후보자, 총 4명을 인터뷰하였다. 이들에게 정치인 및 후보자의 SNS 사용의 목적과 이용 현황, 정치인이 인식하는 기존 SNS의 한계 및 문제점, 그리고 새로운 소통모델이 제시된다면 이를 사용할 의향이 있는지의 범주로

나누어 질문하였고 그 답변을 분석하고자 한다.[5]

1. SNS 사용 현황과 목적

인터뷰에 응한 4명의 대상자 모두가 하루에 적게는 30분, 많게는 1시간 이상까지 SNS를 이용하며, 이용하는 SNS의 종류가 다양한 가운데, 페이스북과 모바일 메신저는 모두가 공통으로 이용한다고 답하였다. SNS에서의 반응성에 대한 측면에서 모든 인터뷰 대상자들은 중요한 질문인지, 혹은 실명을 사용하는 이용자가 게시한 것인지 등의 기준에 따라 선택적으로 답글을 게시한다고 응답하였다. 하지만 자신에게 비판적인 글이나 댓글의 경우에는, 삭제 혹은 무반응 등의 방식으로 대응하지 않는다는 공통점을 보였다.

"저는 그, 닉네임을 쓰는 카페 같은 경우는 댓글을 잘 안 써요. 실명을 쓰는 거에 대해서는 가능한 한 답변을 하려고 해요. 그리고 비판적인 글을 저는 아예 댓글, 잘 안 해요." (A시의원)

"대충 뭉개요. 자꾸 보면 신경질만 나고. 근데 거의 없어요. 내가 보기에는 지난 7년 동안 한두 건? 예를 들어서 뭐 이상한, 갑자기 뭐라고 해서 뭐 이상하게 비비 꼬아가지고. 6년 전에. 사실과 다른 걸 가지고 막 하고 …… 근데 거의 없어서, 뭐." (B구청장)

이는 SNS를 통해 하는 정치적 소통이 선택적으로 이루어지고 있다는 것을 나타낸다. 그러나 SNS를 사용하는 목적으로 인터뷰 대상자의 대부분은 '소통'을 꼽았다. 이 외에도 지역의 현안, 혹은 정보를 공유하여 지역 이슈를 확산시키는 목

5. 인터뷰 질문의 자세한 문항은 [첨부자료 2] 참조.

적으로 이용하기도 한다고 답하였다. B구청장의 경우에는 평상시에는 정책 안내의 수단으로 이용하다가 선거기간에는 후보자 홍보용 수단으로 용도를 변경한다고 답변했다.

"주요한 목적은 이제, 선거 기간 중하고 평상시하고 좀 틀리거든요? 선거 기간 중에는 역시 이런 본인의 정책을 알리고 또 소신도 알리고, 알리는 것이 지금으로서는 더 중요하지만은, 평상시에는 뭐를 알려야, 그러니까 지방자치의 기본이 뭐냐면 참여를 유도해야 되잖아요. …… 그러니까 나는 구청장으로서의, 일단 알려주고 그래야 비판을 하든지 칭찬을 하든지 대안을 주든지 이럴 거란 말이야. 그런 측면에서 선거기간이 아닐 때는 그러한 소통과 홍보를 하면서 의견을 받는 이런 방식으로 이용을 하죠." (B구청장)

인터뷰 응답자들이 SNS 활동을 하며 기존 목적에 대해 느끼는 효용은 보통 수준이라고 응답한 비율이 가장 높았다. 어느 정도 효용을 체감하고 있다는 A시의원의 경우에는 자신이 SNS를 많이 사용한다는 점에서 인지도가 높고, 지역주민들로부터 긍정적인 반응을 얻는 데 도움이 되었다고 답변하였다. B구청장은 체감하는 전체적인 효용의 정도는 보통이지만, SNS를 통해 정책을 전달하고 그에 대한 반응이 이루어졌을 때, 정보전달이 잘 이루어짐을 체감한다고 답하였다. 하지만 A시의원을 제외한 다른 정치인들은 보통 혹은 그 이하의 효용을 체감하고 있다는 점을 간과할 수 없다. 효용이 낮은 이유를 묻자 정치인들은 SNS 이용자 그룹에 제한이 있어 효과가 한정적이고, 정보 전달의 대상 설정이 잘 이루어지지 않으며, 직접 지역 거주민들을 대면하는 것이 비교적 목적 달성에는 더 효용이 높다는 답변을 내놓았다.

"…… 별 효과가 없어요. 한정적이어서. 하는 사람만 하기 때문에. 에, 별로 효과가 없어요. 제가 잘 못해서 그런지(는 모르겠지만) …… 큰 정치인들은 효과가 크죠. 근데 제가 그랬잖아요. 동네 일꾼인데 우리들은 …… 내 지역구는 노령인구비율이 최고고 …… 그런데 SNS를 통해서 소통이 되겠습니까? 직접 만나야지." (C후보자)

"지금은 그거 보고 하고 할 시간이 없고 현장에 가야만 표가 있기 때문에. 사무실에는 표가 없잖아요. …… 지금 SNS, 이런 거 톡방 쳐다보고 밴드 쳐다볼 시간이 없다 이거야. 사람 한 명 더 만나고 유권자 한 명 더 만나고서 내가 이런 사람이다, 이런 철학을 가지고 이렇게 해 보겠다라는게 더 우선이고 ……" (D후보자)

2. 기존 SNS의 문제점과 한계

앞서 언급한 바와 같이, 인터뷰 대상자들의 대부분은 소통을 위해 SNS를 이용하는데 직접 만나서 소통하는 것에 비해 SNS를 이용하여 소통하는 것에 큰 효용을 느끼지 못하고 있다. 이는 기존 SNS의 문제점을 드러낸다. 이와 관련하여 2명의 인터뷰 대상자들이 SNS의 애플리케이션이나 홈페이지의 이용에 있어서 불편함을 느낀 적이 있다고 답변하였다. SNS 이용 자체에서 비롯되는 문제점의 경우에는 관리와 활동에 시간적 소모가 크다는 점, 그리고 SNS 자체가 사용하기에 용이하지 않다는 점이 지적되었다. 평소 SNS에 관심이 많았던 정치인들은 보좌 직원들에게 도움을 받더라도 본인이 직접 SNS를 관리하는 모습을 보였다. 그러나 실제로 이용에 어려움을 느낀다는 응답자들의 경우 위임하는 경우가 많았고, 보통 지방의회의원 후보자들은 자녀에게 SNS 활동을 위임한다고 응답하였다.

"SNS 관련 직원, 따로 없고 저는 직접 제가 다 합니다. 그 다음에 SNS 관리 직원이 있다? 저는 없어요, 저는. 모든 걸 제가 다 해요. SNS 게시할 때 내용을 보좌진과 (의논)? 없습니다. 저는 제가 다 해요. 제가 다 만들고, 제가 다 글 쓰고, 제가 다 날리고 ……" (A시의원)

"(SNS를 관리하는 직원이 따로 있는지?) 그렇지는 않은데 지금은 있습니다. 선거 유세 기간이기 때문에. (그러면 관계가 어떻게 되시는지?) 아, 자녀로 하죠. …… (실례가 안된다면 자녀분들의 연령대를 알 수 있을까요?) 다 20대예요." (C후보자)

기존 SNS의 한계점으로는 연령대 위주로 사용자가 갈려 한정적인 사용자들만 대상으로 하기 때문에 원활한 소통이 이루어지지 않는 점이 지적되었다. 또한 정치인의 경우에는 지역 거주자들, 후보자들의 경우에는 해당지역의 유권자들에게 선별적으로 정보를 제공할 수 없고 직접적인 소통이 이루어지기 어려운 구조가 지적되었다.

"그런데 이게, 정치적인 목적으로는 좀 회의감이 드는 것이, 상대가, 구민을 구별해서 할 수가 없어요. 페이스북 하면 다 열려 있잖아요. 그럼 과연 우리 유권자가 몇 퍼센트나 볼까? 그거에 대해서는, 보긴 보는 것 같아. 근데 과연 그 많은 홍수 속에서 얼마나 볼 것인가 하는 것이 ……" (B구청장)

각종 악성 댓글과 게시글에 정치인들이 무방비상태로 노출되어 있는 점 또한 중대한 한계점으로 제시되었다. 더불어, 블로그가 속해 있는 대형 포털사이트 내에서 일어나는 검색어 노출순위 조작의 가능성과 같이 SNS 운영자의 중립성에 대한 문제도 제기되었다.

"특히 그, 밴드라든가 블로그라든가 만인이 다 볼 수 있는 공간에다가 …… 그냥 들어와서 …… 그냥 비방해버리고 이걸 어떻게 막을 것인가? 중앙정부 차원에서 보완해주지 않으면 사람 한 명 죽이고, 바보 되는 데는 그냥 하루 이틀이면 끝난다. 정말 그 악플, 악플이라 그러죠? 그런 부분들이 중앙정부 차원에서 절대적으로 보호가 필요하다 ……" (D후보자)

"크게 불편한 건 없어요. 그런데 …… 이슈가 좀 강한 정치적인 내용들을 올리면 순위에서 많이 빠져요. 그런 것들을 많이 목격하고 있어요. …… 일반적인, 일상적인 지역 현안들이나 이런 내용에 대해서는 거의 상위 클래스에 올라가거든요. 내가 글을 올리면? 근데 예민한 부분에 대해서는 …… 좀 서열 조정을 하는지 아니면 그게 이해관계가 있는 업체들이 끌어내리기를 하는지 정확한 분석을 못하겠어요. 하여튼 예민한 부분에 대해서는 내가 블로그 상단 대충 올라가는데 밑으로 빼는 경향을 내가 가끔 목격을 하고 있어요. 그런 것들에 대해서는 조금 문제가 있죠." (A시의원)

3. 새로운 소통모델에 대한 의견

대부분의 대상자가 SNS를 통한 소통으로 시민과 주기적으로 토의하거나 정책 제안을 받을 의향이 있다고 답했다. 또한 현재 SNS를 사용하고 있지 않은 정치인도 필요성은 인지하고 있고 향후 사용하고 싶다고 주장했다.

"(SNS를 통한 소통으로 시민과 주기적으로 토의하거나 정책 제안을 받을 의향이 있습니까?) 지금은 그렇지가 않습니다. 그러나 의원이 되면 그렇게 할 수 있도록 배우겠습니다." (C후보자)

"정치를 하기 전에는 (SNS를) 몰랐어요. 이걸 이제 정치 선배들의 얘기를 들으면서 보니까, 역시 정말 소중하고 정말 필요하다 ……" (D후보자)

기존 SNS의 문제점을 보완한 새로운 형태의 온라인 플랫폼 개발에 대해서는 기본적으로는 지향하고 싶지만 현실적으로 어렵다며 방어적인 모습을 보였다. 이미 시도된 사례가 있지만 시민의 관심이 부족하다는 것이 그 이유였다.

"그거 별로, 지금 시민이 시의원들과의 어떤 그 의회 홈페이지에 들어와 보면 그렇게 많이, 어, 참여하지 않아요. …… 자기가 이해관계가 있으면 관심을 가지지만 뭐 시의원이 어떤 일을 하는지에 대해서 별로 관심도 없고, 그런 거 해 봤자 크게 시의원들이 자기가 정치적으로, 목적으로 활용하기 위해서는 그렇게 할 수 있지만 시민이 시의원들과 이렇게 막 시의회 홈페이지를 만들어 놓는다 하더라도 그 효율성이 별로 없어요. 그런 거 별로 괜히 해 봤자 저는 효과 없다고 생각해요." (A시의원)

그러나 어떤 정치인은 기존 온라인 소통 접근 방식의 문제점을 지적하면서 계속해서 온라인 소통을 지향한다면 고민해야 할 부분을 지적하기도 했다.

"굉장히 소통할 게 많아. 많은데 이게, 그, 개인정보라는 게 있어 가지고 굉장히 조심을 해요. 조심을 해야 되고, 사용하는 데 효율적이지 못한데. 예를 들어 그런 게 잘 되면 진짜 좋지. 본인들이 동의한다면 그런 소통 창구를 제공하면 참 좋지. …… " (B구청장)

Ⅵ. 새로운 SNS 제안

시민 설문, 정치인들의 SNS 사용 실태조사, 정치인 인터뷰를 한 결과 SNS는 분명하게 현실정치에 영향을 미치는 부분이 존재한다. 그러나 현재 사용되고 있는 SNS들은 기능적인 부분에서 시민의 요구뿐만 아니라 정치인의 요구 역시 충족시키지 못하고 있다. 현재 정치인의 SNS 활동들 단순히 정치인 개인의 안부 정도를 전달하는데 그칠 뿐 시민들이 실제로 원하는 서비스를 제공하지 못하고 있다. 시민들은 정책정보 위주의 SNS 게시글을 원하지만,[6] SNS 조사 결과 정치인

6. 자체 조사, 정치인에게 원하는 SNS 컨텐츠 – 정책정보 46.4%, 현안에 대한 의견 35.6% 등

이 게시하는 글 중에 정책 관련 글은 약 5.13%로 매우 낮은 비율을 보였다.

또한 지방의회의원과의 소통을 원하는 시민의 응답은 약 30%에 달하지만 시민 설문조사 결과 중 정치인 팔로잉 실태를 보면 대통령과 국회의원 등 중앙 정치인 중심으로 팔로잉이 이루어지고 있으며, 지방의회의원들을 팔로잉하는 수는 현저히 낮은 것으로 나타났다. 이를 통해 지방의회의원과 소통하고 싶은 시민의 요구가 있음에도 불구하고 현재 사용되고 있는 SNS는 그 기능을 제대로 제공하지 못하고 있다.

지방의회 현역의원이나 후보자 또한 인터뷰를 통해 SNS 사용에 애로사항이 많음을 호소했다. 가장 주요한 불만은 자신을 팔로우하는 사람들이 자신의 지역구 유권자인지를 알 수 없다는 것이다. SNS는 다양한 사람들과 제약없이 소통할 수 있다는 점이 장점으로 꼽히지만, 이렇게 뛰어난 개방성과 접근성은 정치 참여의 도구로는 양날의 검이 될 수 있다. SNS로 소통하는 사람이 많더라도 이들이 자신의 지역구에 거주하는 유권자인지를 알 수 없기 때문에 정치인으로서는 온라인 소통을 그대로 의정활동에 반영해야 하는 것인가에 대한 의문을 가지게 된다. 그렇기 때문에 SNS에서 시민의 의견을 수용하는 데에 소극적인 태도를 취하게 되는 것이다. 게다가 현행 SNS의 여론 조작 위험성과 포털사이트 운영의 투명성에 문제가 지속적으로 제기되고 있는 시점에서 정치인들은 온라인 환경에 자신을 그대로 노출하는 것은 위험하다고 판단하고 있다.

또한 규모가 작은 지방의회의원 SNS 계정의 경우 접근성이 낮고 팔로우를 하기 위해 계정을 탐색하는 것이 비교적 어렵다. 이 때문에 시민의 정치인 팔로잉은 접근성이 높고 인지도 역시 높은 중앙 정치인 위주로 몰린다. 결국 기존의 미디어 매체와 다를 것 없이 SNS에서도 인지도에 따라 정보 전달이 편중되어 소규모 지역정치인들은 소외되는 결과를 낳는 문제점이 존재한다.

그러나 이러한 문제점들을 보완한다면 SNS는 정치 영역에서 훌륭한 소통 수단이 될 수 있다. SNS는 많은 사람들이 사용하고 참여할수록 효과가 극대화되는 면이 있다. 그러나 현재 위와 같은 성격의 애플리케이션이나 서비스들은 지방자

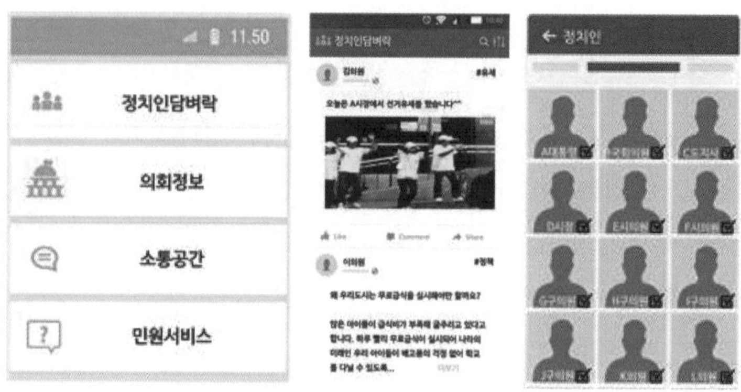

〈그림 1〉 새로운 SNS 유저 인터페이스 예시

치단체 차원에서 난립하고 있으며, 이 때문에 시민이 일원화된 창구를 가지지 못하고 각 지역별로 사용하는 인원이 분산되고 홍보도 제대로 이루어지지 않아 그 효과가 미미한 측면이 있다. 따라서 중앙정부 차원에서 일원화된 소통 창구를 개설할 필요가 있다. 전국민을 대상으로 몇 가지 기능을 통합한 서비스를 제공한다면 홍보하기도 보다 수월하고 네트워크 외부효과로 인해 사용자도 더 많아질 것이다.

새로운 SNS에서 요구되는 기능으로 가장 중요한 것은 자동적으로 같은 지역구의 정치인과 시민들을 연결해주는 것이다. 정치인이 올리는 게시물을 읽을 수 있는 대상이 자동적으로 해당 지역구의 유권자로 연결된다면 정치인은 지역구의 여론을 알기 더 편해지고 시민은 자신과 관련이 높은 정치적 정보를 보다 쉽게 접할 수 있다.

예를 들어 서울시 마포구 거주 시민이 이 플랫폼을 이용한다면 마포구의원, 마포구청장, 서울시의원, 서울시장, 해당 지역구 국회의원, 대통령 등이 올린 게시물을 자동적으로 볼 수 있게 되는 것이다. 이러한 지역 유권자 맞춤 구독 기능은 소규모 지역정치인들이 정보의 편중으로 인해 온라인에서 소외되는 문제도 해결할 수 있다. 또한 기존 SNS에서는 자신의 지역구의 정치인을 직접 찾아 팔로우

해야 하는 어려움이 큰 진입장벽이 되어 작은 단위의 지역정치인과 시민이 연결되기 어려웠지만 위와 같은 자동 구독 기능은 직접 지역정치인의 계정을 탐색해야하는 번거로움을 줄일 수 있어 시민에게 편리함을 제공한다.

또한 정치인이 글을 게시할 때 반드시 글의 성격을 규정해서 올리도록 하고, 시민은 자신이 원하는 성격의 글, 또는 자신이 원하는 정치인의 글만 볼 수 있도록 설정이 가능한 필터링 기능 등을 추가하면 보다 효율적인 이용이 가능할 것이다.

그러나 이러한 온라인 플랫폼이 활성화되기 위해서는 정치인들의 의식개선이 필요하다. 소통의 기회가 많아졌다면 소통의 질도 높아져야 하기 때문이다. 시민들의 정책 정보 수요가 점점 높아지고 있는 지금 주요 현안에 대한 정보와 정책의 방향을 제공할 필요가 있다. 또한 그 정보의 가독성 또한 중요하다. 지금도 의회 홈페이지에 가보면 회의록 등 날 것의 자료는 그대로 있지만 바쁜 현대인들이 소비하기는 힘든 형태라서 외면 받고 있다. 따라서 그러한 자료를 소비하기 쉽게 정보화해서 제공하려는 노력이 필요하다. 예를 들어 제7대 지방선거 직전에 중앙일보에서 우리 동네 의회 살림이라는 이름으로 의회 가계부 서비스를 제공한 적이 있다.[7] 이 서비스는 자신이 살고 있는 지역구를 선택하면 해당 지방의회에서 사용된 예산을 요약한 정보를 제공했는데, 이렇게 시민들에게 많은 호평을 받았던 소비하기 편리한 서비스는 좋은 예시가 될 수 있다.

또한 애플리케이션의 사용자를 늘리기 위해 시민들이 원하는 기능을 추가할 필요가 있다. 시민의식조사를 통해 의견을 받아본 결과 시민이 원하는 기능들은 민원 서비스, 사안별 관련자들의 소통 공간, 지방의회의원과의 소통, 의회정보, 주민투표 순으로 높았다. 민원 서비스가 필요하다는 의견이 압도적으로 높았는데, 현재 정부에서는 정부 24, 국민신문고 2.0 등 민원서비스를 애플리케이션으로 제공하고 있다. 그러나 홍보가 제대로 되지 않았고 여러 가지 기술적인 문제로 인해 저조한 사용률을 보이고 있다. 이와 같은 기능들이 통합된 애플리케이션

7. 중앙일보. "우리 동네 의회 살림."

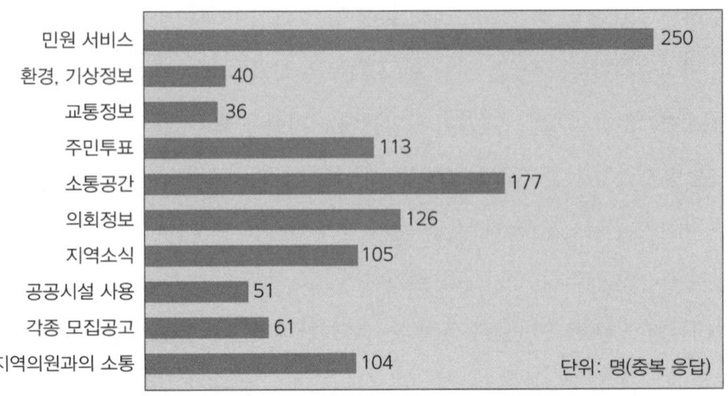

〈그림 2〉 시민의식조사 – 정치적 목적을 가진 새로운 SNS에 원하는 기능

서비스가 제공된다면 홍보가 더 효율적으로 이루어질 수 있고 정치적 정보에 큰 관심이 없는 시민도 애플리케이션을 사용하게 만들어 사용자를 늘려서 네트워크 외부효과를 극대화할 수 있기 때문에 이러한 기능의 통합은 반드시 필요하다.

Ⅶ. 결론

본 연구에서는 시민 설문과 정치인의 SNS 사용 실태 조사 및 분석을 통해 SNS가 현실 정치에 미치는 영향을 파악하고, 새로운 정치 참여의 수단으로 발전할 수 있는 가능성을 확인하였다. 또한 시민 설문과 정치인 인터뷰를 통해 현재 사용되는 SNS가 정치 영역에 접목될 때의 문제점들을 발견하고, 이를 보완한 새로운 형태의 온라인 플랫폼을 제시하였다. 본 연구의 주요 결과와 의의는 다음과 같다.

첫째, 시민이 체감하고 있는 정치인과의 소통 수준이 정치인 신뢰도와 인과관계가 있음을 증명하였다. 현재 지속적으로 제기되는 대의제의 위기 속에서 핵심적인 사유로 지목할 수 있는 정치인 신뢰도를 예측할 수 있는 요인을 찾았다는 데에 본 연구의 의의가 있다.

둘째, SNS 활동이 현실 정치에 분명한 영향을 미치고 있음을 증명했다. 더 나아가 선거의 득표율에도 유의한 인과관계를 보이는 것을 발견하여, SNS 활동이 단순히 부수적인 활동이 아니라, 정치 영역에서 주요한 소통 수단으로 자리매김할 수 있는 가능성을 지적한 데에 의의가 있다.

셋째, 시민 설문과 정치인 인터뷰를 통해 실제로 정치 영역에서 SNS가 어떻게 사용되고 있고 어떠한 문제들이 있는지 현황을 파악하고 그에 대한 보완점을 고안하여 새로운 형태의 온라인 플랫폼을 제시하며 새로운 방향을 보여줬다는 점에서 의의가 있다. 시민 설문을 통해 정치인들의 SNS 사용이 실제로 그다지 유용하지 않고, 정치인 또한 인터뷰를 통해 기존 SNS 사용을 통한 정치 활동에 많은 불편함을 호소했기 때문에 기존 SNS를 통한 정치 활동은 한계가 분명하다. 따라서 기존의 비효율을 해결하기 위해 새로운 방향을 지속적으로 제시하는 것이 반드시 필요하다.

그러나 본 연구는 한계 역시 존재한다. 첫째로 시민 설문과 SNS 분석 상에서 현실적인 문제로 인한 표본의 대표성 확보에 문제가 있었다. 시민 설문의 경우 온라인으로 자료를 무작위 수집했기 때문에 본 연구에 사용된 자료의 설문 응답자들이 인구통계학적으로 대한민국의 시민을 완벽하게 대표하는 표본이라고 말하기는 힘들다. 뿐만 아니라 지방 선거 출마자들의 SNS 활동을 조사하는 과정에서 선택된 의원들도 연구자의 지역에 기반을 두어 임의적으로 선택되었기 때문에 대한민국 지역정치인을 대표하는 표본이라고 말하기 어렵다. 따라서 후속 연구에서는 인구통계학적으로 대표성이 보증되는 표본을 통한 보완이 필요하다.

둘째로 시민 설문 진행 과정에서 정치인 신뢰도나 소통 체감도를 측정하는 척도 등이 매우 단순하고 검증되지 않은 척도이기 때문에 타당도의 문제가 존재한다. 따라서 후속 연구에서는 소통 체감, 정치인 신뢰도 등을 측정할 수 있는 척도들의 개발과 활용이 필요하다.

마지막으로 SNS 분석 상에서 정보 습득 능력의 한계로 누락된 자료가 있을 수 있다. 분석 대상자인 모든 정치인들에게서 협조를 구한 뒤 조사 및 분석을 할 수 있던 상황이 아니었기 때문에 얻을 수 있는 자료의 질과 양에 한계가 있었다. 특히 제7대 지방선거 후보자 SNS 분석에 사용된 SNS 자료가 페이스북이라는 특정한 SNS에 치중되어 있었기 때문에 후속연구에서는 보다 다양한 SNS 활동 자료를 보충할 필요가 있다.

그러나 위와 같은 제한점에도 불구하고 본 조사 연구는 SNS가 현실정치에 영향이 있음을 증명하여 그 활용방안과 가능성을 확인했다는 데에 중요한 의미가 있다. 기존 정치인 중에는 적극적으로 SNS를 사용하는 그룹도 분명히 존재하지만,[8] 이는 변화하는 사회에 맞추어 나가는 노력에 그칠 뿐 온라인 소통의 특성을 제대로 파악하고 활용하는 모습은 분명히 아쉬운 측면이 있다. 따라서 기존 SNS의 틀에 갇혀 비효율적인 정치적 소통에서 벗어나 새로운 소통 방법을 제안하는 본 연구는 현실 정치인들에게 던지는 메시지가 있다. 정치인 인터뷰에서 일부 정치인들은 중앙정부나 지방자치단체가 만드는 애플리케이션이나 정책에는 일반 시민이 관심이 없다며 부정적인 의견을 보였는데, 이는 분명한 잘못이다. 자신들이 비효율적이고 의미 없는 정책이나 부가 서비스들을 만들지는 않았는지, 서비스 홍보에 소홀하지 않았는지 돌아보지 않고 정부가 하는 일에 시민은 관심이 없다며 덮어놓고 낭비라고 하는 것은 한국 정치 시스템 발전에 큰 독이 될 것이다. 또한 시민이 정치 참여에 관심이 없는 이유는 정치 영역이 부패, 무능, 위법 등 지속적으로 나쁜 이미지가 누적된 것이 반영된 결과라고 할 수 있다. 정치 영역의 이미지 악화, 시민의 정치인 불신, 시민-정치인 사이의 불통, 대의제의 위기로 이어지는 악순환의 고리를 끊기 위해 노력해야 하고, 따라서 지속적으로 이미지 개선을 위한 새로운 시도가 필요하다고 생각한다. 정치인들이 누리던 특권을 내려놓고 보다 많은 정보를 국민과 공유하며 국정에 대한 고민을 함께 해나가려고 노력한다면 정치 영역에 대한 평가는 달라질 수 있다. 이러한 관점에서 본 조사 연구의 결과는 정치인들이 국민에게 다가가는 방향과 방법을 제시하고 있다.

---

8. 금혜성. 2011. "정치인의 SNS 활용: 정치적 소통 도구로서의 트위터." 『한국정당학회보』 10(2). pp.189~220.

참고문헌

금혜성. 2011. “정치인의 SNS 활용: 정치적 소통 도구로서의 트위터.” 『한국정당학회보』 10(2).

류석진. 2004. “대학생의 온라인 정치활동과 투표행태: 제 17대 총선을 중심으로.” 『한국정치연구』 13(2).

중앙일보. “우리 동네 의회 살림.” https://news.joins.com/DigitalSpecial/298 (검색일: 2018.6.23).

한국행정연구원. 2017. 『2017년 사회통합실태조사』.

[첨부자료 1] 시민의식조사 설문지

Ⅰ. 인구통계학적 질문

1. 귀하의 연령은?

① 20대 ② 30대 ③ 40대 ④ 50대
⑤ 60대 ⑥ 70대 이상

2. 귀하의 성별은?

① 남성 ② 여성

3. 귀하의 학력은?

① 초졸 ② 중졸 ③ 고졸 ④ 전문대 재학 및 졸업
⑤ 4년제 대학교 재학 이상

4. 귀하가 사는 지역은? (예: ㅇㅇ도 ㅇㅇ시 ㅇㅇ구)

Ⅱ. 정치적 성향

1. 투표 시 후보자의 선택 기준은 무엇입니까? (3개 이하 중복 선택)

① 정당 ② 정책 ③ 성품 ④ 외모
⑤ 후보의 능력 ⑥ 인지도 ⑦ 타인의 추천

2. 평소 귀하에게 가장 영향을 많이 미치는 정치적 정보 습득 매체는 무엇입니까?

① 신문/TV/라디오 ② 인터넷 신문 ③ SNS ④ 지인
⑤ 책 ⑥ 기타

3. 지지하는 정당이 있습니까?

① 예 ② 아니요

3-1. 지지하는 정당이 있다면, 어느 정당을 지지하십니까?

① 더불어민주당 ② 자유한국당 ③ 바른미래당 ④ 민주평화당
⑤ 정의당 ⑥ 새민중정당 ⑦ 대한애국당 ⑧ 기타

4. 귀하의 정치인에 대한 신뢰도는?

① 매우 신뢰하지 않음 ② 다소 신뢰하지 않음
③ 보통 ④ 다소 신뢰함 ⑤ 매우 신뢰함

Ⅲ. SNS 사용 여부, 목적 및 효용

1. 평소 SNS를 사용하십니까?

① 예 ② 아니요

1-1. SNS를 사용하신다면, 어떤 SNS를 사용하십니까?

① 트위터 ② 인스타그램 ③ 페이스북 ④ 블로그
⑤ 네이버 밴드 ⑥ 카카오톡 ⑦ 카카오스토리 ⑧ 인터넷 카페

1-2. SNS를 사용하신다면, SNS를 얼마나 자주 이용하십니까?

① 10분 미만 ② 10분 이상 ~ 30분 미만
③ 30분 이상 ~ 1시간 미만 ④ 1시간 이상 ~ 2시간 미만
⑤ 2시간 이상

2. SNS에서 정치인을 팔로잉하십니까?

① 예 ② 아니요

2-1. 정치인을 팔로잉하신다면, 몇 명을 팔로잉하십니까?

2-2. 정치인을 팔로잉하신다면, 어떤 정치인을 팔로잉하십니까?

① 대통령 ② 국회의원 ③ 광역자치단체장 (도지사, 광역시장 등)
④ 기초자치단체장 (시장, 군수 등) ⑤ 광역자치단체의원
⑥ 기초자치단체의원 ⑦ 교육감 ⑧ 기타 정치인

2-3. 정치인을 팔로잉하신다면, 팔로잉의 목적은 무엇입니까?

① 정보를 얻기 위해 ② 지지를 표현하기 위해
③ 비판을 하기 위해 ④ 소통의 수단
⑤ 기타

2-4. 정치인을 팔로잉하신다면, 팔로잉한 정치인의 SNS 활동이 유용합니까?

① 예 ② 아니요

2-4-1. 만약 정치인의 SNS 활동이 유용하다면, 어떤 부분에서 유용하다고 생각하십니까?

2-4-2. 만약 정치인의 SNS 활동이 유용하지 않다면, 어떤 부분에서 유용하지 않다고 생각하십니까?

3. 다음 중 정치인에게 원하는 SNS 컨텐츠가 있습니까?

① 정책에 대한 정보 ② 현안에 대한 정치인 개인의 의견
③ 정치인 개인의 사생활 ④ 정치인과의 소통
⑤ 기타

Ⅳ. 정책 제안 및 소통

1. 지역 의원과 시민 간의 소통이 원활하다고 생각하십니까?

① 매우 원활하지 않음 ② 다소 원활하지 않음
③ 보통 ④ 다소 원활함 ⑤ 매우 원활함

2. 저희는 지역별로 정치인과 시민이 소통할 수 있는 플랫폼을 구상하고 이를 제시하고자 합니다. 이러한 플랫폼이 생긴다면 참여할 의향이 있습니까?

① 예 ② 아니요

3. 저희는 지역별로 정치인과 시민이 소통할 수 있는 플랫폼을 구상하고 이를 제시하고자 합니다. 이러한 플랫폼이 생긴다면 어떠한 내용이 들어갔으면 좋겠습니까?

① 민원 서비스 ② 지역 기상, 환경 정보
③ 교통 정보(지도 서비스) ④ 주민 투표 시스템
⑤ 사안별 관련자들의 소통 공간(예: 혐오시설 인근 주민과 시설 관리자, 지자체 담당자가 포함되어 있는 그룹채팅 등)
⑥ 의회정보(예: 회의록, 주요 입안, 의원 정보 등)
⑦ 지역 소식 ⑧ 공공시설 관리 및 예약
⑨ 각종 모집 공고 (예: 채용, 봉사 등) ⑩ 지역 의원과의 직접적인 소통 창구
⑪ 기타

[첨부자료 2] 정치인 질문지

Ⅰ. 정치적 배경

1. 출마하신 지역의 특징을 간략하게 설명해 주십시오.

① 정치적 특징

② 경제적 특징

③ 사회적 특징

④ 기타

2. 귀하께서 생각하는 '정치'란 무엇입니까? 또한 그에 기반을 두어 귀하께서 가지고 있는 정치철학에 대해 간략하게 설명해 주십시오.

Ⅱ. SNS 사용 현황

1. 사용하는 SNS는 무엇입니까?

① 페이스북 ② 트위터 ③ 유튜브

④ 모바일 메신저(카카오톡, 카카오플러스, 밴드)

⑤ 블로그 ⑥ 인스타그램 ⑦ 기타 ( )

2. 선택하신 SNS의 하루 이용시간은 어느 정도입니까?

① 하루 1시간 이상 ② 30분~하루 1시간 미만

③ 하루 30분 미만 ④ 아주 가끔

3. SNS 팔로워들이 쓴 댓글이나 피드백에 반응을 하는 정도가 어떻게 됩니까?

① 모든 글에 답글 게시 ② 중요한 질문만 선택하여 답글 게시

③ 답글 게시하지 않음

4. SNS 사용을 비롯한 온라인 활동이 유세 활동의 연장이라고 생각하십니까?

① 그렇다 ② 그렇지 않다

5. SNS를 관리하는 직원이 따로 있습니까?

① 그렇다 ② 그렇지 않다

5-1. SNS 관리 직원이 있다면 그 관계가 어떻게 됩니까?

① 정규직 직원 ② 비정규직 직원 ③ 친인척

④ 지인 ⑤ 기타

6. SNS에 게시물을 게시할 때, 게시물의 내용을 보좌진과 어느 정도로 의논하는 편입니까?

① 모두 의논한다 ② 대부분의 게시물을 의논한다

③ 반 정도의 게시물을 의논한다 ④ 거의 모든 게시물을 의논하지 않는다

⑤ 모든 게시물을 의논하지 않는다

Ⅲ. SNS 사용 목적 및 효용

1. 정치인으로서 SNS를 사용하는 주요한 목적은 무엇입니까?

① 후보자 홍보(유세활동, 정치활동, 개인생활 등)

② 유권자의 지지 및 결집

③ 정책 안내

④ 지역 이슈 확산

⑤ 기타 ( )

2. SNS 활동을 하며 기존 목적에 대한 효용을 느끼고 있습니까?

① 매우 효용이 높다 ② 어느 정도 효용이 있다

③ 보통이다 ④ 별로 효과가 없다

⑤ 전혀 효과가 없다

2-1. 효용을 느낀다고 답하신 경우, 특히 어느 부분에서 효용을 느끼고 있습니까?

3. 사용하는 SNS의 애플리케이션이나 홈페이지에서 불편했던 점이 있습니까?

① 예 ② 아니오

3-1. 불편한 점이 있다면 어떤 점이 불편합니까?

① 사용하기에 복잡하다 ② 원활한 소통이 되지 않는다
③ 시민의 접근성이 떨어진다 ④ 기타

3-2. 불편한 점이 있다면 개선되거나 추가되었으면 하는 기능이 있습니까?

Ⅳ. 정책 제안 및 소통

1. 정치활동을 하면서 특히 시민과 소통이 중요하다고 생각되는 분야가 있습니까? (최대 3개 다중 선택)

① 혐오, 선호시설 ② 교통 ③ 지역 개발 ④ 문화
⑤ 교육 ⑥ 장애인 ⑦ 여성 ⑧ 청년
⑨ 노인 ⑩ 환경 ⑪ 치안 ⑫ 기타 (   )

2. SNS를 통한 시민과의 소통에서 정책이나 입안에 그 의견이 반영된 경험이 있습니까? (있다면 자세히 서술 부탁드립니다.)

3. SNS를 통한 소통으로 시민과 주기적으로 토의하거나 정책 제안을 받을 의향이 있습니까?

① 그렇다 ② 그렇지 않다

대학생에 의한 풀뿌리 민주주의 심층 분석

성북구 아파트 민주주의

아파트 민주주의로 바라본 성북구 동행(同幸) 아파트

서울대학교 정치외교학부 **여현정·오혜정·유지윤**

이 연구는 성북구의 '동행(同幸) 아파트' 사례의 성공요인을 분석하는 것을 목적으로 한다. '동행 아파트'란 최저임금 100% 적용으로 인한 입주민들과 경비원 사이의 갈등을 아파트 내에서 자체적으로 해결한 사례이다. 구체적으로는 성북구에서 최초로 '동행'을 시작한 석관두산아파트와, '동행'을 계약서의 형태로 정례화한 동아에코빌아파트 내의 시민정치적 움직임을 들여다보았다.

나아가 본 연구는 성공요인 분석을 토대로 '아파트 민주주의' 개념을 제시한다. '입주자대표회의를 중심으로 한 아파트 공동체 내에서의 민주적 의사결정'을 의미하는 아파트 민주주의를 개념화함으로써 본 연구는 한국에서 가장 흔한 거주 형태가 된 아파트 공간에서 풀뿌리 민주주의의 가능성을 조명한다.

분석에는 관계자들과의 심층면접, 언론 기사, 성북구 등에서 제작한 토론회·홍보자료집과 연구용역 보고서 등을 활용했다. 이론적으로는 Putnam, Abers, Sirianni 등의 숙의·참여 민주주의 및 거버넌스 관련 이론에 바탕했다. 결론부에서는 아파트 민주주의의 전국적 확대 가능성과 한계를 동시에 검토함으로써 풀뿌리 민주주의 실현을 위한 민관의 역할을 제시한다.

I. 성북구의 동행(同幸)과 아파트 민주주의

1. 성북구, 동행(同幸)을 시작하다

'동행'은 성북구가 지향하는 핵심가치이다. 이때의 동행은 동행(同行)이 아닌 동행(同幸)이다. 어떻게 성북구는 '함께 행복한' 공동체를 만들어 나가게 됐을까? 동행이 핵심가치로 거듭난 것은 2014년 전국적으로 대두된 아파트 경비원 집단해고 사태와 밀접한 관련이 있다. 당시, 이듬해부터 시작되는 경비원 법정 최저임금 100% 적용으로 인해 임금 인상이 불가피해지면서 아파트 입주민들과 경비원들 사이의 갈등이 커졌고, 10월에는 경비원 분신시도로 갈등이 극대화되면서 특정 지역에 대한 비난 여론까지 형성되었다. 이런 와중에, 성북구 석관동의 두산아파트가 동일한 갈등을 자체적으로 해결해내었다는 사실이 알려져 주목을 받기 시작했다. 석관두산아파트에서는 경비 고용업체와 계약 시 '주민의 동의 없이는 경비원을 해고할 수 없다'는 규정을 만들어 집단해고 사태를 방지했을 뿐만 아니라, 에너지 절약을 통해 경비원 전원의 임금 인상을 이루어냈다. 성북구청은 이를 모범 사례로 채택했고, 다음해 3월 주민 공모를 통해 아파트 속 상생 문화를 '동행'이라 이름 지었다. 이어 7월에는 성북구 상월곡동의 동아에코빌 아파트에서 개별난방공사 계약을 체결할 때, 당시 관리소장과 입주자대표의 주도로 '갑(甲)'과 '을(乙)' 대신 '동(同)'과 '행(幸)'을 사용하는 최초의 '동행계약서'가 도입되었다. 동행계약서는 이후 경비원 용역관리업체 계약에서도 사용되었다.

이에 성북구청은 '동행' 아이디어를 성북구 전체에 확대해나갔다. 우선 동행계약서 표준안을 마련하여 공공기관에 적용하고, 주민들이 직접 상생 문화를 키울 수 있도록 공동체 사업 공모 제도를 마련했다. 2016년 10월에는 주택단지 내 근로자의 고용안정 및 처우 개선 방안과 민·관 협력체계 구성 등을 담은 「서울특별시 성북구 동행 활성화 및 확산에 관한 조례」를 제정하기도 했다. 성북구는 2018년을 '동행의 사회적 가치 확산 원년'으로 삼고, 1인 기업인들을 위한 도전숙, 어르신 공동작업장과 생활임금제 등으로써 '동행'의 대상을 전범위로 확대했다. 본 연구는 '동행'의 시초가 된 '동행 아파트'를 집중적으로 살펴보았다.

2. 아파트 공동체 내의 민주적인 의사결정, 아파트 민주주의

동행은 앞서 설명했듯이 공동주택의 일종인 아파트에서 시작되었다. 아파트는 거주의 편리함과 효율성 등을 이유로 선호의 대상으로 자리잡았으나, 그 확산에는 단절이 내재해 있다. 아파트는 주거지보다는 재산의 한 형태로 여겨져 '한 집에 오래 거주하며 소속감을 키우는 것은 더 이상 일반적인 것이 아니게 되었다. 공간 자체도 폐쇄적이고 사생활 보호에 집중해 서로와 아파트 공동체에 대한 무관심이 팽배해졌다.[1]

2000년대 이후부터 각종 동호회와 커뮤니티센터를 통한 일부 입주민들의 아파트 공동체성 회복 노력이 진행되어 왔지만, 그 효과는 여전히 미미하다. 관리비나 공동시설물에 대해 불만을 토로하는 사람 중에서도 정작 그와 관련된 의사결정 과정에 직접 참여하여 변화를 일으키고자 하는 사람은 찾아보기 어렵다. 그러나 민주적인 의사결정 과정만 도입된다면 분명히 아파트는 온전한 공동체로서 여러 갈등을 창의적으로 해결해 나갈 수 있다. 결국, 아파트 '공동체'라는 말 속에는 입주민 개개인 간의 소득, 직업, 성별, 가치관 등등의 상이함이 전체에게 소망스럽지 못한 결과를 가져올 때, 그 격차를 민주주의 원리에 따라 보완하고 극복해보자는 의지가 담겨 있는 셈이다.[2] 따라서 본 연구에서는 아파트 내에서 주민들이 자발적으로 공동체의 문제를 발굴하고 내부의 갈등을 조정함으로써 상생과 통합을 이루는 일련의 과정을 '아파트 민주주의'라고 명명하였다.

이 과정에서 입주자대표회의의 역할은 실로 크다. 입주자대표회의(이하 입대

---

1. 정헌목. 2017. 『가치 있는 아파트 만들기』. 반비. p.218.
2. 신명호. 2000. "한국 지역주민운동의 특성과 교훈." 조효제 편역.『NGO의 시대』. 창작과비평사. pp.293~294.

의)는 주민들의 선거로 구성되는 아파트의 공식적인 주민대표기관이다. 아파트 공동체 활성화와 관련된 다수의 선행 연구에서도 입대의를 주요 주체로 꼽으며, 이것은 엄연히 주민자치 조직으로서의 위상을 지닌다.[3] 그리고 대의제 민주주의 사회에서 대통령 및 국회가 국민들의 신임을 받는 것이 중요한 것처럼, 입대의도 스스로의 민주성에 대한 주민들의 신뢰를 얻어야 한다. 이를 위해서는 참여의 포괄성(inclusiveness), 숙의적 논의(considered judgement), 투명성(transparency)이라는 세 가지 요소를 충족시켜야한다.[4] 포괄성은 얼마나 다양한 행위자들이 의사결정에 다층적으로 참여하고 있는지를 의미하며 정치적 평등(political equality)의 실현에 중요한 요소다. 숙의는 참여자들로 하여금 주제에 대한 신중한 판단을 내리게 하며, 다른 참여자들의 관점을 받아들이는 훈련으로 기능한다. 마지막으로 투명성은 논의의 과정과 결과를 투명하게 공개함으로써 의제에 대한 행위자들의 이해도를 높이는 것이다. 이때 행위자들이 더 넓은 범위의 대중(wider public)에 해당할 때 의미가 크다.

동시에 입주자대표회의는 사회적 자본(social capital)의 축적을 통해 주민들의 의제에 대한 직·간접적 '참여'를 이끌어내야 한다. 사회적 자본은 공동의 이익을 증진시키기 위한 조정과정과 협력을 촉진시키는 수평적 네트워크, 상호 호혜적 규범, 신뢰와 같은 특성들을 의미한다.[5] 그리고 그 중심에는 주민들 간의 대화를 통한 관계 구축이 있다. 입대의는 주민들의 효능감을 높이는 여러 조치들도 취할 필요가 있다. 에이버스(Abers)는 포르투알레그레의 주민참여예산제 성공사례에 대해 이야기하면서 주민들의 요구를 적극적으로 듣고, 정책에 최대한 반영할 것을 강조했다. 그리고 마치 흙길을 포장도로로 바꾸듯이, 그 결과를 눈에 보일 수

3. 황선영, 김순은. 2017. "도시 지역공동체 활성화 과정에서 지역사회 주민조직의 역할". 『한국지방자치학회보』. 29(2). p.33.
4. Graham Smith. 2009. Democratic Innovations: Designing Institutions for Citizen Participation. Cambridge: Cambridge University Press. p.12.
5. Robert Putnam. 1995. "Bowling alone: America's declining social capital." Journal of Democracy. Vol. 6 No. 1. p67.

있게 주민들에게 제시해야 한다고 말했다.[6]

위의 요소들을 바탕으로 아파트 민주주의를 "아파트라는 공동의 생활공간을 기반으로, 특히 입주자대표회의를 중심으로 풀뿌리 민주주의를 실현하려는 아파트 주민의 집단적 자치활동"으로 정의할 수 있겠다. 특히 아파트 민주주의는 페이트먼이 말했듯이 시민들이 국가 전체의 시스템을 학습하는 훈련으로서의 의미를 지닌다.[7] 그렇기 때문에 이번 연구에서는 성북구에서 최초로 전기료 절감을 통해 경비원 고용안정을 실현한 '석관두산아파트'와 동행계약서를 최초로 작성한 '동아에코빌아파트'뿐 아니라 아파트 민주주의의 과정에 남아있는 정부의 역할 또한 살펴보았다. 연구 과정에서는 일차적으로 석관두산아파트와 동아에코빌아파트 및 관련 정부부서 관계자들에 대해 심층면접(interview)을 사용하였다. 구체적으로는 동행의 시작에 이바지한 석관두산아파트 심재철 전 입주자대표회장과 조숙영 전 동대표, 그리고 동아에코빌아파트의 서성학 관리소장, 장석춘·안덕준 전 입주자대표회장 및 주민들을 비롯해 동행의 제도화에 기여한 성북구청 주택정책과의 김태원 주무관, 마을민주주의과의 임영근 팀장과 이은성 주무관과 대면 인터뷰를 진행하였다. 더 나아가 2차적으로는 두 아파트 사례를 다룬 언론 기사, 토론회·홍보 자료집과 관련 연구 용역 보고서 등을 참고하였다. 다만 사례 분석 시 이론적 근거가 필요하다고 판단해, 공동주택 공동체 활성화 및 숙의·참여 민주주의 관련 문헌들도 활용하였다.

Ⅱ. 동행의 시작, 성북구 석관두산아파트

동행의 출발점에 섰던 성북구 석관두산아파트(이하 석관두산, 두산아파트)가

6. Rebecca Abers. 1998. "From clientelism to cooperation: Local government, participatory policy, and civic organizing in Porto Alegre, Brazil." Politics & Society. Vol. 26. No. 4. pp.520~521.

7. Michael Saward. 2003. Democracy. Cambridge: Polity Press. pp.73~74.

주목을 받게 된 것은 2014년 11월경이다. 2014년 10월 31일, 입주자대표회의에서 감원 없이 경비원 전원의 임금을 약 14% 인상하기로 결정한 것이다. 경비원의 임금 인상은 저절로 관리비 인상으로 이어진다는 점에서 주민들 사이에서 1차적으로는 거부감을 일으킬 수밖에 없는 안건이다. 실제로 당시에 다른 몇몇 아파트들은 경비원을 감축하는 조치를 취했다. 그들과는 차별되는 두산아파트의 '동행' 성공은 아파트 민주주의 실현에서 기인한 바가 크다. 그러나 석관두산아파트에서 원래부터 주민참여와 민주적인 의사결정과정이 원활하게 이루어졌던 것은 아니다. 입주자대표회의 활성화를 통한 주민과 대표 간의 신뢰 형성, 절전소 활동과 에너지 절약을 통한 관리비 절감 등, 7년여 간의 동행에 전제되어 있었다. 그렇다면 동행 전후의 구체적인 노력을 검토함으로써 각각이 어떠한 민주주의적 함의를 지니고 있는지 살펴보자.

1. 신뢰 쌓기

2009년에 9대가 시작되기 전만 해도 두산아파트 내 입주자대표회의는 활성화되지 않았다. 평일 4시에 시작해서 30분 만에 끝나는 등 최소한의 형식만을 준수했는데, 그 4시라는 시간 자체도 주민들의 감시나 참여가 불가능한 때였다. 그뿐만 아니라 입주자대표회의가 산악회나 교회 등의 지연에 따라 구성되면서 오랫동안 연임한 입주자대표는 주민들로부터 신임을 받지 못했다. 이에 피로감을 느낀 몇몇 주민들은 2007년에 비상대책위원회(이하 비대위)를 꾸렸다. 비대위는 입주자대표회의와는 달리 주민의 의견을 수렴하고자 발로 뛰어다녔고, 민주적이고 투명한 운영을 위해 노력했다. 그럼에도 불구하고 주민 간 갈등은 시들지 않았다. 중앙난방에서 개별난방으로의 전환에 있어 비대위가 공사에 반대하는 주민 및 이전 대표들과 갈등을 겪었다. 심재철 전 회장은 당시를 다음과 같이 묘사한다.

"개별난방 공사가 강행되면서, 약 300여 명이 공사장에 와서 드러눕는 바람에 경찰들이 사건을 정리하러 오기도 하고…. 이런 상황이 일어나다보니 8대 비대위가 끝나갈 무렵 전체 주민을 이끌어나갈 동력을 상실해 버렸죠. 다시 완전히 새로운 사람들을 동대표로 뽑을 수밖에 없게 되었어요." (심재철 전 석관두산아파트 입주자대표회의 회장)

고생 끝에 9대 입대의가 17명의 새 사람들로 시작하는 듯했으나, 이전 대표들의 입김으로 인해 3명이 사퇴하고 14명으로 출범하였다. 의결 방법 역시 재적 과반수(13표)로 바뀌었다. 이는 한 사안을 의결할 때 2명만 반대하더라도 회의가 와해될 수 있음을 의미했다. 그렇기에 입대의가 바른 방향으로 나아가기 위해서, 많은 주민을 논의에 끌어들일 수 있는 민주적 절차가 필요했다. 그래서 9대 입주자대표들은 먼저 회의를 주민들에게 개방함으로써 그들의 신뢰, 나아가 힘을 얻고자 했다. 가장 많은 사람들이 참여할 수 있도록 회의시간도 매월 넷째 주 금요일 오후 8시 반으로 바꾸었다. 또한 아파트 단지 내 케이블을 연결해 생방송으로 회의를 집에서 시청할 수도 있도록 했다. 동시에 실제 회의에서도 새벽까지 시간 제한이 없는 '끝장토론'을 이어나갔다. 반대편의 이야기를 듣고 반박하는 자료를 붙이며 설득하는 과정을 거듭했기 때문이다. 기존에 찾아볼 수 없던 숙의의 과정이 동반된 것이다.

석관두산의 신뢰쌓기는 여기에서 끝나지 않았다. 아파트 내에서 항상 뜨거운 감자로 떠오르는 어린이집 업체 선정에서 대표들의 노력은 또다시 빛났다. 두산아파트는 원래 높은 임대료만을 입찰 기준으로 삼아 입대의 내에서 결정을 내려왔다. 하지만 이는 실제 어린이집을 다니는 아이들과 부모들을 고려하지 않은 절차였다. 따라서 9대 입대의는 부모와 동대표 등이 주체가 되는 '어린이집 선정위원회'를 만들어, 이들에게 공개 프레젠테이션을 직접 듣고 업체를 선정할 수 있는 의결권을 주었다. 아파트 단지 내 주요한 의결 사항 중 하나에 대해, 관련 있는 주민들이 직접 참여할 수 있는 통로와 경험을 마련해준 셈이었다.

하지만 주민과 대표들 간의 신뢰만이 중요했던 것은 아니다. 입주자대표들에게 대가 없는 헌신을 요구하는 것은 입대의 내부에서의 신뢰까지 무너트릴 수 있다는 생각에, 9대부터는 주민들로부터 천 원씩 걷어 각 동대표들에게 5만 원의 회의수당을 지급하기 시작했다. 이와 같은 회의수당 지급은 개정 주택법에 반영되기도 했을 정도로 효과적이었다. 소액이긴 하나 대표 활동을 통해 돈을 얻음으로써 대표들의 봉사정신과 책임의식이 보다 강화되었기 때문이다. 동대표들은 회의를 통해 개인의 의견보다는 실제 주민들의 의견을 전달하는 데 신경 썼고, 홈페이지를 통해 주민들과 소통을 확장하기도 했다.

추가적으로, 더 많은 주민들에게 참여의 길을 열어주고 믿음을 주기 위해 관리사무소와의 소통도 기록이 남는 이메일을 이용하였다. 주민들이 느낄 수 있는 비리에 대한 의심을 원천적으로 제거하려는 시도였다. 입주자대표회의 결과는 매번 아파트 공고를 통해 알렸다. 이처럼 회의의 결과뿐 아니라 과정 전체가 투명하게 공개되었기에 석관두산의 입주자대표회의는 주민들로부터 더 큰 정당성을 얻을 수 있었다.

2. 공동체의 문제 인식: 이야기하기(story telling)를 통한 관계 맺기

석관두산아파트가 경비원과의 상생을 도모한 결정을 내린 것은 2014년이 처음이 아니었다. 입주자대표회의가 정상화되고 1년이 지난 2010년이 먼저였다. 입주자대표들은 30여 명에 달하는 경비원들과 이야기하는 자리를 마련했다. 심재철 전 대표가 어느 날 한 경비원이 11개월만 일하고 그만두는 모습을 보게 된 것이 발단이었다. 그는 경비원들과의 대화를 통해, 문제의 근본적인 이유가 무엇인지 파악하려고 했다.

"우리는 경비원의 월급과 퇴직금을 합쳐서 매달 용역업체에 줘요. 그런데 경비원이 1년을 다니면 퇴직금을 줘야 하는데, 11개월에 그만두면 그 연월차 수당과 퇴직금은 용역업체의 것이 되어버립니다. 이러한 경비 고용 형태를 바로잡을 필요가 느껴져서 용역업체 사장도 만나고, 경비원분들도 따로 뵙게 된 거죠." (심재철 전 회장)

이후 다 함께 모이는 자리에서 입대의가 용역업체에게 해고에 대한 이유를 묻자 근무태만 및 주민과의 갈등이라는 대답이 돌아왔다. 입대의는 두 가지 이유 모두 주민들이 직접 판단할 사항이라고 생각해, 경비원 해고 사안이 용역업체가 아닌 주민들에 의해 정당하게 결정될 수 있도록 조치를 취하였다. 이후 실제 '주민이 원하지 않을 경우 경비원을 교체할 수 없으며, 교체 전에는 입주자대표의 동의를 받아야 한다'를 명시하도록 계약서를 바꾸었다.

이야기하기는 사람들이 조직에 참여하고, 관계를 맺는 데 도움을 준다.[8] 동행 사례에서 경비원들의 이야기도 그러한 역할을 했다. 심재철 씨는 경비원과의 일대일 대화를 통해, 경비원들 처우에 문제가 있음을 알 수 있었다. 그는 그 이야기를 동대표들과 나눔으로써 개인적인 이야기를 공적인 영역으로 확대시켰고, 이야기를 들은 동대표들과 주민들은 해당 문제의 부당함에 공감했다. 만약 대화의 장이 없었더라면, 용역업체와의 협상이 힘들었을 뿐만 아니라, 주민들 역시 재계약 과정을 의심하고 반발했을지도 모른다.

동행의 출발로 불리는 2014년의 임금 인상 결정도 이때부터 축적되어온 사회적 자본을 기반으로 이루어졌다고 볼 수 있다. 그러나 임금 인상은 직접적인 관리비 인상과도 이어지는 부분이기에, 2014년에는 여러 번 대화로써 반발을 해소해야만 했다. 1차적으로 임금 인상에 대한 공감을 끌어내는 게 중요했다. 이에 대해 동대표들은 관리비 내역에서 인건비가 약 10%뿐임에도 불구하고 이제까지 관리비 감축을 위해 인건비만을 깎아왔음을 설명했다. 종종 민원 해결이 잘 안 되거나, 필요한 재고 파악이 안 되는 경우가 있었는데, 이 역시 인건비 삭감으

---

8. Robert Putnam and Lewis Feldstein. 2003. Better Together: Restoring the American Community. New York: Simon & Schuster. p282.

로 인해 경비원들이 자주 교체되어 발생한 일이었다. 동대표들은 이러한 문제를 해결하기 위해서는 경비원과 입주민이 서로에게 책임을 다할 필요가 있으며, 인건비 인상이 모두에게 이득이 되는 선택임을 역설했다. 임금 인상 대신 경비원의 휴게시간을 늘려 임금 인상의 부담을 줄이자는 의견도 있었으나, 다음과 같은 아파트 경비원들의 근무 생활에 대해 이해하는 시간을 가지면서 해당 의견은 반려되었다.

"경비원분들은 그냥 앉아 있거나, 잠을 잘 때에도 근무를 하는 거예요. 놀고 있는 게 아니죠. 점심시간에 밥을 먹다가도 쉬지 않고 인터폰 오면 받아야 하고 택배도 받아야 하고…, 휴게시간이 오롯이 지켜지지 않아요. 또한 휴게시간을 계산해 봤을 때 6시간, 많아야 7시간이지 더 늘리면 그건 그냥 아저씨들의 임금을 삭감시키는 것과 같아요. 그러면서도 주민들에게 부담 줄 수는 없어서 합의점을 찾으려고 노력했죠." (조숙영 전 석관두산아파트 동대표)

다행히도 경비원들을 아파트의 공동체 구성원으로서 인정하고, 입주민과 경비원들 간 상생의 관계를 조직해 나갈 수 있는 이야기의 장이 전제되었기에, 결정 이후 실천에서는 큰 반발이 뒤따르지 않았다.

3. 효능감과 전시효과(demonstration effect)를 통한 동행의 확산

상생의 가치가 오랫동안 아파트에 퍼져왔다고 하더라도, 주민들 개인의 이익을 침해하는 상황이 발생한다면 반발은 재발할 수밖에 없다. 하지만 두산아파트는 경비원의 인건비를 보장하면서도, 절전소 운동을 통한 에너지 비용 절감으로 관리비를 감축하는 데 성공했다. 이러한 운동은 주민들이 공동체 생활 참여가 이익을 가져다줄 수 있음을 깨닫게 했다. 즉, 2011년부터 시작된 에너지 절약을 통한 관리비 절감은 경비원 임금 인상분을 상쇄하면서도 주민들이 참여의 용이성과 효능감을 느낄 수 있는 계기도 만들어 주었다.

전기료를 절약하기 위해 두산아파트가 가장 중점적으로 벌인 사업은 지하주차장의 조명을 LED등으로 바꾸는 것이었다. 이 역시 처음에는 반대 여론이 많았다. LED등 교체는 한 번에 몇 억이 드는 사업이기 때문에, 입대의가 관리비를 횡령하려는 것 아닌가 하는 의심 때문이다. 그러나 입대의는 주민들과 소통하며 반대 여론을 극복해 나갔다. 먼저 직접 LED에 대해 공부해 적절한 공사 가격과 관리비 절감 효과 등을 파악했다. 심재철 전 대표는 당시 많은 업체와 전문가들로부터 받은 제안과 공부한 자료들을 모두 공개했다. 그렇게 1년간의 검토를 거쳐 2012년 1월에 공사가 시작될 수 있었다. 그해 3월에는 전기요금 지불 계약 방식을 종합계약에서 단일계약으로 바꾸었다. 결과적으로 석관두산아파트는 전년 대비 1억 3,000만 원의 전기료를 아껴 관리비를 절감했고, 주민들은 납부했던 관리비를 돌려받을 수 있었다.

이와 같은 관리비 절감을 거치며 두산아파트는 성북절전소 1호로 지정될 정도로 주목받았다. 입대의는 에너지 절약을 통해 얻은 주민들의 신뢰를 기반으로, 주민들을 생활 속 절전운동에의 참여로 이끌었다. 일명 '3+1 운동'으로, 주민들은 냉장고 온도 높이기, TV 절전모드로 바꾸기, 에어컨 코드 뽑기, 그리고 자기 전에 멀티탭 스위치 끄기 등을 통해 대기 전력 줄이기를 실천하였다.

> "입주민 이민영(40) 씨는 '전에는 관리비에서 세대별 요금만 확인했는데, 아파트에 절전소가 생기면서 공동 전기료까지 확인하게 되었다'며 '매달 줄어드는 요금도 보람이 있지만 이웃이 모여서 에너지 절약에 대한 이야기를 나누며 함께 무엇을 해나가는 즐거움까지 느끼게 되었다'고 했다."[9]

주민들은 숙의의 과정을 통해 효과적 해결책을 직접 고안하고 실천하였다. 이

---

9. 중앙일보. 2013년 12월 23일. "성북구, "마을공동체가 살아나니 에너지 절약 팍팍"."

과정에서 자신의 참여의 결과에 대한 뿌듯함을 느낌으로써 더 큰 참여로 나아가게 된 것은 전시효과가 드러난 부분이다. 전시효과란 주민들이 자신의 제안이 실제 결과물로 나타날 때 큰 효능감을 느끼게 되어, 흥미를 갖는 여러 사람들의 참여가 활발해지는 것을 의미한다.[10] 주민들이 자신들의 에너지 절약 운동의 효과를 절실히 체감할 수 있었던 결과물은 바로 관리비 고지서이다. 2012년 8월 두산아파트 주민들의 관리비 고지서에는 '전기료 할인 −15,890원'이 적혀 있었다. 관리비 고지서는 전시효과를 발휘했고, 주민들은 참여를 통해 입주자대표회의를 꾸준히 감시하고 그들에게 신뢰를 보낸다면 자신들의 일상적인 삶의 변화를 이끌어 낼 수 있음을 깨닫게 된 것이다. 이는 이후 입주자대표회의의 아파트 경비원의 고용 보장과 임금 인상 결정에도 동참하고 호응하는 동력이 되었다.

4. 강력한 리더십을 통한 문제 해결

석관두산아파트의 사례를 다른 아파트에 전하다 보면 "심재철의 '개인기'가 아니냐"라는 말을 듣고는 한다. 그만큼 심재철 전 입주자대표 개인 행위자의 역량도 많은 영향을 미쳤음을 알 수 있다. 기존의 전문 지식과 사람들 사이의 토론을 이끌어본 이전 경험이 그의 리더십을 한층 더 발전시켰다. 지하주차장 LED 교체 사업 역시 현재 에너지나눔연구소장을 역임하고 있을 만큼 원래 에너지 절약에 관심이 많았던 심재철 전 대표가 제안한 것이었다.

리더십은 대중과의 신뢰와 권위의 관계를 구축할 때 발휘된다. 그는 입주자대표라는 지도자의 자리에서 아파트 주민들과 신뢰를 쌓기 위해 여러 노력을 했다. 신뢰는 동류의식과 성실하고 헌신적인 태도에서 나온다.[11] 그는 먼저 자신의 특기와 관심사를 살려 아파트 주민들에게 격의 없이 다가갔다. 아파트 단지에 망원경을 설치해 함께 천체 관측을 하며 천문지식을 나눈 것이 대표적인 사례이다.

---

10. Abers. 1998. p.531.
11. 신명호. 2000. p.404.

입주자대표라는 지위를 내세우기보다는 주민과 같은 위치에 서서, 그들이 공동체 생활에 흥미를 느끼고 참여할 수 있도록 도왔다.

한편 석관두산아파트의 에너지 절약 운동에 있어 민중과학(folk science) 역시 중요한 역할을 했다. 퍼트넘(Putnam)의 책에 따르면, 포틀랜드 시에서는 홍수 범람 문제를 해결할 수 있는 공식적이고 전문적인 지식이 부재했다. 그러나 지역 주민들이 살면서 알게 된 지역 지식(local knowledge)에 기반한 일종의 민중과학을 통해 해당 문제를 해결할 수 있었는데, 이와 비슷한 맥락을 동행 사례에서도 발견할 수 있다.[12]

> "심 회장과 내가 한 달에 한 개씩 가로등 조도를 낮추고 사람들의 반응을 기다려 봤어요. 갑자기 바꾸면 너무 깜깜해졌다고 눈치를 챌 텐데, 아무도 바꾼 것을 모르더라고요. 이런 식으로 지하주차장의 5,400개의 등도 1,700개 정도의 격격등으로 바꾸어서 불필요한 에너지 손실을 줄였어요. 더 줄일 게 없을지 생각하면서 세대 전기를 줄이는 캠페인을 위해서 냉장고 온도도 바꾸어 봤고요. 냉장고 온도를 조금 올렸을 때 전기료는 얼마나 줄어드는지 확인하고, 음식에는 영향이 없는지 세균이 번식하는지 실험도 했죠." (조숙영 전 동대표)

심 전 회장은 스스로 주위 사람들과 발로 뛰면서 어떻게 하면 전기료를 절약할 수 있을지 알아나감으로써, 석관두산만의 에너지 절약 지식을 만들었다. 더 나아가, 단지 내 상가에서 쓸 수 있는 상품권을 주민들에게 나누어 주며 절전 운동 참여를 독려하기도 했다.

한편 조숙영 전 입주자대표와 같이 다른 입주자대표들과 부녀회도 이 운동을 함께 했다. 냉장고 온도를 내리거나 TV를 절전모드로 바꾸는 법을 모르는 사람들의 집에 직접 찾아가 도움을 주기도 했다. 이처럼 동행 사례의 성공과 아파트

---

12. Putnam, 2003, p.259.

민주주의의 실현에는 다른 입주자대표들과 주민들의 협조와 역량이 밑거름이 되었다. 일종의 팔로워십(followership)의 발휘가 중요했던 것이다. 이때 팔로워가 되는 주민들은 리더인 입주자대표의 정책을 단순히 지지하고 따르는 것을 넘어, 건설적인 의견을 제안하기도 했다. 실제로 지하주차장 LED등을 공사할 때에는 불이 꺼져 있다가 차가 나타나면 센서가 작동해 불이 켜지는 디밍(deeming) 시스템을 도입하자는 주민의 아이디어가 채택되었다. 한 입주자대표는 회의 내에서 공동체 문제 해결책 제안에 있어 주택학 박사로서의 두각을 보이기도 했다.

마지막으로 입주자대표들은 새로운 리더를 찾는 일 또한 열심히 하였다. 심 전 회장 역시 일반주민이었으나 이전 비대위의 지속적인 권유를 통해 입주자대표로서 활동하였다. 새로운 리더의 발굴은 아파트 내의 동행의 분위기를 이어나가기 위한 한 가지 방법이다. 한 개인 또는 조직만이 오랫동안 대표자로서 일할 경우, 그 아파트는 여러 문제에 둔감해지고 창의적인 대안을 이끌어내는 데 어려움을 겪게 된다. 더불어 그 사람이 아무리 투명하게 일을 잘 한다고 해도, 장기집권은 주민들에게 '비리 대표'라는 합리적인 의심을 불러일으킬 수밖에 없다. 즉 입주자대표들이 새로운 리더를 직접 찾아 나서는 것은 이러한 두 가지 문제점을 보완하고 자치의 지속성을 높이기 위한 행위로 볼 수 있다.

Ⅲ. 동행계약서의 탄생, 성북구 동아에코빌아파트

동아에코빌아파트는 '동행계약서'가 탄생한 곳이다. 2015년 3월, 입주자대표들이 관리 규약 개정을 하면서 동행계약서 도입을 결정했고, 그해 7월 개별난방 공사계약을 체결하며 동행계약서를 작성하였다. 이후 동행계약서는 성북구를 거쳐 전국으로 퍼져나갔다. 이는 단순히 명칭의 변화만이 아니었다. 관리비를 절약함으로써 경비원 17명의 고용을 유지했고, 최저임금 인상에 따른 급여 인상도 약속했다. 더 나아가 입주자대표들은 이 '동행'의 의미를 단지 내에 전파하고 상생 분위기 형성을 위해 석관두산과 유사한 각가지의 노력을 펼쳤다. 특히 동아에코빌 사례에서는 성북구와 적극적으로 교류하며 사적 자치의 영역에서 벗어나 관과의 협력을 통해 발전한 모습까지 살펴보려고 한다.

1. 신뢰 쌓기

석관두산에서 개별난방 도입과 어린이집 업체 선정 등의 단계들을 거쳐 주민과 대표들 간 신뢰를 형성했던 것처럼, 동아에코빌도 여러 단계를 거쳤다. 동아에코빌의 신뢰쌓기는 2014년 장석춘 전 입주자대표회의 회장의 선출과 함께 시작되었다. 지은 지 10년이 넘으며 아파트의 여러 시설이 노후되었고, 당시 입주자대표들은 그런 부분들을 하나둘씩 바꾸어나갔다. 가장 먼저 어린이 놀이터 및 고화질 CCTV를 설치하였다. 특히 기존에는 자동차 번호판도 볼 수 없었던 CCTV가 개선되자 쓰레기 무단투기나 주차 문제 등 자잘한 주민 간 갈등들이 줄어들었다. 두 사업으로 형성된 신뢰 덕에 개별난방으로의 전환은 비교적 수월하였다.

> “어린이 놀이터와 CCTV가 끝나니까 사람들이 나를 믿더라고요. 정직하더라, 저 사람 있을 때 하자 하면서. 2015년 3월 6일에 (개별난방 전환에 대한) 동의서를 발송했는데 3월 31일 정도에 80% 이상이 찬성해 주었어요. 그리고 11월 10일에 민원 한 건도 없이 완공되었어요.” (장석춘 전 동아에코빌 입주자대표회의 회장)

사실 그 시기에 장석춘 전 회장은 아파트 외벽 페인트 사업을 추진하려고 했다. 장 전 회장이 페인트 업체 선정을 하던 중, 일부 주민들은 난방 건부터 해결해 달라고 부탁했다. 이미 2004년과 2008년에 주민 간 의견 차이로 실패를 맛본 난방 공사가 오히려 주민들에 의해 시작된 셈이었다. 물론 이 과정에서 갈등이 없었던 것은 아니다. 1차적으로는 입주자대표회의 내에서 반대가 일었다. 개별난방에서 중앙난방으로 전환하는 데 공사비만 10억 이상 들고, 중앙난방의 혜택을 받아온 사람들도 있었기 때문이다. 이에 7기 입주자대표회의는 만장일치제를 선택함으로써 대표들 간 의견 차이를 좁혔다. 이는 한쪽이 다른 쪽을 강압적으로 이끌어가는 독재상황이 아니라, 입주자대표 15명 모두가 만족할 만한 대안을 내겠다는 민주적 의미가 내포되어 있었다. '대표들끼리도 의견을 못 모으면, 어떻게 수많은 세대를 대변하는 결정을 내릴 수 있는가?'라는 생각에서 고안된 것이었다. 비효율적으로 회의가 지연되더라도, 사람들이 만족할 때까지 의견을 듣고 반영함으로써 정당하게 설득하는 과정을 거쳤다는 점은 주목할 만하다. 따라서 시간이 걸리긴 했지만 입대의 내에서도 개별난방으로의 전환의 득과 실을 일일이 따지는 숙의의 과정을 거치면서 한쪽으로 의견을 모았다.

덕분에 관리사무소와 입주자대표회의의 의지는 더 강하게 불타올랐다. 개별난방 전환 공사를 위해서는 법적으로 소유주 80%의 동의를 받아야 했기 때문에 이들은 전화와 우편물을 통할 뿐만 아니라 예전 부녀회, 대표들을 통해서도 꾸준히 주민들과 면대면으로 접촉했다. 한 세대에게만 전화를 서너 번씩 하기도 했다. 심지어 관리사무소 앞에 '동의서 현황판'을 비치해 직원들, 동대표들, 주민들이 모두 이를 볼 수 있도록 했다. 개별전환 동의서를 받을 때마다 스티커를 붙여, 다른 주민들의 선택은 어떠한지 보여준 것이다. 단순히 동의를 호소하는 것 이외에도, 개별난방으로 바꾸면 얼마나 관리비가 절약되는지 예상 내역을 만들고 전환 과정을 설명하는 시간도 철저히 거쳤다. 덕분에 실제 찬성률은 83%에 달했고, 성공적으로 개별난방 공사를 시작할 수 있었다. 개별난방 보일러 공동구매를 위한 업체 선정 시에도 전 주민 대상의 품평회를 열고, 샘플 세대를 공모하는 등 주민들의 의견을 듣고 나누는 시간을 가졌다. 당시 외국에 나가 있었던 소유자인 주민은 다음과 같이 말했다.

"나에게도 종종 전화가 왔어요. 그들이 솔직하게 이야기해서 성공한 것 같아요. 또한 전환과정이 투명했기 때문에 진행하는 사람들을 믿고 결정할 수 있었습니다. 솔직히 그런 사업을 해도 나에게 돌아오는 이익이 없으면 찬성하기 쉽지 않은 데⋯. 이런 일을 하게 된 이유를 상세하게 설명해 주고, 참여할 동기를 부여해 주고 세대에 있는 사람들에게 선택지도 줬던 것이 좋았어요." (동아에코빌 주민 A)

개별난방 전환이 관리비 절약에 도움이 된다는 '사실' 자체는 큰 영향력이 없었다. 오히려 주민들이 이 사실을 알고 자신들에게 도움이 된다는 것을 판단할 수 있었기에, 그리고 주민들이 대표자들에 대한 의심과 불신이 없었기에 공사가 성공할 수 있었다. 동아에코빌은 주민들을 꾸준히 만나 홍보하고 의견을 주고받으며 설득해 성공을 이루어냈다. 공사가 완료된 후에는 세대 당 난방비가 10만~20만 원 가량 절감됐고, 실제 1년만에 9억 5,000만 원의 가스비를 줄일 수 있었다. 투명한 운영으로 주민들의 신뢰를 얻었던 입주자대표회의는, 주민들이 가스비 절감의 효과를 실감하고 난 뒤 더 많은 지지를 얻을 수 있게 되었다.

동행계약서 체결 이후, 자리를 물려받은 8기 입주자대표회의도 이 분위기를 이어나가는 후속 작업을 진행했다. 각 동 엘리베이터와 관리사무소에 건의함을 만들고, 매주 월요일에 함을 열어 모든 건의에 답변하는 시간을 가지고, 정리해 다시 공고했다. 아파트 주민들의 카페도 활성화시켜 최대한 빠르게 주민들의 불만을 해결하고, 건설적인 건의 사항은 참고해 활용하기도 했다. 이와 같이 동아에코빌은 석관두산아파트의 사례처럼, 관리비 절감 성과와 입주자대표회의의 신뢰와 지지 확보는 '동행'으로 가는 발판을 마련했다.

2. 공동체의 문제 인식: 쉬운 언어의 사용과 동행의 가치

동행은 아파트 입주민과 상대적 약자인 경비원 간의 상생 문화를 지칭하는 데에서 시작했다. 그리고 그 배경은 최저임금 인상에 따른 경비원 해고 문제, 경비원을 무시하는 갑질 행태를 타파하는 데 있다. 경비원의 고용을 안정화하고, 급여 인상을 보장하는 것이 주요한 상생 방법이었다. 이에 대해선 관리비 증가와 경비원 근무에 대한 불만을 이유로 반대 의견도 있었다. 그러나 동아에코빌의 경우 동행계약서 체결에 있어서 비교적 순조로운 과정을 거친 것으로 보인다. 여러 이유가 있지만, 그중 하나가 바로 동행 의제의 특수성이다. 경비원과의 상생은 그들의 삶을 인정해주고 배려한다는 점에서 일종의 도덕적 가치를 지닌다. 사람들은 일반적으로 자신에게 큰 피해가 되지 않는 한 그러한 도덕적 가치를 지키려고 한다. 즉 동행은 '좋은' 일로 받아들여져, 많은 사람들이 호응을 보인 사례라고 볼 수 있다.

"최저임금이 오르니까 경비원을 줄이자는 사람들도 있었어요. 그것이 나쁘다고만 볼 수는 없지만…. 하지만 대부분이 경비원을 자르면 안 된다고 했어요. 어느 정도 그런 분위기가 조성되어 있었죠. 저희도 좋은 일이라고 생각해 적극적으로 추진했죠. 한편으로는 아파트의 가치를 높이려는 전략이기도 했어요. 우리 아파트의 인지도를 높이고 홍보도 하고, 집값을 좀 높이려는 의도도 있었죠" (서성학 동아에코빌 아파트 관리소장)

위의 인터뷰에서도 방법에 대한 반대는 있었을지라도 경비원과의 상생의 분위기는 갖춰져 있었음을 확인할 수 있다. 이러한 동행은 아파트의 가치를 상승시키는 데도 긍정적인 영향을 미친다. 경제적 요인이 얽혀 있는 한국 아파트의 특성상, 집값을 올리기 위해 아파트들은 여러 가지 노력을 한다. 이중 동행 사례는 사람들에게 '착한 아파트'의 이미지를 심어 주었고, 동아에코빌은 덕분에 경제적 가치 이상으로 아파트 가치의 상승을 경험할 수 있었다.

한편 동행이라는 단어는 함께 동, 행복할 행으로 이루어진다. '함께 가자'라는 기존의 의미를 넘는 '함께 행복하자'라는 뜻으로, 이는 성북구가 상생아파트를 지칭하며 내세운 브랜드명이다. 동아에코빌은 2015년 3월 입주자대표회의에서 이러한 '동행'을 계약서에 쓰기로 결정했다. 위에서 언급한 경비원 문제와 함께, 당시 이른바 '땅콩회항 사건'이 있어 사회적으로 '갑질'이 큰 이슈가 되었다. 갑과 을

의 프레임을 재고해야 한다는 분위기가 강하게 퍼져나갔다. 계약서라는 종이 한 장에 사용되는 갑을이라는 단어를 바꾼 사소한 변화이지만, 오랫동안 각인된 틀을 깬다는 것만으로도 사람들은 인식의 변화를 경험할 수 있다. 이처럼 사회적 분위기와 맞물려 '동행'은 갑을의 대항마로서 사람들의 참여와 지지를 강하게 호소할 수 있는 기제로 작동했다. 사람들은 정책의 목적을 잘 이해할 수 있을 때, 조직화에 자발적으로 참여한다. 따라서 리더들은 전문적인 용어를 사람들이 쉽게 이해할 수 있는 용어로 바꾸어 제시함으로써 정책이 주민들의 삶과 관련이 있는 문제라는 것을 인식할 수 있도록 하는 것이 중요하다.[13] 동행은 이러한 필요성을 충족시킨 캐치프레이즈로 볼 수 있다. 고용안정, 법안 개정에 따른 최저임금 상승 같은 말보다 동행이라는 쉬운 용어를 씀으로써 정책의 취지를 사람들에게 직관적으로 이해시킬 수 있었다.

3. 효능감과 관(官)과의 협력을 통한 동행의 확산

동아에코빌은 아파트 공동체에의 참여를 경험하고 신뢰를 쌓는 과정을 기반으로 동행을 전략적으로 활용함으로써 아파트 민주주의에 가까워질 수 있다. 완성단계로 가는 길에서는 성북구청과의 협력이 중요했다. 아파트 내 자치뿐만 아니라 관과의 협치가 더해질 때 더 쉽고 체계적으로 목표를 실현할 수 있다.

동행계약서라는 아이디어가 동아에코빌에서 최초로 실행된 후, 성북구청에서도 동행계약서를 도입했다. 좋은 취지일지라도 관 입장에서도 일방적으로 아파트에 공문을 보내서 동행계약서를 도입할 것을 강요할 수는 없었기에 먼저 솔선수범을 보인 것이다. 계약서라는 제도의 변화와 함께, 성북구아파트 입주자대표연합회와 협력해 18가지에 달하는 경비원 업무를 적은 홍보물을 배포해 주민들의 인식개선에 나서기도 했다. 동행의 전파를 위해서는 우수사례를 발굴해 알리

13. Abers, 1998, p.531.

고, 동행계약서 표준안을 마련했다. 당시 성북구청은 언론에 아파트의 자발적인 노력과 자신들의 협력 사례를 전파했다. 이는 전국적인 확산도 도모했을 뿐만 아니라, 동아에코빌 주민들이 실질적으로 동행의 태도를 갖추는 데 영향을 미쳤다. 언론이 일종의 '교육'의 역할을 발휘한 것이며, 성북구청이 그 일련의 과정을 주도했다고 볼 수 있다.

> "주민들이 자신들이 사는 아파트에 대해 자부심을 느끼고 있어요. 이전에는 아무도 몰랐는데, 대통령이나 장관, 구청장이 직접 찾아오기도 하고 언론에서 자신들을 인터뷰하고 그게 TV에도 나오고 그러니까요. 분위기가 점점 바뀌어 가고 있어요." (안덕준 전 동아에코빌 입주자대표회의 회장)

더 나아가 성북구는 동행 활성화 및 확산에 관한 조례도 제정했다. 그 결과 성북구의 90여 개의 아파트 단지 중 83%에 해당하는 수가 동행계약서를 체결했다. 2018년 성북구청은 형식적 의미의 동행계약서 확산이 완료 단계에 접어들었다고 판단하고, 실질적 의미의 동행 확산을 위해 동행계약서 안에 경비원이나 미화원 등 직원들의 고용 안정 조항을 포함하는 아파트를 늘리자는 목표를 세웠다. 이처럼 관은 민간의 우수사례를 적극적으로 받아들이고, 보편적인 기준을 세워 민간에 전파하고 확산하는 역할을 수행했다.

성북구청은 경비원과의 상생과 더불어 공동주택 공동체 자체의 활성화를 위한 각종 지원사업도 만들었다. 민간의 자발적 노력이 지속될 수 있도록 예산이나 공간지원을 뒷받침한 것이다. 동행계약서 이후 성북구청은 11개 아파트에 경비원과 미화원의 휴게시설 개선비를 지원해 주었다. 동아에코빌은 이러한 관의 공동주택 지원사업을 선제적으로 파악하고 적극적으로 참여했다. 이러한 지원사업이 공고가 났을 때, 관리소장과 입대의 회장이 빠르게 정보를 입수하고 주민들의 신뢰를 바탕으로 입주자대표회의에서도 과감히 결정했던 것이 도움이 되었다. 지원사업들의 경우 아파트 공동체 전체의 이익을 증가시키는 사업들이었기 때문에 크나큰 반대에 부딪히지도 않았다. 심지어 이들은 동행의 이슈화로 자료를 정리하고 홍보할 수 있는 공간을 만들 필요가 있음을 느껴 '동행 홍보관'을 만들 것을 원했다. 성북구청의 경우에도 자신들의 구정 사업 방향과 잘 맞고, 동행

〈그림 1〉 동아에코빌아파트 내 동행 홍보관

을 확산시키는 데 도움이 되리라 생각해 홍보관 지원을 결정하였다.

이러한 사업들은 아파트 이미지 자체를 높이는 효과도 있으므로 사적 가치를 추구하는 것이라고 볼 수도 있지만, 이것이 공적 가치에 부합하게 만들었다는 점에서 관의 역할이 돋보인다. 두산아파트는 자체 수익으로 지하주차장 조명을 바꿈으로써 관리비를 아낄 수 있었다. 성북구는 이 사례에서 아이디어를 얻어 공용 전기 시설을 LED로 교체하는 지원사업을 실시했다. 직접적인 임금 지원이 없더라도 아파트 내에서 자체적으로 경비원의 임금을 보장할 수 있는 재원을 마련할 수 있도록 한 것이다. 이외에도 동아에코빌은 음식물 종량기 및 감량기 지원사업, 베란다형 태양광 미니발전소 지원사업 등에도 참여했다. 그 결과 2017년에는 6,600만 원의 공동 전기료를, 700만 원 상당의 음식물 처리 비용을 줄였다. 실질적으로 1년간 1억 5,000만 원의 관리비를 절감했다. 이렇게 절감한 비용은 그대로 주민들의 몫으로 돌아갔고, 매년 경비원 고용 보장과 최저임금 인상을 약속하는 데에 쓰일 수 있었다.

> "동행계약서 바람이 불자, 2015년에는 주민이 뭉쳐서 할 수 있는 동행공방을 만들었어요. 주민들이 공동체를 위해서 놀 수 있는 공간을 만든 거죠. 6개월 동안 구청에서 재료 등을 지원해 줬어요. 그런데 6개월 후에 지원이 끊기니까 이어나가기가 어렵더라고요. 그래도 저희는 이것을 이어나가려고 노력했죠. 그것을 보고 구청에서는 장애인 단체를 소개시켜 줘서 발달장애인분들과 동행공방을 하면서 구청에서 받은 것을 지역사회에 환원하는 시간을 갖기도 했습니다." (서성학 관리소장)

위의 인터뷰에서 동행의 지속을 위해서는 민의 강한 의지와 함께 관의 역할이 중요했음을 알 수 있다. 더불어 무조건적인 의존에서 벗어날 수 있도록, 돈을 지원하는 것에서 협력 단체를 소개시켜 주는 식으로 변화를 꾀하기도 했다. 한편으로는 아파트 공동체만의 활성화를 넘어, 지역사회의 다른 약자들과 협력할 수 있는 장을 만들어 동행의 범위를 넓히고 공적 가치를 도모할 수 있도록 했다는 점에서 의의가 있다.

4. 강력한 리더십을 통한 문제 해결

입대의 회장들의 리더십은 동아에코빌 내 아파트 민주주의를 가능하게 했다. 특히 대표회의 내 의사결정 방식을 보면 리더십의 중요성을 알 수 있다. 장석춘 전 회장은 만장일치제를 추구했다. 주민들의 신뢰를 얻기 위해서는 대표들의 합의가 선행되어야 하며, 다수결 하에서는 반대하는 사람들에 의해 왜곡된 내용이 전달될 수 있기 때문이다. 하지만 반대로 안덕준 전 회장은 다수결의 원칙을 지향했다. 모두가 각자의 의견을 적극적으로 피력하고, 타인을 설득할 기회를 부여받아야 하는 것은 맞지만, 의견을 하나로 통일하는 것은 지나치게 강압적이라고 본 것이다. 그런데 비록 방식은 대립하는 듯했지만, 알고 보면 두 지도자들이 지향했던 의결방식은 같았다. 최대한 많은 사람의 의견을 듣고, 개인이 아닌 아파트 전체에 이로운 방향으로 결론을 내리는 것이 바로 두 가지가 수렴하는 지점이었다. 즉 각 대표의 리더십은 민주주의의 활성화에 있어 큰 영향력을 미쳤다.

한편 관리소장은 전문가로서 아파트를 전반적으로 관리하는 사람이다. 이때 관리소장은 입대의나 주민들의 원성을 듣지 않고 문제 없이 아파트 내의 일을 해결하는 데 중점을 둔다. 즉, 입주자대표와 달리 아파트의 주인으로서 아파트의 가치를 높이는 데에는 비교적 관심이 적으며, 아파트 자치의 구성원으로 보기에는 다소 거리가 있다. 그러나 서성학 관리소장은 일종의 아파트 리더로서 아파트의 가치를 높이기 위해 노력했다. 아파트 내에는 단순히 이해관계나 전문지식으로만은 해결될 수 없는 일이 많은데 그는 두 측면을 모두 고려해 동행 아파트 실현에 긍정적인 영향을 미쳤다. 입대의와의 긴밀한 협력도 눈에 띈다. 구체적으로 자신이 가진 공동주택 관리에 대한 지식을 활용해, 입대의 사업 구상에 도움을 주었으며, 구청의 공모사업이나 각종 경진대회에도 적극 참여했다. 이는 궁극적으로 공동체를 활성화하고 아파트 내의 자치의 흐름이 건전한 방향으로 흘러가는 데 도움을 주었다. 실제 에너지 절약 경진대회 대상 상금은 경비원의 임금을 인상하는 데 쓰였다.

Ⅳ. 동행 아파트 사례의 보편적 요인 및 한계 검토

1. 동행 사례에서 찾아본 아파트 민주주의의 조건

이제까지 두 아파트의 사례를 분석함으로써 '동행'으로 갈 수 있었던 조건들을 뽑아볼 수 있었다. '동행'은 아파트 내에서 상생을 중심으로 한 공동체성이 발휘한 상태로 정의할 수 있다. 공동체가 활성화되고 공동체성을 발휘하는 데에는 일련의 단계가 있다. 본 연구는 그러한 단계마다 일종의 민주주의적 요소를 발견할 수 있었다. 동행으로 가는 각각의 단계에서 찾아본 아파트 민주주의의 조건을 정리하면 다음과 같다.

먼저 아파트가 공동체성을 발휘하기 위한 초기 단계에는 입주자대표회의와 주민들 간 '신뢰 쌓기' 과정이 필요하다. 아파트에서 입대의는 주민 자치 조직으로서 아파트의 각종 결정을 도맡는다. 그렇기에 신뢰가 바탕이 되어야 앞으로의 단계가 수월하게 진행될 수 있다. 이를 위해서 두 아파트는 입대의를 민주적으로 운영했다. 먼저 주민들에게 입대의를 개방하여 의사결정 과정의 투명성을 높였으며, 독단적으로 의결하기보다는 주민들을 과정에 포함시킴으로써 참여의 경험을 증진시켰다. 이는 대표와 주민들의 책임감을 높였으며, 신속성 및 효율성만을 주요 가치로 삼기보다는 숙의적 논의를 통해 문제를 해결해 나가도록 도왔다.

다음 중간 단계에는 주민들이 '공동체의 문제에 대한 인식' 과정을 거쳐야 한다. 먼저 석관두산은 주민과 경비원 간의 '이야기하기'를 통한 '관계 맺음'을 통해 경비원의 문제를 개인의 문제가 아닌 공동의 문제로 확대시켰다. 문제 해결에 있어서도 실제 경비원의 근무 실태에 관한 이야기를 나눔으로써 의결된 대안의 정당성을 높였다. 더불어 동행이 지니는 도덕적·경제적 가치와 쉬운 언어의 사용 역시 주민들의 문제 인식에 긍정적인 역할을 했다.

실제 활동 단계에서는 '참여에 대한 동기 부여'가 중요하다. 이때는 무엇보다도 주민들이 참여의 용이함과 효능감을 느끼는 것이 필요하다. 석관두산 주민들은 절전소 운동을 통해 실제 관리비를 줄여나갔고 이 결과는 관리비 고지서를 통해 명백히 드러났다. 이에 주민들은 자신도 공동체의 일원으로서 유의미한 결과를 낸다는 효능감을 얻을 수 있었다. 그리고 동아에코빌은 지원사업 참여와 우수사례 발굴 및 언론 홍보 등에서 성북구청이라는 관과의 협력을 통해 주민들의 참여를 도모했다.

이 전반적인 과정에서 리더의 역할 역시 중요하다. 위 사례에서는 입주자대표회의가 적극적인 역할을 했으나, 그 외의 자생적인 단체나 개인들도 일종의 아파트의 리더가 될 수 있다. 이러한 리더들은 아파트 내에서 새로운 문제를 발굴하고 주민들의 의견을 수렴해 갈등을 조정해야 하며, 그 과정에서 아파트에 맞는 창의적인 해결 방법을 모색한다.

2. 동행 아파트 사례의 한계 지적

이러한 성과에도 불구하고, 동행 아파트 사례 속 아파트 민주주의는 몇 가지 한계를 지녔다. 첫째, 주민들이 어느 순간부터 입주자대표회의를 신뢰함으로써 오히려 아파트 자치에 관한 관심과 참여가 떨어졌다는 것이다.

> "지금은 2014~15년 이후로 문제가 없으니 관심도가 떨어졌어요. 어느 순간부터는 무한 신뢰를 보내는 거죠. 주민들의 지속적 관심을 어떻게 유지하느냐가 숙제인데 지금 회장이 두 명째 바뀌었는데 주민들의 관심을 끌어내기는 좀 어려운 것 같아요." (심재철 전 석관두산아파트 입주자대표회의 회장)

이와 같이 아파트 민주주의와 동행의 지속성은 생각보다 낮다. 이런 경우 새로운 행위자에 대한 견제 기능이 줄어들어, 방관이라는 원래의 상태로 돌아갈 가능성이 커진다. 이러한 상황을 막기 위해서 주민들은 아파트 내의 일에 지속적인 관심을 가질 필요가 있다. 또한 '동행' 자체를 단순히 선의를 베푸는 일로 여기기보다는, 주민들의 민주적 참여로 아파트 공동체가 활성화된 사례로 평가될 수 있도록 해야 한다.

둘째, 아파트 민주주의가 리더십에 의해 성패가 결정되는 측면이 있다는 것이다. 입대의와 같은 지도자가 비리를 계속 저지른다면 그 악화되는 상황은 막기 힘들다. 이를 방지하기 위해서는 주민들의 지속적인 감시가 필요하다. 그러나 아파트의 특성상 아파트 공동의 일에는 무관심한 경우가 많다. 이 때문에 감시 역시 지도자의 주도에 의해 나오는 경우가 많고, 공동체의 일을 발굴하는 데에도 지도자를 비롯한 적극적인 개인 행위자들에 의지하는 경향이 크다. 이를 개선하기 위해서는 주민들의 공동체에 대한 흥미를 높일 수 있는 프로그램을 개발하고, 주민들의 감시와 견제가 가능하도록 아파트 내의 제도를 갖출 필요가 있다.

이외에도 동행 아파트가 구 전체적으로 확산되면서 아파트의 여러 행위자보다는 경비원에만 초점을 두는 경향이 강했다는 점을 지적할 수 있다. 더불어 언론을 통한 홍보는 양면을 지녔다고 판단된다. 언론 홍보가 주민들의 동행 참여에 큰 역할을 하기는 했지만, 과도한 홍보로 인해 몇몇 주민들에게서 정당한 민원을 제기할 때에도 이러한 일이 갑질을 하는 것으로 생각하여 민원을 넣기 어렵다는 말도 나오고 있기 때문이다.

Ⅴ. 동행 아파트로 발견한 아파트 민주주의의 확대 가능성

결론에서는 동행 아파트, 더 나아가 아파트 민주주의의 전국적인 확대 가능성에 대해 검토해보려 한다. 확대를 위해서는 1차적으로 위에서 말한 네 가지 한계의 개선이 필요하다. 그 과정에서 일종의 '제도적 장치'인 관의 역할이 중요하게 떠오른다.

우선, 본 연구는 위의 여러 논의를 통해 입대의 등 리더의 역할이 비교적 아파트 특성상 중요함을 확인했다. 따라서 아파트 내 민주주의가 정착하기 위해서는 입대의 내 전문가들의 유입이 필요하다. 이때 전문가란 단순히 정치전문가를 뜻하는 것이 아니다. 심재철 전 회장이 에너지 전문가였고, 당시 석관두산 동대표 중에는 주택정책 전문가가 있었으며, 장석춘 전 회장은 농협 출신 농촌사회교육전문가였던 것처럼, 다양한 분야의 전문인들은 나름의 방식으로 아파트 민주주의 활성화에 기여했다. 전문가로서의 경험은 건설적인 문제해결능력뿐 아니라 주민들의 조직력 강화에도 보탬이 되었기 때문이다. 하지만 성북구청 주택정책과의 김태원 주무관이 말하듯이 모든 아파트 내에 전문가들이 많은 것도 아니며, 있다고 하더라도 그들의 참여를 도모하기 어렵다. 다만, 이 단계에서 관이 충분히 전문지식을 공유하는 역할을 담당해 준다면 충분히 동급의 성과를 낼 수 있다. 비록 아파트는 사적 영역이긴 하나, 정부의 적극적 주민 역량강화 프로그램을 통해 본 문제는 해결될 수 있다고 본다. 성북구청은 이미 마을민주주의과, 성북구 평생학습관 등을 통해서 공동주택 리더 양성 아카데미, 찾아가는 주민리더 교육 등 다량의 교육 프로그램을 제공하고 있다는 사실이 본 연구의 예측에 힘을 실어준다. 또한, 민주주의는 소수의 엘리트만 하는 것이 아니라 모든 시민들이 참여할 수 있다는 점을 상기한다면, 더 나은 아파트를 만들기 위해서는 관의 지원 하에서 예비 활동가인 기층 주민들에 대한 교육이 중요함을 알 수 있다.

다음으로, 아파트 입주자대표회의 자체의 형식상 한계가 극복되어야 한다. 아파트는 주거형태상 주민 구성원이 자주 바뀐다. 동시에 대표회의 자체도 2년으로 임기가 짧고, 연임이 안 되는 경우가 많아 사업이 지속적으로 이루어지기가 어렵다. 물론 앞선 석관두산과 동아에코빌은 이후 대표들의 노력으로 일정한 흐름이 유지되었지만, 다른 아파트에서는 어떻게 될지가 불분명하다. 또한, 입주자대표회의 구성에 관한 현행 공동주택관리법 조항에 따르면 실제 거주하는 세입자는 선거권은 가지나, 피선거권은 갖지 못한다. 따라서 아파트 입주자대표들의 임기 및 인수인계에 대한 규정이 아파트끼리 혹은 관에 의해 보완될 필요가 있다.

아파트 내부의 특성에서 벗어나서는 의사결정과정과 결과에 대한 정량적인 평가방식도 필요하다. 특히 성북구의 '동행 아파트' 지정과 관련해서, 단순히 계약서 작성 여부뿐만 아니라 경비원에 대한 적정 임금 수준과 고용 인원, 주민참여도 등이 평가 지표로서 규정될 필요가 있다. 행정이 주도한 아파트 공동체 활성화 사업이 활발하게 일어나고 있지만, 이것이 단지 전체의 공동체성 함양과는 무관하게 일부 입주민의 소모임 운영을 위한 재정적 지원에 그칠 우려가 있다.[14] 이 역시 관이 아파트연합회나 관리사무소와의 지속적인 접촉을 통해 아파트 내부의 사정을 자세히 파악하여, 실질적인 지원이 이루어질 수 있도록 해야 한다.

마지막으로 아파트 민주주의가 확대되기 위해서는 관에 의한 제도화의 과정이 필요하다. 제도화는 단순히 형식적인 표준안을 만드는 데 그치지 않는다. 확산을 위해서는 주민들의 이야기를 듣고 합의의 과정을 거침으로써 제도의 절차적 정당성을 갖출 필요가 있다. 이를 위한 방법으로 성북구는 2017년 12월 16일 사단법인 징검다리교육공동체와 함께 '아파트 경비원 고용안정 방안 마련'을 주제로 한 모의시민회의를 주최했다. 해당 회의에는 입주자대표, 관리소장, 경비원 등 이해 당사자를 포함한 성북구민 80명과 시민단체 활동가 등 전문가가 참여했다. 성북구 주민들은 하루 동안 모둠토론, 질의응답, 중간의견조사, 최종표결을 거쳐 경비원 근무형태 조정을 통한 고용안정 보장이라는 최종권고안을 도출해냈다. 강제력을 가진 권고안은 아니었지만, 주민들이 직접 공동의 의제에 대한 숙의를 거쳐 구청에 제안할 수 있는 결론을 도출해냈다. 모의시민의회는 주민들의 참여민주주의의 학습의 장으로서의 의미뿐만 아니라, 이러한 동행의 제도화를 이루는 기반이 되었다. 주민들과의 소통을 통해 동네, 지역의 특색에 맞는 협의와 방안의 도출이 가능했기 때문이다. 일괄적인 해결방식을 주민들에게 강요했을 때,

14. 정헌목. 2017. p.363.

입주민의 특성, 세대 당 경비원 숫자, 전체 관리비에서 경비비가 차지하는 비율 등에서 아파트별 차이로 인해 생기는 부작용을 미연에 방지할 수 있게 된 것이다. 또한, 주민 결의를 통해 도출된 방안은 주민의 호응과 효능감의 측면에서 또 다른 참여를 불러일으키기에 의미가 있다. 당시 행사를 주관했던 (사)징검다리교육공동체의 언론 인터뷰에서도 효능감과 전시효과의 맥락을 발견할 수 있다.

> "전국적인 사안이면서 동시에 지역 사안이기도 한 주제를 안건으로 해 전문가 지원 하에 주민들이 토론을 통한 심의과정을 거치는 모의 시민의회는 숙의형 직접 민주주의의 실천이며, 아파트 관리비 인상과 경비원 고용안정 문제와 같은 생활상의 문제를 공적인 관점에서 이해하고 바람직한 해결방법을 모색해 보는 민주주의 학습과 집단지성 형성의 과정이 될 것."[15]

결론적으로 아파트 민주주의의 전망은 긍정적이다. 아파트 내 리더 육성과 올바른 제도화가 뒷받침된다면 충분히 실현 가능하리라 믿어진다. 그리고 두 과정에서는 공동체로서의 의미를 깨닫고 아파트에 민주적 의사결정과정을 도입하는 민의 역할이 중요하고, 그와 함께 관의 서포팅 역할도 중요하다. 이러한 모든 기반을 갖춰나감으로써, 한국에서는 부정할 수 없이 주요한 거주공간이 된 아파트 내 갈등을 입주민들이 민주적으로 해결해 나갈 수 있길 기대해본다.

---

15. 『아파트 관리신문』. 2018년 1월 3일. "성북구, 아파트 경비원 고용안정 방안 마련 모의시민의회 열어."

참고문헌

광주광역시 광산구청. 『아파트 공동체팀 업무설명』.

김동홍. "성북구, "마을공동체가 살아나니 에너지 절약 팍팍"." 『중앙일보』. 2013년 12월 23일.

김봉구. "압구정 현대 경비원 해고사태, 성북구 주민들은 어떻게 풀었나." 『한국경제』. 2018년 2월 1일.

김현정의 뉴스쇼. "경비원과 갑을계약서? '동행'계약서로 바꿨더니…." 『노컷뉴스』. 2015년 11월 9일. http://search.gwangsan.go.kr/RSA/front/Search.jsp (검색일 2018.06.23).

박상준. "[관리비 다이어트] '신뢰'가 만든 아파트 관리비의 기적." 『한국일보』. 2018년 1월 13일.

서지영. "성북구, 아파트 경비원 고용안정 방안 마련 모의시민의회 열어." 『아파트 관리신문』. 2018년 1월 3일.

성북구청. 2017. 『아파트 경비원 고용안정 방안 마련을 위한 성북 모의 시민의회 자료집』.

성북구청. 2018. 『민선6기 2014~2018 동행백서』.

신명호. 2000. "한국 지역주민운동의 특성과 교훈." 조효제 편역. 『NGO의 시대』. 창작과비평사.

이정선. "관리비 아껴 경비원 고용 유지? '동행' 아파트 그 후." 『오마이뉴스』. 2018년 3월 13일.

정헌목. 2017. 『가치 있는 아파트 만들기』. 반비.

황선영 · 김순은. 2017. "도시 지역공동체 활성화 과정에서 지역사회 주민조직의 역할." 『한국지방자치학회보』 29(2).

SBS 뉴미디어부. 2013. "'권력' 지켜보고 참여할 때 제대로 작동한다." 『SBS 뉴스 』. 2013년 12월 9일. http://news.sbs.co.kr/news/endPage.do?news_id=N1002122196&plink=OLDURL&plink=COPYPASTE&cooper=SBSNEWSEND (검색일 2018.05.23).

Abers, Rebecca. 1998. "From clientelism to cooperation: Local government, participatory policy, and civic organizing in Porto Alegre, Brazil." Politics & Society. Vol.26. No.4.

Putnam, Robert. 1995. "Bowling alone: America's declining social capital." Journal of Democracy. Vol.6. No.1.

Putnam, Robert. and Feldstein, Lewis. 2003. Better Together: Restoring the American Community. New York: Simon & Schuster.

Saward, Michael. 2003. Democracy. Cambridge: Polity Press.

Sirianni, Carmen. 2009. Investing in Democracy: Engaging Citizens in Collaborative Governance. Washington D. C.: Brookings Institution Press.

Smith, Graham. 2009. Democratic Innovations: Designing Institutions for Citizen Participation. Cambridge: Cambridge University Press.

인터뷰 개요

인터뷰 대상자: 심재철 전 석관두산아파트 입주자대표회의 회장
참석자: 여현정, 오혜정, 유지윤
날짜: 2018년 4월 29일 일요일 10:30~12:30
장소: 회기역 인근 카페

인터뷰 대상자: 조숙영 전 석관두산아파트 입주자대표
참석자: 여현정, 오혜정, 유지윤
날짜: 2018년 6월 21일 목요일 10:00~12:00
장소: 잠실역 인근 카페

인터뷰 대상자: 장석춘 전 동아에코빌아파트 입주자대표회의 회장
참석자: 여현정, 유지윤
날짜: 2018년 6월 14일 목요일
장소: 노원사회적경제센터 내 카페

인터뷰 대상자: 안덕준 전 동아에코빌아파트 입주자대표회의 회장, 동아에코빌아파트 주민 A
참석자: 여현정, 오혜정
날짜: 2018년 6월 4일 월요일 11:00~12:30
장소: 동아에코빌아파트 동행홍보관

인터뷰 대상자: 서성학 동아에코빌아파트 관리소장

참석자: 오혜정
날짜: 2018년 5월 24일 목요일 10:00~11:30
장소: 동아에코빌아파트 동행홍보관

인터뷰 대상자: 김태원 성북구청 주택정책과 주무관
참석자: 여현정, 오혜정, 유지윤
날짜: 2018년 5월 8일 화요일 14:00~15:30
장소: 성북구청 주택정책과

인터뷰 대상자: 이은성 성북구청 마을민주주의과 주무관
임영근 성북구청 마을민주주의과 팀장
참석자: 여현정
날짜: 2018년 5월 18일 금요일 14:00~15:30
장소: 성북구청 마을민주주의과

인터뷰대상자: 이윤정 성북구청 협치지원관
참석자: 여현정, 오혜정
날짜: 2018년 5월 1일 화요일 16:00~17:30
장소: 성북구청 인근 카페

성북구 마을미디어

마을미디어, 성북에선 한다

국민대학교 정치외교학과 **이명동·박신현·노원영**

신자유주의 세계화의 팽창으로 정부 역할 공백 인식과 개인의 심리적 박탈감 등이 부상했다. 정부 실패에 대한 반성과 시민사회 성장이 맞물려 마을미디어의 역할이 강조되었다. 마을미디어의 등장과 확산은 시민의 대정부 심리적 간극을 해소하고, 시민과 정부 간 중간단위 정치 참여 경험을 배양했다. 이는 시민의 사회 신뢰, 정치 효능감 제고에 기여하고, 정부 공백 대체재 역할과 개인의 심리적 박탈감 해소에 유효할 것으로 기대된다.

특히 성북지역은 마을미디어에서 가시적 주민참여와 성과가 발견되었다. 성북마을미디어지원센터가 개관하고, 성북지역은 마을미디어 콘텐츠 제작 및 유통의 선두 주자로 발돋움했다. 그 과정에서 성북구민은 지역 의제를 직접 발굴 및 유통하면서 지역적 애착과 일종의 중간단위 정치 참여를 경험했다. 성북지역 외 의정부, 성남 등 다수 지역에서 마을미디어가 시도, 지원되고 있다. 하지만 실질적 성과가 있다고 보기는 어렵고 일면 정치, 행정적 치적 과시로 소비되고 있다. 마을활동가에 대한 직업적, 경제적 유인 부족은 마을미디어 담론의 위기를 초래했다.

특히 마을미디어의 경제적 자립능력 부족은 마을미디어 담론 위기에 핵심적 요인이다. 경제적 유인 없이 전업으로서 마을미디어 활동은 사실상 불가능하다. 경제적 유인이 마을미디어 생태계를 결정한다. 마을미디어의 경제적 자립 어려움이 일종의 마을미디어 담론에 진입장벽이다. 마을미디어가 정부 역할 공백을 메우고 시민사회 성장의 유효한 동인으로 작동하려면 경제적 자립 문제를 해결해야만 한다.

I. 정부 실패와 시민사회 그리고 마을미디어

오늘날 신자유주의 열풍 이후 작은 정부가 대두되면서 정부 역할에 공백이 생겼다는 인식이 팽배해졌다. '거버넌스'라는 개념이 "정부의 실패에 대한 반성과 비판, 시장과 시민사회의 성장에 따른 정부독점 통치에 대한 비판, 이에 따라 공공문제 해결을 위한 정책 결정에서 수평적 결정에 대한 요구 등을 바탕"[1]이라는 의미로 대두되었다. 정부보다 작은 단위의 시민 참여 필요성이 제기되었고 실제 참여로도 이어졌다. 또한, 과학기술 발달로 미디어, 뉴미디어 등 산업이 발명, 개발되었다. 새로운 미디어 산업은 공영방송 등 방송 영역에서 국민 참여권리 보장이 필요하다는 담론을 만들어냈다. 담론은 새로운 의무와 권리 발명으로 이어져 다양한 정책으로 나타났다. 그 과정 중 일부인 '성북마을미디어지원센터'와 '마을미디어'에 대해 살펴보자.

서울에서 '마을미디어'는 박원순 서울시장의 공약인 '시민이 만드는 라디오 방송국 적극 지원'에 근거하여 시작되었다. 2013년 '서울시마을미디어지원센터'를 통해 기존에 운영되고 있던 미디어센터와 새로운 민관협력 거버넌스 형태로 마을미디어를 활성화시켰다. 이 사업은 지속가능한 행동 창구를 마련했다는 점에서 기존의 단발성 사업과 구분된다. 이 사업을 통해 지역주민이 지역을 중심으로 다양한 미디어 활동으로 소통하면서 지역에 관심을 가졌다. 마을미디어 참여폭도 점점 다양해졌다. 학생, 주부, 노인 등 남녀노소를 불문한 참여가 관찰되었다. 다양성에 기반한 공동체가 마을미디어를 통해 교류하고, 네트워크를 만들었으며 이는 현재도 진행 중이다. 하지만 사업이 장기화되면서 시민 관심도가 떨어지고 인력, 기초 장비, 공간이 부족해지는 등 난항을 겪고 있다. 마을미디어의 자발적 성격상 인력 유지를 강제하기 어렵다. 게다가 전문 콘텐츠 제작사와 다르게 영리 추구가 덜 하여, 인력 유지를 위한 경제적 대안을 찾기도 어렵다.

---

1. 김은규. 2010. "지역공동체의 사회자본으로서 시민미디어에 대한 고찰: 로컬 거버넌스, 사회자본, 참여적 커뮤니케이션 개념을 중심으로." 『정치커뮤니케이션 연구』. 제19집. p.53.

〈표 1〉 마을미디어의 특징과 의미

마을미디어의 특징	의미
비영리	• 이윤추구 목적 아님 • 비영리 조직에 의한 운영과 비영리 활동
공동체 소유	• 공동체 구성원에 의한 소유와 통제
사회적 서비스 제공	• 공동체 요구와 이익 반영 • 공동체 변화 촉구

상기 일련의 과정을 '성북마을미디어지원센터'를 통해 살펴보고자 한다. 성북마을미디어지원센터는 활성화 정도나 성과 측면에서 타 기관에 비해 비교적 상당한 성과를 내는 대표적 기관이다. 기존 성북구청 마을공동체사업은 재개발 등이 주요 사업인 일회성 공모사업이었다. '성북마을미디어지원센터'는 성북구청에서 사업별 예산을 할당받아 운영되는 기관이다. 성북마을미디어지원센터는 기본적으로 일종의 지원 체계에 불과하다. 콘텐츠 제작 및 유통은 기관을 사용하는 지역주민 자발적 투입에 의한 산출이다. 제작된 콘텐츠와 방송들은 지역 채널, 유튜브, 성북구청 홈페이지 등에 유통된다. 하지만 소비자가 소수에 불과해 실질적 지역 미디어 기능을 하기에는 현실적 한계가 있다.

마을미디어는 기성 언론과 다르게, 마을공동체를 활성화시키고 지역주민이 자기 요구를 이룰 수 있도록 지원하는 의미를 갖는다. 이러한 측면에서 마을미디어가 마을 민주주의, 거버넌스에 가지는 의의와 역할, 그리고 현실적인 한계와 문제, 나아가 해결 방안의 실마리를 찾아보고자 한다.

Ⅱ. 마을미디어의 이론적, 역사적 배경

1. 거버넌스와 마을미디어지원센터

스마트폰 시대로의 진입과 맞물려 정치, 사회적으로 '거버넌스'가 주요 의제로 부상했다. 거버넌스는 "행위자의 자율성, 네트워크적 관리, 체제의 목표지향성의 특성을 포괄하는 새로운 통치운영 방식",[2] "국가를 비롯한 다양한 행위자들이 자율적이고 상호의존적인 과정 속에서 토론 및 협상과정을 통해 공통의 문제를 조정 및 해결하는 정치과정",[3] "함께 참여하여 함께 만들고 함께 해결하며 아울러 책임도 함께 지는 것"[4] 등 다양한 의미로 사용된다. 많은 학자가 거버넌스를 연구하면서 정의(definition)를 내리고 현실에 어떻게 구현되어야 하는지 비전을 제시했으나 요원해 보인다. 이 글에서는 거버넌스를 '민-관 협력'과 나아가 '민-관간 수평적 협치'를 의미하는 것으로 간주한다. 기존 행정체계가 'top to bottom'의 일방적 하향식 체계였다면 거버넌스가 주창하는 협치는 민과 관을 대등한 행위자로 본다. 또한, 문제 해결에 수반되는 의사결정 과정에 민과 관 모두 적극적으로 참여함으로써 맺는 상호지배 구조를 말한다. 의제설정은 민과 관 모두 할 수 있다. 의제설정 권한이 민간에도 공유되는 것이 거버넌스의 한 특징이라 하겠다.

하향식 행정이 발견하지 못하는 사안을 민간이 찾아 의제화하고 민관 수평적 구조에서 해결 정책을 수립해 나가는 것이 거버넌스의 현실적 한 형태이다. 권효림은 '적극적 의미의 거버넌스'란 결사체주의적 관점으로, 거버넌스 주요 행위자인 '민'의 역할을 양적 참여로 인한 수평 조정에 한정하지 않고 "실제 정책수립에

---

2. 이종원. 2002. "정부형성과 거버넌스: 이론적 연결고리의 탐색 및 지방 거버넌스에서의 적용." 『정부학연구』. 제8집 1호. pp.69-91.
3. 김명숙. 2005. "로컬 거버넌스와 주민의 정치 참여." 『한국사회와 행정연구』. 제16집 3호. pp.325-347.
4. 김석준 외. 2002. 『거버넌스의 이해』. 서울대영문화사. p.246.

관여하는 질적 참여가 수반"[5]되어야 한다고 본다. 그러나 현실은 민관의 수평적 협치라는 명목 아래 이뤄지는 형식적 거버넌스도 공존한다. 예를 들어, 정책 결정 과정에 주민참여에 상한선을 두어 형식적인 협치를 진행하는 식이다. 이때 필요한 개념이 바로 당사자주의와 보충성의 원리이다. 유창복의 말에 따르면 "이는 마을에 필요한 어떤 사업을 할 때, 그 필요를 느끼고 해결하고자 하는 당사자가 스스로 자원을 모아야 하며, 그리고 나서 부족한 정도만큼만 정부가 보충적으로 지원해야 한다는 원칙이다."[6]

이러한 관점에서 지역적 거버넌스를 실현할 수 있도록 만드는 도구로서 마을미디어지원센터는 유효하다. 마을미디어지원센터는 형식적 거버넌스가 아닌 당사자주의와 보충성의 원리에 충실하다. 실질적으로 시설 이용과 콘텐츠 제작은 당사자인 주민이 하는 것이고, 마을미디어지원센터는 기술지원이나 교육, 활동비 지원 수준을 담당한다. 이는 마을미디어센터가 생성 과정에서 본다면 관주도에서 점차 민간주도로 중심이 옮겨간 것이고, 민간은 중심자 역할을 적절하게 해내고 있다.

2. 사회자본과 마을미디어지원센터

퍼트남(Putnam)의 사회자본은 "사회자본을 사회구성원들의 공동의 목표를 효과적으로 추구할 수 있는 연계망(network), 규범(norms), 신뢰(trust)로 정의"[7]된다. 현대 사회는 퍼트남의 지적대로 대면 접촉과 대면 공동체 참여가 줄고 있다. 하지만 현대 사회에서도 정보 수집, 상호협력, 소통 등은 필수적이며 새로운 커뮤니케이션 체계가 그 역할을 대신해 왔다. 따라서 현대 사회자본은 대면 접촉

5. 권효림. 2015. "결사체주의 관점에서 본 '마을공동체 만들기'의 민주주의적 의의." 『한국사회학』. 제49집 5호. p.158.
6. 유창복. 2013. "서울시 마을공동체 지원사업의 배경과 과제: 서울시 마을공동체 종합지원센터의 개설에 즈음하여." 『한국환경철학회』. 제15집. p.182.
7. 김은규. 2010. p.56.

만큼이나 커뮤니케이션 체계가 중요하다. 커뮤니케이션 체계가 시민 참여를 어떻게, 얼마나 보장하는지 등이 사회자본 수준에 영향을 미친다. 민주적, 참여적 시스템과 참여는 사회자본 강화에 주요한 요소이다.

시민 커뮤니케이션 체계 등 시민 네트워크는 보편적 상호의존적 규범을 촉진시킨다. 보편적 상호의존성은 타자와의 불가분성을 수반한다. 보편적 상호의존성은 타인과의 연결을 통한 관계에서 사회 신뢰를 형성, 강화한다. 또한, 조정과 소통을 촉진하여 타인에 대한 신뢰와 정보 교류와 확대는 네트워크를 통한 일상적 성공의 경험을 만들어 지속적 협력 가능성을 효과적으로 제고한다.

상기 과정은 지역사회자본 그리고 마을미디어지원센터와도 연계된다. 마을미디어지원센터에서 마을 콘텐츠가 제작, 유통되며 그 과정은 지역사회자본과 밀접한 연관을 가질 수밖에 없다. "사회자본은 활용 측면에서 '지역사회 거버넌스'와 연계된다. 지역사회 거버넌스는 주민, 지역기업, 지자체가 함께 지역사회를 이끌어 가는 것이다. 사회자본은 지역사회 내 연결망의 신뢰에 기반하고 있으며, 지역사회에는 지역공동체의 연결망에 기반한 지역사회자본이 존재한다. 지역사회자본은 지역의 사회규범과 네트워크 그리고 그들 관계 속에서의 신뢰를 의미하는 것으로, 지역공동체의 활성화 기능을 가진다."[8] 이는 지역 차원의 상호의존적 규범, 신뢰와 정보 교류와 확대, 민관과 이용자 사이의 지속적 협력 가능성 제고로 이어지는 프로세스를 순환적으로 이어가는 동인이 된다. 마을미디어지원센터는 그 순환적 과정의 장으로 의미를 갖는다.

자본주의 체제 하에서 대중매체는 자본에 종속 아래 정보 상품화를 강화하고 있다. 소수의 권력과 자본 지배는 시민을 수동적 존재로 치환한다. 따라서 주류 대중매체와 별개로 시민사회나 지역공동체 속 시민 참여 네트워크 확대는 중요하다. 퍼트남은 '나 홀로 볼링(Bowling Alone)'에서 상호작용 하는 다양한 시민 협력체 네트워크 존재가 지역사회 내 협력과 의사소통을 촉진한다고 강조했다.

---

8. 김은규. 2010. p.58.

활동적, 발전적으로 지역사회 문제를 효과적으로 해결하려면 지역사회 구성원 간 의견, 정보를 교환할 수 있도록 참여소통 채널, 참여소통 구조를 형성하는 것은 중요하다. 생활세계 식민화 극복을 위한 의사소통 합리성이 이루어지는 공공영역(public sphere)의 확산이 필요하다.

3. 퍼블릭 액세스(public access)

'퍼블릭 액세스'란 방송에 대한 시민의 직접 참여를 의미한다. 시민이 기획하고 촬영하고 녹화한 영상물을 가감 없이 방송하는 것을 원칙으로, 광의에서 프로그램 기획 및 제작 전 과정에 걸쳐 다양한 형식의 시민 참여를 내포한다. 이는 뉴미디어 시대에 민주주의 발전에 필수적이다.

현재 전 세계에서 시민미디어운동으로 퍼블릭 액세스 방송국이 운영되고, 한국에서도 1990년 이후 지속적인 노력으로 2000년, 방송법 개정으로 시민 액세스를 위한 근거 조항이 마련되었다. 방송법시행령 제51조를 보면 "공사는 지상파텔레비전방송사업의 허가를 받아 행하는 텔레비전 방송 채널에서 매월 100분 이상의 텔레비전 방송 프로그램을 시청자가 직접 제작한 시청자 참여프로그램으로 편성하여야 한다. 〈개정 2004.09.17; 2007.08.07〉"라고 명시되어 있다. 'RTV'는 한국의 최초 퍼블릭 액세스 방송국이면서 세계 최초 전국 규모의 디지털 위성방송이다. 방송법의 퍼블릭 액세스 관련 조항은 "방송법 69조 ⑦ 한국방송공사는 대통령령이 정하는 바에 의하여 시청자가 직접 제작한 시청자 참여 프로그램을 편성하여야 한다. 〈개정 2006.10.27〉", "방송법 70조 ⑦ 종합유선방송사업자 및 위성방송사업자는 미래창조과학부령으로 정하는 바에 의하여 시청자가 자체 제작한 방송 프로그램의 방송을 요청하는 경우에는 특별한 사유가 없는 한 이를 방송하여야 한다. 〈개정 2008.02.29; 2011.07.14; 2013.03.23〉"가 있다. 이 조항은 공중파와 케이블, 위성채널에 퍼블릭 액세스 프로그램 방송을 가능하게 한 획기적인 조항이다. 하지만 '특별한 사유가 없는 한'이라는 단서를 붙인 70조 7

항, 모호한 규정 등은 퍼블릭 액세스 관점에서 한계가 분명해 보인다. 현행 퍼블릭 액세스의 제약적이지만 미디어 접근 권리를 시민 품에 안겨준 것은 사실이다. 이는 시민 참여나 나아가 참여 민주주의에 활로를 마련해준 것이나 다름없다.

4. 1세대 미디어센터

일련의 퍼블릭 액세스 운동을 거치면서 주민이 직접 참여하는 미디어 활동의 필요성이 사회적으로 대두되었다. 그러나 2000년대 초반만 하더라도 미디어 활동이 상당 부분 전문가에 의해 다뤄졌기에 일반 시민이 미디어 장비나 기술에 접근하기란 쉽지 않았다. 그래서 방송과 미디어 제작에 대한 시민 참여를 높이기 위해 먼저 일반 시민을 대상으로 한 교육이 필요했다. 시민 미디어 교육을 수행하기 위해 교육 사업 중심의 1세대 미디어센터가 등장했다.

1세대 미디어센터 역할을 최초로 수행한 단체는 바로 2000년에 설립된 '미디액트(MEDIACT)'이다. 미디액트는 국내에 최초로 세워진 비영리 공공 미디어센터로서 시민영상 창작과 독립영화 제작 활성화를 위한 각종 프로그램을 제공하고 무상 혹은 저렴한 가격으로 영상 기자재를 대여하는 창작 지원 기관이다. 미디액트는 90년대 말에서 2000년대 초로 이어지는 퍼블릭 액세스 운동 최전선에서 교육 사업을 중심으로 운영했으며 동시에 방송법 개정에 대한 인식을 제고하여 상술한 제도화까지 나아가는 데 큰 역할을 했다.

5. 1세대 미디어센터에서 미디어지원센터로

2010년경부터 휴대전화 기술의 비약적 발전과 보급으로 스마트폰 시대가 열렸다. 스마트폰의 보급은 영상 제작에 막대한 영향을 끼쳤다. 스마트폰 상용화로 누구나 고품질 영상을 제작할 조건이 갖춰졌고 복잡한 장비 없이 누구나 쉽게 촬영할 수 있는 조건이 형성됐다. 이전 1세대 미디어센터의 중점사업이 시민들을 위한 미디어 교육이었다면, 이제는 실제적 주민참여와 콘텐츠 유통이 중요한 의제로 부상했다.

서울시 차원에서 2012년에 '마을공동체 만들기'를 본격적으로 정책화하기 시작했다. 그해 3월 15일 공표된 '서울특별시 마을공동체 만들기 지원 등에 관한 조례'에는 서울시가 규정하는 마을, 마을공동체, 마을공동체 만들기의 정의가 제시되어 있다. "'마을공동체'란 '주민 개인의 자유와 권리가 존중되며 상호 대등한 관계 속에서 마을에 관한 일을 주민이 결정하고 추진하는 주민자치 공동체'를 말한다."[9]가 그것이다.

그렇다면 마을공동체 안에서 마을 의제들을 주민이 발굴해내고 궁극적으로는 입안자의 위치에서 정책수립에 기여하기 위해 필요한 것은 무엇인가? 바로 마을미디어이다. 마을미디어는 간단히 마을 모든 사안에 관하여 제작한 미디어물이며 정보이다. 이러한 정보가 주민 사이에서 공유되면서 정보 불균형이 해소되고 사안에 관한 공론화 및 토론이 진행되고 입안에 이르는 것이다. 마을공동체가 주체로 이뤄가는 마을 민주주의와 더불어 거버넌스 개념에 마중물 역할을 하는 것이 바로 마을미디어이다. 마을미디어는 마을미디어 등장 이전에 존재했던 미디어교육 활동과는 구분되는 차별성을 가진다. "교육의 참여자, 운영자, 교사, 기획자가 모두 마을 내부에 거주하여 기획, 운영, 교육이 모두 주민들에 의해 진행된다는 점, 주민이 직접 예산 구성 및 집행을 한다는 점 등이 마을미디어 사업만의 고유한 특징으로 설명된다."[10] 마을미디어는 박원순 서울시장의 공약인 '시민이 만드는 라디오 방송국 적극 지원'에 근거하여 시작되었고, 2013년 '서울시 마을미디어지원센터'를 통해 기존에 운영되고 있던 미디어센터와 새로운 민관협력 거버넌스 형태로 마을미디어를 활성화시켰다.

요컨대 마을미디어는 기술 발전과 보급, 거버넌스 대두에 따른 '마을공동체 활

---

9. 김예란 · 김용찬 · 채영길 · 백영민 · 김유정. 2017. "공동체는 발명되어야 한다." 『한국언론정보학보』. 제81집. p.47.

10. 김예란 외. 2017. p.48.

성화' 사업의 일환으로 주목받기 시작했고, 마을 민주주의를 실현하고자 하는 목적으로 '미디어지원센터'라는 2세대 패러다임이 탄생한 것이다. 또한 같은 맥락에서 '성북마을미디어지원센터'도 설립되었다.

III. 성북마을미디어지원센터

1. 조직과 운영

기관의 성격을 파악하는 데 설립과정은 중요한 요소이다. '성북마을미디어지원센터' 공식 홈페이지(www.sbtv.kr)에서 얻을 수 있는 연혁으로는 설립 과정을 상세하게 파악할 수 없다고 판단했다. 센터장과 인터뷰를 진행하려고 시도했으나 불가하여 센터 내 대리[11]와 팀장과 인터뷰를 진행했다.[12] 이하 기술될 '성북마을미디어지원센터'의 설립과정과 운영 전반에 관한 내용은 센터 공식 홈페이지와 대리 및 팀장과 인터뷰를 바탕으로 기술되었다.

성북마을미디어지원센터의 간단한 연혁을 살펴보면, 1990년대 말~2000년대 초에 본격적으로 제시된 퍼블릭 액세스 흐름에 편승하여 2004년에 만들어진 '아리랑시네센터'에서 시작됐다. 아리랑시네센터는 초창기의 미디액트와 유사한 맥락에서 독립영화 지원 및 제작을 담당했다. 이어 2005년 1세대 미디어센터의 기능을 하는 '아리랑미디어센터'를 개관했다. 이후 스마트폰 발달과 거버넌스 등장으로 미디어 패러다임 전환이 이루어지면서 성북구 내에서도 기존에 활동하던 미디어 활동가의 요구사항도 구체화되었다. 인터뷰뿐 아니라 실제 2015년 2월에 발행된 '성북마을미디어지원센터 설립 계획'에도 '우리 구에는 자발적인 마을미디어 활동을 하고 있는 단체들이 다수 존재하지만 체계적인 교육시스템이나 공

11. 성북마을미디어지원센터 대리 면담(면담일: 2018.09.29).
12. 성북마을미디어지원센터 팀장 면담(면담일: 2018.10.29).

Ⅱ **설립 배경**

□ **문화 향유 격차 증대**

○ 지역별, 세대별, 계층별 디지털 소외계층의 미디어 문화 격차를 해소하기 위하여 공공 문화시설 필요

□ **마을 미디어에 대한 높은 욕구 존재**

○ 우리구에는 자발적인 마을미디어 활동을 하고 있는 단체들이 다수 존재하지만 체계적인 교육시스템 이나 공간, 장비 등 지원 열악

※ 아리랑마을방송스튜디오 이용단체(11개) 외 신문, 잡지 제작 등 다수단체

□ **자치안전 네트워크로서의 미디어의 중요성 부각**

○ 세월호 참사를 통해 재난과 관련한 미디어의 역할의 중요성이 높아지고 있지만, 전국 단위 방송은 지역의 재난에 대처하는데 한계가 있어 지역미디어의 중요성이 높아지고 있음

※ WQRZ(미국) : 카트리나 기간 동안 신속한 정보 제공으로 수천명의 이재민 구호
※ FM poco(일본) : 지진 관련 재난 정보를 수시로 전달하여 신속한 대응 체계 구축

〈그림 1〉 2015년 2월 작성된 성북마을미디어지원센터 설립 배경

출처: 서울특별시 정보소통광장. "성북마을미디어지원센터 설립 계획."

간, 장비 등 지원 열악'이라고 기술되어 있다. 즉, 성북구 내에 이미 많은 마을미디어 수요와 공급이 존재했던 셈이다. 2014년에 성북구 내에서 활동하는 8개 마을미디어공동체가 모여 성북구청에 성북구 내에 마을방송 스튜디오의 필요성을 제안하였고 구청은 이를 수용하였다. 스튜디오 장비는 서울시 시민 참여예산으로 1억을 지원받아 마련했다. 마을미디어공동체가 주도적으로 서울시 예산을 받아 미디어지원센터 개관을 이끌어낸 점은 주목할만한 성과이다. 또한, 센터 재개관에 필요한 공사비용은 성북구청 예산으로 충당하였다. 2015년에 기존 아리랑시네센터를 재개관하여 현재 '성북마을미디어지원센터'로 자리매김했다.

성북마을미디어지원센터는 성북구청 마을 민주주의과 소속이다. 인력은 성북구청 직원 4명을 포함하여 성북문화재단 파견 2명, 청년일자리 및 인턴 등으로 구성되어 있다. 센터는 성북구청 내 마을 민주주의과에 소속되므로 인력 급여는

성북마을TV 주간편성표 (12/03~12/07)

■ 생방송 ■ 재방송 ■ 미방송

	12/03(월)	12/04(화)	12/05(수)	12/06(목)	12/07(금)
10:00~11:00	보이는라디오 [사람책도서관](재)	원더풀라디오 [성북FM](재)	보이는라디오 [사람책도서관](재)	파이팅 시니어 [신명성]](재)	보이는라디오 [사람책도서관](재)
11:00~12:00	파이팅 시니어 [신명성]]LIVE	보.들.라 [김수현](재)	끓지않아도괜찮아 [극단99도](재)	달달라떼 [한필수](재)	영화본색 [영화본색](재)
12:00~13:00	와보숑이만난풍경 [와보숑] LIVE	보이는라디오 [사람책도서관](재)	원더풀라디오 [성북FM](재)	보이는라디오 [사람책도서관](재)	달달라떼 [한필수](재)
13:00~17:00	11/30(금) [재]	12/03(월) [재]	12/04(화) [재]	12/05(수) [재]	12/06(목) [재]
17:00~17:10	2018 우리마을 ON AIR 공개방송 (재)				
17:10~18:00	도봉에서 힐링하기 -도봉N - 길상사와 돈암동 이야기 - 파이팅시니어-	도봉에서 힐링하기 -도봉N- 길상사와 돈암동 이야기 - 파이팅시니어-	도봉에서 힐링하기 -도봉N- 길상사와 돈암동 이야기 - 파이팅시니어-	도봉에서 힐링하기 -도봉N- 길상사와 돈암동 이야기 - 파이팅시니어-	도봉에서 힐링하기 -도봉N- 길상사와 돈암동 이야기 - 파이팅시니어-
18:00~18:10	2018 우리마을 ON AIR 공개방송 (재)				
18:10~19:00	다른 나라의 마을 이야기 -강북FM- 마을이 우리에게 가지는 의미 - 영화본색-	다른 나라의 마을 이야기 -강북FM- 마을이 우리에게 가지는 의미 - 영화본색-	다른 나라의 마을 이야기 -강북FM- 마을이 우리에게 가지는 의미 - 영화본색-	다른 나라의 마을 이야기 -강북FM- 마을이 우리에게 가지는 의미 - 영화본색-	다른 나라의 마을 이야기 -강북FM- 마을이 우리에게 가지는 의미 - 영화본색-
19:00~20:00	마을에서 100% 즐기기 -노원FM- 마을에서 학부모로 살기 -원더풀라디오-	마을에서100% 즐기기 -노원FM- 마을에서 학부모로 살기 - 원더풀라디오-	마을에서100% 즐기기 -노원FM- 마을에서 학부모로 살기 - 원더풀라디오-	마을에서100% 즐기기 -노원FM- 마을에서 학부모로 살기 - 원더풀라디오-	마을에서100% 즐기기 -노원FM- 마을에서 학부모로 살기 - 원더풀라디오-
20:00~21:00	성북구와 공간 -달달라떼- 마을에서만난 감성시 - 보들라-	성북구와 공간 -달달라떼- 마을에서 만난 감성시 -보들라-	성북구와 공간 -달달라떼- 마을에서 만난 감성시 -보들라-	성북구와 공간 -달달라떼- 마을에서 만난 감성시 -보들라-	성북구와 공간 -달달라떼- 마을에서 만난 감성시 -보들라-
21:00~22:00	우리들의 미니멀라이프 -보키니B팀- 마을따라 추억따라 - 보키니A팀 -	우리들의미니멀라이프 -보키니B팀- 마을따라 추억따라 - 보키니A팀-	우리들의미니멀라이프 -보키니B팀- 마을따라 추억따라 - 보키니A팀 -	우리들의미니멀라이프 -보키니B팀- 마을따라 추억따라 - 보키니A팀 -	우리들의미니멀라이프 -보키니B팀- 마을따라 추억따라 - 보키니A팀 -

	12/08(토)	12/09(일)
10:00~11:00	-	-
11:00~12:00	-	-
12:00~13:00	-	-
13:00~15:00	12/03(월)[재]	12/03(월) [재]
15:00~17:00	12/04(화)[재]	12/04(화) [재]
17:00~19:00	12/05(수) [재]	12/05(수) [재]
19:00~21:00	12/06(목) [재]	12/06(목) [재]
21:00~23:00	12/07(금) [재]	12/07(금) [재]
23:00~24:00	-	-

〈그림 2〉 성북마을TV 2018년 12월 3일~7일 편성표

출처: 성북마을TV. "성북마을TV 주간편성표(2018.12.03-12.07)."

구청에서 지급한다. 방송 기술적인 영역에 도움을 주는 팀장(인터뷰이)은 아리랑 시네센터 때부터 현재까지 센터에서 일했다고 한다.

센터 주요 활동은 크게 콘텐츠 제작지원과 콘텐츠 유통지원이다. 제작지원으로는 콘텐츠 제작에 필요한 교육을 제공하고 방송 장비와 공간을 대여한다. 또한 소정의 활동비를 지급하여 원활한 제작 활동을 돕는다. 실제로 성북구에 살거나 성북구와 관련된 일을 하는 모든 사람에게 방송 참여 기회는 열려 있으며 스튜디오와 장비도 이용할 수 있다. 콘텐츠가 유통되었을 경우 영상은 편당 8만 원, 라디오는 편당 4만 원의 지원금을 지급한다.

또한, 주민이 자발적으로 만든 콘텐츠를 '성북마을TV'라는 플랫폼에 업로드하고 성북지역 내 '티브로드' 케이블 방송을 통해 일정량 송출하면서 유통 활로를 찾기도 한다. 각종 SNS 채널을 활용하여 콘텐츠 유통을 지원하기도 한다. 센터의 주 역할은 자발적 주민참여로 만들어지는 콘텐츠를 원활히 제작할 수 있도록 지원하고 결과물을 지역 내에 원활히 유통할 수 있도록 돕는 것이다.

편성표에서 드러나듯 성북마을TV는 수십 개 마을공동체미디어가 만들어 내는 프로그램이 있고, 정기적으로 성북마을TV, SNS, 및 성북마을 티브로드 케이블 방송으로 유통된다. 성북마을미디어지원센터가 직접 제작한 프로그램은 하나도 없다. 전부 지원센터 내 활동하는 마을미디어공동체가 제작한 것이다. 즉, 성북마을TV란 성북마을미디어지원센터가 제공하는 플랫폼이며, 콘텐츠 전량은 주민에 의해 만들어진다. 이후 비교 사례에서 다루겠지만 성북마을미디어지원센터를 타 미디어센터와 구분하는 가장 큰 성과는 적극적이고 안정적인 주민참여이다. 성북구에서 주민참여를 관찰했지만 '주민들이 왜 적극적으로 참여했는가?'라는 질문에 대해서 명확히 대답하기는 어렵다. 아마도 성북구 내 적극적으로 활동하던 마을미디어공동체가 있었고, 이 단체가 활동하면서 느꼈던 필요성을 성북구가 잘 감지해 주민 요구에 부응한 것이 중요한 요인으로 추측된다.

2. 서울마을미디어지원센터

2012년 박원순 시장 당선과 함께 마을공동체 활성화를 통한 민관 거버넌스 붐이 일었다. 형식적 거버넌스가 아닌 민간주도형 마을 만들기와 공동체 활성화를 목표로 서울시는 마을활동가로 구성된 TF팀을 조직했다. 2차 TF팀 집담회에서는 "서울시와 활동가들은 중간지원조직을 구성하여 마을사업을 진행하는 것이 바람직하다는 결론에 이르게 된다."[13]는 의견도 밝혔다. 이 배경에서 '서울시 마을공동체 종합지원센터'가 설립된다.

이듬해 2013년에 박원순 시장은 마을 민주주의를 실현하기 위한 매개로 마을미디어의 중요성을 피력하면서 '서울마을미디어지원센터'를 설립한다. 서울시가 지원하고 실질적인 운영은 퍼블릭 액세스 운동을 이끌었던 미디액트가 맡았다. 현재 서울마을미디어지원센터에 등록된 마을미디어센터와 공동체는 92개에 달한다. 이들은 상호작용하면서 유의미한 성과를 내고 있다. 서울마을미디어지원센터와 성북마을미디어지원센터 등 기관은 위계적 관계가 아니라, 다른 수준의 미디어지원센터라고 보는 것이 타당하다.

3. 동북마을미디어네트워크

센터 조직 내에 직접적으로 연관된 네트워크는 아니지만, 동북마을미디어네트워크도 살필 필요가 있다. 동북마을미디어네트워크는 2015년 8월 10여 개의 회원단체로 시작해 현재 53개 회원단체에 이르는 조직이며, 동북권역 4개구(강북, 노원, 도봉, 성북)에서 활동하는 마을미디어공동체의 주민 단위 집합체이다. 매월 한 번씩 정기 회의를 진행하며, 분기별로 총회를 진행한다. 분기별 총회는 성북마을미디어지원센터 관계자도 배석한다. 관계자는 개입이 아니라 장소 대여

13. 유창복. 2013. p.175.

나 정책 지원 등의 보조를 위해 참관한다.

동북마을미디어네트워크는 성북마을미디어지원센터, 성북문화재단 등 지역 내 마을미디어 관련 기관과 긴밀한 협력을 통해 성장하고 있다. 동북마을미디어네트워크는 지난 6.13 지방선거에서 마을공동체미디어만의 정책 비전을 후보자에게 질의하고 정책 제안을 하는 등 정치 영역에서 영향력도 넓히고 있다. 또한, '동북4구 마을공동체미디어 지원조례 제정 추진 TF'를 구성하여 〈동북4구 마을공동체미디어 지원조례 제정 시민 토론회〉를 개최하는 등 마을공동체 미디어를 지원하는 조례 제정 의의와 필요성을 공공기관에 제기하고 있다.

4. 이용자 인터뷰

이상 논의를 통하여 성북마을미디어지원센터의 실상을 어느 정도 파악할 수 있었다. 그러나 상기 자료는 관계자 인터뷰와 자체 발간물과 성북마을미디어지원센터 홈페이지 등 기관 정보에 의존한 것이다. 거버넌스가 일방적인 행정체계가 아니라, 민관이 대등한 지위에서 적극적으로 영향을 주고받는 관계이니만큼 민간 이용자 입장에서 성북마을미디어지원센터가 거버넌스적 이상대로 작동하고 있는지 알아볼 필요가 있다. 이는 센터 이용자 팀과 인터뷰를 통해 진행했다. 인터뷰의 목적은 거버넌스 작동 여부와 마을 민주주의 확대를 파악하는 것이고, 이를 유추하기 위한 질문지를 만들었다. 질문지는 〈표 2〉와 같다.

〈표 2〉의 질문지는 크게 6가지로 나뉜다. 처음과 끝은 센터 전반에 걸친 피드백과 바라는 점이다. 이어 실질적으로 '의제 발굴 및 유통'을 통하여 자체적 콘텐츠 제작과 유통을 통한 정보 불균형의 해소를 보고, '공동체 형성, 확장'을 통하여 거버넌스 주요 기반이 될 사회자본이 축적된 민간 네트워크 생성을 본다. 이를 기반으로 주민 간 이슈 공론화와 토론이 있었는지 살피고 마지막으로 민관 수평적인 관계를 목격한다.

사례선정 방식은 센터측을 통하여 이용자와 만나고 필자가 불시에 직접 찾아

〈표 2〉 이용자 인터뷰 질문지

전반적인 긍정/부정 피드백	• 센터를 이용하면서 느낀 좋은 점 혹은 나쁜 점이 있는지? • 센터가 제 기능을 수행하고 있다고 생각하는지? • 센터 설립 전/후나 센터 이용 전/후로 달라진 것이 있는지?
의제 발굴 및 유통	• 활동하면서 마을 현안을 발견하고, 다른 사람과 공유한 적이 있는지? • 아니면 아는 사례가 있는지?
공동체 형성/확장	• 속한 공동체가 있는지? • 속한 공동체가 성북마을TV 밖에서 활동한 적이 있는지? • 다른 공동체와 같이 활동한 적이 있는지?
마을 민주주의 발전	• 센터와 본인이 하는 활동을 통해 마을 민주주의가 나아졌다고 생각하는지? • 센터 비이용자가 센터 덕분에 마을 의제를 이해하거나 관심 갖는 데 도움이 된다고 생각하는지? 그렇다면 이용자한테는 어떤지?
센터와 의사결정 지위 평등/합의적 의사결정 여부	• 동북마을미디어공동체 월간회의나 총회에 참석한 적이 있는지? • 회의 가운데 센터의 역할은 무엇이라 생각하는지? • 센터와 공동체가 대등한 지위로 의사결정 과정에 참여한다고 생각하는지?
개선/발전 가능성	• 센터가 발전 가능성이 있다고 생각하는지? • 더 나아질 수 있는 점이나 지향했으면 하는 점이 있는지?

가 만나는 투 트랙(two-track) 방식으로 진행하고자 하였으나, 센터 관계자의 늦은 반응으로 시간이 지체되어 필자가 불시에 현장에 찾아가 스튜디오에서 녹화를 진행 중인 이용자를 만나 인터뷰를 진행하였다.

1) 성북장애인자립생활센터[14]

인터뷰는 성북장애인자립생활센터 소속 기획사업팀장 이형순과 국장 최재호, 활동가 곽상길 총 3명과 진행했다. 당시 '우라차차 라디오' 프로그램 사전녹화 중이었다. 이 프로그램은 2018년 11월 9일에 있었던 '이야기조각보'라는 장애인 6명의 자작곡 6곡을 시연한 뮤지컬을 마치고 인터뷰를 진행하는 내용이었다.

첫 번째, '긍정적이거나 부정적인 점에 대한 피드백'을 물었다. 성북구 자체가

14. 성북장애인자립생활센터 활동가 면담(면담일: 2018.11.16).

주민을 위한 미디어 지원 활동에 선도적이라 생각하며 주민 스스로 콘텐츠를 만들어 방송할 수 있게 해주어 좋다는 답변이 돌아왔다. 반면 장애인 이용자가 많지 않아, 센터 내 장애인 편의시설이 많이 부족하다는 답변도 있었다.

두 번째, '방송을 하는 목적과 방송에서 다룬 콘텐츠가 전파된 사례가 있는지'를 물었다. 장애인과 비장애인의 접촉점을 기존에 활용하던 신문지면 영역과 SNS 영역에서 방송 영역으로 확장하고 방송 활동을 통해 비장애인의 장애인 인식을 개선하는 것이 방송 목적이라고 밝혔다. 의제 발굴과 전파라는 측면에서는 성과가 없었다. 이 단체가 본 센터에서 활동한지 6개월 밖에 되지 않아 아직 정규 방송콘텐츠를 송출할 수 있는 역량이 되지 못했다. 내년에 정규프로그램으로 편성되어 장애인의 육아, 임신과 출산, 인식개선, 정책, 장애 문화, 예술, 운동 등 각종 이슈를 송출할 계획이라고 전했다.

세 번째, '타 지역 혹은 타 단체와 협업하여 활동한 적이 있는지와 동북마을미디어네트워크 총회에 참여하면서 실제로 네트워크가 넓어졌는지'를 물었다. 장애인 예술운동 단체인 '장애인문화공간'과 협업하여 상술한 2018년 11월 9일에 '이야기 조각보'라는 뮤지컬을 공연하였고, '한국뇌병변장애인인권협회' 내 구화가 되지 않는 뇌병변장애인 자조모임에서 콘텐츠를 만들고 성북장애인자립생활센터에서 장소와 기술을 지원하는 형태로 협업하여 언어장애인 일상을 담은 방송을 제작한 적이 있다고 대답했다. 또한, 동북마을미디어네트워크 정기총회에 참가하여 단체 간 게스트 섭외나 정보 교환 등 성북구 내 다양한 분야의 활동가와 접촉하여 네트워크가 넓어졌다고 답변하였다.

네 번째, '회의 과정에서 미디어지원센터의 역할이 무엇인지와 센터의 일방적 통보가 있었는지'를 물었다. 미디어지원센터가 성북장애인센터에 갑질을 한 적 없고, 특정 콘텐츠를 제작하라는 요구도 없었다고 밝혔다. 오히려 서로가 완전히 동등한 위치에서 의사소통하고 미디어지원센터는 어떻게 하면 이용자들이 양질의 방송을 만드는 데 도움을 줄 수 있을지에 대하여 고민하는 것 같다고 답했다. 미디어지원센터는 시민이 만든 콘텐츠로 운영되는 곳이라 시민 목소리를 많이 들으려 한다고 밝혔다. 성북장애인센터가 미디어지원센터가 받는 최초의 장애인 마을미디어 공동체이기에 이들을 배려하여 동북마을미디어네트워크 총회 장소를 경사로가 있는 장소로 변경하는 등 이용자 피드백을 경청하고 이를 반영한 행동이 있다고 답했다.

다섯 번째, '미디어지원센터의 개선해야 할 점과 발전 여지'에 대해 물었다. 현재 비이용자 지역주민은 센터와 콘텐츠를 잘 모르며, 미디어지원센터 자체적으로 센터와 콘텐츠를 적극적으로 홍보해 주기를 요구하였다.

2) 사람책도서관[15]

'사람책도서관'은 앞선 사례와 다르게 성북문화재단 도서관기획팀에서 기획한 사업명이자 프로그램 이름이다. '사람=책'이라는 개념 아래 게스트를 초대해 삶을 공유하고 책을 추천한다. 인터뷰 당시 DOPP(Dokdo Protective Project)라는 팀이 게스트로 나와서 미국 서부를 자전거로 종단하며 독도 이슈를 알렸던 활동을 이야기하며 녹화하고 있었다. 인터뷰 대상으로 '사람책도서관'에서 활동하는 최혜정 PD, 이채원 DJ, 김지연 DJ와 성북문화재단 관계자 한 명과 인터뷰를 진행하였다. 성북문화재단 관계자는 익명을 요구하였다.

첫 번째, '긍정적이거나 부정적인 점에 대한 피드백'을 물었다. 좋은 하드웨어를 보유하고 있지만, 너무 많은 사람이 같은 스튜디오를 사용해 매번 설정값이 변경되어 사용에 지장이 있다고 답했다. 퍼블릭 액세스 관점에서 마을 주민에게 방송 제작의 기회를 제공하자는 취지는 좋으나, 방송 장비와 환경 등에 익숙하지 않은 이용자로 인한 오작동 때문에 급박한 녹화환경에서는 불편이 있다고 답했다.

두 번째, 게스트가 나와 본인이 하는 활동과 활동 배경의 철학이나 아이디어를 공유하는데, '방송 이후 주변에서 방송에서 다룬 콘텐츠 피드백이 있었는지'를 물

15. 사람책도서관 활동가 인터뷰(면담일: 2018.11.19).

었다. 이에 이채원 DJ는 가까운 지인은 방송을 보는 편인데 한 번 성소수자 관련 게스트가 나온 적이 있었고, 방송이 나간 이후 지인이 성소수자 관련 이슈에 관심을 갖고 찾아본 적이 있다고 답했다. 또한, 시인이 나온 적이 있었는데 시집을 사서 읽는 등 관심을 가진 적이 있다고 말했다. 반면 김지연 DJ는 시청자 수가 적고 성북마을TV 플랫폼이 접근성이 떨어지기 때문에 피드백이 들어오는 일은 특별히 없다고 했다.

세 번째, '타 단체와 협업한 사례가 있는지'를 물었다. 동덕여대 내에서 석관동에 사는 사람과 이야기를 나누는 라디오공동체 '같이같이'와 협력하여 '같이같이'가 섭외, 프로듀싱, 촬영 등 제작을 하면 '사람책도서관'은 팟캐스트에 업로드하는 형태로 협업한 적이 있다고 밝혔다.

네 번째, 성북구 관련 사안이 발굴되고 전파되면서 정보 불균형을 일정 부분 해소하고 마을 민주주의에 기여하는지 파악하기 위해 '성북구와 관련된 콘텐츠가 있는지'를 물었다. 이에 프로그램에 오는 게스트 대부분이 성북구민이거나 성북구 내에서 활동하시는 사람이기 때문에 활동 자체가 성북구의 소식이고 삶 자체가 지역성이라고 밝혔다. 공론화 단계까지 갔는지를 관찰할 수는 없었지만, 성북구 내 여러 사안과 소식이 주요 콘텐츠로 다뤄지고 있어 향후 공론화의 작업에도 영향을 끼칠 수 있을 것으로 기대된다.

다섯 번째, '동북마을미디어네트워크 총회에 참석한 적이 있는지'와 '의사결정에서 센터와 의사소통이 동등한 위치에서 이루어지는지'를 물었다. 전자는 잘 알지 못한다고 답했고, 기기와 공간 사용에 대해 당부하는 정도의 간섭만 있을 뿐 콘텐츠 제작이나 사업 자체에 관여하거나 일방적인 통보는 하지 않는다고 답했다. 이어 다른 미디어지원센터 내 활동하는 마을미디어공동체는 소정의 지원금을 받지만, 사람책도서관은 성북문화재단으로부터 기획, 집행되는 사업이기 때문에 센터로부터 간섭 가능성이 적은 것 같다고 답했다.

일곱 번째, '미디어센터가 더 발전했으면 하는 점'을 물었다. 교육 프로그램이 실습 위주로 진행되어야 한다고 답했다. 교육 내용이 복잡하지는 않으나 반복적으로 사용해보지 않으면 툴을 사용하기 어렵고, 수업이 실습으로 이어지는지도 의문이라고 말했다. 이어 기계가 노후한 것도 아쉽다고 말했다. 그럼에도 센터 자체적으로 이용자 공동체를 섭외해 성북구청 앞에서 오픈 방송을 하는 등 외연 확장에 노력하는 점은 칭찬한다고 밝혔다.

두 단체와 인터뷰를 진행하면서 드러난 공통적 사실은 의사소통 관계의 수평성 보장이다. 또한, 성북마을미디어지원센터가 명목적 거버넌스라는 개념 아래서 구청 정책 공보 역할에 몰두할 유인이 충분함에도 이용자를 향한 일방적 통보나 압박이 없었다는 것, 콘텐츠를 만드는 주체인 주민의 의견을 경청하고 실제로 반영한다는 점도 눈에 띈다. 반면 발굴된 의제가 공론화와 토론으로 진행되기까지 충분한 전파가 이뤄지지 않았다는 점도 공통적이었다. 성북마을TV라는 플랫폼의 인지도 부족과도 연관이 있는 부분이며, 향후 적극적 홍보가 이루어진다면 마을 콘텐츠 확산 가능성은 충분해 보인다.

Ⅳ. 비교 사례

지금까지 성북마을미디어지원센터 조직과 운영 시스템 관찰과 이용자 인터뷰를 통해 거버넌스 증거를 추적해 보았다. 다음은 비교사례 분석을 통해 성북마을미디어지원센터가 타 사례와 비교하여 가지는 특수성이나 타 사례와의 일반성으로 발견하고자 한다. 비교사례로 선정한 사례는 사단법인 마포FM과 성남미디어센터 및 의정부영상미디어센터이다.

마포FM은 시민주도형 주민자치공동체 대표격인 '마포파티' 흐름 안에서 탄생한 민간공동체라디오 및 민간미디어센터이다. 마포FM은 전형적 '민간주도형' 예시로 판단되어 선정했다. 성남미디어센터는 스마트폰 상용화와 거버넌스 개념 도입 시기인 2012년에 개관했다는 점과 문화체육관광부 사업에 선정되어 개관했다는 점을 꼽아 전형적 '관 주도형' 예시로 선정했다. 그러나 비교적 이른 시기

〈표 3〉 비교 미디어센터 주체 분류

	설립 배경	활동 주체	운영 주체
성북마을미디어지원센터	민관협력	민간	관
(사)마포FM	민간	민간	민간
성남미디어센터	관	관	관
의정부영상미디어센터	관	관	관

*문헌조사를 통한 임의 분류

에 개관하여 현재까지 다양한 활동을 해오고 있기에 정착 양상이 민간주도나 민관협력으로 되었을 가능성이 있다고 예상한 것도 선정 동기이다. 의정부영상미디어센터는 성남미디어센터와 유사하게 문화체육관광부의 미디어센터사업에 선정되어 2017년에 개관했다. 근래에 설립된 점을 감안해 정책영역에서 미디어센터 방향성을 파악하며 성북마을미디어지원센터와 비교할 수 있을 것으로 판단되어 선정했다.

상기 세 단체는 크게 설립배경과 정착 양상에서 비교, 분석할 것이다. 설립배경에도 민간 영향력이 포함될 가능성은 성북마을미디어지원센터의 설립과정을 통해 입증되었다. 설립과정에서 민관 수평성은 거버넌스를 판단하는 중요한 척도로 판단했다. 또한, 센터 활동 양상이 어떻게 정착되었는지도 거버넌스 판단의 중요한 척도로 차용했다.

1. 설립 배경과 활동 내용

1) (사)마포FM

1994년 공동육아 관련 협동조합 생성을 계기로 마을 형성 이후 2001년 성미산 개발 계획에 따른 환경파괴 반대 운동인 '성미산 마을 지킴이' 운동으로 발전되었다. 이러한 사회적 흐름에 맞추어 홍대 앞 독립문화 활동을 하는 문화협동조합이 모여 2005년 9월 지금의 (사)마포FM을 출범했다.[16] 마포FM은 주민이 만들고 듣는 지역 밀착형 공동체 라디오로, 마을 현안을 해결하고 의제를 전파하는 데 앞장서고 있다. 아래는 2018년 8월 30일 마포FM의 실제 활동 공지이다.

> "〈망원동마을라디오〉에 참여할 분들을 모십니다! 젠트리피케이션이다 뭐다 하면서 주차문제를 비롯해 다양한 문제들로 동네가 시끄러워졌습니다. 늘 다양한 일들이 펼쳐지고 있는 망원동 이야기를 나눠봤으면 합니다. 많은 문제들을 놓고 주민들이 소통한다면 해결책을 찾아볼 수 있지 않을까요?"[17]

커뮤니티 내 관련 사안을 발굴하고 주민의 적극적 참여를 권장하면서 해결책을 제시하는 데까지 나아가는 등 적극적 주민참여형 활동을 시행하고 있다. 또한, 민간미디어센터의 기능으로서 주민을 대상으로 한 미디어 관련 교육도 자체적으로 진행하고 있다.

마포FM은 자체적인 수익구조로 그 지속가능성을 증명한 단체이기도 하다. "방송통신위원회는 마포공동체라디오를 정식 사업자로 선정하면서 2009년부터 공동체 라디오에 대한 정부 차원의 지원이 중단되었다. 이에 따라 마포FM 또한 중앙정부로부터 재정적 지원을 받지 않고 운영되고 있다. 그러나 정부 지원이 중단된 후 임대료를 내지 못할 정도로 재정이 악화되기도 하였다. 마포FM의 모든 방송은 자원 활동가들이 제작한 방송으로 이루어져 있으며, 후원금으로 운영되고 있다. 구체적으로 마포FM은 방송국 자체 내에서의 재원 조달, 광고를 통한 재원 마련, 지방자치단체의 지원 등을 통해 필요한 예산을 확보하고 있다."[18]

---

16. 반명진 · 김영한. 2016. "공동체 라디오와 지역 공동체 구성원의 상호작용에 대한 현장 연구-마포FM 사례를 중심으로." 『한국언론정보학보』. p.88.
17. 마포FM. 2018. "〈망원동마을라디오〉에 참여할 분들을 모십니다!!!"
18. 양정화. 2017. "마을공동체 활성화에 있어서 마을공동체 미디어의 역할: 마포공동체라디오 마포FM 사례를 중심으로." 고려대학교 대학원 행정학과 석사학위논문. pp.75-76.

2) 성남미디어센터

성남미디어센터 설립 배경을 간략히 보면 아래와 같다. 센터는 2010년 문체부 미디어센터 설립 사업의 일환으로 당해 성남시 9월 사업으로 선정되었고, 12월에 성남시에 문화사업부 신설 및 예산이 배정되었다. 스마트폰 보급과 거버넌스라는 개념 도입이라는 큰 흐름에 관이 적극적으로 반응해 주도하여 만들어낸 센터로 보이는 이유이다. 2012년 12월에 정식으로 개관하기 전에 시범사업으로 교육 시범사업(강사풀, 공동체교육, 협력교육 등), 커뮤니티 시범사업(시민제작단, 마을미디어, 찾아가는 영화관 등), 상영 시범사업(독립예술영화관, 담장 없는 영화관)을 시행했다.

미디어 교육, 장비공간 대여, 커뮤니티 지원, 독립영화 제작 등 다양한 영역에서 활동하고 있으며 마을미디어커뮤니티의 생성에도 직접적으로 기여하고 있다는 점은 특기할 만하다. 성남미디어센터에서 기획한 '마을미디어 만들기' 사업은 성남의 작은 동네를 거점으로 하여 주민들이 참여해서 만드는 커뮤니티 미디어 사업이며 주민의 적극적인 참여를 권장하고 있다. 또한, 총 2단계로 나누어 단계별 마을미디어공동체 수준을 정의하고 상응하는 지원을 하고 있다. 1단계 '씨앗' 단계는 마을공동체의 개념을 설명하고, 미디어 제작에 대해 교육하며 모임 형성을 장려한다. 2단계 '열매' 단계는 단일 미디어공동체뿐만 아니라 공동체 간 확장을 통한 마을네트워크 형성을 목적으로 삼고 있으며, 정기적인 방송 제작을 목표로 한다. 지역방송과 연계도 목표로 한다.

미디어센터 주 이용자는 성남시 주민, 성남시 마을미디어공동체이다. 성남미디어센터 내에도 성북마을미디어지원센터의 성북마을TV처럼 '공동체방송국'과 '소리Radio'라는 공식적인 플랫폼이 존재한다. 해당 센터에서 구분하는 마을미디어공동체는 '시민제작단'이라고 명명하는데, 시민제작단 활동이 존재하나 비정기적으로 송출되며 그 빈도수 또한 성북마을TV에 비하면 적다.

퍼블릭 액세스와 거버넌스라는 큰 흐름 안에서 탄생한 미디어센터이긴 하나, 1세대 교육 기능과 2세대 지원 기능의 중간 역할을 수행하는 것으로 판단된다. 관주도 사업공모, 공동체 공모를 통하여 마을미디어공동체 생성과 참여를 권장하며, 모집된 단체들을 대상으로 한 미디어교육 중점의 사업을 진행하고 있는 것으로 판단된다. 콘텐츠 제작을 지원하고 그것을 송출한다는 측면에서는 송출 정례화나 빈도수가 미비하다.

3) 의정부영상미디어센터

의정부영상미디어센터는 문화체육관광부의 미디어센터 사업에 선정되어 2017년 4월 6일에 정식으로 개관했다. 센터가 중점적으로 추진하는 사업은 바로 교육이다. 교육 사업은 미디어 교육이라는 큰 범주 안에 일반교육, 단체교육, 공동체교육, 체험교육, 외부협력교육으로 구성되어 있다. 미디어 제작뿐만 아니라 3D프린팅, 포토샵, 인테리어소품, VR 등 방송 미디어 특화 영역 외 다양한 교육 프로그램을 진행하고 있다. 센터가 주창하는 "영상미디어를 통한 시민소통 강화 및 문화복지 실현"[19]이라는 방향성에도 드러나듯 시민 문화생활 향유와 복지에 관심을 쏟고 있는 센터로 판단된다. 이러한 측면을 고려했을 때 의정부영상미디어센터는 미디어제작을 가능케 하는 기반을 구축하고 그것을 사용하는 방법을 가르치는 1세대 미디어센터 역할을 수행하고 있다. 이에 더하여 시민 문화생활 향유를 진작하는 역할을 수행하고 있다.

센터를 이용하는 주체는 주민이나 성남미디어센터나 성북마을미디어지원센터에서 보이는 마을미디어공동체의 주된 활약은 관찰할 수 없었다. 미디어 공동체가 아닌 동아리 개념으로 주민참여를 유도한다. 문화, 예술, 미디어 관련 콘텐츠 제작을 지향하는 의정부 시민이 과반인 5명 이상의 단체를 만든 뒤 지원신청을 하면 연간 180만 원의 지원을 받을 수 있다. 현재 홈페이지에 등록된 동아리는 총 9개이며 안타깝게도 이들이 만든 콘텐츠가 송출되는 플랫폼은 찾아볼 수 없

---

19. 의정부영상미디어센터 홈페이지. "사업안내." 비전의 하위 항목으로는 1) 시민의 실생활에 활용가능한 영상미디어 교육 2) 시민에게 즐거움을 주는 행복영화관 운영 3) 영상미디어 활성화를 위한 공간 및 장비 대여 4) 미디어 관련기관 및 단체와의 네트워크 구축 5) 경기 북부 영상미디어 콘텐츠 제작 및 DB 구축이 있다.

었고, 활동내용 또한 기록된 바 없었다.

2. 마을미디어의 일반적 특징

다른 사례와 비교해 마을미디어가 가지는 특징을 정리해 보면 다음과 같다. 첫째로, 성북센터는 설립단계에서부터 자발적 주민 요구가 있었다. 주민이 마을방송 스튜디오 필요성을 역설했다. 자발적 주민 노력과 참여가 바탕이 되어 시민참여예산으로 장비를 구축했고, 구청이 이러한 시민 필요를 인지하여 성북마을미디어지원센터가 개관했다. 주민이 자발적으로 요구해 설립된 드문 사례로 보인다. 마포FM은 설립단계에서부터 민간주도로 이루어졌고, 시기적으로도 거버넌스가 본격적으로 도입된 2010년대 이전인 것을 보아 특수한 사례로 보인다.

둘째로, 수익구조가 미비하며 이는 곧 주민참여 미비로 이어진다. 이는 마을미디어가 가진 근본적, 핵심적 문제로 보인다. 다만 성북마을미디어지원센터의 경우 자체적 경제적 지속가능성이 일면 발견되어, 향후 타 미디어센터가 자체 수익구조를 찾아 지속가능성을 확보하는 데 좋은 실마리가 될 것으로 보인다.

셋째로, 관주도 미디어지원센터의 경우 주민참여가 비교적 미비한 경향을 보인다. 주민참여는 센터 유지와 발전에 필수불가결한 요소이다. 성북마을TV 콘텐츠는 인터넷, SNS, 유튜브, 케이블 방송 등 다양한 경로를 통해 유통되고, 콘텐츠 전량이 주민 자발성에 의해 실제로 제작된다. 그와 반대로 관주도 사업 하에 설립된 성남미디어센터와 의정부영상미디어센터는 주민 활동 강도나 빈도가 저조하며, 유통을 위한 다양한 루트를 확보하지 못한 상태이다. 설립 및 운영 양상은 마을미디어에 대한 주민의 퍼블릭 액세스 의식의 반영이며, 동시에 주민 의식에 영향을 주는 것으로 추측된다. 관주도의 경우 센터가 다소 일방적, 수동적 성격이 강하고 그 결과 주민참여 미비로 이어진 가능성도 배제하기 어렵다.

3. 성북마을미디어센터의 독립적 위상

성북마을미디어지원센터가 비교적 기관에 독립적인 위상으로 존재하는 것은 고무적이다. 성북구청 등 공공기관이 센터를 공보기관으로 활용할 유인은 충분하다. 비교 사례에 언급된 다른 관주도 마을미디어센터는 일면 공보적 위상을 갖는 것으로 보인다. 대중매체와는 별개로 지역 수준에서 공공기관장 치적 및 공공기관 정책 홍보 등을 수행할 수 있기 때문이다. 또한, 마포FM과 같이 완전 민간 주도 설립 및 운영이 아니므로 센터 설립과 경제기반 마련 등에서 정치적 치적을 과시하기에도 유용하다.

그럼에도 현재와 같이 민관협력과 주민자치의 속성이 남은 것은 다음과 같은 이유로 추측할 수 있다. 첫째로 성북구가 지역 미디어에 대한 수요와 공급이 많았다. 지역주민 수준에서 지역 미디어의 필요성을 제기하면서 소규모로 자기 활동을 해왔다. 또한, 시민 참여 예산 등에 관심을 보이고 공모하는 시도도 있었다. 이는 다른 지역에서 관찰하기 어려운 성북구의 특수성이다.

둘째로, 센터 설립에 사용된 기금이 한 공공기관에서만 출연되지 않았다는 점이다. 스튜디오 장비 마련 기금은 서울시에서, 센터 공사비용과 운영 인력 등은 성북구청에서 출연되었다. 서울시와 성북구의 출연 혼재로 한 기관이 본 센터를 공보기관으로 전락할 수 없도록 일종의 긴장 관계를 만든 것으로 보인다.

셋째로, 센터 내 전문 경력인 출신 인력의 존재도 영향을 끼친 것으로 보인다. 성북센터의 전신격인 성북문화재단 출신 인력이 2명 센터 운영요원으로 근무 중이다. 이는 주민회의 등 자치와 별개로 센터 내에서도 성북구청 마을 민주주의과 파견 공무원과 일종의 긴장 관계를 형성해 센터가 성북구청 소속의 일방적 정체성만을 가지기 어렵게 하는 것으로 보인다.

마지막으로, 이용 주민이 센터를 자기 활동 공간으로 인식하고 있다는 점이다. 공공 복지시설 등과는 다르게 이용 주민은 자기실현 공간으로 센터를 이용하며, 센터 이용과 콘텐츠 생성 등에서 주체적 주체로서 활동한다. 인터뷰 과정에서 활동가는 센터를 콘텐츠 제작 조력자 정도로 인식하고 있음이 명확하게 드러났다. 상기 요소의 복합적 영향으로 센터는 자유와 자율 이용이 보장된 민관협력 체제로 운영되는 것으로 판단된다.

V. 마을미디어와 마을 민주주의, 거버넌스

성북마을미디어지원센터를 중심으로 현재의 마을미디어에 대해 알아보았다. 퍼블릭 액세스와 1세대 미디어센터 패러다임 변환을 통하여 지역주민이 미디어에 접근할 수 있는 권리를 확보하게 되었는데, 이 과정이 마을 민주주의와 거버넌스에 가지는 의의는 무엇일까? 마을미디어지원센터 속 시민 참여는 지역 공공문제 해결을 위해 각계 이해 당사자가 수평적으로 협력하는 민주적 거버넌스를 형성하고 지역 사회자본 강화시킨다. 이를 위해서 거버넌스 장인 시민 미디어는 참여적 커뮤니케이션 체계를 갖고, 지역사회 공론영역을 확장하며, 퍼블릭 액세스에 충실한 공동체라디오, 미디어센터를 주목하고 발전시킬 필요가 있다.

1. 마을미디어지원센터가 마을 민주주의로

마을 민주주의란 주민들이 민주적 절차를 가지고 마을 예산, 마을 미래상, 각종 의제 등을 놓고 토의와 토론하는 형태를 말한다. 토의와 토론 결과를 공론화하여 투표 과정을 통해 직접적인 정책 수립에 도달함을 목표로 한다. 마을 민주주의 도달에 마을미디어가 긍정적 매개를 역할을 하는 것은 상기 서술과 인터뷰를 통해 추측할 수 있었다. 나아가 지역주민 간, 주민과 구청 간 정보 불균형이 주민 주도의 마을 의제 발굴 및 유통을 통해 어느 정도 해소됨을 확인할 수 있었다. 또한, 주민 간 네트워크 확장, 마을 의제 유통과 콘텐츠 유통자로서 느끼는 변화와 성취감 등을 통해 사회 신뢰가 일면 축적, 강화되는 측면을 보이며 향후 더 강화될 가능성도 확인할 수 있었다.

모든 마을미디어지원센터가 해당되진 않지만 2세대 미디어센터는 모든 진행 방식이 주민 주도 프로세스로 이루어지기 때문에 참여 민주주의의 토양을 제공하고 있으며, 아직 패러다임의 변환을 이루지 못한 1세대 미디어센터도 지속적인 피드백과 연구를 통하여 변환을 모색하고 있다. 즉, 마을미디어는 마을 민주주의에 중요한 긍정적 가교이다.

2. 마을 민주주의가 거버넌스로

마을 민주주의는 유권자 민주주의적 요소를 포함한다. 마을 민주주의가 내포하는 직접 참여 성격은 거버넌스로 나아가기 위한 조건 중 하나이다. 거버넌스가 형식이 아니라 현장에 실재하려면 행위자로서 주민이 분명하게 존재해야 하기 때문이다. 마을공동체 참여는 지역 문제 해결에 동참하도록 유도하면서 지역에 대한 소속감과 애정을 부여한다. 또한 참여 과정 자체가 시민교육의 기능도 수행한다. 심리적 거리가 가까운 작은 단위에 대한 참여는 내·외적 정치효능감을 제고하며, 작은 단위에서 의사결정 경험은 잠재적 미래 사건의 민주적 합의 도달에 큰 자산이 될 수 있다.

작은 단위에서 문제 해결 과정을 통해 구성원 간 이해와 설득, 합의를 체험한다. 그 결과 타인에 대한 일반 신뢰와 소통을 통한 해결 가능성을 체험하고 정치체제 안에서의 자신을 발견하면서 내적 정치효능감이 증진된다. 모든 과정은 지역 차원의 비교적 작은 공간에서 이루어진다. 이는 물리적, 심리적 거리가 먼 중앙 정치 시스템 사이의 간극을 효과적으로 보완하면서 주민-정부 간 매개로서 지방정부, 거버넌스 등에 대한 신뢰와 효능감 등을 배양한다. 즉 정치 시스템에 대한 외적 정치효능감에도 상당한 긍정적 효과를 기대할 수 있다.

정보 불균형은 시민 참여에 장애물인 무력감을 줄 수 있는데, 마을미디어를 매개로한 마을 민주주의는 이 문제를 해결함으로써 시민 직접 참여에 대한 유인과 효율성을 크게 제고한다. 이 과정은 지역사회에 대한 애착과 관심을 낳고 이는 시민 참여의 동인이 된다. 애착과 관심이 사회 신뢰와 결합될 경우 의사결정에 대한 거래비용을 획기적으로 낮춘다. 거래비용의 감소는 지역사회의 활동 과정과 결과의 양과 질 향상을 유도한다.

3. 마을미디어의 현실적 한계

마을미디어가 해결해야 할 현실적 문제는 크게 경제적 지속가능성 확보와 주민 주도형 참여 모델 개발로 요약된다. 경제적 지속가능성은 마을미디어 담론 유지와 발전에 필수적이지만 현재 구조에서 센터 지속은 관 정책에 절대적으로 의존하고 있다. 관 자금에 의한 운영은 항구적인 센터 존재를 보장하지 못하고 자체 수익구조를 개발하지 않으면 센터 존폐는 정치 논리에 의존하게 된다. 한 가지 고무적인 것은 성북마을미디어지원센터 콘텐츠 중 하나인 미디어협동조합 '와보숑'은 영상 외주 등으로 수익을 창출해내고 있다. 2014년의 경우 1,500만 원의 수익을 올렸다.[20] 이를 한 가지 모델로 타 미디어센터 또한 자체적인 수익구조를 개발해야만 한다.

하지만 뚜렷한 대안을 찾기는 어려운 것이 현실이다. 영상 외주가 현재까지 발견된 실현 가능한 유일한 대안이다. 시설 대여, 이용자 교육에서 수익을 창출하는 것은 마을미디어에 대한 접근 비용을 높인다는 점에서 근본적인 해결책이 되기 어렵다. 게다가 (사)마포FM을 제외하면 관 자금에 의존하지 않는 상당수가 1세대 미디어 사업 형태를 띠고 있다. 퍼블릭 액세스에 대한 제도권 정책은 보이나, 상당수가 1세대 미디어센터로 교육에 치중하고 있다. 따라서 현재 실정에서 이용자와 센터 모두 안정적 경제 수익구조를 만들어내는 것이 구조적으로 불가능하고 이는 이용자가 유입되지 못하는 결정적 요인으로 보인다. 사실상 정책 패

20. 박영록·송주민·김수경·김희영. 2016. 『마을미디어교재 첫걸음시리즈 마을TV 첫걸음』. 서울마을미디어지원센터. p.229.

러다임의 전환 없이는 두 가지 모두 해결하기 어렵다. 현실적으로 미약한 경제적 자립 내에서 유의미한 성과를 창출해 센터의 정치사회적 주목도를 높인다면, 정책 결정자로부터 대안을 찾을 수도 있겠지만 이는 방법 없는 공상에 불과하다. 그럼에도 경제적 지속가능성과 주민참여 모델은 마을미디어 담론의 유지와 발전에 가장 중요하다.

참고문헌

권효림. 2015. "결사체주의 관점에서 본 '마을공동체 만들기'의 민주주의적 의의." 『한국사회학』. 제49집 5호.

김명숙. 2005. "로컬 거버넌스와 주민의 정치 참여." 『한국사회와 행정연구』. 제16집 3호.

김석준 외. 2002. 『거버넌스의 이해』. 서울대영문화사.

김예란 · 김용찬 · 채영길 · 백영민 · 김유정. 2017. "공동체는 발명되어야 한다." 『한국언론정보학보』. 제81집.

김은규. 2010. "지역공동체의 사회자본으로서 시민미디어에 대한 고찰: 로컬 거버넌스, 사회자본, 참여적 커뮤니케이션 개념을 중심으로." 『정치커뮤니케이션 연구』. 제19집.

마포FM. 2018. "〈망원동마을라디오〉에 참여할 분들을 모십니다!!!" https://www.mapofm.net/boardPost/107547/15?boardPage=2 (검색일: 2019.02.26).

박영록 · 송주민 · 김수경 · 김희영. 2016. 『마을미디어교재 첫걸음시리즈 마을TV 첫걸음』. 서울마을미디어지원센터.

반명진 · 김영한. 2016. "공동체 라디오와 지역 공동체 구성원의 상호작용에 대한 현장 연구: 마포FM 사례를 중심으로." 『한국언론정보학보』.

서울특별시 정보소통광장. "성북마을미디어지원센터 설립 계획." https://opengov.seoul.go.kr/sanction/3934559?fileIdx=0#pdfview (검색일: 2019.02.26).

성북마을TV. "성북마을TV 주간편성표 (2018.12.03.-12.07)." http://www.sbtv.kr/usr/bbs/BbsMain.do?smenuNo=2040100 (검색일: 2019.02.26).

양정화. 2017. "마을공동체 활성화에 있어서 마을공동체 미디어의 역할: 마포공동체라디오 마포FM 사례를 중심으로." 고려대학교 대학원 행정학과 석사학위논문.

유창복. 2013. "서울시 마을공동체 지원사업의 배경과 과제: 서울시 마을공동체 종합지원센터의 개설에 즈음하여." 『한국환경철학회』. 제15집.

의정부영상미디어센터 홈페이지. "사업안내." https://www.media-center.or.kr/uijeongbu/cms/CmsPageLink.do?link=/businessGuide.do (검색일: 2019.02.26).

이종원. 2002. "정부형성과 거버넌스: 이론적 연결고리의 탐색 및 지방 거버넌스에서의 적용." 『정부학연구』. 제8집 1호.

면담자료 목록

기관 관계자(남, 성북마을미디어지원센터 대리) 인터뷰(2018.9.29. 성북마을미디어지원센터).

이호섭(남, 성북마을미디어지원센터 팀장) 인터뷰(2018.10.29. 성북마을미디어지원센터).

이형순(여, 성북장애인자립생활센터 기획사업팀장) 인터뷰(2018.11.16. 성북마을미디어지원센터).

최재호(남, 성북장애인자립생활센터 국장) 인터뷰(2018.11.16. 성북마을미디어지원센터).

곽상길(남, 마을미디어 활동가) 인터뷰(2018.11.16. 성북마을미디어지원센터).

최혜정(여, 사람책도서관 PD) 인터뷰(2018.11.19. 성북마을미디어지원센터).

이채원(여, 사람책도서관 DJ) 인터뷰(2018.11.19. 성북마을미디어지원센터).

김지연(여, 사람책도서관 DJ) 인터뷰(2018.11.19. 성북마을미디어지원센터).

기관 관계자(여, 성북문화재단 도서관 기획팀) 인터뷰(2018.11.19. 성북마을미디어지원센터).

대구 지방자치

우리가 만나본 대구의 지방자치: 대구지역 지방자치 전문가 인터뷰를 중심으로

대구대학교 국제관계학과 **이수환·윤호찬·권소현**

본 연구는 사회가 발전함에 따라 점진적으로 증대되는 지방분권과 자치의 요구에 대하여, 먼저 우리가 살고 있는 지역의 지방자치의 현주소를 알아보고 어떠한 문제점과 발전 방향을 찾을 수 있을지 알아보고자 하는 의도에서 출발하였다. 더욱이 대구는 현재 청년실업에 따른 인재 유출 문제, 일당독점으로 인한 낙후된 정치문화 문제 등 지방자치의 차원에서 풀어가야 할 문제가 다수 존재하는 상황이다.

주제에 따른 구체적인 문제점과 해결 방안 모색을 위하여 본 연구에서는 인터뷰 방식을 이용하였고, 인터뷰 대상으로는 지방정치와 연관성을 가진 총 3가지 그룹의 직업군(지역정치인, 연구자, 시민단체 종사자)을 선정하여 진행하였다.

인터뷰 결과, 인터뷰이들은 공천과 연관되어 발생하는 지역정치의 중앙 예속 문제, 관 중심의 사고와 정치 효능감의 부재로 인한 정치 무관심의 팽배, 경제적 유인의 부족으로 인한 청년 인재들의 유출과 정치적 관심 저조, 정책 실현과 공약 달성률과 무관한 이른바 '묻지마 투표' 현상 등을 주된 문제점으로 지적하였다. 이러한 문제의 해결 방안으로는 장기적인 관점에서 지방자치 교육의 확대, 지역언론의 활성화 및 제도개선 활동이 언급되었다.

I. 들어가며

1. 연구의 배경 및 목적

지방자치가 부활한 1991년부터 26년간 지방자치가 실시되어 왔지만 한국의 지방자치는 여전히 많은 문제점을 내포하고 있다. 특히 정치와 행정의 중앙집권으로 인해서 수도권의 비대화와 지방의 침체라는 지역 간 불균형을 유발하고, 이는 지방자치를 더욱 약화시키는 요소가 되고 있다.

문재인 대통령이 발의한 정부의 개헌안 중 자치분권 로드맵은 '연방제에 버금가는 강력한 지방분권'을 모토로 중앙 권한의 대폭적 이양, 재정 분권과 자치 역량 강화를 담고 있다. 국회의 논의와 합의 과정에서 그 내용이 변하겠지만 한국이 중앙집권적 형태를 벗어나 지방분권을 지향하게 되는 것은 거의 기정사실화되고 있는 듯하다. 따라서 가까운 미래에 지방자치가 확대되었을 때 지방자치가 보다 효율적이고 적절하게 운용되기 위해서 현재 우리 지방자치가 보이고 있는 문제점을 알고 그 해결 방안을 강구하는 것은 시급한 과제라 할 수 있다.

본 연구는 지역에 필요한 자치법규와 정책을 스스로 결정하며 집행할 수 있는 진정한 풀뿌리 민주주의로써 지방자치를 실현할 수 있기 위해 현재 우리가 살고 있는 대구 지역의 지방자치의 현재 모습과 문제점을 살펴보고 그 해결 방안을 찾아보고자 한다.

본 연구는 지방자치 현장의 다양한 목소리와 시민사회의 의견을 바탕으로 현재 대구 지방자치가 안고 있는 문제점에 대한 현실적인 대안을 제안함으로써 지방분권의 시대에 대구가 기초의회 단위에서부터 주민을 중심으로 하는 풀뿌리 정치가 실현되는 진정한 의미의 주민자치 지역으로 발전하는 데 도움이 될 것이라 기대한다. 더불어, 본 연구는 지방자치가 주민과 괴리되지 않고 주민을 위한 주민의 자치로 나아갈 수 있는 방안을 모색해 봄으로써 지방자치에 대한 시민들의 관심과 적극적인 참여의 확대에 기여할 것으로 기대한다.

2. 연구의 방법

본 연구는 한국의 지방자치의 현재 모습 중 특히 대구 지역의 지방자치 현주소를 알기 위하여 대구의 지방자치와 관련된 인물들, 정치인 또는 지역주민들의 의견을 청취하고 지역의 시민사회단체들과의 토론을 통해 어떠한 제도적, 실천적 개선이 필요한지를 모색하고 제안하고자 한다.

구체적으로 방법을 구성하자면, 우선적으로 문헌연구를 통해 기존의 대구지역 지방자치에 관한 신문기사와 논문, 학술지 등의 문헌을 수집하여 연구하고, 조원 간 토론을 통해 대구 지역 지방자치의 현황과 문제점에 대한 개괄적인 이해를 진행한다.

다음 인터뷰와 설문조사 방법을 통해 앞의 문헌연구를 통해 도출된 내용과 선행 연구를 참고하여 인터뷰 조사지를 작성한 후 관련단체와 개인들을 대상으로 심층 조사를 실시한다. 관련단체의 예시로는 주로 지방자치 확대와 개혁을 위해 활동하는 시민단체가 있고, 개인으로는 지방의회 기초의원, 지역신문사 기자, 학계 전문가, 풀뿌리 활동가들을 그 예로 들 수 있다.

마지막으로 조사된 내용을 바탕으로 국내 및 외국의 지방정치 및 자치 모범 개혁 사례를 참조하여 대안과 해법을 모색한다. 해외의 지방분권 성공사례들을 선정하여 본 연구에서 조사한 올바른 지방분권 방법과 비교 분석해 본다. 또한 분석 후 국내에서 시행될 수 있는 가장 안정된 시행방안을 찾아 결론을 도출하고자 한다.

3. 기대효과

본 연구는 지방자치 현장의 다양한 목소리와 시민사회의 의견을 바탕으로 현재 대구 지방자치가 안고 있는 문제들에 대한 현실적인 대안을 제안함으로써, 지방분권의 시대에 대구가 기초의회 단위에서부터 주민을 중심으로 하는 풀뿌리 정치가 실현되는 진정한 의미의 주민자치 지역으로 발전하는 데 도움이 될 것이라 기대한다. 더불어, 본 연구는 지방자치가 주민과 괴리되지 않고 주민을 위한 주민의 자치로 나아갈 수 있는 방안을 모색해 봄으로써 지방자치에 대한 시민들의 관심과 적극적 참여의 확대에 기여할 것으로 기대한다.

Ⅱ. 지방분권시대로 나아가는 대한민국

1. 지방분권시대, 지방자치의 중요성

1) 지방분권의 개념과 정의

지방자치는 단체자치(團體自治)와 주민자치(住民自治)가 결합된 것으로, 자신이 속한 지역의 일을 주민 자신이 처리한다는 민주정치의 가장 기본적인 요구에 기초를 두고 있다. 국가 내 일정한 지역을 대상으로 그 지역의 주민들이 지방자치단체를 형성하여, 지역의 공동문제를 자기부담과 책임 하에 스스로(또는 대표기관을 통해) 처리하는 것을 '지방자치'라고 한다. 전술하였듯이 단체자치와 주민자치가 결합된 지방자치는 현대에 와서 지방적 행정사무를 지방단체에 맡겨 지방 주민 자신의 뜻에 따라 처리하게 하는 것을 의미하기도 한다.

2) 지방분권의 배경과 역사

우리나라는 제헌헌법에 근거가 마련되어 광복 이후인 1949년 '지방자치법'제정을 통해 우여곡절을 거쳐 1960년에는 최초로 모든 자치단체장이 직선제로 선출되었다. 한국전쟁으로 인해 유명무실하게 운영돼오던 지방자치는 61년 5월 군사혁명위원회에 의해 해산되고 임명제로 바뀌면서 지방자치는 후퇴하였다. 1987년 국민들의 민주화와 직선제 개헌요구를 의식하여 노태우 민주정의당 대표위원이 선언한 6.29 선언을 통해 민주화 선언이 구체화되고 1988년 제9차 헌법개정이 이뤄짐에 따라 대통령직선제와 함께 지방자치제가 부활하였다. 1991년 대한민국 지방선거가 시행되고 95년에는 제1회 전국동시지방선거로 지방자치단체장 선거가 치러지면서 완전한 민선 지방자치시대가 개막하였다.

3) 지방자치의 중요성

지방자치 26년의 경험은 우리의 삶과 의식을 크게 변화시켰다. 직접선거로 지자체장과 지방의회의원들을 선출하면서 양질의 행정서비스를 제공받게 되었으며, 권위적이고 고압적인 관공서 분위기가 개방적이고 주민을 존중하는 의식이 공무원들 사이에서 자리잡게 되었다. 또한 주민들 역시 내 지역의 문제는 내가 해결하는 주인의식이 생기게 되었고, 이것이 성숙해지게 되면서 지역현안에 목소리를 내고 지자체의 정책제안과 입안에 참여하는 주민들이 점차 증가하기 시작했다.

이러한 주민들의 직접적인 정치 참여 활동이 증가하고 관심이 높아지고 있음에도 불구하고 우리나라의 지자체의 형태는 88년에 멈춰 있다. 주민들의 의식수준은 성숙하고 정치 참여 의사도 높아지는 반면, 지자체의 형태는 독립적인 재정권이 없고 열악한 재정으로 인해 중앙정부의 보조금에 기대어 사업을 진행해야 하고, 전문역량을 키우기 위해 의정활동을 지원하는 전문 인력을 두는 것조차 스스로 결정할 수 없다. 지방자치를 위해 중앙의 결정을 기다려야 하며 무늬만 지방자치인가 하는 의문이 들 정도로 형식적이고 비효율적인 형태를 보이고 있다.

오늘날 우리나라는 선진국의 반열에 들어서며 다수 국민들의 풍요로운 삶이 이뤄졌으며 이에 비례하여 주권의식과 정치인식이 성숙해지고 참여가 활발해지는 민주주의의 질적 심화 과정에 들어서고 있다. 30년 가까이 되는 현세태를 반영하지 못하는 구헌법체제를 고치고, 보다 자유롭고 독립적인 지방자치를 보장하자는 지방분권 개헌의 요구가 빗발치고 있다. 또한 촛불혁명으로 정권을 잡은 문재인 정부도 이러한 시대적 요구와 흐름을 인식하여 개헌을 진행 중에 있다.

2. 한국의 지방자치 현황과 문제점

교통 통신의 발달과 문명의 발달은 인류 공동체 개념의 확대로 이어져 오고 있으며, 국가와 국가 간의 경계가 허물어지고 있는 시대의 흐름 속에서 시시각각으로 변하고 있는 경제, 외교, 국방 등 각종 범지구적 현안에 있어 국가 혹은 중앙정부 소수 관료들의 대응이 효과적이지 못할 때가 있다. 그들의 수는 소수이고 역할의 범위는 제한되어 있기 때문이다. 이처럼 온전히 중앙정부 단독의 역량만으로는 다양한 분야에 적극적이고 발빠르게 대처할 수 없으며, 정부의 힘이 닿지 않는 분야가 분명히 있다. 국익 확보 차원에서 이러한 부분은 NGO, 시민단체, 지방정부 등의 협력이 절대적으로 필요한 실정이다. 민간단체와 지자체의 협력이 없다면 국제사회의 치열한 경쟁 속에서 도태되고 낙오될 수 있다.

대한민국은 88년 헌법의 한계에서 벗어나지 못하고 있다. 국제화 시대에 더 이상 중앙집권형 통치모델은 각광받지 못하고 있으며 그 역량의 한계를 드러내고 있음에도 불구하고 국회는 시대적 요구를 무시하며 정쟁에 몰두하고 있다. 현행 1987년 헌법은 선출직 공직자의 입법권 독점을 적극적으로 규정하고 있다.[1] 현행 헌법 체계상에서는 대표자가 취임 이후 민의를 거스르더라도 그의 독주를 막을 길이 없다. 행정부, 입법부인 국회가 다수 국민이 요구하는 내용을 의제로 삼지 않거나 개인 혹은 소수 정치 엘리트 집단의 이익이나 뜻을 좇아 국익에 위배되고 다수 국민의 의사에 반하는 결정을 내리더라도 이를 제재하거나 강제할 수 있는 제도적 장치나 방법이 없다는 것이 한계점으로 대두되고 있다. 또한 소수의 정치 엘리트들은 집단화, 카르텔 형성 등을 통해 기득권의 유지, 강화를 목적으로 현행 체제를 활용하고 있으며, 재정을 중앙에서 관리함으로써 지방정부나 시민사회의 참여를 보이지 않게 통제하고, 지자체가 중앙에 의존토록 하여 자체적인 역량과 발전을 제한하는 요소로 헌법의 일부요소가 기능하는 부분이 있다.

---

1. 정원식. 2018. "지방분권 완성으로 시민 삶의 질, 획기적으로 바꾼다." 「경남발전」. 제141호.

국민 개개인의 삶의 질 또한 문제점으로 대두된다. 안권욱 고신대학교 교수는 그의 소논문에서 삶의 중심이 지방정부에 있는지, 중앙정부에 있는지에 따라 삶의 질이 다르다는 사실을 언급한다. 즉 국민 일상생활 및 삶의 중심이 되는 공동체의 수준과 국민적 삶의 질은 상호 관련성이 있다고 주장한다. 스위스 게마인데 사례를 근거로 삶의 중심이 중앙집권적 국가 수준의 공동체이면 국민의 삶의 질이 낮으며, 삶의 중심이 지방분권적 지역 수준의 공동체이면 국민의 삶의 질이 높다는 것이라 주장하고 있다. 또한 막스베버의 기독교적 윤리와 자본주의 정신의 강철로 만들어진 작은 집을 근거로 그의 명제를 입증한다. 관료제화된 국가공동체는 국민이 강철로 만들어진 작은 집안에서 스스로 자율성이 극히 제한된 삶을 살아갈 것을 강제한다는 것을 의미하는 것으로, 국가공동체 중심의 국민적 삶이 그 질적 수준에 있어 낮을 수 밖에 없다는 것을 정의한다.

정리하자면, 한국사회의 중앙집권적이고 비수평적인 정부와 지방정부 간 관계, 그리고 그 근원인 88년도의 헌법 형태로 인해 전술한 정치 엘리트들의 권한남용, 재정을 통한 중앙의 지방통제, 국민 개개인의 질적 향상이 없는 점 등의 문제점을 야기시킨다. 헌법에 명문화된 지방자치가 글로만 존재하는 것이 아니라 국민들의 삶 속에서 느낄 수 있는 변화가 이뤄져야 한다. 절대권력의 부패를 방지하고 주민이 정치의 중앙무대에 서야 한다. 납세자로서 국가가 제공하는 서비스를 충분히 제공받고 소비자로서 불만족스러운 부분이 있으면 직접 나서서 제도 개선과 변화를 이뤄내는 시민 참여의 주민자치 확대는 이 시대의 필수불가결한 요소이며, 헌법이나 제도의 개선은 곧 직접민주주의의 확대이며, 전술한 문제들을 해결할 핵심으로 기능할 것으로 생각된다.

3. 대구의 지방자치 현황과 문제점

대구는 올바른 지방자치를 꽤 오랫동안 갈망하고 있었다. 올바른 지방자치를 실현하기 위해서 대구는 지방분권이 필요하다는 목소리를 내고 있다. 대구는

2002년 전국 최초로 지방분권운동을 주창하였고, 2011년 처음으로 대구시 지방분권촉진 및 지원에 관한 조례가 제정되었으며, 이듬해 9월 대구시 지방분권협의회가 창립되는 등 지방분권 선도도시로써의 모습을 보이고 있다.

현재 대구시는 지방분권 선도도시로서 대중화에도 앞장서고 있다. 대구는 지방분권 홍보단을 설립하여 전국 주요 도시를 순회하며 지방분권 개헌 국민염원을 모아 국회에 전달하고 있다. 홍보단은 서울 국회를 방문하여 국회 개헌특위 위원장에게 전국 지방분권협의회 의장단이 합의한 '지방분권 개헌 촉구 대구 선언문'을 전달하였다. 또한 지방분권을 어렵게 생각하는 시민들을 위해 다양한 문화공연을 곁들여 시민들의 눈높이에서 이해하기 쉽게 홍보하기 위해 노력하고 있다.

또한 대구는 2014년부터 주민참여예산을 시행하여 시민들이 시 재정 분야에 참여할 수 있는 기회를 마련하였다. 시민들은 주민참여예산위원들의 역할은 물론 주민참여예산사업 최종 선정 과정에서 시민투표 반영 비중을 늘리는 등 시민들의 의견을 더 많이 반영하여 지역사업을 시행하려고 한다.

이 뿐만 아니라 대구의 시민사회는 지역정당을 만들기에도 나섰다. '새로운 대구를 열고자 하는 사람들' 즉, '새대열'이라는 지역정당은 지방분권 운동을 주창해 온 인사들로 구성되어 있다. 지역정당은 아직까지 한국 정당사에 등장한 적이 없는 새로운 모델이다. 현행 정당법상 지역정당은 위헌이지만 이들은 헌법재판소에 위헌 소송도 진행할 예정으로 현재 많은 노력을 기울이고 있다.

현재 '새대열'은 과거로 돌아가는 중앙예속적인 보수, 분열지향적이고 갈등유발적인 낡은 진보를 거부하고, 역량은 있지만 돈이 없고 연줄도 없는 참신한 지역정치인들을 지역정치 무대에 데뷔시키고자 하는 목표를 가지고 있다. 또한 이 뿐만 아니라 대구광역시 내에 팽배하고 있는 일당독점의 정치를 막고 수도권 중심의 발전 문제, 그리고 대구의 발전을 위한 지방분권을 시행하려 노력하고 있다.

그렇다면 왜 대구는 오랫동안 올바른 지방자치를 갈망해 왔을까? 아마도 대구라고 하면 가장 먼저 보수 세력의 텃밭이라는 것이 생각날 것이다. 대구의 지방자치를 방해하는 요소 중 하나는 보수당의 일당독점이다. 보수당의 독점으로 제대로 된 지방정치가 이루어지지 못하였다. 이러한 독점정치는 지방정치의 낙후를 불러일으켰다.

전문가들은 이러한 일당독점 때문에 대구에 능력 없고 별 볼일 없는 인사가 내려 보내진다고 평가한다. 그것은 작대기만 꽂으면 당선이니 능력도 없고, 대구를 사랑하는 마음 또한 있을리가 만무하다. 이들은 대구를 외면하고 모두 서울 정치를 하기 위한 사람들이고, 언제든 기회를 보아 중앙으로 진출하려는 자들이기 때문이다.

또한 문제점 중 하나로 대구 시민들의 정치 참여도 들 수 있다. 대구시는 시민들의 정치 참여를 유도해 올바른 지방자치에 대한 개념을 확립하려고 여러가지 홍보 활동을 실시하고 있지만 아직까지도 시민들에게 '올바른 지방자치'는 먼 이야기이다.

정치적인 면뿐만 아니라 경제적인 면에서도 많은 문제점을 내포하고 있다. 현재 청년 실업률이 매우 높은 상태이며, 2018년 청년의 고용지표가 역대 최악을 기록했다. 최근 지역 청년 실업률은 최고로 높고, 취업자 수는 최저로 집계되었다. 이는 대구가 중소기업과 저임금 서비스업 중심의 고용 구조를 가졌기 때문이다.

이러한 청년들의 실업으로 대구의 인재 유출은 계속되고 있다. 또한 이로 인해 대구시의 소득은 저하되었다. 대구시는 2016년 기준 대구지역의 1인당 GRDP는

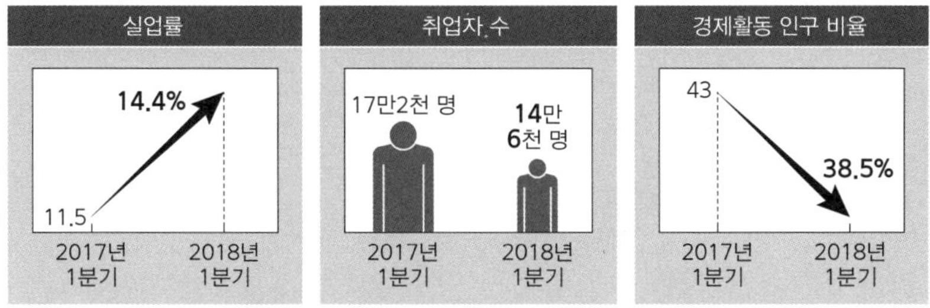

〈그림 1〉 2018년 대구 청년(15~29세) 고용 현황

출처: 통계청 조사 결과. 『매일신문』. 2018년 4월 13일.

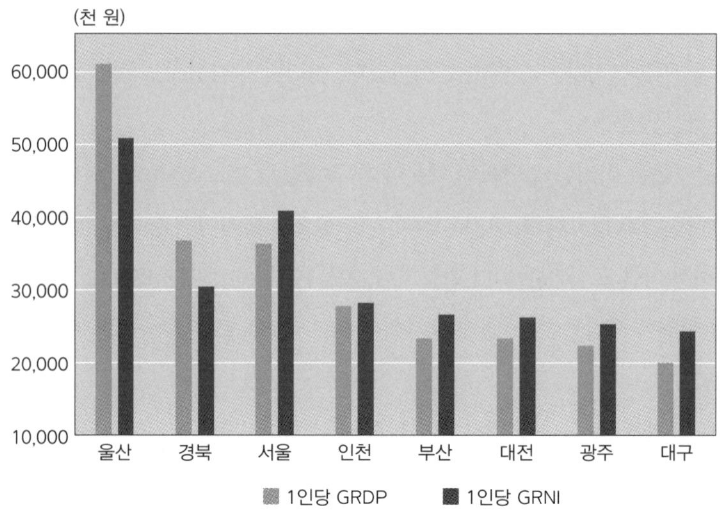

〈그림 2〉 2016년 1인당 GRDP, GRNI

출처: 한국은행. 2018.『대구지역 1인당 GRDP와 개인 소득 수준의 차이 분석 및 시사점』.

2,015만 원으로 1992년 이래 전국 최하위 수준이다. 연평균 1인당 GRDP 상승률(1992~2016) 역시 6.4%로 전국 평균치(0.7%)를 밑돈다.

이렇듯 대구는 계속해서 정치적, 경제적으로 다른 지역보다 낙후해 가고 있다. 대구 시민들은 낙후되고 있는 대구 지역을 회복하기 위해 보수당의 무한한 지지를 깨고 일당 독점의 틀에서 벗어나고자 해야 한다. 또한 앞으로 대구시는 청년 실업 문제를 해결하고 인재 유출을 막아 소득의 저하를 해결하고 경제적 상승을 위해 노력해야 한다.

Ⅲ. 우리가 만나본 지방자치

1. 인터뷰 개요 및 세부사항

본 과제는 크게 3가지 분류를 통해 인터뷰 대상을 선정하였다. 기초의원 및 광역의원과 기초의원 후보, 교수 및 학자, 관련 시민단체 종사자의 세 가지 분류를 대상으로 5월 16일부터 6월 10일까지 인터뷰를 진행하였다. 인터뷰 방법은 과제 수행자가 직접 현장을 방문하여 인터뷰를 수행하거나, 부득이하게 시간상 대면 인터뷰를 진행할 수 없었던 경우에는 서면에 의한 질의응답으로 대체하였다. 인터뷰 대상자의 구체적인 정보는 아래의 〈표 1〉과 같다.

〈표 1〉 인터뷰 대상자

분류	활동 주체	성함
정치계 (6)	국회의원(1)	김부겸(대구광역시 수성구 갑/행정안전부 장관)
	시의원(1)	이재화(대구광역시 서구)
	구의원(3)	배삼용(대구광역시 중구)
		임대규(대구광역시 수성구)
		하용하(대구광역시 달성군)
	시의원 후보(1)	대구시 중구 시의원 후보(7회) 황석훈
학계 (4)	교수	하세헌(경북대학교 정치외교학과)
		하혜수(경북대학교 행정학부)
		최준호(영남대학교 행정학과)
		김정렬(대구대학교 도시행정학과)
시민사회계 (3)	대표	이창용(지방분권운동 대구경북본부)
	센터장	김영숙 센터장(대구마을공동체만들기 지원센터)
	사무총장	이광재 사무총장(한국매니페스토실천본부)
계		13명

2. 인터뷰 주제별 전문가 의견 정리 및 분석

결과에 대한 정리와 분석을 위해 총 4가지 질문에 대한 인터뷰 응답자들의 답변을 유사한 내용들끼리 분류하였다. 인터뷰 수행 단계에서는 질문이 아래에 분류된 질문보다 많았으나, 인터뷰 수행 단계에서는 비슷한 유형의 답변을 받을 수 있었던 질문의 내용을 하나로 통합하여 중복을 막고 분석을 용이하게 하기 위해 최종적으로 아래와 같이 분류하였다.

Q1. 현재 대구-경북 지역의 지방자치와 분권의 실현에 있어 주요한 문제점과 그 해결 방안은 무엇이라고 보는가?

첫 번째 질문은 대구 경북지역의 지방자치 및 분권의 한계점 및 현황에 대한 질문이다. 지방자치와 분권의 실현에 있어 다양한 문제점이 발견되고 있는 실정에서 알려진 문제점들과 실제 문제점이 어떠한 차이가 있는지를 중심으로 분석하였다.

우선 예산 문제는 대부분의 지역정치인들과 학자들이 지적하는 부분으로, 소수는 예산의 절대적 액수 부족을 지적하기도 했으나 주로 지방세 비중이 낮은 세입구조가 언급되었다. 지방자치 실현에 필요한 재정자립을 달성하기 위해 국세와 지방세의 비중을 재조정하는 것이 해법으로 제시되었다.

중앙 예속적 정치구조 역시 많은 답변자들이 문제점으로 제시하였다. 주로 공천권 문제와 중앙의 권한이양 문제가 예시로 언급되었다. 공천 부분에 있어서는 폐지나 제도적 견제의 도입을 주장하는 답변자도 있었으나 주민과의 연대를 통해 현상을 타파하자는 주장 역시 있었다. 또한 공천 부분과 연계되는 문제점으로 세 명의 답변자가 지방의회 의원들의 자질 문제가 언급되었는데, 이 문제는 전문성과 능력이 부족한 후보가 공천을 통해 지방의회에 진출하는 것이라고 요약할 수 있다. 중앙정부의 권한이양 문제는 앞의 재정자립도 문제와 연계되는 것으로

〈표 2〉 인터뷰 내용 정리

구분	내용
정치인 1	• 지방자치 예산의 액수가 부족 • 세입구조가 중앙에 편중되어 있어 비율 개선 필요 • 낡은 법률들이 빨리 개선되어야 지방의회가 적절한 조례를 입안 가능
정치인 2	• 핵심적인 문제는 지방세율. 담당하고 있는 중구의 경우 78%가 국비이고 22%만이 지방세임. • 세법 개정을 통해 최소한 국세와 지방세 비율을 6:4로 늘려야 지방자치 • 실현을 기대할 수 있음.
정치인 3	• 조례가 상위법과 상충되는 경우가 많아 지방의 일을 해결하기가 어려움. • 지방 재정의 비중이 낮아 자체적 예산 편성이 어려움. • 공천권을 지역구 국회의원이 쥐고 있어 당과 국회의원으로부터 자주성을 발휘하기 어려움. • 기초의원 및 지원 공무원들의 전문성과 능력이 부족한 경우가 많음.
정치인 4	• 중앙정부의 권한과 간섭이 심함. 중앙집권주의의 개선이 필요 • 지방정부가 지방정책을 추진할 수 있는 권한을 확보할 수 있어야 함. • 정당 공천이 당선 여부에 큰 영향을 주는 등 지역정치가 중앙의 영향을 크게 받고 있음. 이에 대응할 수 있는 제도적 장치가 필요함.
정치인 5	• 특정 정당의 독점으로 인한 의회민주주의의 오작동 • 함량 미달의 정치인들이 정당공천으로 인해 당선되고 있음. • 정당공천의 폐지를 통해 경쟁력 있는 인재들이 의회에 진출할 수 있도록 하여야 함.
정치인 6	• 87년 체제 이후 특정 정치세력의 권력과 정보 독점(대구지역)으로 인한 지역주민 소외현상 발생함. • 이는 지역정치인들 스스로의 부패(무사안일, 기득권 이익 강화, 지역 민심 외면)와 지역경제의 파괴(공정한 경쟁의 상실)를 가져옴. • 단순 다수 소선거구제의 한계성 인식, 제도적 설계 요함.
학자 1	• 지방재정자립도가 낮아 중앙 의존적인 재정구조를 가지고 있음. 따라서 중앙의 설계대로 지출하게 되는데 이것은 지방자치라고 보기 어려움. • 지역정치인들이 정당공천을 보고 활동하기 때문에 정작 지역주민들과의 연대가 저조함. 자기 소신을 가진 정치인이 주민들과의 관계를 기반으로 당선되어야 중앙에 대한 의존을 탈피할 수 있음.
학자 2	• 주민들의 지방자치에 대한 인식과 개념, 관심이 없음. 중앙집권적 통치체제에 익숙해졌기 때문으로 분석함. • 중앙이 지방으로 권한을 이양하지 않아 지방 정치인들이 중앙만 바라보고 있는 것이 현실임. • 지방 정치인들의 풀뿌리 민주주의 실현 역량에 대한 의구심이 듦. 오히려 정치적인 부분에 대해서만 포인트를 맞추고 있음. • 낮은 재정자립도가 중앙정부의 정책을 따라가게 만듦.
학자 3	• 토호 중심의 폐쇄적 정책결정 패턴이 가장 큰 문제점. 시민사회나 지역언론의 비판 기능을 통해 이러한 문제를 해결하기를 기대 • 지역의 보수적 분위기 역시 변화와 혁신을 저해하는 요소
시민단체 1	• 개헌을 통해 조례를 넘어서 지역이 입법권을 가질 수 있어야 함. • 궁극적으로 지방 기구가 아닌 개별 시민에게 권한 이양이 필요

시민단체 2	• 지방분권의 요구 이전에 지방이 충분히 청렴한지, 그리고 분권을 할 수 있을 만큼 역량이 있는지 스스로 점검해 보는 태도가 필요 • 지방 내에서도 지방단체장에게 지나치게 집중된 권한 역시 문제 • 4차 산업혁명 등 지능지식사회로의 이행에 지방자치단체는 도태된 것처럼 보임. 소득격차의 완화나 새로운 가치에 대한 고민 필요
시민단체 3	• 대구 시민사회의 지방분권운동이 일부 제도적인 변화를 가져온 것은 사실이나 지방의회나 지방정부 구성에서 정치적 다양성을 담아내지 못하고 있다는 것이 큰 문제 • 제도 기반이 취약하고, 시민 주체의 권한과 책임을 증대시켜야 하나 그러지 못하고 있는 것이 문제점이자 과제

몇몇 답변자가 중앙의 간섭 문제와 권한이양의 부족함을 들었다.

그 외에 지방분권의 측면에서 지방에 입법권을 부여하자는 주장이 있었고, 이 의견보다는 다소 소극적인 의견으로, 입법권이 없는 현실에서 그나마 조례를 빠르게 제정하기 위해 장애가 되는 법률들을 적시에 개정하는 것이 필요하다는 의견이 있었다. 인터뷰 내용을 정리하면 〈표 2〉와 같다.

Q2. 지방자치에 필수적인 주민참여정도 및 관심정도가 낮다고 분석되고 있는데, 이에 대한 생각과 개선 방안을 말해 달라.

두 번째 질문은 지방자치의 핵심이라고 할 수 있는 주민참여도와 관련된 질문이다. 주민 관심도에 대해서는 답변자들의 의견이 일치되지 않는 모습을 보였으나, 대부분의 참가자들이 주민참여도에 대해서는 저조 혹은 극히 저조하다는 평가를 내렸다. 다만 주민참여도 저조의 원인에 대해서 교육활동의 미비를 꼽는 답변자들과 교육활동은 이미 충분하다고 보나 주민들의 이기적 태도 등 다른 원인을 꼽는 답변자들이 있었다. 주민참여의 해결방법으로는 예산편성과 집행, 감시 부분에 주민들이 참여할 수 있는 길을 늘려야 한다는 답변이 있었고, 한 정치인 답변자는 교육활동보다 포털사이트 등 인터넷 매체를 활용해 지방예산의 집행 내역을 공개하면 주민들의 관심을 자연스럽게 유도할 수 있을 것이라고 말했다. 다른 답변자는 대구의 지역적 특성이 시민 참여의 저해요인이 된다고 보았지만

〈표 3〉 인터뷰 내용 정리

구분	내용
정치인 1	• 지방선거에 대한 참여도가 50% 수준으로 높다고 볼 수 없음. 정치 불신이 원인이라고 생각됨. • 주민들을 대상으로 한 홍보·교육 활동이 필요함. 주민센터나 복지회관 등에서 진행되는 프로그램에 정치 참여에 대한 교육을 늘려야 함.
정치인 2	• 주민참여도는 '동원 수준'이라고 말할 수 있을 정도로 극히 낮음. • 주민 관심이 저조하다 보니 관급공사 등 재정집행 분야에서 큰 비효율이 발생함(민간 공사의 2배, 3배의 비용 지출). 이러한 재정 집행 내역을 공개하면 주민참여를 유도할 수 있을 것으로 봄. • 포털사이트 등을 이용해 관련 정보를 공개하면 적은 비용으로 접근성을 강화할 수 있으리라고 생각함.
정치인 3	• 주민들은 지방자치에 대해 잘 모르고 관심도 없음. • 지방선거에 대한 효능감 부족으로 주민들의 참여가 저하되고, 주민참여 저하는 추상적이고 허황된 공약의 남발을 부름. • 주민 교육과 참여 프로그램이 진행되어야 하나 유명무실화된 현 지방자치 구조 하에서는 주민들이 지방자치에 대한 이점을 느끼기 어려운 구조이기 때문에 쉽지 않을 것으로 추측
정치인 4	• 대구시에서는 예산편성 과정에 주민들을 참여시키는 조례를 제정하여 시행하고 있으나 실질적으로 주민들의 참여가 보장되지 못하고 있음. • 참여예산 등의 제도 진행과정 공개와 예산 집행 후 모니터링 활동 강화 등 예산 부문에서 주민들의 이해를 높이는 것이 필요함.
정치인 5	• 주민자치회를 시범 실시 중이나 역할과 대표성에 한계가 있다는 지적을 받는 만큼 주민자치회의 행·재정적 지원의 법적 근거 명확히 할 계획임. • 우수사례 발굴과 전파, 전문가의 컨설팅 확대 등의 정책적 지원을 확대하여 자치행정에 주민 목소리를 직접 청취 및 반영되도록 노력할 것임. • 지자체의 재원이 주민을 위해 책임 있게 사용될 수 있도록 주민참여예산제를 점차 확대 운영되도록 할 것임.
학자 1	• 주민참여 프로그램은 이미 많고 관련 제도도 무궁무진하지만 실질적 주민참여 정도는 아주 저조함(20% 미만으로 추측). • 그럼에도 불구하고 자치의식의 발전은 여전히 중요함. 자치의식이 발전해야 지방기구를 견제·감시하고 변화를 유도할 수 있음. • 지방 정치인들 역시 지방에 권리를 달라고 요구하기 이전에 주민들의 요구와 필요를 충족시켜 자치의식을 증진시키는 것이 선행되어야 한다고 봄.
학자 2	• 참여 정도는 저조하나 과거에 비하면 나아진 편임. • 저조한 참여도의 원인으로는 자신의 이익과 관련이 있을 때에만 관심을 가지는 태도, 자치에 대한 개념의 부재가 지적됨. • 자치개념의 교육을 위해 의무교육과정 교과서에 지방분권에 대한 내용을 삽입하는 등의 노력이 필요함.
학자 3	• 지방의 시민단체는 활성화 수준이 낮은 상태임. • 시민들의 목소리를 시정에 반영하는 공청회, 위원회, 자문관 등의 기구도 제대로 작동하고 있지 않음. • 대구지역의 뿌리 깊은 관 중심 사고도 시민 참여를 억제하는 요인 • 그러나 사회관계망서비스(SNS)가 긍정적인 역할을 할 수 있을 것

시민단체 2	• 지방의 실제 주민참여의지는 높은 것으로 보임. 그러나 정작 지자체가 주민들을 자치활동에 위축하지 않는 주객전도적인 현상이 발생하고 있음. • 전문가에게 자문료를 지급하는 것과 마찬가지로, 시정에 다른 시민들을 대신해서 참여하는 시민들에게 경제적 인센티브를 주어야 함. • 시민 참여를 묻기 이전에 시민 참여 촉진을 위한 실제적, 기술적 노력이 있었는지 의문
시민단체 3	• 시민 참여율은 선거참여율, NGO 참여율, 정책사업의 참여 등 여러 기준점을 고려하였을 때 조금씩 높아지고 있는 것으로 보여짐. • 그러나 전체적인 지방자치를 놓고 보면 매우 낮은 참여율을 보임. • 민주주의 교육의 강화, 정책참여에의 주도적 역할을 위한 시민들의 공론화 과정이 더욱 많아져야 함. • 생계유지를 위해 참여하지 못했거나, 참여기회를 얻지 못했거나 의견수렴 기회를 얻지 못한 시민들에 대한 참여기회 확대가 필요

소셜 네트워크 서비스(SNS) 등이 긍정적인 역할을 할 수 있을 것으로 보았다. 시민단체 종사자들은 공통적으로 주민참여에 대한 경제적 인센티브 제공을 언급하였는데, 이는 주민참여도의 증가 측면과 생계문제로 참여하지 못한 주민의 참여를 보장한다는 측면을 모두 가지고 있다. 또한 시민단체 종사자들은 지방정부가 시민 참여 촉진활동 및 참여기회 확대 활동을 더욱 강화해야 한다는 데에 의견을 같이하였다. 인터뷰 내용을 정리하면 〈표 3〉과 같다.

Q3. 대구-경북 지역의 청년문제 및 지역발전 문제에 대한 원인과 해결 방안은 무엇이라고 생각하는가?

답변자들에게 대구 지역의 종합적인 지역현안에 대해 질문하였을 때, 답변자들은 주요한 지역현안으로 청년 실업문제, 일자리 유출 문제, 취수원 및 공항 등 기반시설에 대한 문제를 꼽았다. 그중에서도 핵심적인 문제인 대구-경북 지역의 지역발전 문제와 청년문제는 맞닿아 있다고 평가되고 있다. 답변자들은 대부분 지역의 핵심 문제를 '경제 이슈'라고 진단하였다. 답변자들은 지역에 소재한 기업의 숫자 자체가 적고 젊은 층이 선호하는 대기업 등의 일자리가 없기 때문에 인재 유출이 가속화된다고 보았다. 한 답변자는 여기에 더불어 지방의 패배의식을 문제의 하나로 지적하였다.

해결 방안으로는 대구가 청년들이 선호하는 도시가 되어야 한다는 것에 대부분 동의하였다. 고령화사회에서 생산가능인구인 청년의 중요성이 부각되는데, 청년들을 끌어들이기 위해 세제혜택 등을 통해 대기업과 유명 대학 캠퍼스 등을 대구에 유치하는 방안이 그 해결책으로 꼽혔다. 지방을 기피하는 원인 중 하나인 문화적 낙후성에 대한 개선 역시 필요할 것으로 일부 답변자는 답변하였다. 인터뷰 내용을 정리하면 〈표 4〉와 같다.

〈표 4〉 인터뷰 내용 정리

구분	내용
정치인 1	• 실력이 뛰어난 인재는 세종시 등 호황을 보이는 도시로 유출되고 상대적으로 떨어지는 인재만 대구에 잔류하는 현상이 보임. • 대구에는 젊은 층이 바라는 대기업 등 고급 일자리가 없다는 것과 인재 유출 문제가 직결됨. • 지방분권 강화로 세제혜택 등 기업 유치가 필요
정치인 2	• 인재 유출과 저출산이 모두 지역 내 인재 감소를 가속하고 있음. • 청년들이 원하는 우수기업 부족과 불경기가 원인이라고 보고 있음.
정치인 3	• 대구경북뿐만이 아니라 국내에서 청년 이슈는 크게 주목받지 못함. • 청년들의 정치무관심이 그 원인으로 생각됨.
정치인 4	• 지방분권이 실제 잘 실현되려면 지방이 받은 권한과 자원을 잘 꾸려가야하나 지금은 지방분권의 핵심인 풀뿌리 민주주의가 튼튼히 자리잡지 못했다고 생각함. • 지역에서 일어나는 일에 지역주민들이 늘 관심을 갖고 내용을 이해하며 의견을 표출하는 등 평시에 늘 목소리를 내는 지역주민들의 활발한 참여가 중요함. • 내 지역의 살림살이에 관심과 감시와 같은 권리 행사가 지역을 발전시킬 동력이 될 것임.
학자 1	• 대구의 지역 총소득, 재정 역량 등의 지표가 전국에서 거의 꼴찌임. • 소비도시에서 벗어나서 기업 유치, 생산기반 강화 등으로 일자리를 창출하여 젊은 사람들이 찾아올 수 있도록 해야 함. • 지방자치 발전을 위해 젊은 층의 유입이 필수적. 인구가 줄어들면 조세부담을 할 수 없는 비생산인구만 늘기 때문.
학자 2	• 대구지역의 핵심적인 문제는 경제 문제임 • 지역의 핵심 먹거리가 없고 지역 내에서 활동하는 기업의 숫자 자체가 적음. 그렇기 때문에 청년실업 문제와 저소득 문제가 생김. • 이러한 문제들이 이슈화되지 못하는 이유는 마땅한 해결 방안이 없기 때문임. 이슈화되었으나 계속해서 문제로만 남아 있어 관심도가 하락
학자 3	• 경제문제와 더불어 수도권의 장벽을 극복할 수 없다는 패배주의적 사고 역시 문제 • 문제 제기를 통해 혁신도시의 활성화와 대기업 유치, 유명 대학 캠퍼스 유치 등의 노력이 필요함. • 문화 향유권을 정부 차원에서 보편적 권리로 인식하고, 지역에 확대하려는 노력이 필요함.

시민단체 1	• 청년과 벤처기업이 지방에서 일을 찾지 못하고 떠나고 있음. 지역혁신과 지방분권 운동의 목표 중 하나는 이러한 현상의 개선을 위한 것 • 지방자치가 지금보다 더 강화되면 지방이 청년고용법을 제정하거나 예산을 일자리 사업에 투입하는 등 다방면으로 노력할 수 있음. • 중앙의 지방 일자리 정책에는 시차가 존재하나 지방정부가 정책을 시행했을 때는 그러한 시차를 획기적으로 줄일 수 있을 것으로 기대
시민단체 2	• 청년이 미래의 주인이 될 수 있는 도시가 건강한 도시. 청년이 자신이 살고 있는 도시에 희망을 가질 수 있는 것이 지방자치가 기능하기 위한 최소한의 조건임. • 청년문제를 단순히 이슈로만 소비하지 말고 미래의 주인으로 지방이 대우하여야 함. • 청년들에게 지역축제의 일부분을 할당하는 활동 등 청년이 주인이 될 수 있는 활동을 늘려나가야 함.
시민단체 3	• 새로운 대구의 발전/성장 모델(비전)을 정립하는 데에 있어서 시민들의 주도적 참여와 이에 수반되는 공론화 과정이 필요함. • 청년문제는 대구뿐만 아니라 한국 전체의 문제점. 청년세대의 문제가 아닌 지역의 미래라는 측면에서 접근이 필요함. • 중장기적인 정책 수립이 필요하고 다양한 세대가 함께 고민을 풀어가는 것이 필요함.

Q4. 시민단체와 학계, 지역언론 등 외부 행위자들이 현재까지 지방자치에 기여한 부분(혹은 한계점)과 앞으로 어떻게 기여할 수 있는지 말해 달라.

답변자들은 대체로 지역언론의 중요성에 주목하는 모습을 볼 수 있었다. 일부 답변자들은 현재까지 지역언론이 역할을 제대로 수행하지 못하였다고 평가하였는데 이는 지역언론의 공정보도 행태를 신뢰할 수 없다는 점에서, 또한 구조적으로 지자체에 의존적이기 때문에 지자체의 문제점을 나서서 지적하기 어려운 점에서 그러하다고 답변하였다. 답변자들은 지역언론이 활성화되어 지방 문제를 이슈화하는 능력과 지방자치단체의 감시기능을 수행하는 것이 바람직하다고 말했다. 시민단체에 대해서 시민단체 종사자들은 시민교육과 개헌운동 등 여러 활동을 진행하고 있으며 더욱 확대해 나갈 것이라고 답변하였다. 그러나 한 정치인 답변자는 현재 시민단체 측과 협력이 잘 이루어지지 못하고 있고, 주민을 대상으로 하는 분권교육 역시 관변단체 주도로 이루어지고 있다고 상반된 반응을 보였다. 한 시민단체 종사자는 학계의 역할에 대해, 특히 지방대학이 지방자치에 대한 담론의 형성과 철학 및 가치의 정립 차원에서 중요한 역할을 수행하여야 한다고 주장하였다.

학계에 대해서는 많은 내용을 수집하지는 못했으나 학자 답변자 중 한 명은 지금까지 학계의 역할이 미약했다고 평가하고, 실무형 학회가 수립되면 기여를 더욱 증진할 수 있을 것으로 판단하였다. 인터뷰 내용을 정리하면 〈표 5〉와 같다.

〈표 5〉 인터뷰 내용 정리

구분	내용
정치인 1	• 시민단체와의 협력을 시도는 하였었으나, 실질적인 효과나 결과물은 미미하다고 판단됨. • 현재 지방분권 교육 등을 진행하고 있으나 거의 관변단체가 주도 중
정치인 2	• 지역언론이나 방송은 기초의원이나 기초단체장의 의정활동에 관심이 없음. • 지역언론이 공정보도를 하고 있는지에 대해 부정적인 입장
정치인 3	• 지방의회가 미진한 부분인 집행부에 대한 감시를 소수 지역언론이 대신 보완하고 있음. • 지역언론 활성화로 지역주민들의 지방자치에 대한 관심을 환기시킬 필요가 있음.
정치인 4	• 중앙집권적 국가운영 방식을 탈피하기 위해 풀뿌리 민주주의 추구와 같은 제도적 장치와 방안 등을 주무부처 장관으로서 준비하고 있음. • 지역의 다양성과 창의성을 국가운영의 동력으로 삼고자 지방분권과 균형발전 전략을 도출하기 위해 노력 중이며 독일의 국가운영 원리를 모범으로 삼아 연구 중에 있음.
학자 1	• 정보를 쥐고 있는 지역언론이 인재 유출이나 청년실업 등 지방의 문제를 이슈화하고 다뤄주어야 할 필요성이 있음. • 지역언론은 재정적인 부분에서 지자체에 의존적이라 지자체를 크게 비판하기 어려움. 지역기업의 도움을 받는 방안이나 지역신문 받아보기 운동 등을 통해 지역언론을 살릴 필요성이 있다고 보여짐.
학자 3	• 현재까지 학계가 자치분권의 진전에 큰 기여를 하지 못한 것은 사실 • 현장 경력자들이 어우러진 실무형 학회가 구성되면 기여할 수 있을 것으로 추정
시민단체 1	• 분권 아카데미를 통한 시민교육, 지방자치 개헌운동의 진행, 여타 지역 NGO와의 협업 등 다양한 부분에서 활동을 진행하고 있음. • 더 많은 지역단위에 민관협력체계를 구축하는 것이 과제 • 시민 참여를 통해 지방자치의 방향과 지역사회의 미래상에 대한 합의가 필요함.
시민단체 2	• NGO 등의 연대는 많이 시도되고 있으나 강하게 이루어지지는 않고 있고 혼란을 많이 느낌. 지방분권에 대해 이념적인 정립과 담론의 형성이 부족하여 공동의 가치라는 인식을 가지지 못하는 것이 그 원인으로 생각됨. • 과거에는 지방대학에서 분권운동이 활발하였으나 현재는 미진한 상태로 판단. 지방분권에 있어서 지방대학의 이념적 역할이 중요함. 철학과 가치의 정립이나 담론의 형성에 있어서 지방대학의 기여가 필요함.
시민단체 3	• NGO는 시민들의 지방자치 참여를 촉진하고 정책제안을 다듬는 등 민-관 협치의 주도자로서의 역할이 중요하다고 생각함. • 시민단체가 모아진 시민의 제안을 조율, 발전시켜 정책으로 입안될 수 있도록 하는 활동을 원활히 수행할 수 있기를 기대해 봄.

Ⅳ. 우리가 제안하는 지방자치 활성화 방안

문헌연구를 진행하면서 지방자치와 지방분권이 무엇이며 어떠한 중요성을 가지는지를 알아보았다. 또한 우리 지역에서 지방자치의 현황과 문제점이 무엇인지 문헌연구만으로는 찾을 수 없는 한계점을 극복하고자 인터뷰를 진행하였고, 대구지역의 지방자치 문제점을 파악할 수 있었다. 대구지역의 각계각층을 학자, 시민사회, 정치인 등 크게 3가지 그룹으로 구별하여 심층인터뷰를 진행하였고, 이들이 대구지역을 모두 대표할 수는 없지만 지역에서의 지방분권과 지방자치 확산과 확대를 위해 노력하는 이들이라고는 자부할 수 있는 분을 엄선하여 인터뷰를 진행하였기에 어느 정도의 대표성은 확보된 신뢰할 수 있는 정보들이라 할 수 있다.

보다 생생한 정보와 대안을 확보할 수 있었으며 이를 바탕으로 이번 장에서는 앞서 전술한 내용들을 간략히 요약하고, 인터뷰이들이 공통적으로 꼽은 문제점을 언급하며 우리가 생각하는 문제점과 활성화 방안을 제안하고자 한다.

1. 대구지역의 지방자치 활성화를 가로막는 장애 요인

대구가 지방자치와 지방분권에 있어서 전국 18개 지방자치단체 중에서 가장 노력하고 선도하려고 하지만 이러한 노력과는 별개로 제도적인 장애요인과 지역이 지닌 문제점들이 다수 발견되었다. 2가지 요인으로 나눠 서술하자면, 우선 제도적 요인을 꼽을 수 있다. 인터뷰이들의 다수는 제도적 요인 중에서 1) 중앙 예속적 사회구조(법, 정치, 의회 제도 등), 2) 예산 문제(지방세 비중이 낮은 세입 구조), 3) 중앙정부와 정치인들의 지방분권 및 개헌에 관한 부정적이고 소극적인 태도 등으로 정리할 수 있었다.

두 번째로는, 지역적 문제 요인으로 1) 지역주민들의 관심과 시민 참여 및 의식(관 중심적 사고) 부족, 2) 지역 입법, 행정부의 관심과 전문 역량 부족, 3) 대구지역을 수십 년간 특정 정당이 이끌어왔으나 각종 사회적 이슈(청년 이탈, 경제기반 미약, 취수원 등)가 발생하여 제대로 된 해결이 이뤄지지 못했음에도 불구하고 여전한 특정 정당 지지 형태 등을 보이는 것 등을 공통점으로 꼽았다.

2. 우리가 제안하는 대구지역 지방자치 활성화 방안

우리 조에서는 인터뷰이들이 언급한 문제점들을 바탕으로 우리가 생각하는 문제점을 〈표 6〉으로 정리해 보았다.

실제적으로 제일 시급하고 변화가 필요하면서도 제안하고 싶은 부분은 정책과 제도적인 부분들이었지만 아직 전문성이 부족한 학생들이라는 한계성으로 인해 제도적인 부분은 우리가 제안하기에 현실성이 부족하다 판단하였다. 제도적인 부분은 최소화하여 제안하고, 실제적인 우리네 삶에서 대학생의 신분과 사회적 한계 안에서 할 수 있는 실천 방안을 해결 방안으로 제시하고자 한다.

마찬가지로 우리가 생각하는 문제점과 제안방안을 〈표 7〉로 정리해 보았다.

〈표 6〉 대구지역 지방자치의 주요 문제점

문제점	내용
1. 지역정치권	• 기초 의원들의 공천으로 인한 폐단 발생 • 민생보다는 지역구 국회의원에 눈치보기, 줄대기 경쟁
2. 시민의식	• 관 중심 사고 • 참여가 변화를 이뤄내지 못한다는 인식
3. 청년참여	• 청년들의 외부 유출 • 정치 관심 부재
4. 특정 정당 지지	• 지역 애로사항을 제대로 해결하지 못했음에도 지지하는 경향

〈표 7〉 각 문제점에 대한 해결 방안 제시

1. 지역정치권의 문제	
문제점	기초 의원들의 공천으로 인한 폐단 발생 민생보다는 지역구 국회의원에 눈치보기, 줄대기 경쟁

<table>
<tr><td>제안</td><td>지방자치 질 제고와 활성화를 위한 시민 운동의 확대

1. 시민 감시 운동
– 대구 지역의 시민 및 대학생들로 구성된 대구 지방자치 시민감시단 결성
– 대구 내 각 지역 지방자치 단체의 의원이 무슨 일을 하는지 또 공약한 내용은 이행하고 있는지를 점검하고 시민 참여 확대를 위해 캠페인, 설문조사, 시민원탁회의 참여에서의 제도 개선 건의 등의 활동 진행

2. 제도 개선 운동
– 다양한 분과로 나눠서 제도개선과 지역민들의 시정 참여 활성화를 위한 심층 연구와 토론, 그리고 제도 개선 제안을 진행

3. SNS를 활용한 감시와 홍보
– SNS를 통해 개헌의 당위성, 기초의원의 역량 및 전문성 부족, 줄대기경쟁 등 문제점을 제시하고 지방자치의 필요성과 참여의 중요성을 홍보함.</td></tr>
<tr><td colspan="2">2. 지방자치에 대한 인식과 관심의 부재</td></tr>
<tr><td>문제점</td><td>관 중심 사고, 참여가 변화를 이뤄내지 못한다는 인식
지역 애향심 부족</td></tr>
<tr><td>제안</td><td>1. 마을 공동체 활성화
– 독일의 "길드"는 오랜 전통을 가지고 내려오고 있으며, 지역사회뿐만 아니라 독일 전체에 이슈를 던지거나 자신들의 문제점을 공론화하고 자체적으로 해결하는 자정능력을 보유한 것으로 파악됨.
– 우리나라도 "정"이라는 우리 민족만의 고유한 정서와 최근 무너져가고 있지만 "공동체"라는 개념이 살아 있음.
– 공동체를 살리기 위한 활동을 하는 "대구마을 공동체만들기 지원센터"와 함께 협업하여 마을 공동체 복원사업에 주체적 참여와 기획 진행

2. 교육의 확대
– 지방분권운동 대구경북본부, 대구 참여연대 등 대구의 시민단체와 협력하여 지방자치에 대한 교육 프로그램 개발과 진행에 참여
– 시민단체들과 대학생들이 사전 교육 자료를 제작하고 검수 받은 뒤에 일선학교에서 자원봉사 형태로 지방자치의 개념과 필요성 등을 직접 교육하거나 관계 당국과 협의해서 교육용 자료를 함께 제작하는 등의 참여활동을 진행

3. 시 당국에 제도 건의
– 매니페스토 운동본부 이광재 사무총장의 인터뷰 내용에 따르면 미국이나 독일 등 여타 선진국들은 시정이나 국정 참여에 따른 인센티브를 제공하거나 참여 자체가 명예가 되는 등 좋은 여건이라고 함.
– 대구의 실정에서는 가령, 주민참여형 법정에서 배심원이나 기타 시정활동들에 대한 시민들의 참여에 대한 인센티브 지급과 관련해 인색한 편이며, 주민들도 시간 낭비라는 인식이 강함.
– 대학생들이 대구의 대표적인 주민참여 프로그램인 "시민원탁회의" 주제로 대구 지방정치에 대한 시민 참여 활성화 방안과 인센티브 기준을 제도화할 것을 제안하는 것도 한 방안임.

4. 지역언론 활성화
– 인터뷰에 참여한 교수님들과 시민단체 활동가들이 지역언론의 중앙예속화를 문제점으로 지적하였음.
– 중앙의 예속화를 탈피하기 위해 위에서 제안한 지방자치 활성화를 위한 대구시민운동을 중심으로 1) 지역지 구독하기, 2) 지역방송 청취하기 등의 생활 속 지방자치 운동을 전개하고, 참여의 확대를 위해 전방위적인 홍보와 SNS를 활용한 운동의 참여를 유도하고자 함.
– 지역언론사와의 미팅과 요청 그리고 협업으로 양질의 지역문화 컨텐츠 및 지역사회 뉴스를 제공할 수 있는 부양책을 고민하고 제안함.</td></tr>
</table>

3. 청년 참여의 저조	
문제점	청년들의 외부 유출, 정치 관심 부재
제안	1. 청년 중심의 참여기구 활성화 - 전술한 대구지역의 지방자치 활성화를 위한 시민운동단체와 같은 단체 혹은 기구를 결성하는 데에 청년들이 주도적 역할을 수행할 수 있도록 관련 전공 대학생들과 청년단체 및 정당 청년 위원회가 네트워크를 형성함. - 다양한 단체(시민단체, 시교육청, 시당국, 지역언론)들과의 유기적 협력관계를 위한 활동 수행 - 지방자치와 분권에 관심이 있는 학계의 교수, 언론계의 기자, 지역정치인 등과의 네트워킹을 통해 영향력 및 전문성 강화에 초점 2. 참여형 수업 제안과 실현 - 청년과 지역 대학 교수들이 토론 및 제안을 통해 지역사회 문제 조사 및 해결 관련 참여형 수업 확대 모색 - 이러한 참여형 수업은 지역에서의 문제점을 대학생이 인지하게 되고, 발견된 지역사회의 문제점을 해결하기 위한 방안을 모색하다 보면 자연스레 지역에 정착하게 될 것이고, 지역정치에 관심을 갖게 될 것이라 생각됨.
4. 특정 정당 지지	
문제점	지역 애로사항을 제대로 해결하지 못했음에도 지속적으로 묻지마 지지 경향
제안	1. 시민 감시단 활동 결과 홍보 - 일반 시민들을 대상으로 지방자치 활성화를 위한 시민운동 또는 시민감시단의 활동 결과를 집중적으로 홍보함. - SNS와 연계하여 시민들이 많이 참석하는 지역축제, 명소, 행사 등에 부스 설치 및 홍보 실시 2. 지역언론 활성화 - 전술한 바와 같이 지역언론을 통해서 양질의 뉴스를 제공할 수 있는 협력체를 통해서 지역 애로사항을 비중 있게 문제 제기하고 공정한 보도, 특정 정당 지지로 인해 이익이 없었다는 점 등을 보도함으로서 시민들의 자각을 유도함.

Ⅴ. 맺으며

맺음말을 작성하면서 지난 3개월간의 짧고도 길었던 여정이 우리의 눈앞을 스친다. 연구자들 모두가 학업과 학교생활을 병행하다 보니 좀 더 충실하게, 심도 있게 우리의 연구에 집중하지 못하였음에 아쉬움이 남는다. 하지만 부족한 시간과 여러 한계에도 불구하고 많은 부분에서 괄목할 만한 성과가 있었다고 자부할 수 있다.

우선 팀원들이 모두 대구 지역 대학에 재학 중이며 대구에서 자라고 생활 했음에도 불구하고 대구지역의 문제점이 무엇인지, 지방자치가 왜 필요하고 우리 지역에 어떠한 의미를 지니는지 충분히 인지하지 못하였다.

하지만 이번 연구를 통해서 대한민국과 지방자치의 배경과 역사, 실제적인 문제점과 한계, 그리고 우리가 사는 지역의 실제적인 문제점들을 인지하고 파악할 수 있었고, 부족하나마 문제점을 보완하는 보완책도 제시해보면서 지역발전과 국가발전이라는 추상적이고 어려워서 평소에 접근조차 하기 어려웠던 명제를 내 삶에 꼭 필요한 생활 속의 명제로 바꾸어 보다 재미있고 즐겁게 연구에 참여할 수 있었다.

지방자치를 향해 나아가야 할 길은 멀고도 험해 보이지만 이번 연구를 진행하면서 지방과 중앙 간 격차를 점차 줄여나가면서 함께 성장하는 나라, 서울에 가지 않고도 대구에서도 행복하고 안락한 삶을 살 수 있다는 확신이 가득한 지역, 부강한 국가도 중요하지만 개개인 모두가 이전보다 좀 더 행복한 나라를 위해서 헌신하는 삶에 대한 고민을 하게 되었으며, 어떻게 하면 지역이 발전할 수 있을까에 대한 고민을 며칠씩 하다 보니 지역에 대해 이전에는 보지 못했던 아름다운 것들과 매력적인 부분들이 눈에 들어오기 시작했다.

우리의 이러한 작은 노력이 조금이나마 지방자치 발전과 대구의 발전에 도움이 되기를 바래 본다. 아울러 이 연구를 통해서 우리들 또한 지역과 지방자치 발전을 위해 지속적인 관심과 노력을 이어갈 것이라고 다짐하면서 아쉬움을 담아 이 글을 마무리해 본다.

참고문헌

강형기. 1999. “지방의 국제화 의의와 역할.”『지방의 국제화』. 한국지방자치단체국제화재단.

김진아. 2011. “우리나라 지방자치단체의 국제교류 현황과 문제점.”『한국지방정부학회 학술대회자료집』.

박범종. 2017. “지방정부의 국제화를 통한 지역발전.”『21세기 정치학회보』. 제27집 2호.

부산광역시청 홈페이지.

『매일신문』. 2018년 4월 13일. http://news.imaeil.com/Economy/2018041300384393851?ismobile=true (검색일: 2019.03.31).

우양호. 2012. “우리나라 지방의 내향적 국제화에 관한 연구: 거주 외국인과의 접촉과 화합을 위한 과제들.”『한국지방정부학회, 한국지방정부학회 학술대회자료집』. 2월.

정원식. 2018. “지방분권 완성으로 시민 삶의 질, 획기적으로 바꾼다.”『경남발전』. 제141호.

하영수. 2015. “지방자치단체 국제화기반에 대한 지역주민의 경험적 평가에 관한 연구: 경상북도를 중심으로.”『한국지방자치연구』. 제16권 제4호(통권 49호).

한국은행. 2018.『대구지역 1인당 GRDP와 개인소득 수준의 차이 분석 및 시사점』. https://www.bok.or.kr/portal/bbs/P0000800/view.do?nttId=235048&menuNo=200560&searchBbsSeCd=z12&pageIndex=1 (검색일: 2019.03.31).

통계청 홈페이지. http://kostat.go.kr.

지역사회 혁신을 위한 대학생의 제안

광진구 문화예술 테마거리

시민이 참여하는 문화예술의 광진테마거리

건국대학교 정치외교학과 **김동민·구재연**

본 연구는 광진구의 지속적인 노력에도 불구하고 능동로가 유흥의 이미지를 벗지 못하고 있는 현실에 문제인식을 느끼고 이를 특색 있는 문화예술의 거리로 변화시켜 보다 지속가능한 지역사회의 성장을 도모하고자 실시되었다. 선행 연구, 설문조사, 심층인터뷰, 소셜픽션의 다양한 연구 방법을 동원하여 보다 효율적이고 실행 가능한 거리 개선책을 모색하였다. 그 결과 문화예술의 확대에 대한 주민과 주요 이해 관계자 사이의 공감대를 확인하였고, 동화의 거리, 아트의 거리, 젊음의 거리라는 세 가지의 테마를 설정했다. 구체적으로 도로 기반시설 정비, 환경미화 확보, 디자인 개선, 주요 공간 및 거점 확보가 방안으로 제시되었다. 더 나아가 이러한 거리 개선의 지속성을 담보하고자 테마거리운영위원회 설치 및 주민참여 확대 방안을 마련하였다. 여기서 가장 주목되어야 할 지점은 비물리적인 변화이다. 시민들의 참여가 보장되지 못한다면 좋은 도로가 형성되어도 이용되지 못하고, 지속적으로 매력을 생산해 낼 수도 없기 때문이다.

Ⅰ. 능동로의 현주소

1. 제안 배경(문제 인식)

광진구는 아차산, 뚝섬유원지, 어린이대공원, 일감호가 소재하고 있는 동네로써 문화적 이용가치가 높다. 또한 건국대학교와 세종대학교, 장로신학대학교 등 종합대학이 3개나 위치하고 있어 젊은이들이 많이 찾는 대학가이다. 그리고 어린이대공원에서는 서울동화축제가 매년 개최되어 아동친화인증도시로 선정되었다.

그러나 현재의 능동로는 유흥만이 강조되고, 위생과 미관상의 문제가 심각하다. 아동친화도시 광진이 무색할 만큼 가족단위의 이용을 어렵게 하고 있는 것이다. 특히, '건대역 맛의 거리'는 요식업 중심으로 상권이 크게 발달해 있지만 '맛있는 것이 많은 거리', '유동인구가 많은 거리'라는 이미지만 강할 뿐이다. 대학가로서 특색 있는 다양한 문화적 콘텐츠도 갖고 있지 않다. 이는 '문화와 예술의 거리'라는 이미지를 갖고 있는 성균관대학교 인근의 대학로나 홍익대학교 주변의 거리와는 대조적이다.

이러한 문제를 해결하기 위해 광진구는 화양동 대학문화의 거리 조성사업, 맛의 거리 축제, 디자인 개선 사업 등을 펼치고 있다. 그러나 사업은 여전히 초기 단계에 머물러 있으며, 추진 과정에 있어서도 이해의 충돌 등을 극복하지 못하는 어려움을 겪고 있다. 또한, 다양한 이해 관계자들의 목소리를 온전히 포괄하여 수렴하지 못하고 있고, 시민들의 참여가 부족한 상태이다. 심지어 맛의 거리 축제는 누가 어떻게 진행하는지 주변 상인들조차 모르고 있는 경우도 있다.

진정으로 걷고 싶은 거리를 만들어 녹색문화의 도시라는 비전을 달성하고, 자체적인 매력을 생산해가며, 지속적으로 사람들을 이끌기 위해서는 능동로만의 문화를 정착시켜야 한다. 문화예술은 단순히 걷고 싶은 거리의 미관상의 이점을 넘어 다른 지역과의 경쟁력 차원에서도 중요하다. 즉, 문화예술이 사회 경제와 무관하지 않다는 것이고, 문화를 통한 지역경제의 활성화가 절실하다는 것이다. 따라서 다양한 세대의 문화적 이용 접근성을 높이고, 보다 건전하고 안전한 이용을 위한 거리 개선이 필요하다.

2. 연구 목적

본 연구는 첫째, 사전조사를 통해 능동로에 대한 시민들의 기본적 인식을 파악함과 더불어 거리 개선의 방안을 파악하고자 한다. 둘째, 사전조사의 결과를 바탕으로 1차적인 소셜픽션을 진행하여 대략적인 개선방안을 형성하고, 주요 이해관계자, 전문가, 공무원을 심층인터뷰하여 현실 가능성을 점검하며, 현장에서의 수요를 기반으로 한 현실적인 발전 방안을 모색할 것이다. 셋째, 물리적, 비물리적인 능동로의 변화에 대한 2차 소셜픽션을 진행하여 결과적으로 문화 콘텐츠의 증가 – 거리의 이미지 개선 및 이용도 확대 – 공동체 의식 증대 – 문화 콘텐츠 재생산의 선순환 구조를 형성하기 위한 방안들을 제시하고자 한다.

3. 연구 대상 및 방법

본 연구는 위의 연구 목적 달성을 위하여 설문조사, 이해 당사자 및 전문가 인터뷰, 소셜픽션 등의 연구 방법을 동원한다. 따라서 광진구 관내 대학의 학생 및 교직원, 광진구 주민, 능동로의 방문객 및 주요 이해 관계자를 연구 대상으로 한다. 능동로의 변화에 있어 다양한 이해 관계자를 포괄하고 현실 가능성을 점검하여, 현장에서의 수요를 기반으로 한 연구가 진행될 수 있도록 하였다. 사전 설문조사와 선행 연구 검토를 진행하였으며, 이를 바탕으로 현장의 목소리를 담아 소셜픽션 형식을 통해 문화가 살아 있는 능동로의 변화를 구현하고자 하였다. 연구 분석틀은 〈표 1〉과 같다.

〈표 1〉 '시민이 참여하는 문화예술의 광진테마거리' 연구 분석틀

연구 대상		광진구 관내 대학의 학생 및 교직원, 광진구 주민, 능동로 방문객
연구 방법	선행 연구조사	문화예술의 거리 개선에 대한 사전 연구조사
	사전 설문조사	능동로
	관련 이해 당사자/전문가 인터뷰	능동로 주변 상인 및 광진구 소재 대학의 관련 전문가/교수 인터뷰
	1차, 2차 소셜픽션	물리적 변화
		비물리적 변화

Ⅱ. 선행 연구 및 사례조사

도시재생을 위한 방안으로는 산업경제를 활성화하는 것 외에도 축제 개최, 문화시설 확충 등을 통해 도시를 문화콘텐츠 제공의 창으로 만드는 것이 강조되어 왔다. 서울시는 '디자인 서울' 프로젝트를 통해 '하드시티(hard city)에서 소프트시티(soft city)로'를 비전으로 세우고, 디자인을 통해 도시를 개선하고 있다.[1] 이것은 기존의 빠른 산업발전을 추구하던 딱딱한 도시 서울을 보다 인간중심적 매력이 있는 도시로 만들기 위해 보행자, 문화, 예술에 큰 가치를 두겠다는 의지를 담고 있다. 2007년부터 본격적으로 시작된 '디자인테마거리 조성사업'에 따라 문화의 거리, 역사의 거리, 걷고 싶은 거리, 간판이 아름다운 거리, 디자인서울거리 등이 만들어졌다. 디자인서울거리를 조성하기 위해 서울시는 공공미술을 설치하여 도시 자체가 하나의 작품이 되도록 하는 도시갤러리 사업을 펼쳤고, 예술가, 시민, 기업, 학교가 참여해 만든 예술 작품을 전시했다. 서울시는 이를 통해 시민의 삶의 질 향상, 공동체 활동 촉진, 관광지 조성의 효과를 만들고자 하였다.

서울시 여론조사 결과 보고서에 따르면 디자인서울거리 조성사업은 거리 경관 및 상권 활성화에 긍정적인 영향을 미쳤으며, 이에 대한 시민들의 인지도와 만족

1. 백선혜, 『2008 서울 도시디자인 전략 연구』, 서울시정개발연구원, 2008, p.6.

도가 높다.[2] 또한 서울시 디자인테마거리 중 문화예술형 거리, 문화관광형 거리, 문화소비형 거리가 도시경쟁력 우선순위도에서 가장 높은 순위를 차지하는 유형의 거리로 나타났다.[3] 김원필은 문화적 공간이 주는 상징성은 도시 마케팅과 도시 정체성에 있어 매우 중요한 요소가 된다고 주장했다.[4] 이처럼 오늘날 문화예술 영역이 도시재생의 핵심 요소로 대두된다는 점에서 바람직한 도시개발 정책은 문화적 전략에 초점을 맞출 필요가 있다.

아울러 도시정책 추진과정에서 사회적 자본(Social Capital, Putnam)[5]의 중요성이 강조되고 있다. 사회적 관계에서의 협동과 신뢰를 통해 형성되는 사회적 자본은 경제적, 사회적 측면에서 생산적이다. 이해 관계자들이 협력을 통해 도시 공간의 문제를 해결할 수 있는 문화적 힘을 제공해 주고, 시민들이 문제해결을 위해 직접 참여할 수 있도록 하는 실용적인 기술을 만들며, 공공재의 가치를 유지 및 제고하기 때문이다.[6] 따라서 사회적 자본은 지속가능한 도시 관리에 필수적이다.

사회적 자본이 도시 공간에 영향을 미치는 것처럼 공간 역시 사회적 자본에 영향을 준다.서현보는 물리적 환경이 아직 잘 알지 못했던 사람들 사이의 사회적 자본의 형성에도 큰 기여를 한다는 것을 밝히며 이웃 간 교류를 지원하는 공간의 필요성을 주장하였다.[7] 요컨대, 사회적 자본이 도시 공간의 지속가능한 발전을 가능하게 만들고, 이는 도시 공간을 이용하면서 상호작용하는 사람들 간의 사회적 자본을 증가시키는 선순환 효과가 존재한다.

---

2. 백선혜. 2008. p.81.
3. 오기수. 2012. 「도시경쟁력 강화를 위한 효과적인 디자인테마거리 조성에 관한 연구–디자인서울거리 조성사업을 중심으로」. 한양대학교 공공정책대학원 석사학위논문. p.95.
4. 김원필. 2013. "문화 창조를 통한 성공적 도시 활성화 방안 연구–미술문화 공간 및 시설이 창출하는 효과를 중심으로." 「이탈리아어문학」. 제39집. p.54.
5. 퍼트남(Putnam)은 사회적 자본(Social Capital)을 어떤 사회에서 한 구성원이 자신의 네트워크와 사회구조 내의 다른 구성원들을 활용하여 편익을 확보할 수 있는 능력이라고 규정하였다.
6. 서순탁. 2002. "사회적 자본 증진을 위한 도시계획의 역할과 과제–접근방법과 정책적 함의." 「국토연구」. 통권 제33권. pp.76~82.
7. 서현보. 2017. "사회적 자본과 공간의 연관성에 대한 탐색적 연구–공간디자인 요소를 찾아서." 「한국주거학회논문집」. 제28권 제1호. p.3.

그동안 특색 있는 거리와 방문객 증가 사이의 관계에 관해서도 많은 사례연구가 이어져왔다. 연세대학교 신문 연세춘추는 신촌의 위상은 과거에 비해 낮아진 반면 홍대와 강남 일대는 급격히 부상했다고 보도하며 신촌역 승하차 인원은 점차 감소했고, 2014년에는 홍대입구역이 서울지역 3위로 신촌역을 제쳤다고 설명했다.[8] '강북 3대 상권'이라 불리며 호황을 누렸던 신촌의 위상이 약화된 원인에는 사람들을 끌어들일 새로운 콘텐츠의 부재와 건물의 노후화, 인근 상권의 부상 등에서 기인한 것으로 분석되고 있다.[9]

반면 홍대 주변의 인디음악, 미술, 패션 등 다양한 문화 콘텐츠가 사람들을 끌어모으며 이 일대는 급성장했다. 아침부터 다음 날 새벽까지 즐길 거리가 있고, 내외국인들 모두 선호하는 청춘문화의 새로운 메카가 되었다. '걷고 싶은 거리'는 문화 콘텐츠가 제공될 수 있는 공간적 역할을 수행하며 이러한 변화에 큰 공헌을 했다.[10] '자유공연공간, 거리오픈갤러리, 버스킹공연공간, 홍대만의 문화플랫폼, 큰 규모의 이벤트 광장로'와 같은 5개 구역으로 나눠진 '걷고 싶은 거리'는 청년들을 위한 문화와 예술의 장소가 되었다.

대학가 뿐만아니라 도시철도 하부공간의 활용 사례 등 서울시 추진 사업도 하나의 예가 될 것이다. 2007년 서울시는 시민, 예술가와 함께 서울을 디자인하는 '도시갤러리 프로젝트 시범사업'을 시작했다. '함께 타는 공공미술 – 옥수역'은 그 첫 번째 작품이다. 이를 통해 무미건조했던 지하철역에 새로운 생명을 불어넣었다. 이중 단청색깔과 바코드 형상을 활용한 '빛의 문'과 옥수역 입구의 조형물은 황량했던 옥수역의 도시철도 하부공간을 예술로 승화시킨 사례이다. 2호선 건대입구역 역시 이를 참고하여 '문화와 예술의 거리'에 걸맞은 밝은 분위기로 바꿀 수 있을 것이다.[11]

---

8. 연세춘추. 2017년 5월 5일. "[팩트체크] 숫자로 본 신촌, 서울에서 몇 등?"
9. 동아일보. 2011년 9월 26일. "[창업! 상권 vs 상권]〈1〉신촌-홍익대 앞 분석."
10. 위와 같음.
11. 공공미술포털. "공공미술포털 관련 국내 사례 리스트."

도시정책추진에는 물리적 환경 개선만 아니라 추진과정에서의 주민참여도 중요한 몫을 차지한다. 건국대학교 주변 노유거리는 2000년에 '환경 개선형 도시설계' 대상지로 선정되었고, 이를 추진하는 과정에서 주민의 참여가 중요하게 여겨졌다. 이에 따라 기획위원회는 주민대표인 노유로데오거리가꾸기 추진위원회, 서울시정개발연구, 도시연대, 광진구청 건설행정과, 외부전문가로 구성되었다. 환경 개선사업 이후 행정의 지원과 관심, 다양한 매체를 통한 홍보로 유입인구가 증가하면서 상권이 활성화되었고 상인들 간의 관계 또한 돈독해졌다.

하지만 개선사업이 끝나고 프로젝트를 주도했던 행정과 전문가들이 빠져나간 후 주인들과 상인들은 로데오거리에서 발생하는 불법 주차 문제, 거리 위생 문제 등에 대해 주체적으로 대응하지 못한 채 구청에서 처리해 주기만을 기다렸다.[12] 주민의 자발적인 참여를 통한 지속적인 관리를 위해 만들어진 규칙 사항들이 그 실행주체인 상인들과 주민들 당사자에 의해서 지켜지지 않았다. 로데오거리의 물리적인 환경만 개선되었을 뿐 그것을 관리하는 주체와 상인들의 참여 동기는 사라져버린 것이다. 그 결과 로데오거리는 환경 개선사업 이전으로 회귀했다.

즉, 공공주도의 주민참여는 진정한 '참여'가 아니라 '참가'의 개념에 그치면서 자생적인 주민 조직을 발전시키는 데에는 실패했다. 따라서 거리의 지속가능성을 위해서는 주민들 스스로 지역 사안들에 대한 계획을 수립·실천하고 협약의 구속력을 강화하기 위한 주체성을 함양하는 것이 가장 중요하다.

'문화의 거리' 추진 과정에서 발생하는 갈등해산을 위한 비물리적 차원의 노력도 요구된다. 건대입구역 주변의 불법 노점은 인도를 좁게 만들어 보행자의 통행을 방해한다. 또한 노점 옆에 방치된 쓰레기는 거리의 위생과 미관을 해친다. 하지만 광진구청에 의한 강제철거는 노점 상인들의 거센 항의를 일으키고, 노점의 환경을 개선하는 것 역시 인근 상인들의 반발로 인해 어려운 실정이다.

이는 각종 거리 만들기 사업에서 흔히 발생하며 해결되기 쉽지 않은 문제이다.

---

12. 정재훈. 2010. 『주민조직 리더십이 주민참여에 미치는 영향에 관한 연구–인사동, 부평 문화의 거리, 건대 앞 노유로데오거리 중심으로』. 서울시립대학교 석사학위논문. p.76.

하지만 '부평 문화의 거리' 조성 과정처럼 시장번영회와 노점상연합회가 공동간담회 등을 통해 갈등을 해결한 사례도 있다.[13] '부평 문화의 거리'를 만들 때 가장 큰 장애요인은 노점상이었다. 동일한 판매 품목 때문에 노점 상인과 점포 상인 간 갈등이 심했다. '문화의 거리' 조성 사업이 결정된 후 상가번영회는 노점상의 완전 철거를 요구했지만 노점상 측은 당연히 이를 거부했다. 이러한 과정에서 대립과 갈등이 있었지만 양측은 대화와 타협을 통해 해결하기 위해 노력했다. 그 결과 노점상들 역시 거리의 활성화 방안을 직접 제안하고 협의를 요구하는 등의 변화를 보였고 비로소, 상인들과 노점상 그리고 구청이 함께 노점 문제를 해결하는 구조를 갖추었다. 이러한 사례를 참고한다면 능동로 인근의 점포 및 노점 상인과 보행자 모두에게 물리적 차원뿐만 아니라 비물리적 차원에서도 이로운 거리를 형성할 수 있을 것이다.

Ⅲ. 설문조사 결과 검토

본 연구자들은 능동로에 있어 광진구 주민, 광진구 소재 대학 학생 및 교원, 방문객들의 인식과 개선방향에 대한 수요를 파악하고, 개선안에 대한 주민들의 의견을 수렴하기 위해 2018년 5월 4일(금)부터 5월 27일(일)까지 구글독스(Google Docs)와 직접조사를 혼용하여 사전설문조사를 진행하였다. '능동로에 대한 인식과 개선 방향'과 '개선안에 대한 의견 수렴'에 총 116명의 참여로 조사가 진행되었다.

---

13. 홍인옥. 2000. "점포상인, 노점상, 그리고 행정이 함께 풀어가는 노점상 문제-부평 문화의 거리를 중심으로." 홍인옥 편. 『도시와 빈곤』. 한국도시연구소. pp.42~49.

1. 능동로에 대한 인식과 개선 방향

건국대학교 일대와 어린이대공원에 이르는 능동로에 아동과 문화에 대한 콘텐츠가 현저히 부족하다는 것을 인식하고 능동로의 개선을 시도하고자 하였다. 이러한 연구자들의 인식이 실제 능동로를 이용하는 광진구 주민, 광진구 소재 대학의 학생 및 교직원에게 있어 동일하게 확인되는지 여부를 먼저 확인할 필요가 있었다.

연구를 기획하는 단계에서 연구자들은 광진구청 홈페이지에 "동화나라 광진"이라는 표어를 처음 접하였다. 동화나라 광진이라는 표어는 광진구가 아동과 가족을 대상으로 하는 충분한 콘텐츠가 보장되어 있음을 대표하는 표어라고 생각하였고, 이를 시민들이 함께 동의하고 있는지 여부를 파악할 필요성을 느꼈다. 이에 따라 〈그림 1〉과 같이 설문에서 "광진구의 공식 표어로 '동화나라'가 사용되고 있는 것을 알고 계신가요?"라는 질문을 했고, 이에 대해 전체 참여자 중 74%가 "모른다"는 답변을 주었고, 오직 26%만이 "알고 있다"는 답변을 주었다. 게다가 어린이대공원에서 매년 어린이날을 기점으로 진행되고 있는 서울동화축제 역시 광진구에서 대표적인 아동 콘텐츠라고 할 수 있는데, 설문조사 결과 '축제를 이용해본 경험이 있는 자'가 전체의 17%에 그쳐 그 이용도가 크게 떨어지고 있음을 알 수 있었다. 축제에 참여한 17%의 참여자 중에서도 부정적인 의견

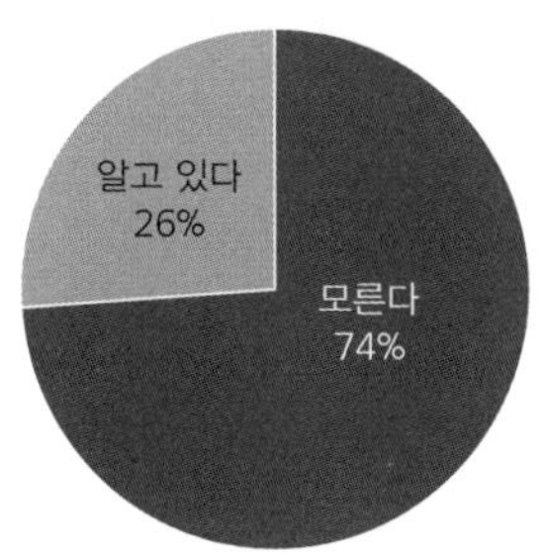

〈그림 1〉 "광진구의 공식 표어로 '동화나라'가 사용되고 있는 것을 알고 계신가요?"에 대한 응답

이 존재했으며, 부정적으로 응답한 참여자들은 "규모가 작다", "소재가 부족하다" 등의 의견을 주었다. 또한 설문조사기간에 개최된 서울동화축제에서 방문객을 대상으로 하여 인터뷰 역시 진행하였는데, 성남시에 거주하고 있는 방문객 4명은 "2017년에 이어 올해에도 서울동화축제를 방문했는데 올해는 질이 좋지 않다"고 했다. 반면, 다른 방문객 중에서는 "좀 더 커지게 된다면 알차게 잘 될 수 있을 것 같다"는 의견을 보이기도 했다. 방문객 인터뷰와 설문조사의 결과를 종합하여 보면, 아동친화도시임에도 아동에 대한 콘텐츠가 부족하다는 인식을 광진구의 시민들이 공통적으로 공유하고 있음을 확인할 수 있다.

대학가에 걸맞은 문화적 콘텐츠가 부재한 광진구라는 연구자들의 인식이 시민들과 공유되고 있는지 여부를 확인하고자 〈그림 2〉와 같이 "문화예술이 있는 거리에 가장 적합한 곳은 어느 곳이라 생각하십니까?"라는 설문조사를 진행하였다. 해당 설문은 홍대입구 거리, 샤로수길(서울대), 신촌 거리, 대학로(성균관대)와 건대입구 거리라는 5가지의 대학가를 비교 선택하도록 하여, 건국대학교의 대학가인 능동로에 대한 시민들의 인식을 보다 가시적으로 파악하고자 하였다. 설문조사 결과 대학로와 홍대입구 거리가 각각 45%와 35%의 가장 높은 비율로 문화예술의 거리로 선택을 받았다. 그 뒤를 이어 건대입구 거리가 15%, 신촌 거리가 3%, 샤로수길이 2%의 비율을 보였다. 이는 능동로가 여타 대학가들과 비교해 문화예술의 거리라는 이미지를 얻지 못할 만큼 문화적 콘텐츠가 부족하다

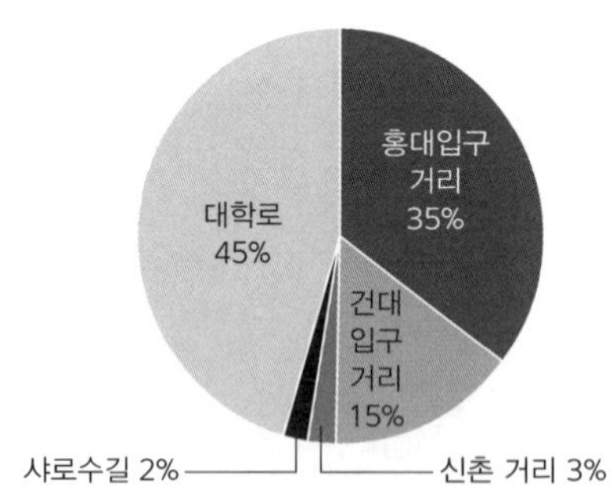

〈그림 2〉 "문화예술이 있는 거리에 가장 적합한 곳은 어느 곳이라 생각하십니까?"에 대한 응답

는 것을 단적으로 보여준다고 할 수 있다. 더 나아가 위 질문에 이어서 "문화예술의 거리로 가장 적합한 곳을 선정한 이유는 무엇입니까?"라는 서술형 설문을 진행하였는데, 홍대입구 거리와 대학로에서 공통적으로 발견되는 의견은 "연극, 공연, 버스킹(거리공연)을 자유롭게 할 수 있다", "거리공연을 위한 편의적 장치가 다수 마련되어 있다", "미술, 악기 등 길거리에서 활동하는 예술의 종류가 더 다양하다", "문화의 느낌이 넘쳐흐른다" 등이었다. 반면, 건대입구 거리를 선정한 사람들의 의견은 "사람이 많다", "역세권이다" 등 유동인구적 측면을 더 부각시켰다.

또한 연령대별 거리 이용도를 교차분석한 결과 20대가 87.5%라는 높은 비율로 일주일 기준 5번 이상 거리를 이용하고 있다고 답했다. 전체 거리 이용도 역시

〈표 2〉 거리 이용도와 연령 교차분석표

연령			20대	30대	40대	50대	60대 이상	전체
거리 이용도	0~1번	빈도	17	10	10	3	3	43
		거리 이용도 %	39.5	23.3	23.3	7.0	7.0	100.0
		연령 중 %	24.3	58.8	71.4	42.9	37.5	37.1
		전체 중 %	14.7	8.6	8.6	2.6	2.6	37.1
	2~4번	빈도	25	6	2	4	4	41
		거리 이용도 %	61.0	14.6	4.9	9.8	9.8	100.0
		연령 중 %	35.7	35.3	14.3	57.1	50.0	35.3
		전체 중 %	21.6	5.2	1.7	3.4	3.4	35.3
	5번 이상	빈도	28	1	2	0	1	32
		거리 이용도 %	87.5	3.1	6.3	0.0	3.1	100.0
		연령 중 %	40.0	5.9	14.3	0.0	12.5	27.6
		전체 중 %	24.1	0.9	1.7	0.0	0.9	27.6
전체		빈도	70	17	14	7	8	116
		거리 이용도 %	60.3	14.7	12.1	6.0	6.9	100.0
		연령 중 %	100.0	100.0	100.0	100.0	100.0	100.0
		전체 중 %	60.3	14.7	12.1	6.0	6.9	100.0

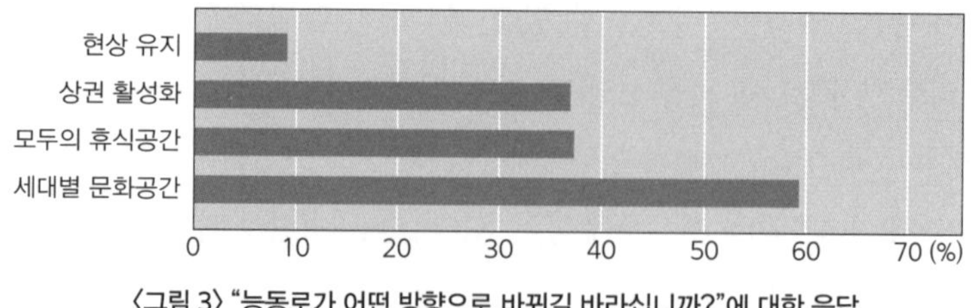

〈그림 3〉 "능동로가 어떤 방향으로 바뀌길 바라십니까?"에 대한 응답

60.3%로 20대가 가장 높았다. 이는 거리의 이용이 20대에 치우쳐 있고 다른 세대가 거리를 이용하는 데에 있어 어려움이 존재하는 것을 의미한다.

위 설문을 분석한 결과 능동로가 아동과 문화를 위한 콘텐츠가 부족하다는 인식을 연구자와 시민 모두가 공통적으로 느끼고 있음을 확인하였다. 그렇다면 더 나아가 기존의 연구자들이 설정한 세대별로 즐길 수 있는 문화적 공간을 마련하는 방향에 대해 시민들은 공감하고 있는지, 능동로의 개선 자체의 필요성을 공유하는지를 확인할 필요가 있다. 이에 본 연구자들은 〈그림 3〉과 같이 주민들이 능동로 일대가 어떤 방향으로 변하길 원하는지 알아보기 위한 설문조사를 실시한 결과, 세대별로 즐길 수 있는 문화공간이 가장 높은 수치를 보였다. 이 결과를 바탕으로 능동로의 개선에 대한 연구를 지속적으로 진행함과 더불어 아동과 청년 세대가 모두 즐길 수 있는 거리를 조성하는 방향을 확정하였다.

2. 개선안에 대한 의견 수렴

본 연구자들은 조사를 통해 파악된 내용을 기반으로 아동과 청년 세대가 모두 즐길 수 있는 거리를 조성하기 위해 '동화의 거리', '아트의 거리', '젊음의 거리'의 3가지 테마거리 개선안을 설정하였고, 이를 설명하며 시민들의 의견을 수렴하는 방식으로 설문을 진행했다.

'동화의 거리'는 기존에 있었던 동화축제를 활성화하고 캐릭터를 이용한 거리 조성 및 금연 거리 조성, 턱을 없앤 보도블록 정비 등을 통해 주로 아동 및 가족들

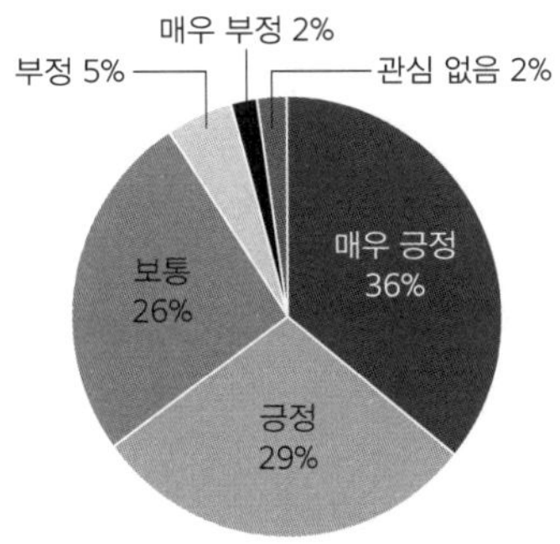

〈그림 4〉 "능동로가 동화의 거리로 변하는 것에 대해 어떻게 생각하십니까?"에 대한 응답

이 찾고 즐길 수 있는 거리를 의미한다. 〈그림 4〉는 '동화의 거리'로의 능동로 개선 방향에 대한 시민들의 의견이다. 시민들은 이러한 개선 방향에 대해 65%가 긍정하였고, 그중 36%는 매우 긍정적이라는 반응을 보였다. 반면, 7%만이 부정적인 반응을 보여줬다. 이러한 반응은 앞선 조사에서 밝혀진 아동 콘텐츠의 부족에 대한 시민들의 공감이 반영되었다고 할 수 있다. 동화를 주제로 하여 아동 관련 콘텐츠를 형성한다면, 이미 진행하고 있던 기존의 프로그램을 활용, 연계하여 비용 대비 큰 효과를 얻을 수 있을 것으로 예상되는 만큼 효율적으로 목적을 달성할 수 있을 것이다.

이전 인식조사의 결과 능동로에 문화 콘텐츠가 부족하다는 인식을 시민들이 공유하고 있었다. 조사에서의 의견을 종합해 봤을 때, 공연과 연극, 미술 등의 문화적 콘텐츠의 다양성이 보장될 수 있어야 문화예술의 거리가 될 수 있다는 결론에 도달할 수 있었다. 이를 기반으로 대학과 지역주민이 함께 참여하여 예술(아트)을 이용해 거리를 조성하고, 건대입구역 2호선 도시철도 하부에 아트적인 요소를 결합함으로써 문화의 증진을 도모하고 모든 세대를 아우를 수 있는 거리인 '아트의 거리'의 개선방향을 설정하였다. 이에 대한 시민들의 의견을 수렴한 결과는 〈그림 5〉와 같다. 능동로를 '아트의 거리'로 개선하려는 방향에 대해 시민들은 74%가 긍정적이라는 의견을 주었고, 그 중 40%가 매우 긍정적이라는 반응을 보

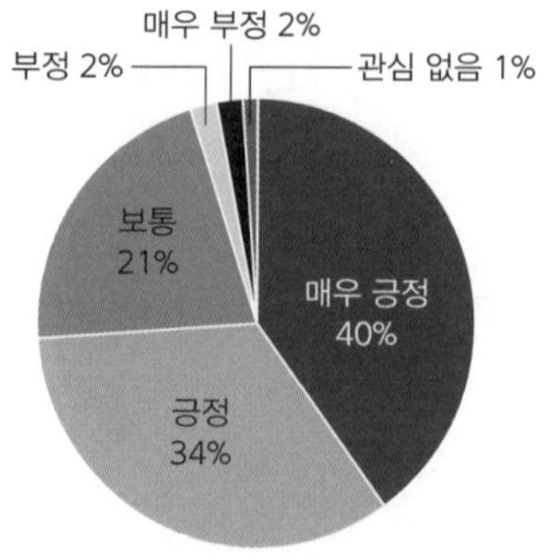

〈그림 5〉 "능동로가 아트의 거리로 변하는 것에 대해 어떻게 생각하십니까?"에 대한 응답

였다. 반면, 부정적 반응은 4%에 그쳤다. 이는 앞선 '동화의 거리'보다 더 큰 차이로 '아트의 거리'로의 개선이 지지를 얻고 있다는 것을 보여 주면서 동시에 '아트의 거리'라는 개선 방향이 문화적 콘텐츠의 부족이라는 시민들의 인식에 잘 부합하는 개선 방향이라는 것을 의미한다. 또한 이미 능동로에서 예술가들이 플리마켓을 진행하고 있음에도 조사결과 이를 이용하는 자가 전체의 22%에 불과했다. 그러나 이용한 사람들 중에서는 이를 긍정적으로 느낀 사람이 77%를 차지하고 있었다. 불만족을 느낀 사람들 중에는 "출품 제품의 수나 종류가 한정적이고 구매 의사를 느낄 정도의 요인을 갖지 못하였으며, 홍보도 부족하다"는 내용이 주를 이루었다. 따라서 더욱이 활성화된다면 예술의 거리는 그 효과가 증명되어 있는 개선방향이라는 것을 확인할 수 있었다.

문화적 콘텐츠를 향유할 수 있는 거리라는 측면에서 제안된 다른 한 가지의 개선방향은 건대 로데오를 기점으로 젊은 사람들이 머물 수 있는 공간을 마련하고, 공연장, 전시회 및 세미나 등을 할 수 있는 공간(건물)을 조성하여 젊은이들을 불러모을 수 있는 거리인 '젊음의 거리'이다. '젊음의 거리'로의 개선방향에 대해 시민들은 〈그림 6〉과 같은 의견을 보였다. 80%의 시민들이 긍정적인 반응을 보였고, 그 중의 43%가 매우 긍정적이라는 의견을 주었다. 이를 통해 '젊음의 거리'로의 개선방향에 대한 시민들의 필요성과 공감대가 매우 크게 존재하고 있음을 알

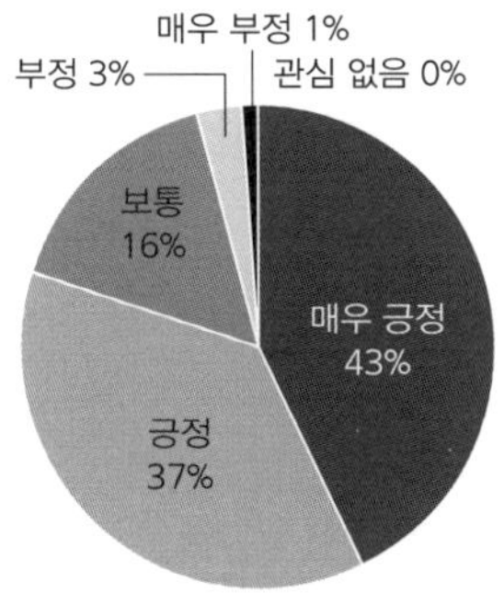

〈그림 6〉 "능동로가 젊음의 거리로 변하는 것에 대해 어떻게 생각하십니까?"에 대한 응답

수 있다. 능동로 일대가 유흥의 이미지를 벗고 문화적 측면을 강화한다면 지속적으로 젊은이들이 찾고, 즐길 수 있는 거리가 형성될 수 있을 것이다.

Ⅳ. 심층인터뷰와 1·2차 소셜픽션

1. 문화예술의 광진테마거리 1차 소셜픽션

앞서 진행된 다양한 연구 및 조사의 결과를 바탕으로 동화와 예술의 거리를 위한 1차 소셜픽션을 진행하였다. 이때 소셜픽션을 물리적 변화와 비물리적 변화로 나누었는데, 물리적 변화는 공간적 변화를 의미하며, 비물리적 변화는 거리의 운영 차원에서 거버넌스를 실현하는 것을 의미한다.

〈표 3〉 문화예술의 광진테마거리 1차 소셜픽션

<table>
<tr><th>변화 유형</th><th>테마거리</th><th>분류</th><th>구체적 사항</th></tr>
<tr><td rowspan="7">물리적 변화</td><td rowspan="2">공통 전체</td><td>기반시설 정비</td><td>도보 위로 오토바이 통행 금지, 보도블록 평지화, 간판 정비 사업</td></tr>
<tr><td>환경미화</td><td>금연거리 지정, 흡연 시 처벌 안내 강화, 쓰레기통 추가 배치</td></tr>
<tr><td>동화의 거리</td><td>디자인</td><td>동화를 이용하여 가로등, 노점 디자인 개선</td></tr>
<tr><td rowspan="2">아트의 거리</td><td>청년 예술가의 공간</td><td>플리마켓 확대</td></tr>
<tr><td>조경</td><td>영상 아트를 이용한 건대입구역 2호선 고가구조물 디자인 개선, 보도 위 예술품 설치, 야간 조명 설치</td></tr>
<tr><td>젊음의 거리</td><td>문화 공간</td><td>버스킹 등의 공연 장소 확충, 청년들이 모여서 동아리, 세미나 활동을 할 수 있는 실내 공간 및 휴식을 위한 벤치 마련</td></tr>
<tr><td>비물리적 변화</td><td colspan="2">시민 참여형 테마거리</td><td>관민 연계형 테마거리발전위원회, 시민이 만든 예술 작품 설치, 환경미화 등 봉사활동, 동화축제 시 유니폼 착용 후 안내 담당, 동화축제 및 플리마켓 홍보</td></tr>
</table>

2. 관련 이해 당사자 및 전문가 심층인터뷰

1) 물리적 변화

① 공통전제

문화의 거리를 도입하기 위해서는 기반 시설의 정비가 필요하다는 것을 공무원과의 인터뷰를 통해 파악하고, 현재는 그 1단계인 맛의 거리 지중화 사업이 진행 중에 있으며, 간판 정리 사업 역시 필요하다는 것을 확인했다. “거리에서 불필요하고 경관 상 좋지 않은 부분을 제거하는 것이 무엇인가를 더하는 것보다 더 중요하다”면서, “거리의 기반시설을 정비할 경우 시야와 공간을 확보해야 문화적 콘텐츠가 도입될 수 있다”고 했다. 다만, 사람마다 느끼는 필요성의 차이가 존재하고, 가게의 이용을 제한한다는 상인들의 반대도 존재하고 있으며, 현재 광진구에서 디자인 분야의 전문 인력이 매우 부족하여 개선이 쉽지 않다는 것도 지적되었다.

〈표 4〉 심층인터뷰 참여자 명단

인터뷰 참여자	• 광진구 주민 A씨 • 건대입구역 부근 노점상 B씨 • 맛의 거리 일반 상가 상인 C씨 • 광진마을공동체지원센터 오봉석 센터장 • 광진문화예술인네트워크 다락 김사운 기획위원 • 건국대학교 행정학과 양승범 교수 • 건국대학교 건축학과 김영석 교수 • 서울대학교 한국정치연구소 미우라 히로키 박사 • 광진구 도시계획과 공공디자인팀 황호림 주무관 • 광진구 도로과 보도관리팀 김경원 팀장 • 건대 플리마켓 이재철 대표

주민과 상인들의 인터뷰에서 능동로의 흡연문제가 거리의 이용을 제한하고 위생 등의 부가적인 문제를 발생시킬 수 있음을 확인했고, 금연거리 지정은 매우 큰 지지를 받았다. 그러나 공무원 측에서는 금연거리 지정은 흡연자들의 권리 문제, 거리 상권의 이용 문제가 겹쳐서 쉽지 않을 것이며, 이에 현재 흡연자와의 동선 분리를 계획하고 있다고 했다. 더 나아가 상인들은 주말에 많은 방문객들이 능동로를 이용하여 위생 문제가 심각하고, 쓰레기로 인한 피해가 매장 내에까지 이르고 있어 주말에 집중적으로 쓰레기를 처리할 필요가 있다고 했다.

② 동화의 거리

광진마을공동체센터장은 어린이대공원에서 건대입구역까지 이어지는 능동로는 경사가 심하고 인도가 좁아 활발한 아동들이 이용하기에는 안전상의 문제가 우려되는 등 상시적으로 아동이 이용하기에는 적합하지 않다는 의견을 주었다. 이어서 동화의 거리를 건대후문에서 군자역 부근으로 변경하고, 어린이대공원역 내부의 유휴공간을 활용하면 보다 좋을 것이라 첨언해 주었다.

광진구 도시계획과 황호림 주무관은 능동로에 캐릭터를 이용한 디자인 개선을 시도하는 것은 오히려 시각 방해를 낳을 수 있다고 지적했다. 이미 다양한 상가들이 많은 색을 사용하여 거리를 덮고 있는 상황에서 캐릭터의 색이 더 추가된다면, 거리를 이용하면서 시선이 집중되지 못하고 방해가 된다는 것이다. 거리는 "주변 건물들이 아니라 사람을 초점에 두고 디자인해야 하기 때문에 과하게 화려하거나 다양한 색을 사용하는 것은 옳지 않다"며 광진구를 상징할 수 있는 포인트 색상이나, 캐릭터를 무채색으로 사용하여 시각 방해를 최소화할 수는 있다고 했다.

③ 아트의 거리

건대 플리마켓을 확대하는 방안은 현재의 플리마켓이 자리잡은 배경 속에서의 마찰과 갈등을 어떻게 극복하는지의 문제가 담겨 있다. 건대 플리마켓 대표는 과거 동일 상품을 판매한다는 이유로 노점상인과 마찰이 있었고, 거리라는 공적 공간에서 회비 등을 받고 물건을 판매한다는 것에 대해 민원이나 신고도 많이 존재했다고 어려움을 이야기했다. 도시계획과에서도 노점상인들의 반발이 우려되어 확대가 쉽지 않을 것이라는 의견을 주었다. 또한 플리마켓 대표는 능동로의 야간 조명이 필요하다며, 조명을 추가적으로 설치해 야간에도 예술가들이 거리에서 활동할 수 있도록 할 필요가 있다고 말했다.

플리마켓 대표나 관계 공무원, 시민단체 모두 거리 개선에 있어 대학의 역할을 강조했다. 거리의 지속가능성을 보장하고 쌓여 있는 갈등을 원만하게 해소하기 위해서는 대학생들의 참여가 필요하다는 것이다. 건국대학교 건축학과의 김영석 교수 역시 플로리다 마이애미 대학에서의 사례를 언급하며 대학의 아트프로그램, 뮤지엄 등을 거리에 전시하고 영상 홍보를 하는 등 대학과 연계하여 학교 안의 문화예술활동을 학교 밖의 거리로 확장시키는 것이 효과적으로 거리의 문화를 활성화하는 방안이라고 했다. 또한 플리마켓 대표는 현재 건대 예술디자인대학 앞의 컨테이너가 예술 안내소로서 기능을 제대로 하지 못하고 있지만 이를 대학과의 거리 예술을 연계하는 데 있어서 중요한 지점으로 삼고 진행하는 것도 좋을 것으로 보인다고 첨언했다.

지하철 2호선의 고가 구조물의 미관을 개선하는 문제는 현재 광진구에서도 관련 사업을 실행하고자 계획하고 있었다. 그러나 구조물을 담당하고 있는 서울교통공사와의 소통과 협업 문제가 존재했다.

④ 젊음의 거리

광진문화예술인네트워크 기획위원은 청춘뜨락이 공연장의 기능만 아니라 통로의 역할이 결합되면서 공연 친화적 장소가 아닌 흡연 장소로 전락한 구조적 문제가 있다고 지적했다. 상인들 역시 이와 같은 문제인식을 공유하고 있었다. 또한 김사운 기획위원은 청년과 예술가들이 지속적으로 모이고 활동할 수 있는 문화적 거점이 있어야 하며, 이러한 거점에서의 문화적 활동이 결국 거리의 문화를 만들고 재생산하는 데 매우 긍정적으로 작용할 것이라고 했다. 이에 청춘뜨락의 구조를 변형하고 녹음실, 연습실을 두어 공연예술의 거점으로 만드는 방안을 준비 중에 있다고 했다. 더 나아가 상가상인회에서 "현재의 화양공원이 우범지역 같다며, 화양공원에 아트하우스를 만들어 예술가들이 거리의 변화를 주도할 수 있게 하자"는 의견도 제시하였다. 따라서 화양공원과 같은 작은 공원에서의 청년 문화공간을 도모하는 것이 좋은 방안이 될 수 있다.

2) 비물리적 변화: 시민 참여형 테마거리

① 테마거리운영위원회

현재 맛의 거리 축제가 진행되고 있으나, 상인 인터뷰 결과 요식행사에 불과하다고 느끼고 있는 것으로 나타났다. 상인 중에서도 행사를 누가 어떻게 진행하는지 모르고 있고, 따라서 참여할 기회를 얻지 못하고 있는 층이 존재한다는 것이다. 더 나아가 광진문화예술인 네트워크 기획위원은 시민 개인이 자발적으로 하는 참여는 전반적인 시민과 구청 등과의 의사소통이 어려워 정책적 반영이 잘 되지 않기 때문에 지속되기 힘들다고 보고 있었다. 또한 광진구 내에 다양한 문화콘텐츠를 연결하여 체계적으로 운영하지 못하고 있어 특색 있는 문화적 브랜드가 형성되지 못하고 있다는 문제를 지적했다. 이에 테마거리운영위원회와 같이 포괄적으로 아우를 수 있는 거리의 시민 참여형 운영체계가 필요함은 확인되었다. 다만, 서울대학교 미우라 박사는 시민의 참여를 꾸준히 이끌어가기 위한 테마거리운영위원회가 본래의 목적에 맞게 운영되기 위해서는 기본적인 원칙을 세워둬야 한다고 조언했다.

건국대학교 행정학과 양승범 교수는 누가 참여할 것인지를 구성하는 것이 테마거리운영위원회에서 우선적으로 중요한 사항이며, 참여 동기가 있는 구성원들이 참여해야 지속적으로 유지될 수 있다고 했다. 따라서 기존의 광진구에서 동화 콘텐츠와 문화예술, 거리 및 환경 조성을 담당하고 있던 관계자가 참여해야 하며, 주변 상인들 역시 주요 관계자이기에 참여해야 한다고 했다. 또한 시민단체 등과 같은 지역 조직도 이러한 변화에 있어 참여동기를 가지고 있는 구성단위가 될 수 있다고 했다. 의견 수렴 과정에서 지역별 주민대표회의를 활용하다 보면 자발적으로 주민대표들 역시 참여할 수 있을 것으로 보인다. 또한 관계 공무원, 플리마켓 대표, 광진문화예술네트워크와의 인터뷰에서는 관내 대학과 학생들의 참여가 핵심요소로 자리했다. 특히, 상권, 문화예술인 단체, 다른 지역 예술인 등을 포괄하는 광범위한 소통의 장을 위해서는 학계가 주도적으로 나서야 한다고 언급했다. 플리마켓 대표 역시 청년 중심의 참여가 필요함을 강조하며 단순히 지역의 참여를 활성화시키는 역할을 넘어 학생들의 진로 탐색과 취업에 있어서도 그 폭을 넓히고 체계적으로 준비할 수 있게 한다고 주장했다.

그러나 너무 다양한 주체들의 참여를 보장하고자 한다면, 그 실질적인 운영을 보장하기 어려울 것이다. 따라서 위원회의 운영에 있어 의사결정방식을 확실히 하는 것이 매우 중요하다. 인터뷰에 참여해 준 상인은 이에 대해 이익에 민감한 상인들의 지속적인 참여와 협력을 유지하기 위해서는 철저히 평등하고 공정한 운영이 보장되어야 한다고 했다. 이에 대해 양승범 교수는 이탈 방지와 참여 유지를 강제적 규범의 차원으로만 접근하려 하지 말고 평등과 공정의 큰 원칙을 규정한 상태에서 활동을 통해 그 영향력과 신뢰가 확보하면서 구성원 간의 합의를 통해 운영 세칙을 마련하는 것이 더 효과적일 것이라는 의견을 주었다.

테마거리운영위원회는 거리의 변화 전반을 계획하고 관리하는 곳으로써 의견을 수렴하고 갈등을 원만하게 해결하기 위한 사안들을 기본적으로 다뤄야 한다. 더 나아가 젠트리피케이션(gentrification)의 문제 역시 다뤄져야 한다. 플리마켓 대표는 현재 광진구를 떠난 문화예술인들이 많이 존재한다며, 그 주요 이유 중 하나로 젠트리피케이션을 꼽았다. 지역의 독립서점들이 점차 사라져가는 것도 이에 해당한다면서, 광진구가 그동안 젠트리피케이션 문제에 소홀했고 그로 인해 청년문화예술인들의 작업 공간들이 사라져가고 있다고 했다. 보다 전반적인 차원에서 건국대학교 양승범 교수는 테마거리운영위원회가 이권 다툼이 적은 규모의 사업부터 진행하며 신뢰를 확보할 필요가 있다고 강조했다. 광진문화예술인네트워크 기획위원 역시 강하게 밀어붙이는 식의 추진은 오히려 반발을 불러와 협력을 저해할 수 있으므로 서로 양보할 수 있는 차원에서 낮은 수준으로 함께 가면서 점진적으로 그 범위와 영향력을 확대시켜야 한다고 했다.

② 주민이 만드는 테마거리

광진구 도시계획과 주무관과의 인터뷰에서는 현재의 동화축제가 1회성 행사로만 그치고 있으며, 변화하는 아동 콘텐츠의 현실을 따라가지 못하는 문제가 있다는 것을 확인했다. 플리마켓 대표 역시 동화축제가 어린이들을 위한 행사임에도 불구하고 행사 기획이나 프로그램에서 어린이 콘텐츠가 부족하다고 했다. 이에 따라 도시계획과 주무관은 매년 광진구를 소재로 하는 동화 작품을 주민 참여적으로 개발하고 이를 이용한 다양한 사업을 진행하면서 다양한 캐릭터를 개발하고 재생산한다면 파생효과가 무궁무진할 것이라는 의견을 주었다.

플리마켓 대표와의 인터뷰에서 현재 광진구가 다른 지역에 비해 예술가들이 활동하기에 좋은 지역이 아니지만 광진구 내 예술가들이 지역에 참여하고자 하는 의지는 존재한다며, 환경을 조성해 준다면 매우 다채로운 문화적 콘텐츠가 생산될 수 있을 것이라고 봤다. 실제 플리마켓 역시 안주하지 않고 옥상 마켓, 인터내셔널 마켓 등 다양한 변화를 추구하고 지역에 기여하고자 노력하고 있다. 또한 플리마켓을 운영하면서 가장 큰 어려움은 자금 문제라며, 자발적인 문화 콘텐츠 형성을 반기면서도 제도권의 지원이 없는 현실을 꼬집었다. 또한 현재 광진구의 문화예술이 공연예술 위주로만 이뤄져 있기 때문에 전시예술과의 적절한 지원의 균형이 필요하다고 했다. 다만, 민간의 자발적인 문화 형성을 지원하는 것이 아니라 오히려 관에서 직접적으로 문화를 형성하고자 한다면, 자발적으로 운영하고 있던 민간 문화 콘텐츠에 피해를 주게 된다며, 관은 민간을 간접적인 방식으로 지원해 주는 것이 가장 중요하다고 지적했다.

3. 문화예술의 광진테마거리 2차 소셜픽션

관련 이해 관계자 및 전문가, 공무원 심층인터뷰의 결과를 바탕으로 1차 소셜픽션을 수정하여 2차 소셜픽션을 진행하였다. 테마거리로의 능동로 개선 필요성은 심층인터뷰를 통해 전반적인 공감대를 확인했다. 동시에 테마거리에 대한 구

〈표 5〉 문화예술의 광진테마거리 2차 소셜픽션

변화 유형	테마거리	분류	구체적 사항
물리적 변화	공통 전제	기반시설 정비	① 보도블록 평지화 ② 지중화 사업 ③ 간판 정비 사업(단계적으로 사업을 진행하여 문화적 콘텐츠 도입을 위한 공간 및 시야 확보)
		환경미화	① 능동로 금연거리 지정 및 단속 강화(흡연자는 우회도로 활용을 권장) ② 주말 기간 추가적인 쓰레기 처리 진행(지역 내 폐지를 수거하거나, 일자리를 구하고 있는 어르신들이 진행할 수 있도록 함.)
	문화예술의 아트거리	아트의 거리	① 청년 예술가의 공간 확대 - 플리마켓 확대(판매 품목 사전 조율) ② 조경 - 건대입구역 지하철 2호선 고가 구조물 디자인 개선(영상 아트,무채색 배경의 동화 캐릭터 활용, 역사 출입구 주변의 예술품 설치 및 샌드위치 패널의 현대화) - 야간 조명 설치를 통한 문화예술활동 시간 연장 ③ 대학 연계 예술의 거리 - 학교 안의 아트, 뮤지엄 등의 프로그램 거리 전시 및 홍보 - 관학 연계 문화예술관련 교지, 문화예술지도 지속적 발행 - 건국대학교 예술디자인대학 앞 컨테이너 활용(예술안내소, 전시예술 거점)

물리적 변화	문화예술의 아트거리	동화의 거리	① 동화거리로 디자인 개선(동화 캐릭터를 이용한 보도블록, 가로등, 쓰레기통 디자인. 단, 무채색 배경을 기반으로 포인트 색상이나 캐릭터를 활용) ② 어린이대공원역 유휴 공간 활용 - 동화우체국(동화 속 주인공에게 편지를 보내고 지역 예술가들이 주인공이 되어 다시 답서를 해 주는 공간.) - 동화도서관
		젊음의 거리	① 문화예술인 거점 - 청춘뜨락의 구조 개선(녹음실, 연습실, 천장 구조물 설치)을 통해 공연예술 거점 형성 - 화양공원 복합문화공간 조성
비물리적 변화	시민 참여형 테마거리	테마거리 운영위원회	① 구성 - 관계 공무원, 상인(노점상인 포함), 지역 조직(지역문화예술인 네트워크 포함) 3자간 구성 원칙 - 관내 대학의 총학생회와 학계 참여 보장 - 각 사안별 분과를 형성하고 각각의 필요성에 따라 외부 전문가들 참여 - 지역별 주민대표자회의를 이용해 광범위한 의견을 수렴 ② 의사 결정 원칙 - 평등하고 공정한 운영의 대원칙 선언 - 만장일치의 합의 원칙 하에 주체 간의 운영 세칙 결정(규정하지 못한 내용에 대해 우선적으로 의사결정 원칙에 대한 합의를 이루도록 함) - 필요 사업에 있어 광진구청의 투명한 정보 공개 ③ 활동 - 거리의 정비 및 개선사업 전반 - 지속적인 문화 콘텐츠 재생산을 목적으로 하는 축제 기획 및 주관 등의 다양한 사업 진행 - 젠트리피케이션 방지
		주민이 만드는 테마거리	① 동화 콘테스트 실시 ② 주민이 꾸미는 아트거리(아이디어 제안 수준을 넘어 직접적으로 작품을 만들어 함께 거리를 개선)
		문화 네트워크	① 소통을 통한 문화예술 연계 ② 문화예술인 지원(문화예술 전반에 걸친 고른 지원, 관의 직접 개입 자제)

체적 사항에 대한 입장차이 역시 나타났다. 따라서 근본적인 공감대 아래에서 이해 관계자들을 포괄할 수 있는 방안을 2차 소셜픽션을 통해 제안해보고자 한다. 이를 통해 문화적 콘텐츠를 재생산하는 문화예술의 능동로를 형성하고 광진구의 브랜드를 만들어 이미지 개선에 기여할 수 있을 것이다.

Ⅴ. 능동로와 문화예술의 광진테마거리

광진구는 많은 문화적 자원에도 불구하고 유흥이 대표적 이미지로 자리잡고 있다. 유흥문화는 다른 지역과 비교하여 광진구만의 특색을 만들지 못하기에 경쟁력이 없고, 지역의 경제를 지속적으로 이끌지 못한다. 이에 지속가능한 발전을 위해서는 문화를 통해 광진구만의 브랜드를 형성하는 것이 중요하다. 이를 위해 본 연구자들은 능동로의 거리 변화에 대한 필요성을 기반으로 선행 연구를 조사하고, 광진구의 주민, 소재 대학의 학생 및 교원, 방문객을 대상으로 설문조사를 진행하여 인식 및 수요 조사를 실시했다. 그 결과 거리 개선이 필요하다는 공감대를 확인하고 "세대별로 즐길 수 있는 문화적 공간"의 수요를 기반으로 1차 소셜픽션을 진행하였다. 이어 1차 소셜픽션의 구체적 제안사항들에 대해 관련 이해 관계자를 포함한 전문가 및 공무원들을 대상으로 심층인터뷰를 진행하였다. 제안사항들에 대한 현실가능성 검토와 현장에서의 수요에 기반한 방안들에 대한 탐색이 심층인터뷰를 통해 이뤄졌으며, 이를 바탕으로 제안사항을 수정·반영하여 주체 간 양보와 타협을 핵심으로 하는 2차 소셜픽션이 진행되었다.

본 연구자들은 능동로의 테마거리 조성이라는 큰 틀 아래 능동로를 문화예술의 아트거리로 조성하고, 광진구가 가지는 동화와 젊음이라는 강점을 이용하여 광진구만의 특색 있는 문화 콘텐츠를 형성하며, 거리 변화의 전 과정에 시민들의 참여를 보장하여 자발적인 문화 재생산을 통한 지속가능한 지역경제의 발전을 도모하고자 했다.

본 연구에서 연구자들은 능동로의 개선 방향에 대해 이용 주체들의 전반적인 수요를 기반으로 깊은 상관관계를 가진 이해 관계자를 포함해 전문가들과 공무원들의 의견을 수렴하여 보다 현실적이고 현장감 있는 해결 방안을 제시하고자 노력했다. 그럼에도 현실적으로 설문 참여 여부에 대한 선택을 배제시키지 못하였고, 이로 인해 완전한 무작위 표본 추출을 하지 못했다. 주요 이해 관계자 심층인터뷰에 있어서도 더 많은 다양성을 확보하지 못한 한계가 있었다.

참고문헌

김원필. 2013. "문화 창조를 통한 성공적 도시 활성화 방안 연구-미술문화 공간 및 시설이 창출하는 효과를 중심으로." 『이탈리아어문학』. 제39집.

공공미술포털. "공공미술포털 관련 국내사례 리스트." https://www.publicart.or.kr/main.do.

동아일보. 2011년 9월 26일. "[창업! 상권 vs 상권] 〈1〉신촌-홍익대 앞 분석." http://news.donga.com/3/all/20110925/40600110/1 (검색일: 2018.5.20).

백선혜. 2008. 『2008 서울 도시디자인 전략 연구』. 서울시정개발연구원.

서순탁. 2002. "사회적 자본 증진을 위한 도시계획의 역할과 과제-접근방법과 정책적 함의." 『국토연구』. 통권 제33권.

서현보. 2017. "사회적 자본과 공간의 연관성에 대한 탐색적 연구-공간디자인 요소를 찾아서." 『한국주거학회논문집』. 제28권 제1호.

오기수. 2012. 『도시경쟁력 강화를 위한 효과적인 디자인테마거리 조성에 관한 연구-디자인 서울거리 조성사업을 중심으로』. 한양대학교 석사학위논문.

연세춘추. 2017년 5월 5일. "[팩트체크] 숫자로 본 신촌, 서울에서 몇 등?". http://chunchu.yonsei.ac.kr/news/articleView.html?idxno=22595 (검색일: 2018.5.20).

정재훈. 2010. 『주민조직 리더십이 주민참여에 미치는 영향에 관한 연구-인사동, 부평 문화의 거리, 건대앞 노유 로데오거리 중심으로』. 서울시립대학교 석사학위논문.

홍인옥. 2000. "점포상인, 노점상, 그리고 행정이 함께 풀어가는 노점상 문제-부평문화의 거리를 중심으로." 홍인옥 편. 『도시와 빈곤』. 한국도시연구소.

광진구 전통시장 청년몰

전通: 시장에서 통하다
전통시장과 청년사업, 그리고 광진구

건국대학교 정치외교학과 **김양지·고은영**

광진구는 서울 동부의 대표적 상권으로, 젊은 층을 겨냥한 대학가 상권으로 유명하다. 그러나 상권의 대부분이 대형 프랜차이즈 점포들로 구성되고, 대학가 상권이라는 이유로 권리금과 임대료가 높게 형성되어 있어 점포가 자주 바뀐다는 단점을 가지고 있다. 또한 지역적 특색이 부족하고 유흥 이미지가 주를 이루고 있다는 평가를 받고 있다. 한편으로 광진구 내에 위치한 전통시장들은 대형 마트나 백화점, 복합쇼핑몰과의 경쟁에서 밀려 소비자의 방문이 급격하게 감소하는 실정이다. 서울시와 광진구청에서는 쇠퇴하는 전통시장을 재건하기 위해 시설 현대화, 제도 개선 등의 지원을 제공해왔지만 그 성과는 미미했다. 따라서 본 연구를 통해 광진구 상권의 지역적 특징을 고찰하고, 대학가라는 특징과 쇠퇴일로의 전통시장 상권을 접목시켜 대학생의 시각에서 청년과 지역의 공존 방안을 찾고 전통시장 활성화 방안을 모색하고자 했다. 이를 위해 현장 참여관찰과 이해 관계자와의 심층인터뷰를 실시했다. 동시에 전통시장에 대한 시민들의 인식 및 이용 현황, 그리고 개선 방향을 파악하기 위해 2018년 5월 9일(수)부터 11일(금)까지 광진구 내의 시민들과 학생들을 대상으로 온·오프라인 설문조사를 실시했다.

조사 결과 청년몰 도입에 대한 필요성과 기존 상인들의 이권 상실에 대한 불안감을 낮추고 새로 유입되는 청년 사업가들과의 협력을 유도하기 위한 대안 마련이 필수적인 것으로 나타났다. 더 나아가 젊은 소비자들의 호응을 유도하기 위해서는 시설 현대화를 통한 전통시장의 이미지 개선이 필요한 것으로 나타났다.

본 연구는 국내외 청년몰 성공, 실패 사례에 대한 문헌연구와 참여관찰 및 인터뷰를 통해 광진구 내 전통시장 중 중곡제일시장과 자양골목시장에 청년몰 도입을 위한 구체적인 계획안을 제시했다. 또한 청년 사업가 교육 및 워크숍 지원과 삼진아웃제 도입을 통해 대안을 제시하고자 한다.

I. 서론: 연구 배경과 목적

광진구는 서울 동부의 대표적 상권으로, 홍대입구, 신촌, 성균관대 주변의 대학로와 함께 젊은 층을 겨냥한 대학가 상권으로 유명하다. 광진구의 대표적인 상권은 2, 7호선 환승역에 해당하는 건대입구역과 건국대를 중심으로 형성된 건대입구 상권이다. 건대입구 상권은 지하철 철로를 사이에 두고 패션로데오거리와 맛의 거리가 형성되어 있어 쇼핑과 유흥을 동시에 즐길 수 있는 곳이다. 편리한 교통과 10~20대를 중심으로 하는 많은 유동인구는 이와 같은 상권이 빠른 속도로 성장한 토대로 작용했다.

그러나 건대입구 상권은 대부분 대형 프랜차이즈 점포들로 이루어져 있고, 대학가 상권이라는 인지도가 작용해 권리금과 임대료가 높게 형성되어 있다. 이로 인해 일반 소상공인들의 경우 비싼 임대료를 감당하지 못해 점포가 자주 바뀐다는 단점이 있다. 또한 비슷한 대학가 상권으로 분류되는 홍대입구 상권과 비교했을 때 지역적 특색이 뚜렷하지 않고 단순한 유흥의 이미지가 주를 이루고 있다. 홍대입구 상권이 건대입구 상권과는 달리 클럽데이와 매일 진행되는 버스킹, 이색 노래방 등으로 '젊고 역동적인 문화, 예술'의 이미지를 형성한 사례와는 대조를 이룬다.

한편 광진구 내에 존재하는 전통시장들은 대형 마트나 백화점, 복합쇼핑몰이 형성되면서 편리함과 신속함, 청결함이라는 측면에서 경쟁력이 떨어져 과거에 비해 소비자들의 방문이 급격하게 감소하고 있다. 이를 극복하기 위해 서울시와 광진구청에서는 시설 현대화, 경영 선진화, 제도 개선 등을 통해 지원을 제공해 왔지만 여전히 시장 매출액은 지속적으로 감소하고 있으며, 경영 기법이나 시장 분위기는 고객들의 변화된 소비 패턴을 따라가지 못하고 있다. 또한 관의 주도로 이루어지는 정책의 특성 때문에 광진구에서 실시한 지원 정책은 시장 방문객뿐 아니라 시장 상인들의 요구도 반영하지 못한다는 평을 받고 있다.

이러한 상황으로 인해 광진구 내의 전통시장은 지속적으로 쇠퇴하고 있으며,

대기업 프랜차이즈 위주의 상권이 주를 이뤄 상권과 지역주민 간의 괴리가 발생하고 있다. 따라서 지역 내 특정 상권의 특색 있는 발전과 함께 기존 상권의 상생 발전은 지역 내 균형 있는 발전을 위한 과제로 부상하고 있다. 지역민에게 실질적으로 도움을 주고, 지역의 경제를 살리기 위한 방안을 모색하는 것은 광진구의 또 하나의 과제로 부상하고 있다.

따라서 본 연구는 단순한 유흥 공간으로 전락해버린 광진구 상권의 지역적 특징을 고찰하고, 대학가라는 특징과 쇠퇴일로의 전통시장 상권을 접목시켜 전통시장을 활성화 방안을 모색하는 데 목적이 있다. 이를 통하여 자치구 내의 대학생의 시각에서 청년과 지역의 공존 방안을 찾고, 그 대안을 논의하고자 한다. 본 연구를 위하여 먼저 제Ⅱ절에서는 전통시장 활성화를 위한 기존 논의를 살펴보고, 그 가운데 청년 참여 사례에 관한 선행 사례 및 관련 문제점을 살펴본다. 제Ⅲ절에서는 연구의 진행을 위하여 실시한 온·오프라인 설문조사와 전통시장 상인 및 공무원 그리고 시민을 대상으로 실시한 심층인터뷰 결과를 분석한다. 제Ⅳ절에서는 다양한 이해관계에 대한 조사결과를 바탕으로 추출한 대안을 제시하고자 한다.

Ⅱ. 이론적 배경

1. 전통시장의 개념

전통시장이라는 용어는 기존의 '재래시장'이 낡고 부정적인 이미지를 담고 있다는 지적에 따라 2009년 구 '재래시장 및 상점가 육성을 위한 특별법'을 '전통시장 및 상점가 육성을 위한 특별법'으로 개정되면서 사용되었다. 법적 개념으로는 '자연발생적으로 또는 사회적·경제적 필요에 의하여 조성되고, 상품이나 용역의 거래가 상호 신뢰에 기초하여 주로 전통적 방식으로 이루어지는 장소'를 말한다.[1] 전통시장에 대한 법적·제도적 관심이 높아지면서 정부에서도 전통시장 활성화를 위한 다양한 정책을 펼치고 있다. 이러한 정책에 기인하여 다양한 성공사례가 등장하고 있고, 이에 대한 학술적 연구도 속속 등장하였다.

전통시장 활성화를 위한 선행 연구를 살펴보면 전통시장의 문화성을 부각시키기 위한 축제, 이벤트개발, 스토리텔링 등에 주안점을 두는 방안,[2] 시의 역사성과 지역문화와 결합하여 관광자원으로 프로그램화하는 방안 등을 제시하였다.[3] 이 외에도 전통시장 방문시 인센티브를 주는 방안이나 주차시설 지원, 상품권이나 지역화폐의 발행 등 다양한 아이디어도 제시되었다.

이러한 가운데 상인들의 노령화가 급격히 진행되고 있음에도 청년상인의 유입이 미흡하여 전통시장이 활기를 회복하는 데 지체를 보인다는 지적을 보완하기 위해 청년층 유입을 위한 시책이나 유인책이 모색되기도 하였다.[4] 이러한 노력 속에 국내외에서 몇 가지 성공사례가 등장하였다. 이러한 사례는 대학과 지역의 상생을 모색하는 본 연구에 중요한 모티브를 제공하고 있다고 볼 수 있다. 건대 상권의 기형적 발전 속에 소외된 지역사회의 상생과 균형발전을 위한 방안으로 청년몰 도입 사례는 광진구 전통시장 활성화 방안 모색에 많은 시사점을 줄 것으로 보인다.

---

1. 조광익. 2014. "전통시장 활성화 정책 비교: 관광을 통한 전통시장 활성화인가, 전통시장의 관광상품화인가?" 『관광연구논총』. 26(4). pp.157-187; 김영표·채희준. 2018. "IPA를 이용한 강원 지역 전통시장 활성화 방안 연구." 『한국관광레저연구』. 제30권 제1호. pp.331~346.
2. 이상준·송지현·이정수. 2010. "전통시장 유형별 활성화 방안 연구: 충청남도 전통시장을 대상으로." 『한국도시설계학회지』. 제11권 제3호. pp.113~129.
3. 임용택·전석모. 2010. "전통시장의 유형별 특성과 활성화 방안." 『지역발전연구』. 제10권 제1호. pp.165~190.
4. 나춘선. 2015. "지역자원을 연계한 전통시장 활성화 방안." 『대한건축학회』. 제59권 제4호. pp.44~48.

2. 청년몰 성공사례

1) 청년몰 국내 성공사례

전주 남부시장은 국내에서 청년몰 도입으로 전통시장 활성화에 성공을 거둔 대표적 사례이다. 1999년 화재 이후 시장 내 대부분의 공간은 창고로 사용되었고, 한때는 사람보다 드나드는 고양이가 많다는 소리가 있었을 정도로 빈 점포가 수두룩한 전통시장이었다.[5] 그러나 2008년부터 문화체육관광부가 시행한 '문화를 통한 전통시장 활성화 시범사업(문전성시 사업)'의 하나로 2011년부터 청년 20명이 '청년 장사꾼 아카데미'를 통해 상인 소양교육을 받고 시범가게로 전주 남부시장 2층에 위치한 청년몰에 입점하면서 상황이 바뀌었다. 현재 남부시장의 청년몰은 전주의 대표적인 관광명소로 자리매김했다. 청년몰의 성공으로 기존의 전통시장도 덩달아 활기를 되찾으면서 남부시장의 야시장과 청년몰을 찾는 방문객들은 꾸준히 증가하고 있다. 2013년 청년몰 지원사업이 중단된 이후로도 청년 점포가 증가해 외부의 지원 없이 청년 사업가들 간의 자치를 통해서 효과적으로 청년몰을 운영하고 있다.[6]

수원 영동시장 2층에 위치한 '28청춘 청년몰'도 청년몰 도입의 성공사례 중 하나이다. 2017년 7월 14일에 문을 연 '28청춘 청년몰'은 15억의 예산이 투입되었으며, 현재 28개의 청년 점포들이 운영 중이다. 입점한 점포들은 문화가 공존하는 기존의 영동시장의 콘셉트에 맞춰 문화특화 상품 가게와 특색 있는 먹거리장터 등이 있다. 영동시장 측은 청년들에게 자립할 수 있는 충분한 기간을 주기 위해 5년 동안 보증금과 임대료를 받지 않기로 했다. 현재 영동시장 청년몰조성사업단에 따르면 개점 두 달만에 청년몰의 하루 평균 방문객은 700~800명을 돌파했으며, 매출은 30만~50만 원 가량 수준을 보였다고 한다. 임차인을 구하지 못

5. 중앙일보. 2017년 6월 20일. "톡톡 튀는 감각으로 뭉친 전주 남부시장 청년몰."
6. 트래블조선. 2016년 3월 30일. "젊은 상인들의 웃음이 가득한 곳, 전주 남부시장 청년몰."

해 텅 비어 있던 과거와는 사뭇 다른 풍경이 연출되고 있다.[7]

2) 청년몰 해외 성공사례

청년몰의 해외 성공사례로는 일본 나라시의 유메큐브 프로젝트를 들 수 있다. 1977년 나라시청이 이전하면서 유동인구가 줄어들자 모치이도노 전통시장 상인 조합원들은 빠칭코 부지를 매입해 2007년 4월부터 유메큐브를 조성하기 시작했다. 통유리로 된 큐브 모양의 9개 상점에 청년 사업가들을 입주시켜 이들에게는 장사할 기회를 주고, 전통시장에는 젊은 고객들을 유도하고자 하는 취지였다. 유메큐브 입점자는 최대 3년까지 장사를 할 수 있고, 점포당 월 3만~4만 엔 정도의 저렴한 임대료를 지급하고 있다. 유메큐브는 외국인 관광객들의 방문 코스가 될 정도로 활기를 띠고 있으며, 맞은편에 유메큐브를 모방해 민간이 운영하는 '유메나가야'라는 상점가가 생겨날 정도로 성공적이라는 평가를 받고 있다.[8]

3. 청년몰 실패 사례와 원인

전주 남부시장이나 진주 재래시장 등 청년몰을 도입하여 전통시장 활성화에 성공을 거둔 사례들이 많다. 그러나 정부가 전통시장을 부흥시키고 청년 일자리를 늘려가기 위해 청년몰 사업을 본격적으로 확대하면서 반대 사례들도 늘어나고 있다. 최근 전국 전통시장 곳곳에 형성된 청년 점포들이 줄줄이 폐업하고 있다는 기사가 잇따라 보도되었다. 그 예로 인천 남구 용현시장 '청년상인 드림몰'의 경우 시행 8개월 만에 청년 점포 10곳 중 9곳이 문을 닫았다.[9] 이외에도 서울시 동대문구 신설동에 위치한 서울풍물시장의 '청춘1번가'도 6개월 지원 기간이 끝나자 입점한 10개 점포 모두가 문을 닫았다. 이러한 실패 사례들이 늘어나면

7. 경인방송. 2017년 7월 17일. "전통시장이 젊어진다…수원 영동시장 '28청춘 청년몰' 문 열어."
8. 한국경제. 2015년 4월 27일. "[전통시장 바꾸는 청년상인들] 日 청년상인 산실 '유메큐브'."
9. JTBC뉴스. 2017년 2월 1일. "줄줄이 폐업…'전통시장 청년몰'의 현실."

서 청년몰 사업은 실효성을 거두지 못하고 거액의 혈세만 낭비하는 것 아니냐는 비판을 받고 있다.[10] 실제로 청년몰 사업은 점포당 1년간 2,500만 원씩 지원하다 보니 한 해 동안 적게는 수십억에서 많게는 수백억의 예산이 투입되는 것으로 알려졌다. 따라서 본 연구팀은 타 지역의 청년몰이 실패한 원인들을 예방할 수 있는 방법을 오스트롬(Elinor Ostrom)의 공유재-관리제도를 통해 제시해 보고자 한다.

4. 오스트롬의 공유재-관리제도

오스트롬은 공유자원 문제에 대한 새로운 해결 방안을 제시했다. 그는 경험적 사례를 통해 국가가 자원을 통제하거나 개인이 사유화했을 때 실효성이 적다는 것을 입증했다.[11] 먼저, 국가에게 공유재가 종속될 경우 더 나은 제도 개발을 위한 노력이 줄어들 것이라고 주장했다. 반대로 공유재가 사유화되면 게임 이론의 법칙에 따라 파레토 열위가 나타날 수 있다고 했다. 결과적으로 모두 공익을 추구하기보다 자신의 이익만 추구하는 공유재의 비극이 일어날 것이라고 보았다.

따라서 오스트롬은 공유재 관리를 위해 사회 구성원의 자발적 조직과 자기 규율의 노력이 필요하다고 주장한다. 자체적인 공유재 관리 제도를 통해 자원에 대한 소유권을 배분하고 개인들에게 생산적 결과를 성취할 수 있도록 해야 한다고 보는 것이다. 또한 경계를 획정하여 공유 자원 사용자 집단을 정의하고, 집단 내부의 감시와 가중적 처벌을 통해 규칙 위반의 반복을 제한해야 한다고 주장했다.

---

10. 주간동아. 2016년 5월 18일. "'청춘1번가'엔 청춘이 없다."
11. 강은숙 · 김종석. 2016. 『엘리너 오스트롬, 공유의 비극을 넘어』. 커뮤니케이션북스.

Ⅲ. 조사 설계 및 분석

1. 조사 설계

1) 사전 설문조사 결과 분석

연구팀은 문헌조사를 통하여 전통시장 활성화를 위한 정부의 정책과 주요 성공사례에 대한 검토를 하였다. 아울러 일반화된 이론이나 사례보다 광진구에서 전통시장이 발전하지 못한 원인을 찾기 위하여 현장 참여관찰을 통하여 이해 관계자와의 심층인터뷰를 실시하였다. 이와 함께 일반시민들과 학생들을 대상으로 한 의식조사를 실시하여 주민들의 의견을 수렴하고자 하였다.

연구에 앞서 본 연구팀은 전통시장에 대한 시민들의 인식 및 이용 현황, 그리고 개선 방향을 파악하기 위해 5월 9일(수)부터 11일(금)까지 서면과 구글독스(Google Docs)를 이용한 사전 설문조사를 진행하였다. '전통시장 활성화를 위한 청년몰 도입에 관한 설문조사'(총 108명 참여: 비관계자 68명, 중곡제일시장 상인 20명, 자양골목시장 상인 20명)에 대한 조사가 진행되었으며, 사전 설문조사 기간이 짧아 많은 인원이 참여하지 못했다는 사실과 인구통계학적 비율이 고르지 못하였음을 미리 밝힌다. 본 설문조사의 응답자는 광진구 거주 주민 46.3%, 광진구 소재 대학생 26.9%, 기타 26.9%, 그리고 20대 45.4%, 30~40대 10.2%, 50대 이상 44.4%, 마지막으로 여성 66.7%, 남성 33.3%의 비율로 이루어져 있다. 설문조사 결과 및 분석은 다음과 같다.

광진구 내 전통시장을 활용하기 위한 대책 마련과 이에 맞는 사업 실행성 여부를 동시에 분석하기 위해서는 기타 조건이 모두 동일하도록 비슷한 용도의 유휴공간이 존재하며 주요 교통 노선과 지리적으로 인접한 전통시장을 대상으로 연구하는 것이 사업 제안의 실효성을 높일 수 있는 방법이다. 또한 시장 규모가 크고 인지도가 높을수록 광진구 내 방문객들의 참여를 효과적으로 이끌어낼 수 있을 것이다.

이에 따라, 본 연구에서는 서울 광진구 내에 위치한 전통시장 중 '쉼터'라는 3~4층 건물의 유휴 공간이 존재하고, 광진구를 관통하는 주요 지하철 노선인 2호선 및 7호선 역과 인접한 중곡동 '중곡제일시장'과 자양동 '자양골목시장'을 연구 대상으로 선정하였다. 또한 이 두 대상은 기존 서울시와 광진구청의 지원을 통해 많은 활성화 사업을 추진해왔으나 그 성과가 미미하여 무엇이 원인이고 어떤 식으로 이를 보완해가며 새로운 사업을 추진할지 방향성을 제시할 수 있으므로 연구 가치가 있다.

① 대상지 개요

1.1. 중곡제일시장

중곡제일시장은 1970년 광진구 긴고랑로 11길 일대에 개장했으며, 점포수는 143개로 중간 규모에 해당한다. 2004년 시설현대화사업을 실시하였으며, 2006년 인정시장으로 등록되었다. 상인협동조합이 존재하며, 현재 서울을 대표하는 문화 관광형 시장으로서의 사업을 실시하고 있어 최근 '나루몽의 동화나라'를 테마로 도깨비 야시장을 시행한 바가 있다.

1.2. 자양골목시장

자양골목시장은 1972년 광진구 자양로 13길 일대에 개장했으며, 점포수는 156개로 중곡제일시장과 마찬가지로 중간 규모에 해당한다. 2004년 시설현대화사업을 실시하였으며 2007년 인정시장으로 등록되었다. 상인회가 존재하며, 2016년 중소기업청 주관 골목형 시장 육성사업 대상으로 선정되어 '특화간판' 개발 및 자체 브랜드 상품 개발 등을 진행하고 있다.

② 광진구에 대한 인식 현황

광진구에서 거주하거나 광진구 내에 존재하는 3개의 대학교(건국대학교, 세종대학교, 장로회신학대학교)에 재학 중인 학생을 제외한 기타 응답자(26.9%)에게

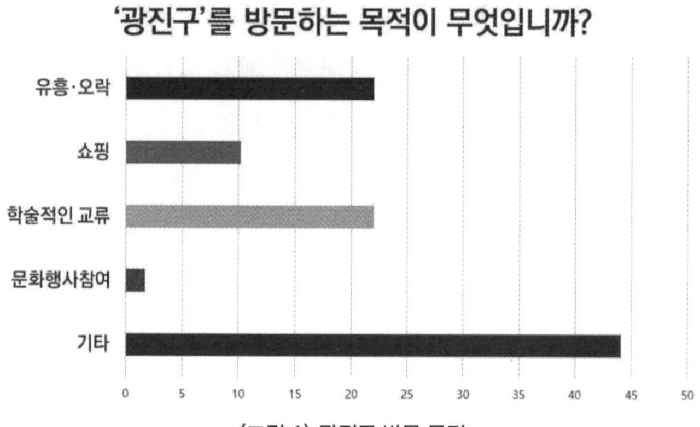

〈그림 1〉 광진구 방문 목적

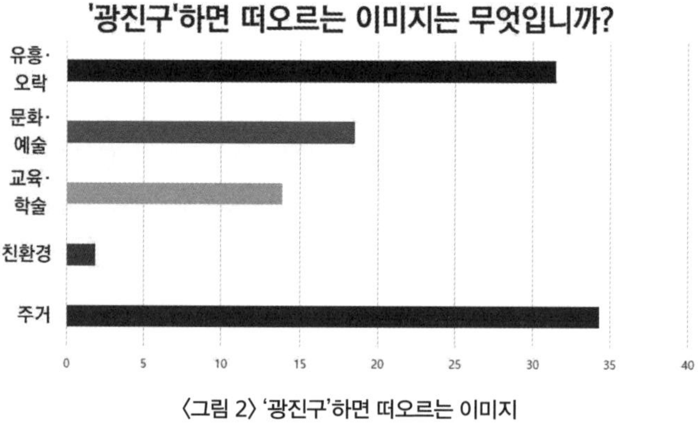

〈그림 2〉 '광진구'하면 떠오르는 이미지

광진구를 방문하는 주된 목적을 묻는 문항에서 기타(출퇴근) 44.1%, 유흥 22%, 학술적인 교류 22%가 상위 응답으로 나타났으며 '광진구'하면 떠오르는 이미지로는 주거 34.3%, 유흥·오락 31.5%가 응답의 대부분을 차지하였다. 이같은 결과는 광진구에 생계를 목적으로 거주하거나 출퇴근하지 않는 이상 대부분의 응답자가 광진구를 유흥·오락의 이미지로 소비하고 있다는 것을 나타내며, 광진구만의 문화 및 특색이 뚜렷하게 발현되지 못하고 있음을 잘 보여준다.

③ 광진구 내 전통시장 이용 현황 및 관심도

한편, 광진구 내의 전통시장을 방문한 적이 있냐는 문항에서는 전체 응답자의 66%가 '예'라고 답하였으며, 이들 중 81.5%에 달하는 응답자들이 전통시장에서 물건을 구입하거나 파는 시장적 기능을 목적으로 방문해 보았거나 방문 중이라고 하였다. 또한, 전통시장에 방문하는 응답자들은 각각 43.2%, 42%의 높은 비율로 저렴한 가격과 시장의 친근하고 포근한 이미지를 전통시장의 장점으로 꼽았으며, 전통시장에 대해 불만족스러웠던 점을 묻는 주관식 질문에는 대부분(약 36.84%)이 청결하지 못함을 언급하였다.

다음으로, 전체 34%의 응답자들은 광진구 내의 전통시장에 방문해 본 경험이 없다고 답하였는데, 이들 중 59%에 달하는 응답자들이 전통시장에 대한 홍보 부족으로 전통시장이 어디에 어떻게 개설되어 있는지조차 모르는 상황이었음을 알 수 있었다. 또한 28.2%의 응답자들이 대형 백화점, 대형 마트와 같은 대기업 쇼핑몰의 발달로 전통시장에 방문해 본 경험이 없다고 답하였는데, 이는 광진구의 유입 인구가 대부분 건대입구 주변 상권으로 몰리고, 건대입구와 다소 거리가 있는 전통시장까지는 방문해야 할 필요성이나 방문하고 싶은 매력을 느끼지 못함을 나타내고 있다고 할 수 있다.

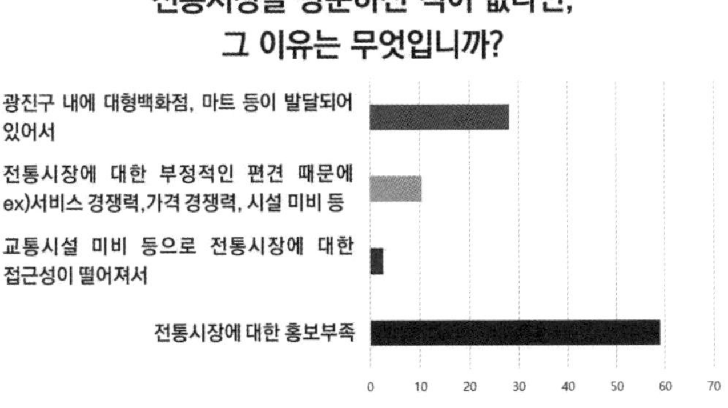

〈그림 3〉 전통시장을 방문하지 않은 이유

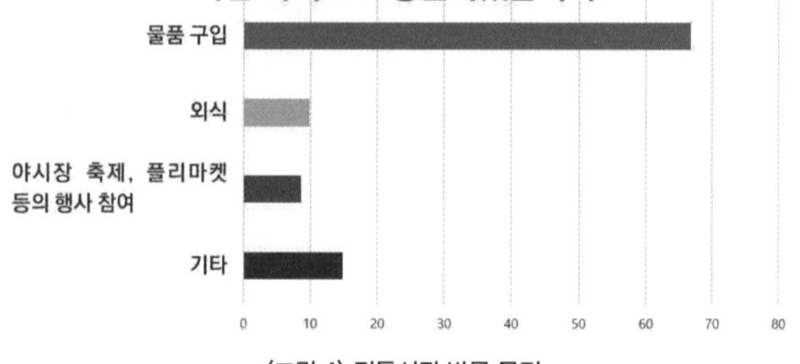

〈그림 4〉 전통시장 방문 목적

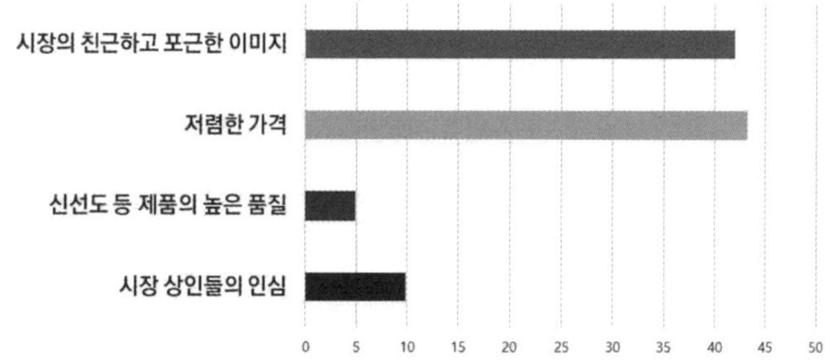

〈그림 5〉 전통시장 방문 시 만족스러웠던 점

④ 전통시장의 경쟁력 제고

앞의 문항과 연결지어 전통시장이 대형 백화점이나 대형 마트 등과 비교할 때 경쟁력이 있다고 생각하는지의 여부를 묻는 질문에는 전체 응답자의 과반수인 54.2%가 아니라고 답하였는데, 그 이유를 묻는 문항에서는 노후된 시설 27%, 구시대적인 이미지 27%, 접근성이 떨어지는 점 23.8% 순으로 집계되었다. 또한, 전통시장이 경쟁력을 가지기 위해 어떤 측면을 강화해야 한다고 생각하는가에 대한 문항에서는 전체 응답자의 29%가 젊은 감성, 21.5%가 시설의 현대화를 선택한 점을 바탕으로 광진구 방문객들의 발길을 전통시장으로 돌리기 위해서는 최우선적으로 젊은 층의 유입으로 기존 전통시장의 고령화로 인한 구시대적 인 이미지를 탈피하고 청결도와 노후된 시설을 개선해야 함을 알 수 있다. 한편, 전통시장이 대형 백화점이나 대형 마트 등과 비교할 때 경쟁력이 있다고 답한 45.8%의 응답자들은 그 이유를 묻는 주관식 문항에서 약 76.31%가 가격의 저렴함을, 그리고 약 13%가 전통을 언급하였다. 이를 통해 전통시장의 활성화를 위한 홍보의 주안점을 저렴한 가격, 전통시장만이 지니고 있는 추억·전통에 두는 것이 긍정적인 효과를 일으킬 수 있음을 예측 가능하다.

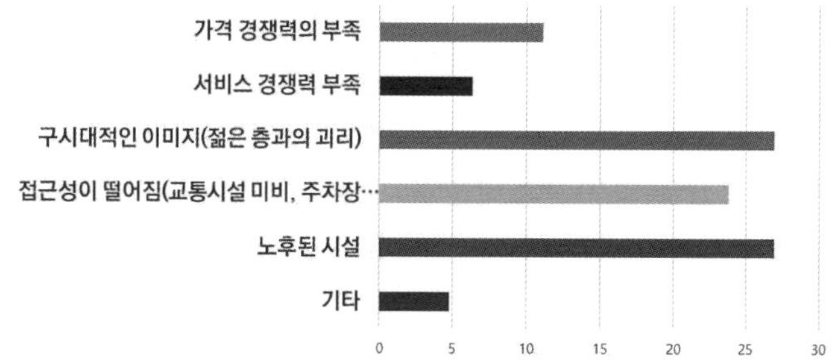

〈그림 6〉 전통시장이 경쟁력이 없는 이유

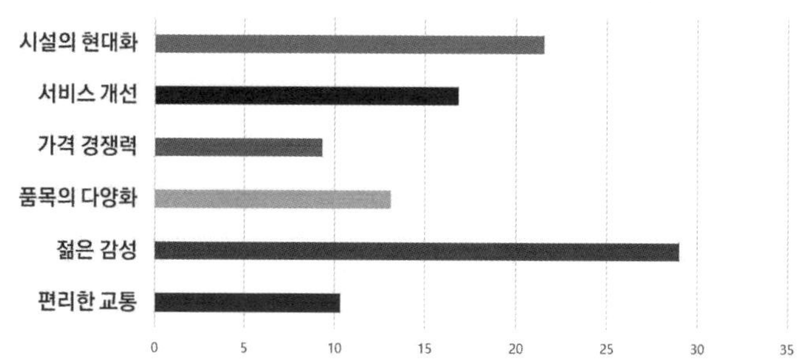

〈그림 7〉 전통시장 경쟁력 제고를 위한 지향점

⑤ 전통시장 청년몰 도입에 관한 인식 현황

마지막으로, 본 연구팀의 핵심 목표인 '광진구 전통시장 내 청년몰 도입'에 관한 선호도를 알아보기 위하여 청년 참여와 예술 접목을 통해 전통시장 활성화에 성공한 사례인 전주 남부시장 청년몰, 경복궁 통인시장, 광주 대인시장의 설명을 덧붙여 이러한 사업이 광진구 내 전통시장에 시행되었을 시 방문할 의향이 있는가와 청년 사업가들의 점포나 마을기반 기업들의 점포가 입점할 시 방문할 의향이 있는가를 묻는 질문에는 각각 전체 응답자의 97.2%, 93.5%가 '예'라고 답하여 압도적인 찬성률을 보였다. 이 중 전통시장 내의 상가 번영회, 시장 협동조합만을 대상으로 동일 질문을 하였을 때에는 85.7%의 찬성률을, 그리고 광진구 내의 대학교에 재학 중인 학생만을 대상으로 동일 질문을 하였을 때에는 75.6%의 찬성률을 보였다.

이때, 동일한 질문임에도 불구하고 대상을 한정하여 재 응답을 할 때에는 찬성률이 다소 떨어지고 반대율이 소폭 상승하였는데, 상가 번영회·시장 협동조합 측은 반대의 이유로 이권 상실에 대한 불안감을, 그리고 광진구 내 대학교에 재학 중인 학생들은 반대의 이유로 기존 전통시장에 대한 부정적 이미지(노후된 시설, 청결하지 못함)등을 언급하였다. 이를 통해 기존 상인들의 이권 상실에 대한 불안감을 낮추고 새로 유입되는 청년 사업가들과의 협력을 유도하기 위한 대안 마련이 필수적이며, 앞서 ③에서 언급한 바와 같이 젊은 소비자들의 호응을 유도하기 위해서는 시설 현대화를 통한 전통시장의 이미지 개선이 필요함을 알 수 있다. 또한, 설문조사를 마무리하며 전통시장 내에 어떤 점포가 입점하기를 바라는가에 대한 주관식 문항에는 먹거리(요식업) 54.83%, 공방/수공예/소품 17.74%의 응답률이 가장 높게 나타나 청년몰 사업 진행 시 광진구 내 소비자들의 수요를 충족시키기 위해 어떤 점포를 최우선으로 입점시켜야 하는가에 대한 방향 제시에 유의미한 영향을 끼칠 것으로 보인다.

2) 전문가 및 이해 관계자 인터뷰

① 광진구 내 전통시장 쇠퇴 원인에 관한 인터뷰

본 연구팀이 사전에 연구 대상지를 조사해 보았을 때, 중곡제일시장은 광진구의 대표적인 문화관광형 육성사업이 이루어지는 시장으로 올해 1월에 '나루몽의 동화나라'를 테마로 도깨비 야시장을 개최할 만큼 서울시와 광진구청의 지원을 받고 있으며, 자양골목시장 역시 골목형 시장 육성사업으로 시설현대화사업이 이루어지고 있어 전통시장에 대한 소비자들의 인식 개선을 위해 많은 노력을 기울이고 있음을 알 수 있었다. 그러나 현장조사 결과, 중곡제일시장에는 빈 점포가 다수 존재하나 값비싼 임대료와 갈수록 줄어드는 소비자들의 발걸음으로 한 번 빠져나가면 다시 채워지는 데 상당히 오랜 기간이 소요되고 있었으며, 1월에 개최했었던 야시장에 대해서는 시장협동조합 측과 상인 측 모두 하나같이 매우 실패적이었다고 입을 모았다. 이에 대해 제일협동조합 측에서는 중곡제일시장의 특성과 기존 상인들과의 협력을 도외시하고 무리하게 보여주기식 사업을 추진했기 때문이라고 지적하였다.

"중곡제일시장은 기존의 유동인구가 매우 부족하고 시장 도로 공간이 좁은 곳이다. 얼마 전 개최했던 야시장은 외부업체를 불러 먹거리만 겨우 몇 가지 판매하여 많은 사람들을 불러 모을 만한 구매력이 있는 아이템이 부족했고, 또한 좁은 공간에 무리하게 사람을 불러들이다보니 외부업체에게만 기존 시장 상인들에게는 제한된 노란 소방선을 침범하도록 허용하여 기득권의 반발이 매우 심했다. 따라서 새로운 사업을 장기적으로 잘 진행하기 위해서는 뭐든지 상인들 위주로 호응을 일으킬 수 있어야 한다." (중곡제일시장 제일협동조합 대표)

"일단 광진구 자체가 시장 근처에 죄다 주택가고 대규모 아파트단지가 부족하지…. 그래서 시장 유입인구가 적을 수밖에 없어. 뭐, 최근에 야시장을 개최했었는데 획기적인 사업 아이템이 없고 먹거리만 몇 개 가져다가 파니 사람들이 거의 안왔지. 일단 여기는 다양한 먹거리가 부족하고 전문적으로 특성화된 점포가 정말 부족해." (중곡제일시장 상인 A씨)

또한 자양골목시장의 경우 광진구의 주요 상권인 건대입구와 상당히 가까워 대형 백화점 및 대형 마트, 그리고 대기업 프랜차이즈 사업의 등쌀에 밀려 20년 전과 비교하면 확연하게 시장 거리를 방문하는 인적이 줄었다고 한다.

"일단 이 시장은 50대만 되도 상당히 젊은 축에 속해요. 상인들 보면 죄다 노인들이라 뭐 새로운 사업을 하자고 하면 꽉 막힌 생각 때문에 싫어하고, 뭐든지 단합도 잘 안되요. 그리고 뭐 예전에는 슈퍼의 개념이 없었으니까 사람들이 다 시장으로 와서 물건을 사고 그래서 사람이 꽉 찼었는데 요새는 슈퍼마켓부터 해서 대형 마트 이런게 잘 형성되어 있다 보니 오래된 시장에는 사람들이 잘 안와요. 그래서 시장에 청년몰 사업이 도입되면 정말 좋을 것 같아요. 그 사람들이 들어와도 젊은 사람들은 가공을 통해 제품을 판매하기 때문에 기존 상인들과는 업종이 다르니까 이권 문제에 관해서는 괜찮을 것 같아요." (자양골목시장 상인 A씨)

② 청년몰 도입에 관한 인터뷰

본 연구팀은 청년몰이 도입될 경우 기획, 시행, 운영의 주체가 될 광진구청과의 인터뷰를 진행했다. 담당 공무원에 따르면 작년 무렵 광진구에서도 청년몰 도입을 검토했으나 관련 부처에서 제시했던 청년몰 입점 조건을 맞추지 못해 시행에 실패했다고 언급했다. 그리고 기존 시장 상인이나 협동조합에서 정부 지원 기간이 끝난 후 청년 점포들이 대부분 폐업하여 빈 거리로 남는 경우가 많다는 이유로 부정적인 의견을 보였다고 한다.

광진구청은 앞으로의 청년몰 도입 가능성도 낮다고 답변했다. 그 이유로 현재 광진구 내의 전통시장에는 빈 점포가 거의 존재하지 않으며, 큰 도로에 인접한 시장의 입지 때문에 시장 통로에 이동식 판매대를 설치하여 성공한 다른 시장 사례를 반영하기 어렵다는 점을 들었다. 또한 중곡제일시장과 자양골목시장에 위치한 3층 높이의 쉼터를 청년몰로 활용하는 방안도 어려울 것 같다고 했는데, 이유로는 시장 내의 쉼터는 시장 상인들을 대상으로 하는 강연이나 회의가 열리거나 시장 방문객이 쉬어가는 임시적인 공간으로 활용되고 있기 때문이라고 언급하였다. 즉, 상시적인 용도가 정해진 것은 아니지만 어느 정도 활용되고 있는 공간이기 때문에 유휴공간이라 보기 어려워 청년몰로 개조하는 것이 힘들다는 것이다.

그러나 청년몰 도입에 대한 의견을 묻기 위해 중곡제일시장과 자양골목시장에서 시장 상인들을 대상으로 한 인터뷰와 설문조사 결과는 광진구청의 의견과는 다르게 나타났다. 다음의 〈그림 8〉에서도 볼 수 있듯 설문조사에 참여했던 대부분의 시장 상인들은 전통시장 내에 청년몰 도입에 찬성했다. 또한 청년몰 도입을 위해 시장 내의 유휴공간을 확보하려는 지자체의 협력이 필요하다고 했다.

"요즘 시장은 7~8시가 되면 손님이 끊겨요. 8시 이후로 영업하지 않는 점포 앞이나 주차장 쪽에 이동식 판매대를 설치해서 청년들이 플리마켓이나 푸드 트럭 등을 운영하는 것도 좋을 것 같아요. 그러면 지금보다 늦게까지 시장에 손님이 유입이 될 거라고 봐요." (자양골목시장 상인 B씨)

"자양시장에는 적게는 20년, 많게는 30년 이상 장사를 한 상인들이 많아요. 그러

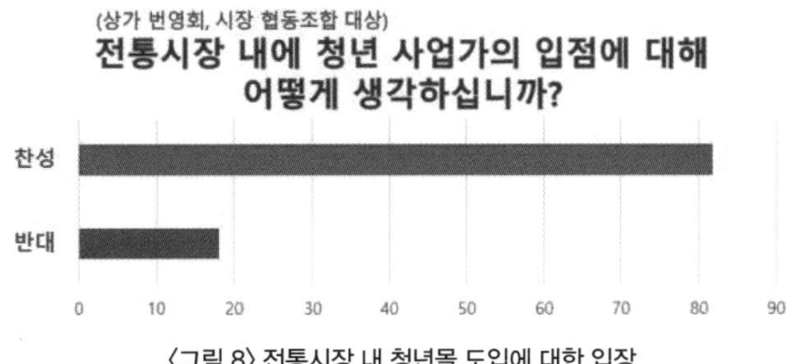

〈그림 8〉 전통시장 내 청년몰 도입에 대한 입장

다 보니 상인들의 연령대도 60~70대가 보통이라 젊은 손님들을 끌어들일 수 있는 점포나 먹거리 등이 부족해요. 그런데 청년몰이 도입되면 시장 분위기도 젊게 바뀌고 좀 더 역동적으로 돌아갈 거라고 봐요. 저는 개인적으로 구에서 다문화가정 엄마들이 운영하는 전통음식 푸드 트럭이나 점포도 지원해 줬으면 좋겠어요. 광진구에는 다문화가정이 되게 많아요. 젊은 엄마들이 솜씨도 있고 점포를 운영하고 싶은 마음도 있는데 월세나 임대료가 너무 비싸서 엄두를 못내요. 구청에서 그런 엄마들 중에 좀 어려운 사람들을 선별해서 지원해 주면 다문화가정도 지원되고 또 이런 특이한 가게들은 젊은 사람들 관심 받기에도 좋잖아요. 시장 활성화에도 충분히 도움될 거라고 봐요." (자양골목시장 상인 C씨)

③ 청년몰 입점에 관한 인터뷰

본 연구팀은 광진구 내의 청년몰 사업 진행 담당자에게 전통시장 내 청년몰 입점에 대한 의견을 들어보기 위해 광진구 청년 공간 무중력지대와 인터뷰를 진행하였다. 먼저 광진구 청년 공간 무중력지대란 말 그대로 청년을 지원하기 위한 공간으로 주로 청년의 취·창업을 돕고 있다. 그중 청년몰 사업 진행의 지원은 만 19~39세 사이의 대표가 운영하는 브랜드를 선택하여 직접적으로 점포를 차리는 방식이 아닌 10%의 수수료를 받고 위탁판매를 진행하는 방식으로 이루어지고 있다고 한다. 그러나 기존 위탁판매의 방식은 청년 사업가들의 제품 각각에 대한 이해도가 떨어지다 보니 어떻게 제품을 향한 소비자들의 관심을 끌고 부각시켜야 하는가와 청년 사업가들만의 브랜드화에 대한 어려움이 뒤따르고 있다고 한다. 따라서 본 연구팀이 진행하고 있는 전통시장 내 청년몰 도입 프로젝트에 지대한 관심을 가지고 있으며, 만일 청년몰 입점이 현실화된다면 본 프로젝트에서 제안하는 지원 내용들이 청년 사업가들에게 매우 도움이 될 것 같다고 긍정적인 반응을 보였다.

추가로, 현재 전통시장의 쇠퇴 원인과 그 해결책을 묻는 질문에서 무중력지대 측은 대기업 프랜차이즈들과 서비스·가격 경쟁력·인테리어 등에서 체급 차이가 너무 커 시대의 변화에 발맞추지 못하는 전통시장의 쇠퇴는 당연하다고 볼 수 있다고 하였다. 그러나 전통시장의 한계가 명확하다고 해서 이대로 방치하는 것은 옳은 일이 아니며, 완전한 경쟁력을 가지지는 못해도 어느 정도 이상의 재활성화를 불러일으키기 위해서는 시장만이 가질 수 있는 문화를 만드는 것이라고 하였다. 이는 즉 전통시장만의 스토리텔링이 필요한 것으로 시장이 단순하게 물건을 사고파는 상업적 기능에서 벗어나 주민들과 함께 호흡하고 살아가는 하나의 쉼터나 생활공간으로 탈바꿈하는 것이며 이를 위해서는 본 연구팀이 제안한 청년몰이 하나의 해답이 될 수 있다고 생각한다고 전했다. 다만, 청년몰은 비교적 높은 시장 상인들의 연령대를 낮추어 시장에 역동성을 불어넣을 수 있다는 점에서는 긍정적이나 실제 도입 시 현대사회의 시시때때로 변화하는 소비자들의 요구를 반영하기 힘든 기존 시장 내 상인들 간의 경쟁은 지양하고 기존 시장 상인들과 전혀 다른 특화된 사업을 진행하도록 방향을 설정하면 좋을 것 같다고 언급하였다.

다음으로 본 연구팀은 광진구 무중력지대 센터 내 청년몰 코너에 입점한 두 명의 청년 사업가를 대상으로 인터뷰를 진행하였다. 두 사람 모두 추후 개인 점포를 운영할 계획을 갖고 있다고 답변했다. 이들은 개업을 고려할 때 가장 고려되는 사항이 무엇이냐는 질문에 공통적으로 보증금과 월세, 인테리어 비용 등 사업자금과 관련된 답변을 내놓았다.

> "점포를 운영해 수익을 얻으려면 상권이 발달된 지역이 유리한 게 사실입니다. 하지만 저희 같은 청년 사업가들은 사업자금이 부족하기 때문에 그런 상권에 진입하는 것 자체가 어려워요. 그래서 운용 가능한 자금에 맞추어 입점을 하게 되면 유동인구 등이 부족한 지역인 경우가 많아 수익 창출에 어려움이 있어요. 이를 보완하기 위해 홍보를 하는 것도 결국 자본을 필요로 해서 딜레마를 겪는 것 같아요."

이런 이유에서 두 명의 청년 사업가 모두 서울시나 자치구에서 전통시장 내 청년몰을 설치하고 지원을 제공하는 정책에 대해 긍정적인 답변을 내놓았다. 광진구에서도 이와 비슷한 정책을 시행한다면 얼마든지 참여할 의사도 있다고 밝혔다. 또한 청년몰 참여자들을 대상으로 경제적 지원(임대료, 월세, 인테리어 비용) 외에도 교육과 워크숍, 지속적인 컨설팅을 제공하는 등의 지원은 장기적인 관점에서 청년몰 사업이 더 큰 수익을 얻을 수 있는 기반이 될 것이라고 답변했다. 이들은 이밖에도 사업을 하면서 필요한 법률 지식이나 세금 처리에 관련한 교육도 동시에 이루어진다면 해당 분야에 지식이 부족한 청년 사업가들에게 도움이 될 것이라고 이야기했다. 더 나아가 청년몰은 전통시장 내에서도 쇠퇴한 상권에 위치했다는 점을 보완하기 위해 자치구의 지속적인 홍보 노력이 필요할 것이라고 답변했다.

Ⅳ. 대안 제시 및 선행 연구 검토

1. 대안 제시

1) 청년 사업가 교육 및 워크숍 지원

청년몰이 실패한 원인들을 분석해볼 때 그 주된 원인으로 청년 사업가들의 이탈이 지적되었다. 청년 사업가들의 이탈이 잦은 이유는 두 가지로 정리될 수 있다. 먼저, 지원 대상으로 선정된 청년 사업가들에 대한 검증이 부족했다는 점이다. 실제로 창업에 대한 환상만을 갖고 지원금에 의지해 창업한 이들이 많았다. 따라서 시장 생태계에 대한 이해도가 부족하고 점포 운영이나 홍보 등에 대한 지식도 부족하다 보니 자연스럽게 경영 부진으로 이어졌다.

청년몰 사업가들이 이탈한 두 번째 원인으로는 탁상행정을 들 수 있다. 대부분의 청년몰은 시장 내의 유휴공간이나 빈 점포들을 활용해 형성되다 보니 쇠퇴한 시장 내에서도 유동인구가 적어 입지적으로 매우 불리한 실정이다. 이를 보완하기 위해서 관의 지속적인 홍보나 교육이 이루어져야 함에도 불구하고 단순히 보조금만 지원하고 끝나는 경우가 많았다. 또한 장기적으로 성과를 기대해야 하는 자영업의 특성을 반영하지 못한 채 6개월이나 1년을 기준으로 성과를 요구하는 경우들이 많았다.

이와 같은 이유로 청년몰은 지속적으로 유지되기보다 지원기간 이후 대부분의 청년 점포들이 폐업하여 빈 거리로 남게 되는 사례가 빈번하게 발생하고 있다. 즉 지원 대상에 대한 철저한 점검이 이루어지지 않아 지원금 낭비가 발생하고 있는 것이다. 이러한 문제점을 방지하기 위해 본 연구팀은 청년 사업가 교육과 워크숍을 통해 지원금(공유 자원)을 이용할 수 있는 지원자(사용자 집단) 자체를 한정시키고자 한다. 지원 대상을 선정하기 이전 창업 희망자들을 대상으로 일정기간 창업 교육과 워크숍을 진행하고, 이를 이수한 이들에게만 지원 기회를 제공하는 것이다. 창업 교육은 광진구에 위치한 무중력지대 청년센터를 활용할 수 있다. 해당 센터는 실전 비즈니스캠프 등을 통해 청년 사업가를 육성하고 이와 관련된 지원 프로그램인 팟캐스트, 코워킹스페이스 등을 운영하고 있다. 교육 이수 후에는 운영 중인 청년 점포에서 몇 주간 인턴으로 활동하며 현장을 경험할 수 있는 기회를 제공하고자 한다.

2) 삼진아웃제

청년몰 도입이 실패한 다른 원인으로 계획 단계에서 발생한 기존 시장 상인들의 반대를 들 수 있다. 앞서 다룬 광진구청과의 인터뷰에서 언급된 바와 같이 반대한 상인들의 경우 일정 기간 동안 정부 지원금을 받을 수 있다는 점을 악용해 취업을 위한 스펙쌓기나 부수입을 얻기 위한 수단으로 청년몰에 지원한 청년 사업가들이 있다는 점을 지적했다.

지원금이라는 혜택만 누리려는 무임승차자들을 완화하기 위해서 본 연구팀은 6개월, 12개월, 2년을 기준으로 하는 삼진아웃제를 도입하고자 한다. 우선 6개월이 되는 시점에 첫 번째 중간 점검을 진행하고 적합과 부적합을 구분한다. 점검

결과 경영 부적합에 해당되지 않음에도 불구하고 자발적으로 운영을 중단하는 점포의 경우 개업 당시 지원받은 사업 비용의 일부를 상환하게 된다. 해당 상환금은 추후 다른 점포들을 추가적으로 지원하는 비용으로 쓰고자 한다.

이와 같은 방식으로 세 차례 중간 점검을 진행하고 그 결과에 따라 전문가에게 맞춤형 컨설팅과 교육을 진행하도록 한다. 이를 통해 경영 부진의 원인을 개선하는 데 지속적인 지원을 제공할 수 있을 것으로 예상한다. 최종적으로 2년이 되는 시점까지 성과가 없는 경우에는 재계약 여부를 다시 논의하기로 한다.

2. 선행 연구 검토

1) 유휴공간 활용을 통한 전통시장의 활성화

전통시장은 지역 중심 상업 공간이면서 커뮤니티 공간이다. 상업·문화적 활동을 수용함으로써 전통시장은 다양한 공간과 기능적 특성을 나타내고 있다. 상업적으로 상품 판매와 구매, 유통 등, 문화적으로 모임, 축제, 이벤트 등의 활동을 수용하고, 이를 위한 다양한 공간과 시설을 보유하고 있다.[12] 또한 이러한 공간과 기능은 상인과 소비자 등의 인간 행태를 수용하면서 다양화되고 복합화된다.[13] 한편, 유휴공간이란 모든 도시 공간 구조 속에서 발견할 수 있는 것으로, 공간으로서의 기능을 부여받고 활성화된 공간이 아닌, 공간 속 공간으로 방치되고 버려진 공간이다.[14] 전통시장은 상업(기능) 쇠락과 이로 인한 기존 공간의 기능 상실 등으로 기존 활용 공간이 유휴공간으로 전이되는 현상이 발생하고 있다. 따라서 시장의 공간과 기능, 인간 행태 특성을 파악하고, 이를 고려한 전통시장 내 유휴공간 활성화 전략 수립이 필요하다.[15]

---

12. 우주희. 2008. 『문화를 통한 전통시장 활성화 방안 연구』. 한국문화관광연구원.
13. 이영주. 1998. 『장소성 형성을 위한 공간디자인 방법에 관한 연구』. 이화여자대학교 석사학위논문.
14. 김광주·한혜승·김난선. 1997. 『유휴도로 공간을 활용한 녹지 확충 방안 및 보행환경 개선방안』. 서울시정개발연구원.
15. 이상준·한상욱·이정수. 2009. "유휴공간 활용을 통한 전통시장 정비사업 활성화 방안: 태안 전통시장 사

광진구 내의 전통시장은 주로 사람들이 모여드는 건대입구역 주변 상권과는 다소 거리가 떨어져 있고, 시장이 위치한 인근 지역이 주택가인 경우가 많아 시장을 이용하는 방문객이 지속적으로 감소하여 시장의 커뮤니티적 기능이 많이 상실되고 있다. 이러한 상태를 잘 보여주는 예로, '중곡제일시장'에서 문화관광형 육성사업의 일환으로 야시장을 개최했으나 그 실질적인 효과가 미미했다는 점을 들 수 있다. 따라서 본 연구는 위 연구자료를 바탕으로 전통시장 활성화를 위해 상업적 기능 이외에도 문화적 특성을 강조한 유휴공간의 활용으로 광진구를 방문하는 다양한 소비자들의 관심과 참여를 이끌어낼 수 있는 방안을 모색하고자 한다.

2) 전통시장의 시설 현대화와 소비자 인식 개선

전통시장은 지역의 경제와 생활 중심지로, 입지·상업·기능·시설 측면에서 다양성을 지니고 있다. 현재 이러한 전통시장의 재생을 위하여 공공행정 주도의 활성화 사업이 추진되고 있다. 그러나 이러한 활성화 사업은 모든 전통시장에서 동일한 접근 방식을 보이고 있어, 전통시장의 특성을 고려한 실질적 활성화에 미흡한 면이 있다.[16] 이를 개선하기 위해 아케이드 설치는 시공뿐만 아니라 유지보수를 고려한 행·재정 체제가 마련되어야 하며, 환경 개선과 이미지 변화로 고객과 매출증가로 이어지는 방안이 필요하다.[17] 다음으로 현재 우리나라의 전통시장은 유통산업의 빠르고 다양한 변화에 가격 요인이나 장기 상권이라는 의미 외에 별다른 발전과 차별화를 가지지 못하고 영세 상권으로 전락하였으며, 1996년 이후에 나타난 대기업의 대규모 자산으로 한 대형 마트와 SSM(기업형 슈퍼마켓)의 등장은 전통시장의 침체를 더욱 눈에 띄게 가속화시켰다.[18] 또한 전통시장의 활

례를 중심으로." 『한국도시설계학회지』. 제10권 제2호. pp.125~138.

16. 이상준·송지현·이정수. 2010. "전통시장 유형별 활성화 방안 연구: 충청남도 전통시장을 대상으로." 『한국도시설계학회지』. 제11권 제3호. pp.113~129.

17. 권혁찬. 1999. "전통시장의 아케이드 설치 및 유지관리 개선에 관한 연구." 『재래시장 연구』. 2호. p.12.

18. 박진영·신도길. 1999. "항공사 속성의 지각이 고객만족과 고객 충성도에 미치는 영향에 관한 연구."

성화를 가로막는 요인으로 전통시장 지원 제도와 지원 방식, 낙후된 시설, 다양하지 못한 상품, 고령 상인의 주먹구구식 경영과 부족한 서비스 등이 있다.[19]

위의 논의를 바탕으로 본 연구팀은 전통시장의 쇠락의 근본적인 원인은 바로 시장 상인들의 고령화로서, 이로 인해 정부 주도의 전통시장 활성화 사업이 제대로 적용되지 않고, 급격하게 변화하는 소비 트렌드와의 격차가 점점 벌어진다고 보았다. 현재 상황에서는 살거리만으로 대형 마트와 SSM을 이기기 어려우며 생존을 위한 독창성(창조성)과 전통성, 그리고 상품성이 함께 연결되어야만 글로벌화에서 시장이 살아남을 수 있다.[20] 이를 해결하기 위해서 시장에 자본은 부족하나 기발한 아이디어를 지닌 젊은 청년 사업가들을 입점하도록 하여 전통시장에 새로운 활력을 불어넣고 또한 그들이 직접 겪어 보고 느낀 전통시장의 한계점을 추후 정부 주도로 이루어지는 전통시장 활성화 방안 정책에 반영할 수 있도록 유도하는 것을 목표로 한다.

3) 전통시장 내부적 개선의 필요성

전통시장 활성화에 관한 연구는 크게 정부 및 외부의 지원사업의 효과에 대한 연구와 경영·마케팅 등 전통시장의 내부 역량에 대한 연구로 나눌 수 있다. 전자는 전통시장 시설 현대화 사업 등 정부의 지원이 전통시장 활성화에 효과가 있었는지 여부를 조사한 연구들이고, 후자는 전통시장의 쇠퇴 또는 활성화 부족의 원인으로서 시장 내부의 역량이 부족함을 지적하고 있는 연구들이다.[21] 앞서 논의한 내용과 마찬가지로 전통시장의 시설 현대화 사업과 같은 환경정비사업은 전통시장의 쇠퇴와 위축을 방지하는 데에는 일정 부분 기여했다고 할 수 있으나 시

「Korean Journal of Tourism Research」. pp.287~306.

19. 김수암·황보윤. 2010. "전통시장 선진화를 위한 제도 개선에 관한 연구: 공설시장을 중심으로." 「벤처창업연구」. 제5권 제4호. pp.69~94.
20. 이덕훈·이영석·박종진. 2011. "전통(재래)시장 현대화 사업이 시장 활성화에 미치는 영향에 관한 연구: 대전·충남의 도시 및 농촌 지역 전통시장을 중심으로." 「전통재래시장연구」. 제4권.
21. 박소연·박인권. 2013. "마을기업에 의한 전통시장 활성화 매커니즘 분석: 통인시장 사례." 「공간과 사회」 제23권 3호. 통권 제45호. pp.52~89.

장의 경쟁력 강화에는 크게 기여하지 못하고 있다.[22] 따라서 외부적인 노력만 이루어지는 것보다는 전통시장 내부의 노력과 결합될 때 전통시장 지원사업의 효과가 더욱 커진다고 할 수 있다.[23] 기존 전통시장 활성화에 관한 연구들이 공통적으로 전통시장의 활성화에 필요한 요소로서 지적하는 것들이 있는데, 수요 측면에서 ① 신규고객의 유치와 ② 고정적인 판로의 개척 및 확대가 이루어져야 한다는 점과, 공급 측면에서 ③ 시장 내·외부의 위생 및 청결도 향상과 같은 서비스 질의 제고, ④ 시장 상인의 분위기 쇄신, 협동성 강화, 상인회 내부의 결속력과 추진력 강화 등 상인 공동체의식의 향상, ⑤ 시장의 이미지 제고 등이 필요하다는 것이다.[24]

광진구 내의 전통시장은 문화관광형 사업이나 골목형 시장 육성사업 등과 같은 외부적 지원이 다양하게 이뤄지고 있으나 실질적인 방문객 및 소비자의 증가와 매출 향상과 같은 시장의 활성화는 제대로 이루어지지 않고 있는 것이 현실이다. 전통시장에 방문해 본 소비자들은 전통시장에 시설 현대화 사업이 이루어지고 있음에도 불구하고 여전히 노후된 시설과 청결하지 못한 환경을 전통시장의 문제점으로 지적하고 있으며, 그들이 전통시장에 방문하기에는 이색적이거나 그 시장만의 특색이 느껴지는 매력을 잘 느끼지 못한다고 한다. 따라서 전통시장의 고객 유출을 막을 뿐만 아니라 신규 고객을 유치하기 위해서는 광진구 내의 전통시장을 브랜드화함으로써 명확하고 특색이 있는 이미지를 형성하고, 그들이 전통시장에 방문할 수밖에 없는 이색적인 사업 아이템을 전통시장에 접목시키는 것이 필요하다. 이 방안이 잘 이루어지기 위해서는 기존 상인들과의 마찰을 최소화하고 협력하려는 방안이 필요하며 일회성의 정책이 아니라 장기적으로 이어나갈 수 있는 기제가 마련되어야 한다.

---

22. 김희영. 2010. 「재래시장 현대화사업의 효과 분석 및 활성화 방안에 관한 연구」 대구대학교 석사학위논문. pp.217~227.
23. 김희영. 2010. pp.217~227.
24. 박소연·박인권. 2013. pp.52~89.

V. 결론: 청년몰 도입 제안

본 연구는 전통시장이 기존에 지니고 있는 물건을 사고파는 시장적 기능 이외에 우리의 정서와 향수를 간직한 하나의 문화적 장소가 합쳐진 삶의 터전이었다는 점에 주목하여 전통시장의 복합 상업 시설화의 가능성에 착안을 두고 진행하였다. 현대 사회의 소비자들은 주 5일 근무제와 소득 수준의 향상으로 늘어난 여가 시간을 충족시키고자 하는 경향이 있으며, 이를 위해서 쇼핑몰에 방문할 때 단순히 물건 구매에 초점을 두는 것이 아니라 쇼핑과 식사, 엔터테인먼트를 모두 누리고 싶어한다. 또한 복합 상업 시설은 집객(attraction)을 위한 시설이 다양하기 때문에 쉽게 소비자의 관심과 흥미를 유도할 수 있어 전통시장의 활성화를 위해서는 기존의 시장 기능에 엔터테인먼트적 요소를 결합하는 것이 필수적이라고 할 수 있다. 이를 위해 서울시 광진구 내의 중곡제일시장과 자양골목시장을 연구대상으로 선정하여 엔터테인먼트적 요소를 결합할 수 있는 유휴공간의 입지 조건과 본 연구팀이 제안하는 사업 아이템인 청년몰의 성공, 실패 사례를 면밀히 따져봄으로써 광진구 내 전통시장과 접목시킬 수 있는가에 대한 가능성을 비교 분석하였다.

첫째, 본 연구팀은 고령화로 인해 세대 간의 심리적 격차가 벌어진 기존 전통시장에 젊은 감성이 곁들어진 복합 상업 시설을 도입하고자 '청년몰'이라는 사업 아이템을 생각하게 되었다. 이를 위해서 광진구청 내의 전문가에게 사업 도입 조건을 확인해 본 결과, 시장 내 빈 점포가 최소 5개가 존재할 경우나 혹은 일정 범위의 유휴공간이 확보되어야 한다는 답변을 들었다. 이를 확인하기 위해 광진시민단체센터 측에 광진구 내 전통시장의 유휴공간 여부를 확인해 달라는 요청을 했고, 그 결과 중곡제일시장과 자양골목시장 내에 존재하는 3~4층 건물 규모의 '쉼터'를 활용할 수 있다는 답변을 받았다. 또한 중곡제일시장의 제일협동조합 측에 유휴공간의 여부를 묻자, 중곡제일시장에는 방문객은 적고 임대료가 비싸 나가지 않는 빈 점포가 많이 존재한다고 하며, '쉼터'는 당장은 사용 목적이 있어 활용하기는 어려우나 긍정적으로 검토해보겠다는 답을 받았다.

둘째, 청년몰은 전주남부시장 청년몰의 경우와 같은 우수 사례도 존재하지만 전국적으로 실패한 사례가 더욱 많이 존재하는 사업계획이다. 이 위험성을 최소화하기 위해 구체적인 사업계획을 수립하기 이전 각각 정부 측과 상인 및 청년 사업가 측의 시각에서 바라본 실패 원인을 분석하는 단계를 거쳤다. 우선, 정부 측에서 바라본 청년몰의 실패 원인으로는 ① 점포 입지 열악, ② 체계적인 교육 및 컨설팅 부족, ③ 청년상인의 전통시장 특성에 대한 이해 부족을 언급하였으며, 다음으로 시장 상인 및 청년 사업가 측에서는 ④ 자영업의 특성상 단기간 내에 성과를 거두는 것이 어려운데, 이미 쇠퇴한 상권에 들어가서 단 1년의 기한을 주는 것, ⑤ 스펙을 쌓기 등 다른 이익을 목적으로 진입하는 청년 사업가들을 거르지 못했다는 것을 실패 원인으로 꼽았다.

셋째, 외부에서 지적한 청년몰의 실패 원인 외에도 광진구 내 전통시장에 도입하였을 때의 실패 가능성에 대해 따져보고자 광진구청 내의 전문가에게 광진구 내 전통시장에 청년몰이나 야시장과 같은 이색 사업 아이템을 도입한 사례가 있는가를 확인해 보았다. 광진구청 측의 답변에 의하면 청년몰은 2017년 도입하려고 시도는 해 보았으나, 빈 점포가 부족하고 청년몰의 실패 가능성이 높다고 본 시장협동조합의 반발로 무산되었다고 하며, 대신 중곡제일시장에 문화관광형 육성사업의 일환으로 2018년 초 '나루몽의 동화나라'를 테마로 야시장을 개최한 적이 있다고 언급하였다. 이후 광진구청과 중곡제일시장 측에 이른바 도깨비 야시장의 성공 여부를 묻는 질문에는 광진구청 측에서는 야시장 프로젝트 하에 외부업체가 들어와 기존 시장에 없었던 다양한 먹거리를 판매함으로써 시장에 새로운 소비자들이 유입되었으니 긍정적인 결과를 보였다고 답했지만, 중곡제일시장 측에서는 다양한 외부업체의 유입이 아닌 먹거리만을 들여와 다양한 소비자들의 호응을 얻는 데는 실패하였으며 외부업체에게 소방선을 침범할 수 있도록 허가해 준 특혜로 인해 기존 상인들의 반발심이 굉장히 심해 야시장은 사실상 실패한 사업이나 다름없다고 답하였다.

위의 논의를 종합하여 본 연구팀은 광진구 내 전통시장 중 중곡제일시장과 자양골목시장에 청년몰 도입을 위한 구체적인 계획안을 제시하고자 한다. 중곡제일시장 측에서 기존 시장의 공간은 여름철 에어컨의 사용이 불가하고 요식업체가 들어오기에 환기가 잘 되지 않는다는 부작용이 있다고 언급하였다. 이는 시장 내 빈 점포를 활용하는 것보다 실내라는 특성을 가진 '쉼터'의 건물을 활용하는 편이 더 외부 소비자들의 유입을 이끌어내는 데 효과적일 것이라는 것을 의미한다. 또한 시장협동조합이나 상인회가 가장 우려하는 청년 사업가들의 이탈 방지와 관련하여서는 정부 측에서 언급한 체계적인 교육 및 컨설팅 부족과 연관하여 대처 방안을 생각해볼 수 있다. 다음으로 전통시장 내에 새로운 사업계획을 수립할 때 무엇보다 중요한 것은 '기존 상인들과의 상생'이다. 그들의 이권을 침해하지 않고 서로 협력하기 위한 노력을 기울여야 청년몰 입점 사업계획이 단발성으로 끝나지 않고 장기적으로 지속될 수 있을 것이다.

앞서 언급한 문제점을 고려하여 광진구 내 전통시장에 청년몰을 입점할 때에는 ① 기존 사용 중인 '쉼터'의 건물 중 외부인에게 상시 개방되어 있는 1층과 2층을 활용하여 여름철 에어컨 문제와 환기 문제, 그리고 유휴공간의 활용 문제를 해결해야 하며, ② 청년몰 입점 시, 청년 사업가들의 신청을 받아 1년간 교육 및 워크숍을 실시하여 사업에 대한 구체적인 구상과 책임감을 지니도록 해야 할 것이다. 또한 오스트롬의 공유재-관리제도 이론을 바탕으로 청년몰 사업 기간을 최소 6개월 단위로 정해두고, 중간 점검을 통해 부적합 판정을 받지 않았음에도 자진해서 나가는 경우 청년몰 사업 진행 중 지원받은 사업 비용의 일부를 상환하도록 하는 처벌 규정을 두는 것이 바람직하다. 또한 기존 상인과의 협력을 위하여 ③ 청년몰에 입점하는 청년 사업자의 경우, 사업하는 품목에 따라 시장 내 상인과 협약을 맺고 정기적으로 회의를 거쳐 청년 사업가는 젊은 감각의 아이디어를, 그리고 기존 상인은 양질의 저렴한 재료를 제공할 수 있도록 한다. 마지막으로 ④ 기존 전통시장에서 시행 중인 쿠폰 제도를 청년몰에서도 보완·활용하여 대형 상권의 마일리지 적립 제도와 견줄 수 있도록 한다. 이를 통해 광진구 내 청년몰 입점 프로젝트는 쇠퇴해가는 전통시장을 단순한 시장적 기능에서 벗어나게 하여 쇼핑의 재미를 극대화하고 기존 건대입구 주변 상권으로만 몰리던 다양한 방문객들의 참여를 유도함으로써 전 세대를 아우르는 새로운 여가 공간의 창출로 이어질 수 있을 것이다.

참고문헌

강은숙·김종석. 2016.『엘리너 오스트롬, 공유의 비극을 넘어』. 커뮤니케이션북스.

권혁찬. 2009. "전통시장의 아케이드 설치 및 유지관리 개선에 관한 연구."『재래시장연구』. 2호.

경인방송. 2017년 7월 17일. "전통시장이 젊어진다…수원 영동시장 '28청춘 청년몰' 문 열어." http://www.ifm.kr/post/115106 (검색일: 2018.05.03).

김광주·한혜승·김난선. 1997.『유휴도로 공간을 활용한 녹지확충방안 및 보행환경 개선방안』. 서울시정개발연구원.

김수암·황보윤. 2010. "전통시장 선진화를 위한 제도개선에 관한 연구: 공설시장을 중심으로."『벤처창업연구』. 제5권 제4호.

김영표·채희준. 2018. "IPA를 이용한 강원지역 전통시장 활성화 방안 연구."『한국관광레저연구』. 제30권 제1호.

김희영. 2010.『재래시장 현대화사업의 효과 분석 및 활성화 방안에 관한 연구』. 대구대학교 석사학위논문.

나춘선. 2015. "지역 자원을 연계한 전통시장 활성화 방안."『대한건축학회』. 제59권 제4호.

트래블조선. 2016년 3월 30일. "젊은 상인들의 웃음이 가득한 곳, 전주 남부시장 청년몰." http://travel.chosun.com/site/data/html_dir/2016/03/10/2016031002936.html (검색일:2018.05.03).

박소연·박인권. 2013. "마을 기업에 의한 전통시장 활성화 매커니즘 분석: 통인시장 사례."『공간과 사회』. 제23권 3호. 통권 제45호.

박진영·신도길. 1999. "항공사 속성의 지각이 고객만족과 고객 충성도에 미치는 영향에 관한 연구."『Korean Journal of Tourism Research』.

이덕훈·이영석·박종진. 2011. "전통(재래)시장 현대화 사업이 시장 활성화에 미치는 영향에 관한 연구: 대전·충남의 도시 및 농촌지역 전통시장을 중심으로."『전통재래시장연구』. 제4권.

이상준·송지현·이정수. 2010. "전통시장 유형별 활성화 방안 연구: 충청남도 전통시장을 대상으로."『한국도시설계학회지』. 제11권 제3호.

이상준·한상욱·이정수. 2009. "유휴공간 활용을 통한 전통시장 정비사업 활성화 방안: 태안 전통시장 사례를 중심으로." 『한국도시설계학회지』. 제10권 제2호.

이영주. 1998. 『장소성 형성을 위한 공간디자인 방법에 관한 연구』. 이화여자대학교 석사학위 논문.

임용택 · 전석모. "전통시장의 유형별 특성과 활성화 방안." 『지역발전연구』. 제10권 제1호.

우주희. 2008. 『문화를 통한 전통시장 활성화 방안 연구』. 한국문화관광연구원.

조광익. 2014. "전통시장 활성화 정책 비교: 관광을 통한 전통시장 활성화인가, 전통시장의 관광상품화인가?" 『관광연구논총』. 26(4).

주간동아. 2018년 5월 18일. "'청춘1번가'엔 청춘이 없다." http://weekly.donga.com/List/3/01/11/534325/1 (검색일: 2018.05.06).

중앙일보. 2017년 6월 20일. "톡톡 튀는 감각으로 뭉친 전주 남부시장 청년몰." https://news.joins.com/article/21680623 (검색일: 2018.04.29).

한국경제. 2015년 4월 27일. "[전통시장 바꾸는 청년상인들] 日 청년상인 산실 '유메큐브'." http://news.hankyung.com/article/2015042701751 (검색일: 2018.05.03).

JTBC뉴스. 2017년 2월 1일. "줄줄이 폐업…'전통시장 청년몰'의 현실." http://news.jtbc.joins.com/article/article.aspx?news_id=NB11412489 (검색일: 2018.05.03).

동대문구 아동복지 아이세움
'아이세움'으로 지향하는 건강한 민주주의

경희대학교 정치외교학과 **조현규 · 전재훈**

아동은 미래 민주주의의 주역이다. 제도 민주주의가 고도로 발전하더라도, 무결한 민주주의가 완성되더라도 그것을 운용할 시민의 정신건강이 온전치 못하다면 무용지물이다. 본 연구는 이러한 문제의식을 토대로 서울시와 동대문구를 중심으로 아동 정신건강 복지 현황을 분석하고, 동대문구에 맞는 적절한 대안 제시를 목적으로 한다. 동대문구에서 제공되는 아동 정신건강 서비스의 법적 근거와 제공 형태, 자원봉사자의 활용 방안을 집중적으로 조명했다.

본 연구는 동대문구의 아동 정신건강 복지 현황과 타지역 사례 분석을 토대로 '프로그램'과 '자원봉사자 활용' 두 측면에서의 대안을 제시한다. 현행의 수동적인 복지 서비스에서 벗어나 삼성의료원 사회정신건강연구소가 개발한 인성교육 프로그램을 활용하고, 20대 대학생 중심의 자원봉사자보다는 숙련된 40~50대 자원봉사자를 활용할 것을 제시한다. 적극적인 정신건강 서비스의 제공을 위해 지역의 숙련된 중년 자원봉사자 활용 가능성을 제시한다.

I. 개요

건강한 정신이 건강한 신체를 만든다고 한다. 즉 아무리 건강한 신체를 갖고 있어도, 정신이 온전치 못하면 건강한 상태가 아니라는 말이다. 한국에서는 정신건강에 대한 인식이 좋지 않다. 정신질환을 겪고 있어도 외면하거나 방치하며, 숨기는 사회적 분위기가 만연해 있다. 이런 상황에서 아동의 정신건강은 더욱 방치되기 쉽다. 특히 취약계층 아동의 정신건강은 더욱 방치되기 쉽다. 서울시 소아청소년 정신보건센터에서 서울 시내 19개 초중고교 학생 2,664명을 대상으로 역학조사를 실시한 결과 조사 학생의 3분의 1 이상인 35.8%가 정신건강에 문제가 있다는 조사 결과를 보고했다.[1]

특히 아동청소년기의 정신건강 문제는 정상적인 성장발달을 저해하고 다양한 부적응의 문제를 야기해 추후 성인기 정신질환 문제로 이완될 가능성 때문에 그 중요성이 부각된다. 청소년기는 급격한 신체적, 심리적 변화와 더불어 성인으로서의 새로운 역할과 책임 수행을 위한 변화를 경험하는 중요한 시기이다. 이러한 과정에서 청소년들은 다른 시기에 비해 신체적 질병으로 인한 사망률이나 질병 이환율은 비교적 낮지만 혼란과 불안으로 학업 스트레스, 성문제, 약물 남용 등 여러 가지 정신 사회적인 문제를 겪게 된다.[2]

우리 팀은 취약계층 아동 90%, 일반 아동 10%로 구성된 지역아동센터에서 직접 교육 봉사활동을 수행했으며, 아동에게 필요한 것은 기술적이고 학문적인 교육이 아닌 정신건강 돌봄이라는 것에 공감했다. 교육 봉사를 수행하며 만난 여러 아이들은 정서상 불안해 보였으며, 폭언이나 폭력을 일삼고 공감 능력이 떨어지는 모습을 보였다. 아동센터 원장님은 아이들의 정서상 문제에 공감했으며, 초중고교 교사를 대상으로 한 설문조사에서도 취약계층 아이들의 정서적인 결여를

---

1. 연합뉴스. 2006년 4월 9일. "초중고생 36%, 정신건강에 이상 있다."
2. D. Elkind. 1998. All Grown Up and No Place to Go: Teenagers in Crisis (2nd ed.). Cambridge: Perseus Books.

확인할 수 있었다.

이에 우리는 미래 민주주의를 이끌어나갈 주역인 아이들의 정서와 심리가 이대로 방치된다면 건강한 시민으로 성장하기 힘들 것이라고 판단했다. 아무리 형식적 권리나 자기결정권, 개인적 이익 보호, 정치적 평등이 제도와 법으로 보장된다고 해도, 그것을 운용할 내적인 심리, 정서가 불온하다면 무용지물이다. 즉 제도적으로 민주주의를 발전시키고 민주적인 시민의 권리를 보장해 줌으로써 제도 민주주의의 발전을 도모할 수는 있어도, 실질적으로 민주주의를 운용할 건강한 시민을 만들 수는 없다. 건강한 미래 시민을 도모하기 위해서는 방치되고 있는 정신건강에 집중할 필요가 있다.

신공공서비스론(NPS)과 뉴거버넌스론이 새로운 행정 패러다임으로 자리잡은 현대 사회에서 사회적 자본의 축적은 매우 중요한 의미를 가진다. 각자의 이익 추구와 갈등이 첨예하게 대립하고 있는 상황에서 정부는 '국민 기본 생활 기준'을 설정, 최저 생활 수준을 보장하고, 지역사회 차원에서의 사회적 가치와 자본을 축적시키는 지속가능한 복지를 추구하고 있다. 이런 기조 속에서 사회적 자본 축적에 자발적, 능동적으로 기여하는 '지역 자원봉사'에 주목할 필요가 있다.

동대문구 자원봉사센터에 의하면 동대문구의 40대 이상 중장년층의 자원봉사 이탈률이 가장 높다. 보통 7년차를 기점으로 봉사활동에서 이탈하는 자원봉사자들이 많다. 이탈의 가장 큰 원인은 봉사활동에 대한 권태감과 체력적 부담이다. 장기간 자원봉사를 수행한 숙련된 자원봉사자들의 이탈은 지역사회에서는 물론 국가적인 측면에서도 훌륭한 자원의 낭비라고 할 수 있다. 따라서 동대문구에서는 다른 연령층에 비해 아이에게 더 큰 정서적 안정감을 주고, 능숙하게 교감할 수 있는 중장년층 중심의 자원봉사자들을 통해 학생 상담 자원봉사를 추진한다면 좋은 성과를 거둘 수 있을 것이다. 기존의 자원봉사에 권태감을 느끼거나 체력적으로 부담이 돼 자원봉사에서 이탈하는 중장년층에게 학생 상담 자원봉사는 적절한 대안이 될 수 있다. 자녀를 둔 부모 인력의 효율적 활용은 교육적 차원은 물론이고 유휴인력의 활용이라는 부차적 목적까지도 달성한다는 이점이 있다.[3] 김선미의 연구에 따르면 상담 자원봉사자의 연령이 증가함에 따라 봉사활동 지속 기간이 증가하는 것으로 나타났고, 봉사활동의 적극성도 증가하는 것으로 나타났으며, 봉사활동 만족도도 증가하는 것으로 나타났다.[4] 특히 40대 이상 여성 유휴인력 활용 방안으로 학생 상담 자원봉사제도는 실효를 거두고 있는 것으로 나타났다.

동대문구의 초등학교에서 진행 중인 아동 정신건강 복지서비스에서도 자원봉사자가 활용되고 있다. 하지만 관련 전공 분야에서 학업 중인 20대 대학생들만 참여할 수 있는 1년의 단기성 프로그램이라는 점에서 중장년층의 새로운 봉사활동 분야를 개척할 수 있을 것으로 기대된다. 현재 동대문구의 모든 초등학교에서 의무적으로 진행 중인 학생 정신건강 진단 프로그램뿐 아니라 과학적이고 구체적인 프로그램('나, 너, 우리')과 중장년층을 활용한 자원봉사자 체계('보드미')를 결합한 '아이세움'을 제안한다.

Ⅱ. 현황 조사

1. 한국의 정신건강 상태 현황

평균 25.4%로 국민들 4명 중 1명은 정신질환을 평생 동안 1번은 경험한다고 하며, 1년 유병률은 전체 11.9%로 10명 중 1명은 1년간 정신건강 문제를 경험하고 있다고 한다. 여기서 말하는 평생 유병률은 평생 동안 1번 이상 정신질환에 이환된 적이 있는 사람의 비율을 의미하고, 1년 유병률은 지난 1년간 정신건강 문제를 경험한 사람을 의미하는 것이다.

---

3. 안재숙. 1997. 「학생 상담 자원봉사활 동 현황 및 활성화 방안에 관한 연구」. 서강대학교 석사학위논문.
4. 김선미. 2009. 「학생 상담 자원봉사자의 봉사활동 지속성 관련 요인에 관한 연구」. 강원대학교 석사학위논문.

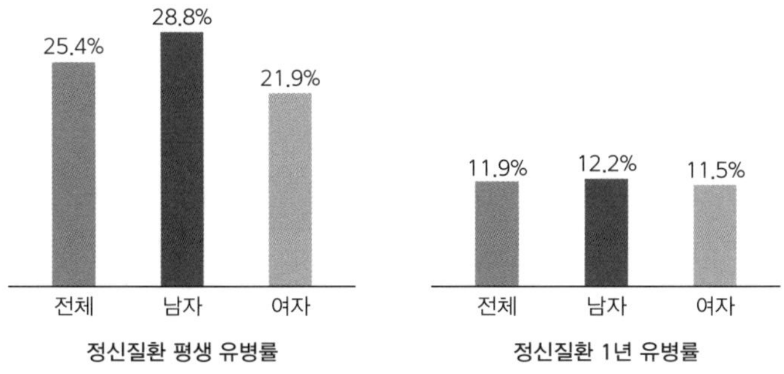

〈그림 1〉 대한민국 정신질환 유병률

출처: 보건복지부 보도자료. 2017년 4월 13일.

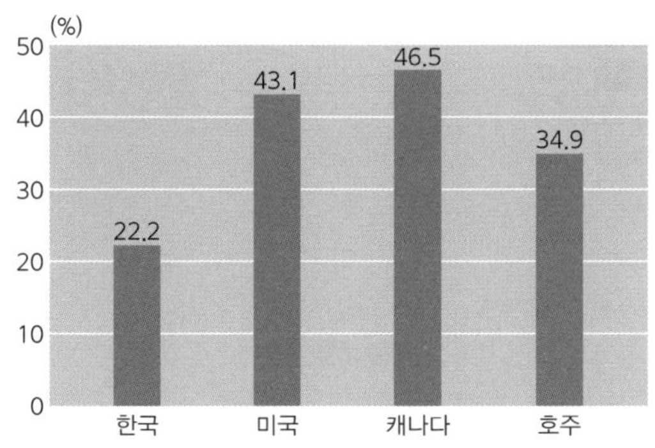

〈그림 2〉 정신건강 서비스 이용률

출처: 보건복지부 홈페이지. "정신질환 실태조사."

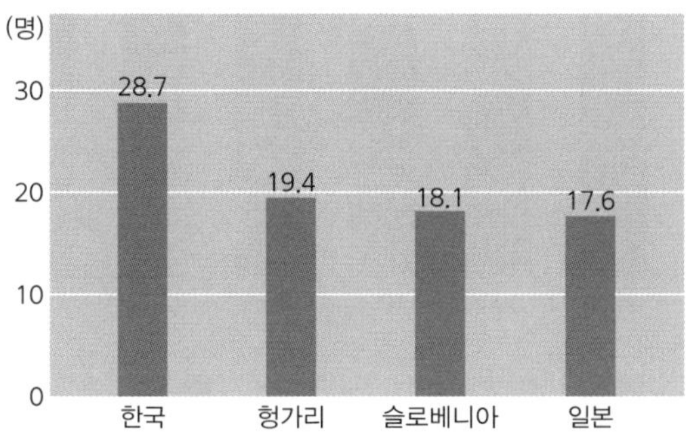

〈그림 3〉 OECD 국가들의 10만 명당 평균 자살률

출처: YTN. 2017년 8월 3일. "12년째 OECD 자살률 1위. 하루 44명꼴."

미국의 경우 연간 정신건강 서비스 이용률이 50%에 육박하는 반면, 한국은 일생 중 정신건강 서비스 이용률이 22.2%에 불과하다(그림 2). 이는 다른 나라인 캐나다, 호주에 비해서도 많이 부족한 수치이다. 한국에서는 정신건강의 문제가 드러나도 인지하지 못하는 경우가 많으며, 인지했다고 해도 숨기는 경향이 많기 때문이다. 성인의 정신건강이 이 정도로 방치되고 있다면, 아동의 정신건강은 더욱 심각한 수준으로 방치되고 있을 것이라 예상할 수 있다.

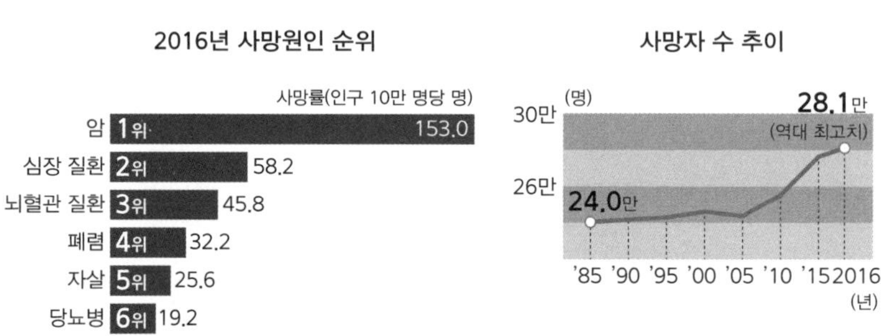

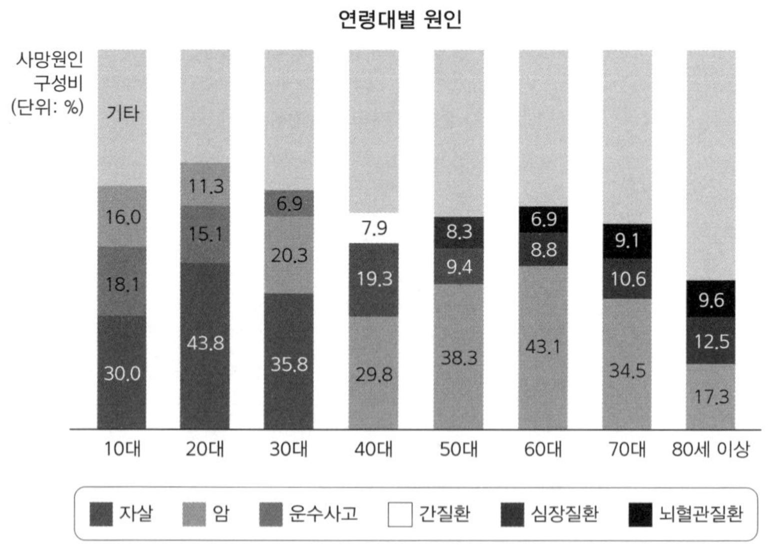

〈그림 4〉 한국인의 사망 원인

출처: 연합뉴스. 2017년 9월 22일. "고령화로 작년 사망자 수 역대 최대…30만 명 육박."

2017년 대한민국의 자살률은 28.7%로 OECD 가입국 중 가장 높으며, 이는 OECD 평균인 12.1%에 비해서도 높은 수치이다(그림 3). 또 자살이 10대, 20대, 30대의 사망원인 1위인 점을 봤을 때, 아동, 청소년의 정신건강은 위태로운 수준이라고 할 수 있다(그림 4).

2. 서울시 정신건강 복지 현황

국회는 2014년 12월 인성교육을 의무로 규정한 세계 최초의 법인 '인성교육진흥법'을 통과시켰다. 인성교육진흥법은 건전하고 올바른 인성을 갖춘 시민 육성을 목적으로 하며, "자신의 내면을 바르고 건전하게 가꾸며 타인, 공동체, 자연과 더불어 사는 데 필요한 인간다운 성품과 역량을 기르는 것을 목적으로 하는 교육"을 지향한다. 이 법안에 따라 2015년 7월부터 국가와 지방자치단체, 학교에 인성교육 의무가 부여됐다. 이를 위해 정부는 인성교육진흥위원회를 설립해 5년마다 인성교육 종합계획을 수립하게 된다. 또 종합계획에 따라 17개 시·도 자치단체장과 교육감은 개별 기본계획을 세우고 실행하게 된다. 전국의 초·중·고교는 매년 초 인성교육 계획을 교육감에게 보고하고 인성에 바탕을 둔 교육과정을 운영해야 한다. 아울러 교사는 인성교육 연수를 의무적으로 받아야 하고, 사범대·교대 등 교원 양성기관은 인성교육 역량을 강화하기 위한 필수 과목을 개설해야 한다.

이에 서울시에서는 학교보건진흥원을 중심으로 교육청이 관할하는 정신건강 증진사업이 진행 중이다. 따라서 서울시에 위치한 모든 초등학교에서는 1~4학년을 대상으로 정서행동특성검사를 의무적으로 진행해야 한다. 관심군으로 선별된 학생은 상담 지원을 받게 되고, 정신건강 증진 프로그램 서비스를 제공받거나, 전문기관에 연계될 수 있다. 또 정신건강에 문제가 있는 저소득층 아이는 정신건강 진단 비용을 지원받는다.

3. 동대문구 정신건강복지 현황[5]

우리 팀이 아동 정신건강 복지에 문제의식을 느낀 계기는 아름다운안암 지역아동센터에서의 봉사활동이다. 서울시 동대문구 약령시로에 위치한 해당 아동센터는 90%의 아이가 차상위계층과 다문화가정, 한부모가정에 속해 있다. 직접 봉사활동을 하면서 느낀 점은 아이들이 교육적인 측면에서는 다수의 프로그램을 제공받고 있는데 비해, 정서적 측면에서는 굉장히 취약하다는 것이었다. 아이들은 과도한 언어 폭력과 신체 폭력 그리고 정서상 불안한 모습을 보였다. 돌봄 선생님들은 아이들의 학습 지도에 가장 큰 필요성을 느꼈지만, 그보다는 정서적 안정을 기하는 데 고군분투하고 있었다. 원장선생님과의 인터뷰를 통해서도 우리의 문제의식에 공감을 얻을 수 있었으며, 아동들의 정서, 심리 발달과 성장이 미래의 건강한 민주주의의 시민을 만드는 중요한 요소라는 생각을 통해 연구를 진행했다. 그 결과 동대문구에서는 아동 정신건강 복지에 대해 적극적이지 못하다는 것을 발견할 수 있었다.

동대문구에서는 동대문구 정신건강복지센터를 중심으로 아동의 정신건강 서비스가 제공된다. 동대문구 정신건강복지센터는 동대문구 홍릉로 홍릉문화복지센터에 위치하고 있으며 동대문구의 건강한 마음과 행복한 삶을 위한 지역센터이다. 동대문구 정신건강복지센터의 목표는 정신건강 문화 허브로의 도약이다. 그리고 이를 위한 비전은 ① 포괄적, 지속적, 연속적 서비스 제공, ② 지역주민 능력강화 서비스, ③ 정신건강 문화 조성 서비스라고 소개하고 있다. 동대문구 정신건강복지센터의 추진 전략으로는 정신 장애인의 인권 보호와 지속적 치료 및 사회복귀를 위한 재활을 지원이며, 지역주민의 정신건강 증진에 기여하는 것을 목표로 하고 있다. 주요 사업은 다음과 같다.

5. 동대문구 정신건강 복지센터 홈페이지.

〈그림 5〉 장남순 아름다운안암 지역아동센터 원장(왼쪽), 전재훈

① 정신건강 재활 사업: 정신질환에 대한 예방과 사회 적응력을 높이기 위한 서비스를 초기 상담 서비스를 통해 진행하고 있다. 이 사업의 프로그램으로는 1) 정신건강 교육, 2) SDM(정신건강 교육 및 의사소통 훈련), 3) 인지 재활, 4) 문화시설이나 공공기관 방문을 통한 지역사회 적응 훈련을 진행하고 있다.

② 아동 청소년 정신건강 증진 사업: 아동 청소년을 대상으로 심층 평가 및 간이 도구 검사를 실시하여 적절한 치료와 서비스에 대한 정보를 제공하는 사업이다. 동대문구에 거주하는 아동 청소년은 모두 이용할 수 있으며 마음 건강 심층 사정평가 서비스나 치료비 지원 서비스, 프로그램 사업 등 다양한 서비스를 이용할 수 있다.

③ 우울 자살 예방 사업: 동대문구의 자살 문제를 효과적으로 대응하기 위한 사업으로 동대문구 주민 누구나 이용할 수 있으며, 위기관리 서비스, 치료비 지원 서비스, 자살 유가족 자조 모임과 같은 서비스를 이용할 수 있다.

④ 알코올 중독 관리 사업: 알코올 의존 고위험 지역주민을 조기 발견하여 치료적 개입과 사례 관리 서비스를 제공하여 단주 생활을 유지하고 적정 생활을

유지하도록 도와주는 사업이다.

⑤ 정신 보건 인식 개선 사업: 정신질환에 대한 다양한 정보를 제공하고 잘못된 인식과 편견을 개선하여 지역사회의 건전한 정신건강 문화를 조성하려는 사업이다. 이 사업에서는 정신건강 교육 사업, 정신건강 홍보 및 캠페인 등을 진행하고 있다.

동대문구 정신건강복지센터는 아동 정신건강에 대한 사업이 하나뿐이다. 하지만 서울시교육청, 학교보건진흥원, 동대문구 보건소에 문의한 결과, 동대문구의 아동 정신건강 복지는 동대문구 정신건강복지센터를 중심으로 이뤄지고 있음을 확인했다. 동대문구 아동정신건강복지센터는 직접적으로 프로그램이나 서비스를 제공하는 기관이 아닌 연계, 관리 중심의 기관이며, 동대문구 소재 초등학교의 정신건강 복지를 총괄하고 있다.

4. 동대문구 초등학교 자원봉사자 활용 현황

동대문구의 초등학교에서는 정부의 법률 지정에 따라 서울시가 의무로 지정한 정신건강 증진 프로그램이 시행되고 있으며, 자원봉사자로는 의대생, 간호대생을 중심으로 한 20대 대학생이 투입되고 있었다. 자원봉사 방식은 자원봉사자들이 팀을 꾸려 해당 학교에 찾아가 자신들이 직접 계획한 프로그램을 실행하는 식이었다. 1년 단위로 이뤄지는 봉사활동으로, 자원봉사자들은 정신건강복지센터로부터 프로그램 재료비, 진행비, 교통비, 봉사 시간 인정 등을 지급받으며 봉사활동에 참여하고 있다.

이러한 형식의 문제점은 프로그램이 미리 개발되고 아이들에게 적용되기 때문에 개별적인 아이의 정신건강을 돌보는 데 적절한지에 대한 우려, 장기적인 돌봄이 필요한 아동 정신건강에 길어야 1년간 지속되는 단발성 서비스라는 점, 전문가가 아닌 학부 재학생의 검증되지 않은 프로그램이 아이들에게 직접적으로 적용된다는 점을 들 수 있다. 무엇보다 의대, 간호대 학부생을 모집해 자체적인 프로그램을 제작, 시행하는 현행 자원봉사자 활용 방안이 정교하고 섬세한 돌봄이 필요한 아이들에게 적절한지 의문이다. 이에 대한 우리의 제안을 다음 목차에서 소개하겠다.

Ⅲ. 제안 및 사례 소개

1. 제안

프로그램과 자원봉사자 차원에서 제안할 수 있다. 먼저 프로그램 측면에서 동대문구의 아동 정신건강 복지는 적극적이지 못하다. 현재 동대문구의 초등학교에서는 정신건강 진단 시스템이 갖춰져 있지만, 문제가 있는 아이를 발굴, 상담한 뒤 치료 기관과 연계하는 정도에 그치고 있다. 문제 아이를 발굴하고 우선적으로 조치하는 프로그램을 갖추고는 있지만, 아동의 정신건강에 대해 소극적으로 개입하고 있다. 정부의 가이드라인을 따르고 있을 뿐 구 차원에서 구체적인 프로그램을 갖추고 있지 않았다. 이보다는 구 차원에서 과학적인 아동 정신건강 프로그램을 개발하고, 학교에서는 이를 효과적으로 활용하기 위해 교사 교육과 아동 관리 체제를 개발할 필요가 있다. 이에 삼성의료원 사회정신건강연구소가 개발한 '나, 너, 우리' 프로그램 도입을 제안한다. 문제 학생뿐 아니라 모든 학생에게 정신, 인성에 대한 교육을 제공하는 '나, 너, 우리'는 이제 막 사회에 들어선 아이들을 건강한 민주 시민으로 육성하는 데 효과적일 것이다. 프로그램에 대한 구체적인 예시는 뒤의 사례 소개에서 자세하게 다루겠다.

다음으로 동대문구에서는 자원봉사자 활용에 있어서도 적극적, 체계적이지 못하다. 앞서 언급한대로 전공 차원에서 관련이 있어 보이는 의대생, 간호대생을 자원봉사에 활용하고 있지만, 여전히 정신건강에 대한 전문가가 아니라는 점, 자원봉사에 투입되기 전에 관련 교육을 받지 않는다는 점, 아이들에게 제공하는 프로그램을 그들 스스로 개발하며, 그것이 대상이 되는 아이들에게 적합한지에 대한 전문적인 심사 없이 제공된다는 점에 있어서 상당히 우려스럽다고 할 수 있다. 이에 지역의 아동을 대상으로 한 봉사활동이니만큼 지역의 어머니, 아버지를 중심으로 한 아동 상담 봉사활동을 제안한다. 앞에서 다뤘듯 아동 상담 자원봉사에 있어서 중년층이며 고령일수록 자원봉사에 적극적이며 만족도가 높다는 것을 알 수 있었다. 따라서 현재 자원봉사활동기본법 및 동법시행령 제19조에 의해 설치된 '지역자원봉사센터'에서 시행 중인 학생 상담 자원봉사단 '보드미'와 같은 자원봉사 체계를 동대문구에 제안한다. 동대문구의 현행 자원봉사자 활용 방식에서 벗어나, 동대문구의 40대 이상 중장년층 위주의 자원봉사자 활용을 제안한다. 그 예시인 보드미에 대한 구체적인 설명도 다음의 사례 소개에서 다루겠다.

정리하자면 우리 팀이 제안하는 '아이세움'이란, 정신건강 복지 측면에 있어 프로그램, 자원봉사자 활용에 있어 불완전함을 보이는 동대문구 초등학교에 제안하는 하나의 시스템이라고 할 수 있다. 현재 국내에서 활용되고 있는 아동 정신건강 복지 서비스 중, 미래의 건강한 민주 시민을 만드는 데 가장 적합해 보이는 것은 삼성의료원 사회정신건강연구소가 개발한 '나, 너, 우리' 프로그램이다. 아이들을 치료하는 데에서 그치는 것이 아닌, 아동에게 자신의 자아정체성을 확립하고, 자기결정권을 가진 인간으로 성장할 수 있게끔 도와주는 프로그램이라는 점에서 우리 팀의 취지와 가장 적합했다. '나, 너, 우리'는 환자를 돌보는 프로그램이 아니라 우리 사회의 아동들이 성숙한 시민으로 자라날 수 있도록 도와주는 프로그램이다. 무엇보다 아이들과 유리된 채 서비스를 제공하는 전문가가 아닌, 학교 선생님들을 중심으로 이뤄진다는 점, 치료가 아닌 교육이라는 점이 우리 팀의 취지와 잘 맞았다고 판단했다. 여기에 한국중앙자원봉사센터의 학생상담자원봉사단 보드미와 같이, 타당한 기준을 거쳐서 지역의 어머니로 아동 상담 자원봉사자를 구성하고, 이들에게 전문성을 위한 교육을 주기적으로 제공하는 것이 아이세움 시스템의 골자이다.

2. 사례 소개

1) 삼성의료원 사회정신건강연구소의 “나, 너, 우리” 인성교육 프로그램[6]

① 현황 및 소개

“나, 너, 우리” 프로그램은 아동 청소년 시기의 아이들에게 개인과 사회, 그리고 시민의식을 가르쳐 주는 프로그램으로, 문제가 있는 아이들을 발굴해 치료기관과 연계하는 현행 동대문구의 아동 정신건강 복지에 비해 건강한 시민을 만드는 데 더 적절하다고 평가할 수 있다. 삼성의료원의 사회정신건강연구원에서 1996년 개발을 시작한 프로그램으로, 자존감 향상, 친구 관계 향상, 시민의식 교육, 진로 교육, 부모 교육 등 10여 종의 다양한 프로그램으로 구성되어 있다. 2005년부터 전라남도 교육청, 대구 동부교육지원청, 강원도 춘천교육지원청 등과 공동연수를 실시하여 2만 2,000명의 교육지도자를 배출했으며, 51만 명의 학생들에게 인성교육을 실시했다.

이 프로그램은 건강한 마음을 지니고, 타인을 배려하며, 책임감 있는 사람으로 성장하기 위한 초등 인성교육이며, 학급용(교사 지도서, 학생 교재, 영상 자료)과 가정용(부모-자녀 활동지)이 있어서 학교와 가정의 연계를 통한 통합적인 인성교육이 가능하다. 구체적으로는 스스로 건강한 삶을 살 수 있는 역량을 키워 주는 ‘나’ 프로그램부터 주변 사람들과 긍정적인 관계를 맺기 위한 역량을 키워 주는 ‘너’ 프로그램, 사회에 적극적으로 참여하고 성숙한 시민이 되기 위한 역량을 키워 주는 ‘우리’ 프로그램으로 이루어져 있으며, 2015년 제정된 인성교육진흥법에 따른 8가지 인성 가치를 반영한 프로그램 운영이 이루어지고 있다.

이 프로그램의 특징은 교과목인 도덕/국어 과목과 같이 연계하여 학교 선생님들이 직접적으로 프로그램을 진행할 수 있으며 연구소 홈페이지(www.

---

6. 삼성의료원 홈페이지.

samsungsmhi.com)에서 프로그램을 다운받아 쉽게 활용할 수 있다는 것이다. 또한 초등학교 1학년부터 6학년, 중학교, 고등학교마다 프로그램이 세부적으로 구성돼 있으며 학년별로 중점적인 프로그램이나 추구해야 하는 인성교육들을 갖추고 있어 눈높이 수준의 정신건강 증진이 가능하다.

② 주요 프로그램

– 초등학교 3학년 사회성 프로그램 – 가족 인생 게임

- 가족의 생각, 흥미 등 이모저모를 알아볼 수 있는 재미있는 보드게임.
- 자녀는 이 프로그램을 통해 부모와 대화를 나누고 공감 받는 과정을 경험하면서 부모와의 소통에 있어서 즐거움을 느끼고 긍정적인 의사소통 방식을 배워감. 부모는 자녀의 이야기를 듣고 공감하며 긍정적인 의사소통을 경험하여 자녀에 대한 이해를 높일 수 있음.
- 진행 방식은 자녀에 대한 질문카드와 부모에 대한 질문카드를 만들어 보드게임 형식으로 진행한다. 만약 자신의 차례가 걸려 자신에 대한 질문을 받았을 때는 게임이 정한 규칙에 따라 대답을 하는 게임.

– 초등학교 2학년 시민의식 프로그램 - 나는 기자에요

- 학생이 기자가 되어 따뜻한 나눔의 기사의 뒷이야기를 작성해 보는 활동
- 학생은 사회의 어려운 이웃을 돕는 기사문들을 접하며 나눔에 대한 생각을 해보고 행복한 사회에 대한 꿈을 꾸고 건강한 시민이란 무엇인지 배우게 됨. 부모는 자녀와 나눔에 대한 이야기를 나누어 보면서 더불어 살아가는 사회의 의미를 다시 한 번 깨닫고 이를 실천할 수 있는 동력을 제공받음으로써 건강한 시민사회로 한 걸음 내딛는 기회가 됨.
- 진행 방식은 나눔에 대한 기사를 하나 찾아 그 기사에 대한 뒷이야기를 완성해 보는 것이다. 또는 나눔에 대한 기사 내용을 빈칸으로 만들어 학생들이 직접 그 기사 내용을 채워 넣어가는 방식도 있다.

③ 프로그램의 장점 및 단점

– 장점

• 각 학년별로 구체적인 프로그램들을 제시하면서 학년별 수준에 맞는 눈높이 교육 실시
• 개인과 사회, 그리고 시민의식까지 같이 제시하여 개인의 심리 안정에만 그치는 것이 아니라 가족관계 개선, 건강한 시민으로서의 성장까지 같이 키워 주는 프로그램
• 프로그램의 쉬운 실행도를 통해 학교 교사들이 직접 자신의 국어와 도덕 교과목 시간에 프로그램을 접목시켜 아이들에게 보급시킬 수 있도록 허용함.

– 단점

• 학년별 / 구성별로 구체적인 프로그램을 제시하였지만 대부분의 프로그램이 원래 있던 프로그램에 대한 재활용이고 발전된 프로그램의 부재
• 현재 교과 과정상 고등학교에는 적용되기 어려운 인성교육 프로그램(시간의 부재와 수능에 치중되어 있는 교과 과정상 적용의 어려움)
• 학생과 부모를 잇는 프로그램들의 홍보 부재. 즉 부모들이 프로그램을 보고 실행해야 하지만 정작 부모들은 이 프로그램에 대한 인식이 낮음. 교사들에게만 보급이 되어 있는 실정

2) 한국중앙자원봉사센터의 학생상담자원봉사단 보드미[7]

① 사업 모토

"엄마는 세상에서 가장 어려운 일을 해내는 사람이다."

7. 한국중앙자원봉사센터 홈페이지.

② 사업 목적, 배경

학생들의 올바른 성장을 돕고 건강하고 안전한 교육공동체 구축을 지향한다. 학생상담자원봉사자와 담당교사와의 협력을 통해 학교 상담 활동이 활성화되면서 학교폭력, 학교 부적응 예방에 대한 적극 활동을 촉진하기 위한 목적을 갖고 있다. 학교와 가정 그 중간에서 소통과 공감을 끌어내는 데 최선을 다해 돕는 것을 목적으로 한다. 1985년 서울시 교육연구정보원에서는 인성교육의 필요성에 따라 상담 전담 교사 수급과 인력 양성의 어려움에 대안으로 학생상담봉사제를 만들었다. 이후 2015년 7월 21일 시행된 인성교육진흥법을 통해 학생상담봉사제를 '보드미'(나를 보듬고 학생들을 보듬는 봉사자)로 명칭을 변경했다.

③ 봉사자 선발 과정

자원봉사자 대상은 학부모 또는 30~50대 가정주부이다. 따라서 우리가 제안하는 자원봉사자의 성격과 매우 유사하며, 이를 동대문구에 적용한다면 좋은 효과를 얻을 수 있을 것으로 기대된다. 또 아동 정신건강에 개입하는 만큼 선발 과정과 지원 자격이 까다로우며, 자원봉사자 교육 체계가 잘 갖춰져 있음을 확인할 수 있다. 즉, 아이들 상담에 적절한 자원봉사자를 선발함과 동시에 전문성을 위한 교육을 수행하는 것을 확인할 수 있으며, 이는 현행 동대문구 자원봉사자 활용에 좋은 본보기가 될 수 있다.

- 선발 공고: 10~11월에 서울시 교육연구정보원 홈페이지와 학교 가정통신문을 통해 모집을 하며 1년에 1회 선발한다.
- 서류 심사 및 면접
- 최종합격자에 한하여 60시간 기초교육 실시 후 초·중등학교에 파견되어 집단심성 프로그램 실행

④ 지원 자격

- 초·중·고 학생을 대상으로 상담 가능한 자

• 신규 교육 60시간과 인턴 과정을 수료할 수 있고 3년 이상 활동이 가능한 자
• 서울시 거주자로서 1년에 20시간 이상의 봉사활동 및 교육 활동을 자유롭게 할 수 있는 자.

⑤ 활동 방식

• 수업시간(초등)이나 방과 후(중등)를 이용 2~3시간 또래 그룹(8~12명)과 함께 하는 상담 활동 진행
• 상담 활동 중 봉사자를 중심으로 한 경험 공유나 자신의 소중함을 알려주는 대화법 실시

⑥ 보드미 자원봉사자가 되기 위한 교육과정

• 연간 2회의 필수 보수 교육
• 각 지역 교육청 계획에 의거한 지속적인 교육 연수를 통한 전문성 강화

⑦ 보드미의 한계점

• 충분한 교육 시간 제공 부족 및 만남의 기회가 부족하다. 정신건강 상담을 위한 교육은 최소 3차시인데, 학교에서 아이들에게 충분한 교육을 받을 수 있는 시간 제공을 해 주지 않는다는 점
• 수용의 문제가 있다. 각 학교에서 교육 받은, 준비된 학생 상담 자원봉사자들을 운영할만한 지원 체계나 장소를 마련하고 있지 못하다.

참고문헌

권순미. 2000.『청소년 자원봉사활동의 지속성에 영향을 미치는 요인에 관한 탐색 연구』. 서울여자대학교 박사학위논문.

김선미. 2009.『학생 상담 자원봉사자의 봉사활동 지속성 관련 요인에 관한 연구』. 강원대학교 석사학위논문.

로버트 달. 2018.『민주주의』. 동명사.

배정이. 2006. "우리나라 청소년의 정신건강 실태 조사."『정신간호학회지』. 15(3).

안재숙. 1997.『학생상담자원봉사활동 현황 및 활성화 방안에 관한 연구』. 서강대학교 공공정책대학원 석사학위논문.

연합뉴스. 2006년 4월 9일. "초중고생 36%, 정신건강에 이상 있다." https://entertain.naver.com/read?oid=001&aid=0001266946 (검색일: 2019.03.19).

동대문구 정신건강복지센터 홈페이지. http://www.ddmind.net/main.php (검색일: 2019.03.19).

삼성의료원 홈페이지. http://samsunghospital.com (검색일: 2019.03.19).

한국중앙자원봉사센터 홈페이지. http://vc1365.tistory.com/662#footnote_link_662_1 (검색일: 2019.03.19).

보건복지부 홈페이지. "정신질환 실태 조사." http://kosis.kr/common/meta_onedepth.jsp?vwcd=MT_OTITLE&listid=117_11750 (검색일: 2019.03.19).

YTN. 2017년 8월 3일. "12년째 OECD 자살률 1위. 하루 44명꼴." https://www.ytn.co.kr/_ln/0103_201708030422265970 (검색일: 2019.03.19).

______. 2017년 9월 22일. "고령화로 작년 사망자 수 역대 최대…30만 명 육박." https://news.naver.com/main/read.nhn?mode=LSD&mid=sec&sid1=001&oid=001&aid=0009565278 (검색일: 2019.03.19).

Elkind, D. 1998. All Grown Up and No Place to Go: Teenagers in Crisis (2nd ed.). Cambridge: Perseus Books.

조사 활동 개요

김윤식 '회기동 사람들' 대표 인터뷰(2018년 10월 1일).

동대문구 복지정책과 조영희 주무관 인터뷰(2018년 10월 2일).

아름다운 안암지역 아동센터 장남순 원장 인터뷰(2018년 10월 2일).

아름다운 안암지역 아동센터 교육봉사(조현규, 전재훈, 2018년 10월 8일~11월 29일. 총 11회).

제12장

서대문구 역사기행 일일 투어

서대문 역사기행 프로젝트: 다크 투어리즘 그 너머로

연세대학교 국제통상학과 **박정문 · 김지우**

연세대, 서강대, 이화여대 등 대학가인 신촌역은 2000년대 전까지만 해도 젊음의 상징이었다. 열정, 청춘, 그리고 낭만의 상징이었던 신촌은 전성기와 동시에 임대료 상승으로 인해 각종 대기업 프랜차이즈만 살아남으며 신촌 고유의 색이 퇴색되었고, 이는 신촌 상권의 침체로 이어졌다. 본 조는 이러한 한계점은 신촌 및 서대문에게 제2의 정체성을 부여함으로 상쇄될 수 있다고 생각하였다. 따라서 본 조는 역사의 성지, 서대문이라는 주제 하에 본 논문을 통해 다크 투어리즘이라는 이론적 개념 및 사례를 제공한다. 또한 본 조는 '서대문 역사기행 일일 투어'라는 프로젝트를 통해 서대문에 존재하는 독립운동, 한국전쟁, 그리고 민주화운동 등 역사적 상징성이 있는 장소들을 연결하여, 과거의 20대들이 민족의 독립과 자유를 위해 어떠한 노력을 했는지 그 발자취를 따라가는 일일 다크 투어리즘 코스를 제작하기로 하였다. 뿐만 아니라 서대문에 젊은 세대 및 외국인의 유입이 많다는 점을 활용하여, 각 코스에 대한 소개를 한국어, 영어, 중국어, 일본어, 스페인어, 포르투갈어, 필리핀어 등 6개 언어로 녹음하여 오디오 및 비디오 파일을 제작하였고, 이를 QR 코드에 삽입하여, 구글맵과 함께 서대문구 홈페이지 및 애플을 통해 공유하겠다는 활동 활용 방안 또한 제시한다.

I. 문제 제기

서대문구 내에는 총 8개의 대학이 밀집되어 있어 예로부터 대학가의 상징이었고 젊음과 열정의 상징이었다. 특히 신촌의 경우 연세대학교, 이화여자대학교, 서강대학교 등과 밀접하여, 해당 대학 학생들은 물론이고, 많은 대학생들의 만남의 장소로 자리잡았다. 90년대 대학생들의 그랜드백화점, 빨간 잠망경 등에 대한 향수는 이러한 사실을 뒷받침해 준다. 그러나 신촌은 전성기와 동시에 임대료 상승으로 인해, 각종 대기업 프랜차이즈만 살아남아 몰개성화 현상이 진행되었고, 이는 신촌 고유의 색의 퇴색으로 연결되었다. 이러한 신촌의 특수성 상실은 신촌 상권의 침체로 직결되었다.[1] 이러한 문제점은 젠트리피케이션의 문제라고 명명할 수 있는데 젠트리피케이션이란 상권 활성화에 따라 상승하는 임대료에 의해 소상공인이 떠나게 되는 사회 변화 현상으로 신촌의 현 상황과 같은 경우라고 정의할 수 있다.[2]

물론 신촌 상권을 다양화하고 특색화하려는 노력도 존재하나, 이미 현존하는 삼청동, 연남동, 해방촌 등 신촌 주변 상권의 특수화가 진행되어 유명세를 타고 있다는 점, 신촌에 대한 인식은 천편일률적이고 특색 없는 대학가 상권이라는 한계를 가지고 생각해 보았을 때, 신촌, 더 나아가 서대문의 전성기는 근본적인 인식의 변화를 통해 이루어질 수 있다는 결론을 도출할 수 있었다.

본 조는 그 인식 변화의 시작점을 역사에서 찾았다. 서대문은 과거로부터 젊음의 상징이었고 열정의 상징이었다. 과거 역사를 바꾸고 부조리함을 타도한 용기는 대학생부터 나왔고, 서대문은 그 역사의 현장이었던 것이다. 과거 대한민국의 독립을 향한 외침부터 한국전쟁 시기의 자유를 향한 외침, 그리고 민주주의의 확립을 위한 외침까지, 변화의 중심에 서대문이 있었다는 사실을 알리고, 서대문을

1. 매일경제. 2016. 『매경이코노미』 제1847호.
2. 김연진. 2016. "문화예술 분야 젠트리피케이션 대응을 위한 기초 연구." 『기본연구』. 한국문화관광연구원. pp.2016~2020.

통해 상징되는 우리나라가 겪어온 아픔과 그를 극복해낸 과정을 소개할 수 있는 방법이 있다면, 이는 서대문의 인식 변화에 크게 도움이 될 뿐 아니라, 제2의 전성기를 맞이하게 될 것이라고 생각했다.

물론, 기존에도 서대문 역사투어는 존재하나, 이는 '서대문독립공원에서 자유를 외쳐라'의 이름으로 서대문독립공원이라는 장소적 제한이 존재하고, 뿐만 아니라 독립에만 중점을 가지고 제작되었다는 점에서, 총체적인 역사 투어 코스로는 한계점이 분명하다. 뿐만 아니라, 이러한 투어 코스는 서대문구청 홈페이지, 혹은 브로슈어에만 소개되어 있고, 실질적 타겟층의 부재로 활용이 제한되고 있다는 점에서 그 한계가 존재한다. 따라서 본 조는 '서대문 역사기행 일일 투어'라는 프로젝트를 통해, 서대문 내의 다양한 장소를 포함하고, 대한민국의 역사를 총체적으로 포함하는 성지를 포함한 투어 코스를 제작하고자 한다.

II. 이론적 개념 설명 및 사례 연구

본 조의 프로젝트인 '서대문 역사기행 일일 투어'는 대한민국의 역사의 현장을 재조명하여, 이를 관광자원으로 활용하는 것으로, 한국의 식민지 시절, 한국전쟁, 그리고 독재의 역사를 재조명하는 목적을 가지고 있다고 설명할 수 있다. 이는 다크 투어리즘(dark tourism)이라는 이론적 틀로 설명될 수 있다. 다크 투어리즘이란 '죽음이나 재난과 관련된 장소를 회상이나 교육, 그리고 오락을 목적으로 방문하는 것'으로, 1990년대에 성행하기 시작한 관광산업의 한 종류라고 정의된다.[3] 다크 투어리즘은 과거의 아픔 등과 관련된 장소를 경험함에 따라, 관광자들은 과거의 사회적 아픔과 고통을 이해하고, 감정적으로 공감하며 사회적 상처를 치유하는 과정에서 현재 삶의 교훈을 이끌어 낼 수 있다는 특성을 가

3. Foley M. & Lennon J. J. 1996. "Heart of Darkness." International Journal of Heritage Studies. 2(4). pp.195~197.

지고 있다.[4] 또한 다크 투어리즘 장소를 주제별로 정리하면 전쟁 관광, 인종차별, 민주화운동, 식민지 역사 관광, 재난 관광 등으로 구분되는데, 본 조가 제안하는 '서대문 역사기행 일일 투어 코스'는 전쟁 관광, 민주화운동, 식민지 역사 관광 등을 포함하여 시민들이 직접 해당 장소를 방문하고, 관련 역사에 대한 관심이 재조명됨에 따라 다크 투어리즘의 효과가 극대화될 수 있을 것이라고 생각한다.[5]

다크 투어리즘의 국내 사례로는 거제포로수용소, 대구시민안전테마파크, 그리고 5.18 민주묘지가 있고, 해외 사례로는 보스톤의 자유의 길이 있다. 위에 언급한 국내 사례의 경우, 장소의 연결성보다는 특정 사건의 발생 장소 및 역사를 보존하는 것에 초점이 맞춰져 있다고 볼 수 있다. 반면에 해외 사례의 보스톤의 자유의 길의 경우 단순히 한 장소가 아닌, 보스톤의 독립의 성지를 연결하여 하나의 관광코스로 제작했다는 점에서 그 특수성을 갖는다. 보스톤이 미국에서 가장 오래된 도시로 미국 독립운동의 발상지라는 특징을 활용하여, 보스톤은 영국을 향한 저항적 사건 현장과 혁명의 결과, 또한 독립을 쟁취하게 된 역사적 장소를 보스톤의 대표 유적지로 선정하여, 이를 지리적 순서에 따라 빨간 벽돌 길을 제작하여 하나의 '프리덤 트레일'을 완성하였다.[6] 자유의 길은 보스톤 코먼에서 시작하여 찰스타운의 벙커힐 기념탑까지 총 16곳의 사적지로 구성되어 있고, 각 현장에 대한 해설문을 만들고, 형성된 역사에 대한 자료를 포함할 뿐 아니라, 이를 둘러볼 수 있는 수륙양용 버스투어(Super Duck Tours) 등을 활용하여 시민들뿐 아니라 관광객들을 불러 모았다.[7]

따라서 본 조는 궁극적으로 보스톤의 '프리덤 트레일'과 같이 연결성 있는 다크 투어리즘적 역사관광 자원을 서대문의 '서대문 역사기행 일일 투어 코스'를 통해

---

4. 아데 뜨리아나 롤리타사리. 윤희정. 2017. "다크 투어리즘 관광자의 감정 반응 포지셔닝: 서대문형무소 역사관을 대상으로." 『관광연구저널』. 제31권 제5호. pp.89~105.
5. 조현희. 2012. 『다크 투어리즘의 장소 활용 사례 분석을 통한 5.18 사적지의 장소 마케팅 전략』. 전남대학교 문화전문대학원.
6. 조현희. 2012.
7. 황선희. 2006.『보스턴: 젊은 지성과 교감하는 전통의 힘』. 서울: 살림.

발전시키고자 하는 목적을 가지고 있다. 또한 대학가라는 이유로 젊은 층의 유동 인구가 많다는 점과 홍대입구와 인접하여 외국인 관광객의 유입이 용이하다는 점을 활용하여, 다크 투어리즘의 활성화 또한 목표하고 있다.

Ⅲ. 코스 소개

1. 활동 소개: 1일 서대문 역사기행 일일 투어 코스 및 설명

본 활동은 서대문구와 연계하여 진행한 프로젝트로, 신촌 고유의 색을 찾고 정체성을 부여하자는 취지에서 진행되었다. 본 조는 서대문의 전성기는 근본적인 인식의 변화를 통해 이루어질 수 있다는 결론을 도출하였다. 그리고 그 인식의 변화의 시작점을 역사에서 찾았다. 따라서 본 조는 "1일 서대문 역사기행 일일 투어 코스"를 기획하여 하루 간 서대문에 존재하는 역사적 상징성이 있는 장소들을 연결하는 코스를 제작하였다. 이는 주제별로는 독립을 향한 외침, 자유를 향한 외침, 민주주의를 향한 외침으로 구분되고, 각 주제마다 〈그림 1〉과 같은 인물을 포함하고 있다.

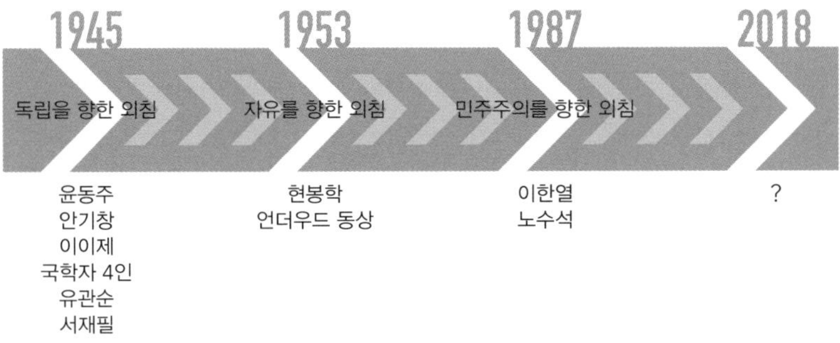

〈그림 1〉 코스 주제별 인물

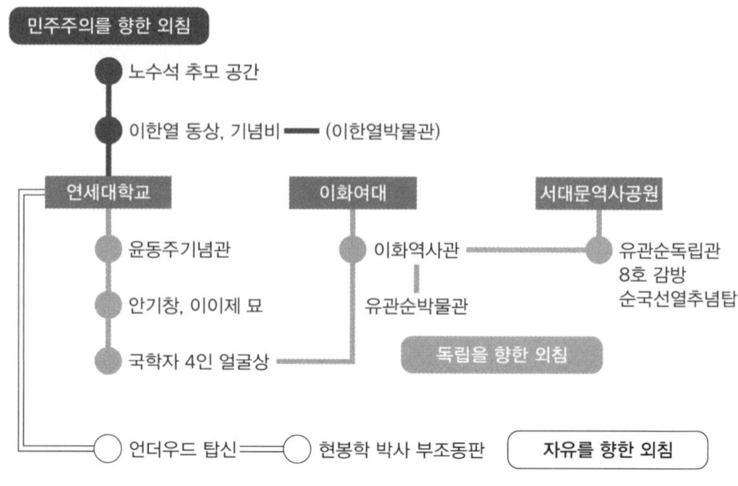

〈그림 2〉 서대문 역사기행 일일 투어 코스

본 조는 〈그림 1〉에서 언급된 인물들에 해당되는 역사적 장소를 장소별로 구분하여 하나의 일일 투어 코스를 제작하였다. 이는 〈그림 2〉에서 찾아볼 수 있다.

위에 첨부된 장소별로 해당 역사적 장소를 정리하면, 연세대학교 신촌 캠퍼스에는 윤동주기념관 (핀슨관), 이한열 동상, 기념비, 이한열 열사 추모제(6월), 안기창과 이이제 묘소, 국학자 4인 얼굴상(위당관, 외솔관, 노천극장, 윤동주 시비), 노수석 열사 추모 공간(학생회관 앞), 백양누리 등이 존재하고, 이화여자대학교에는 이화역사관이 있다. 서대문구 내에는 존재하지 않지만, 유관순에 대한 더 자세한 정보를 위해서는 이화여자고등학교에 위치한 유관순 동상과, 유관순기념관 또한 추가적으로 포함될 수 있다. 마지막으로, 서대문독립공원과 서대문형무소 역사관에는 독립관, 3.1 독립선언 기념탑, 옛 서대문형무소, 역사전시관, 순국선열추념탑, 그리고 유관순 8호 감방 등이 있다.

2. 인물별 상세 설명

1) 윤동주

연세대학교 신촌 캠퍼스에는 고 윤동주 동문을 기리는 윤동주기념관(핀슨관)과 그 맞은편에 윤동주의 시비가 세워져 있다. 연세대학교 캠퍼스투어에 참여하면 반드시 거쳐 가는 장소들이지만, 그저 문학적으로 인정을 받았던 시인으로 알려질 것이 아니라, 일제로부터 강압 받는 조국의 현실을 가슴 아파하며 독립을 열망하는 마음을 작품에 담아내었던 시인이라는 점에서 그 의의가 있다.

윤동주는 독립투쟁의 일선에서 독립을 외친 투사는 아니었다. 그러나 그의 시를 통해 독립을 위한 강한 열망을 가지고 있음을 알 수 있다. 그는 1938년 서울의 연희전문학교(延禧專門學校, 현 연세대학교) 문과에 입학했는데, 1938년은 일제가 조선에 국가총동원법을 적용해 수렁으로 몰아넣던 때였다. 재학 당시 윤동주는 최현배 교수, 손진태 교수, 이양하 교수 등의 강의를 수강하며 민족문화의 소중함과 자신만의 문학관을 정립하였다. 이러한 시대적 배경과 학문적 배경을 토대로 연희전문학교에서 보낸 4년이라는 시간 동안 윤동주는 그의 고뇌와 번민이 담겨 있는 〈자화상〉, 〈서시〉, 〈별 헤는 밤〉, 〈또 다른 고향〉 등 일제강점기의 암울한 시기에서의 성찰을 담은 작품들을 중심으로 18편을 엮어 《하늘과 바람과 별과 시》라는 제목으로 시집을 발간하려 하였다.[8] 그러나 일제의 검열을 통과하지 못할 것이라는 우려와 신변 위험이 있을 수 있다는 걱정에 해방 이후로 출판을 미루게 되었다. 그후 윤동주는 일본으로 건너가 도시샤대학에서 재학 중 항일운동을 선동했다는 혐의로 일본 경찰에 체포되었고, 옥중에서 불명의 사인으로 생을 마치게 된다. 사후, 1948년에 그가 출간하려 했던 시집 《하늘과 바람과 별과 시》가 친구 정병욱과 동생 윤일주에 의해 출간되었다.[9] 그리고 그의 모교 연세대학교에서 그를 기리기 위해 1968년 11월, 핀슨관 앞뜰에 그의 작품 〈서시〉

---

8. 국가보훈처 홈페이지.
9. 연세대학교 인문과학연구소. 1974.「인문과학(人文科學)」32.

가 새겨진 〈윤동주 시비〉를 건립하였다. 또한 2004년 4월, 연세대학교 핀슨관 2층에 윤동주기념실을 개관하였는데, 핀슨관은 윤동주가 연희전문학교 재학 시절 기숙사로 사용했던 건물로, 3층에는 윤동주가 머물렀던 기숙사 모습이 재현되어 있다. 현재 이곳에는 윤동주와 관련된 다양한 사료, 사진 자료 및 《하늘과 바람과 별과 시》 등의 서적이 전시되어 있다. 본 활동, '서대문 역사기행 일일 투어 코스'를 통해 현재 연세대학교에 남아 있는 윤동주의 발자취를 따라가 보면서 독립을 열망했던 윤동주의 생애를 조금이나마 엿볼 수 있을 것이다.

2) 이한열

매년 6월 연세대학교를 찾으면 교정 중심에 있는 학생회관에 "한열이를 살려내라"라는 문구가 새겨져 있는 커다란 현수막이 걸리며 캠퍼스 곳곳에서 '이한열 열사 추모제'가 진행되는 풍경을 볼 수 있다. 연세대학교 내에는 이한열 동상과 '198769757922'라는 숫자가 새겨져 있는 기념비 또한 세워져 있는데 영화 〈1987〉(2017년 12월 개봉)에서도 주인공으로 조명되었던 고 이한열은 우리나라에 민주주의가 자리잡을 수 있게 된 계기였던 6월 항쟁의 방아쇠를 당긴 열사이다.[10]

이한열 열사는 연세대학교 경영학과에 재학 중이던 어린 청년이었다. 이한열 열사가 2학년이 되던 해인 1987년 4월 13일, 전두환 전 대통령은 개헌 논의 중지를 핵심 내용으로 하는 '4·13 호헌조치'를 발표하였는데, 이에 각계각층에서 전두환 군사정권의 장기집권을 저지하기 위한 민주화 열기가 고조되기 시작했다. 그리고 한 달 뒤인 1987년 5월 18일 박종철 고문치사사건의 진상이 밝혀지면서 국민의 분노가 전국적으로 확산되었고, '국민평화대행진(6·10대회)'을 개최하기에 이르렀다. 그러나 6·10대회 하루 전인 1987년 6월 9일, 이한열 사건이 터지게 된다. 1987년 6월 9일은 '국민평화대행진 출정을 위한 연세인 결의대회'가 있던

---

10. 198769757922의 의미는 이한열 열사가 최루탄을 맞고 쓰러진 날짜인 1987년 6월 9일, 사망일인 7월 5일, 장례식 치른 날짜인 7월 9일, 사망 당이 나이 22세를 의미한다.

날로, 결의대회를 마친 뒤 1천여 명의 학생들이 연세대학교 정문 앞에서 민주화를 위한 반독재 시위를 벌였다. 그중 이한열은 시위대에서 전투경찰들과 시위대 사이의 안전거리를 확보하고 보호하는 '소크' 역할을 맡아 시위대의 최전선에서 전경들과 대치 중에 있었다. 그러던 중 전경이 원래 허공을 향해 45도 각도로 발사해야 하는 최루탄을 시위대를 향해 직격으로 쏘기 시작했고, 최전선에 있던 이한열이 뒷머리에 최루탄을 맞고 쓰러져 병원으로 이송됐다

이한열 열사가 최루탄을 맞았다는 소식이 알려지며 전국 33개 도시에서 하루 100만 명이 넘는 시민들이 반독재, 민주화를 위해 거리로 나와 시위를 하면서 6월 항쟁이 정점에 이르게 된다. 계속된 시위에 결국 전두환 군사정권은 대통령 직선제 개헌을 수용하는 6·29 선언을 하게 된다. 이한열 열사의 희생이 민주주의를 향한 커다란 외침을 만들어 내며 6월 항쟁과 6·29 선언의 도화선이 되었고 민주주의의 초석이 되었다고 할 수 있는 것이다. 그러나 그는 최루탄을 맞고 27일간 병상에서 사경을 헤매다 결국 7월 5일 22살이라는 나이에 세상을 떠났다. 사후 5일이 지난 7월 9일, 이한열 열사의 영결식이 치러졌고, 시신은 광주 망월동 5·18 묘역에 안치되어 있다. 그후 사망 14년이 지난 2001년이 되어서야 정부에 의해 민주화운동 관련자로 결정되어 명예를 회복하였다.[11]

현재 우리나라가 민주주의 국가로 발전할 수 있었던 것의 중심에는 이한열 열사의 희생이 있었기 때문이라고 할 수 있다. 때문에 민주주의를 쟁취하기 위해 치열하게 싸웠던 이한열 열사의 희생을 국민 모두가 기억해야 할 것이며, 우리나라가 민주주의 국가가 되기까지 안타까운 역사를 지녔음을 알리는 것 또한 큰 의미를 가지기에 이 부분에서 본 활동이 이한열을 다룰 필요성이 있음을 확인할 수 있다. 또한 서울 서대문구, 연세대학교에서도 민주주의를 향한 외침이 존재했음을 확인할 수 있다는 점에서 그 의의가 크다.

한편, 이한열기념관(이한열박물관)은 마포구에 위치해 있는데, 연세대학교에

11. 이한열 기념사업회 홈페이지.

〈그림 3〉 이한열 추모 기간 중 연세대학교 학생회관 앞

서 그리 멀지 않은 곳에 있다. 이한열기념관은 2004년 6월에 건축되어 2014년 6월 박물관으로 재개관하였다. 이한열박물관은 이한열 열사의 원본 옷을 비롯한 유물과 6월 항쟁의 기록들이 보존되어 있으며 영화 〈1987〉의 소품 또한 전시되어 있다. 마포구에 위치해 있지만 도보로 이동하기 어렵지 않기 때문에 연세대학교 내의 추모 공간들과 더불어 방문해 볼만하다.

지난 2018년 6월 7일에는 연세대학교 이한열 민주화운동기념사업회에서 주최한 '이한열 열사 추모 영화 1987 기념 좌담회' 또한 개최된 바 있는데, 행사 내용 중 이한열 부모님께서는 "'세월호 사건'과 같이 이한열 열사가 잊히지 않고 계속 기억되었으면 한다"는 바람을 내비치신다고 하였다. 본 활동을 빌어 한 가지 제안을 하자면, 현재 우리나라가 대통령 직선제가 행해지고 있는 데에는 이한열 열사의 희생이 있었기에 연세대학교 내에서만 이한열 열사를 기리는 추모제가 실시되는 것이 아니라, 서대문구 차원으로 규모를 더 넓혀 추모제를 진행함으로써 더 많은 사람들이 이한열을 기억하도록 사업을 진행해야 할 것이다.

3) 노수석

연세대학교 학생회관 앞에는 노수석 열사 추모 공간이 위치해 있다. 노수석은 1976년 전라도 광주에서 태어나 1995년 법관의 꿈을 품고 연세대학교에 입학했다. 그러던 그는 1996년 3월 29일 '김영삼 대선자금 공개 및 국가 교육 재정 5% 확보' 요구 집회에서 평화 시위를 하던 중, 정권의 강경 진압으로 사망하였다. 1999년 노수석 열사는 연세대학교 명예 졸업장을 수여 받았고, 2003년 '민주화운동 관련 사망자'로 인정되었다. 2006년 노수석열사추모사업회가 설립된 후, 백양로 중간뿐만 아니라 학생회관 3층에는 책 대여, 공간 대관 및 노수석 열사 추모제 진행 사업을 하는 노수석 생활 도서관이 설립되었다.[12]

매년 연세대학교는 3월 말에서 4월 초를 노수석 열사 추모 기간으로 지정하고, 다양한 행사들을 진행한다. '노수석 길 걷기', '노수석 추모제, 노수석 추모의 밤' 등과 같은 행사를 진행하고, 연세대학교 학생회관 및 주요 단과대 건물들에 '노수석 열사 합동 분향소' 등을 설치하여 '우리의 현실'을 바꾸고자 세상을 향해 자신의 목소리를 외치던 노수석 열사를 기린다.[13]

4) 안기창, 이이제 순국 학도 묘소

연세대학교 위당관 뒤쪽 숲속에는 고 안기창·이이제 동문의 묘소가 위치해 있다. 이곳은 나무가 가리고 있어 발길이 뜸한 곳으로, 눈에 잘 띄지 않아 아는 사람이 극히 드물다. 그러나 두 동문은 우리나라 독립을 외치는 데 크게 기여한 인물로, 많은 사람들에게 알려질 필요가 있는 공간이다.

1945년 당시 대한민국은 일제로부터 해방이 되었으나, 미군이 진주하기까지 관공서나 경찰서에는 여전히 일장기가 있었다. 일본 경찰과 군인들이 자국 민간인들을 보호한다는 명목으로 무장을 해제하지 않고 있었다. 이에 학도대를 중심으로 한국 젊은이들은 일제로부터 관청을 접수하기 위해 시설을 내줄 것을 강력

12. 연세대학교. 2017.『연세대학교 홍보책자』.
13. 연세춘추. "노수석 너는 먼저 강이 되었으니."

〈그림 4〉 연세대학교 안기창, 이이제 묘소

히 요청하며 다방면으로 협상을 시도하였다. 안기창과 이이제 역시 1945년 9월 9일 새벽 고등산업학교, 치과전문학교 학생 등 학도대원들과 성북경찰서에 들어가 일장기를 내리게 하고 일본군의 무장을 해제시키려다가 흉탄에 맞아 젊은 나이에 안타깝게 순국한 희생자들이다.[14] 이에 연세대학교는 1962년 위당관 뒤쪽에 두 사람의 묘비를 마련하여 현재까지도 묘소는 잘 가꾸어지고 있다. 위당관은 두 동문의 배움의 보금자리였던 연세학원의 서편 능선이다.[15]

따라서 안기창·이이제의 묘소를 본 활동 '1일 서대문 역사기행 일일 투어 코스'에서 소개함으로써 연세대학교에서 알려지지 않은 역사적인 묘소를 널리 알림과 동시에, 1945년 한국의 역사와 이들이 독립을 위해 바친 희생과 헌신, 그리고 이들이 생활했던 공간까지 둘러볼 수 있도록 한다.

14. 연세춘추. "안기창, 이이제 선배의 의거를 기리며."
15. 연세대학교. 2017.

5) 국학자 4인(위당 정인보, 한결 김윤경, 홍이섭, 외솔 최현배)

① 위당 정인보

연세대학교에는 '위당관'이라는 건물이 있는데, 이 위당관이라는 이름은 국학자 4인 중 한 명인 위당 정인보 선생의 별칭을 딴 것으로, 정인보 선생의 역사가 깃들어 있는 장소이다. 정인보 선생은 일제강점기 시절 일제의 탄압 속에서도 역사 연구 및 국학 보급과 민족문화 양성을 위해 일생을 바친 독립 보훈가이다. 정인보 선생은 1922년을 시작으로 연희전문학교, 중앙불교전문학교, 그리고 이화여자전문학교 등의 다양한 대학에서 한문학과 조선문학을 가르치고, 동아일보에《5천 년간의 조선의 얼》(1935) 등을 연재하며, 민족의식을 고취시키는 민족계몽운동을 주도하였다.[16] 그는 1945년, 광복을 맞게 되자 다시금 국학을 발전시켜 국민에게 바른 국사를 알리고자 국학대학을 설립하고 조선사 연구를 계속하였다.[17] 정인보 선생은 조선이 자리잡기 위해서는 뛰어난 인물이나 단체에게 한없는 도움을 주어야 한다고 주장하며, 주체적인 역사관 확립의 중요성을 강조하였다.[18]

② 한결 김윤경

연세대학교 노천극장 입구에는 한결 김윤경 선생을 추모하기 위한 얼굴상이 위치해 있다. 1894년 경기도 광주시에서 태어난 김윤경 선생은 국어는 대한민국 민족정신 형성의 기반이라는 주시경 선생의 말에 동감하며 국어 연구, 국어 보존 운동의 길로 들어섰다. 1931년 그를 포함한 주시경 선생의 제자들은 조선어학회를 조직하였으며 그들은 함께 회원으로 활동하며 일제강점기 시절 목숨을 걸고 국어를 보존하기 위해 노력했다. 뿐만 아니라, 한글을 끊임 없이 연구하고 전국

16. 연세대학교 인문과학연구소. 1974.
17. 연세대학교 인문과학연구소. 1974.
18. 조종엽. "[아하 ! 東亞]〈22〉 논설위원 정인보, '조선의 얼' 일깨우다." 『조선일보』. 2018.01.22.

을 돌며 한글의 말과 글의 중요성을 알렸다. 그를 포함한 모든 조선어학회는 일제강점기 시절 일본의 감시 속에서 〈우리말 큰 사전〉 편찬 작업을 시작하였고, 1936년 '표준어 사정안'을 공포하기도 하였으며 1941년 '외래어 표기법 통일안'을 재정하였다. 이러한 국학 연구, 민족주의 사상, 그리고 국어 운동으로 말미암아 두 차례 옥고를 치르기도 하였지만 그럼에도 그는 한글에 대한 열정을 꺾지 않았다.[19] 대한민국 정부에서는 한결 김윤경 선생의 뜻을 기려 1990년 건국훈장 애국장을 수여하였다. 그리고 연세대학교 역시 그의 학문적 열의와 겨레 사랑의 정신을 받들고자 1994년 10월 31일 얼굴상을 봉헌하였다.[20]

③ 홍이섭

연세대학교 윤동주 시비 아래 화단에는 홍이섭 선생의 흉상이 위치하여 있다. 홍이섭 선생은 연희전문학교 재학 시절 정인보, 최현배, 김윤경, 백낙준과 같은 국학의 선각들에 의해 이어온 연세 학풍을 이어 받아 다양한 역사 연구를 거듭하였다. 그는 1944년 『조선과학사(朝鮮科學史)』를 출판하였다. 이 책은 한국의 과학사를 전시대에 걸쳐 정리한 최초의 저술로, 한국의 과학사를 체계화하는 데 크게 이바지하였다. 또한, 1975년 『한국정신사서설(韓國精神史序說)』 출판을 통해 한국 문학작품의 시대정신과 사회적인 현실을 한국사 연구에 활용하여 한국사 연구에 새로운 접근 방식을 제시하였다.[21] 이처럼 홍이섭 선생은 새로운 민족주의 사학이 등장할 수 있는 기초를 마련하였으며, 한국 역사에 대한 연구를 통해 역사가 보존될 수 있도록 이바지하였다.

④ 외솔 최현배

연세대학교 외솔관 앞에 위치한 화단을 보면 외솔 최현배 선생(1894~1970)의

19. 광주시청 홈페이지.
20. 연세대학교. 2017.
21. 연세대학교 인문과학연구소. 1974.

얼굴상이 위치해 있다. 최현배 선생은 연희전문학교 교수이자 국어학자, 국어운동가로 국어 연구에 있어 대표적으로 『우리말본』(1929)과 『한글갈』(1941) 등의 출판을 통해 문법 연구 및 한글 연구를 계승하고 발전시켰다. 무엇보다 주목해야 할 점은 최전방에서 국어 운동을 추진하고 투쟁하였다는 것인데, 『글자의 혁명』(1947)·『한글의 투쟁』(1958) 등의 저서는 국어 운동에 있어 이론적인 지침서가 되었으며, 『우리말 존중의 근본 뜻』(1953)을 보면, '국어 정화'를 주장하면서 '우리말 도로 찾기 운동'을 진행하며 일본어의 잔해를 몰아낸 것을 확인할 수 있다.[22] 그는 민족의 정체성을 지키기 위해서는 '국어'가 보존되어야 한다고 생각했으며, 이를 위해서는 국어의 체계적인 정리가 필요하다고 보아, 조선어연구회의 회원이 되어 〈한글〉지 창간과 '한글날' 제정에 참여하였고, 조선어 사전편찬회의 준비위원 및 집행위원으로서 활동하며 한글 맞춤법 통일안 및 표준어, 외래어 표기법 제정에 크게 기여하였다.[23] 해방 후에는 일본어 교과서를 없애고 우리말 교과서를 편찬하는 데 힘썼으며, 일제강점기 동안 우리말 사용이 금지되었던 터, 한글을 읽고 쓸 줄 모르는 대다수의 국민들을 위해 조선어학회를 재건하고 강습하였다. 이후 최현배 선생은 '교과서편찬분과위원회'의 위원장이 되어 현재 사용되고 있는 각종 교과서에서도 행해지고 있는 '한글만으로 가로쓰는 체제'를 확립하는 등의 업적을 이루었다. 각종 출판물에서도 이를 적용하여 세로쓰기가 아닌, 가로쓰기가 도입되었다.[24]

이처럼 일제강점기와 해방 직후 민족의 정체성을 잃지 않고 독립국가로서 굳건히 자리잡을 수 있게 된 것에는 가장 기본적으로 확립되어야 할 언어적 부분에 있어 국어 보존에 힘썼던 최현배 선생의 노력이 있었기에 가능했던 것이라고 할 수 있다.

언어는 해당 언어를 사용하는 사람들의 생각과 가치 체계에 영향을 주어 문화

22. 한국민족문화대백과 홈페이지.
23. 국가보훈처 홈페이지.
24. 연세대학교. 2017.

와 밀접한 연관성을 띤다.[25] 따라서 우리나라 국어 확립 및 활용에 큰 기여를 한 국학자 4인은 우리나라 고유의 문화를 확립할 수 있도록 그 밑거름을 다져 준 위인이라고 볼 수 있을 것이다. 따라서 본 조는 서대문 역사기행 프로젝트를 통해, 국학자 4인에 대한 인식을 높이고자 한다. 또한, 국학자 4인상이 연세대학교 내의 핵심적 건물 앞에 비치되어 있다는 점도, 서대문구를 관광하고자 하는 외국인 및 국내 여행자들에게 큰 매력으로 다가올 것이라고 생각한다.

6) 언더우드 동상 탑신

연세대학교의 역사는 1885년 한국 최초의 근대식 병원이었던 광혜원에서부터 시작되었다. 언더우드 선교사는 개원 직전 내한하여 광혜원, 즉 제중원의 의료사업을 돕는 동시에 교육사업에 집중하였고, 이는 연세대학교의 근간이 되었다. 언더우드 학당, 경신학교를 거쳐 연희전문학교, 연희대학교로 발전하고 결국 연세대학교에 이르기까지, 언더우드 선교사의 영향은 연세대학교의 한 축을 이루고 있다고 봐도 무방하다. 언더우드 동상 탑신은 언더우드관 앞에 위치하고 있으며, 이는 현재까지 연세대학교의 상징 중 하나로 자리잡고 있다. 그러나 이 언더우드 동상은 1927년 10월 30일 처음 세워졌는데, 1942년 일제강점기에 수난을 겪게 되었다. 1942년 8월 17일 연희전문학교를 적산으로 삼아 일제가 강제로 점령하고, 연전 최초의 일본인 교장이 부임하며 일제는 언더우드 동상을 빼앗고, 그 자리에 돌로 흥아기념탑(興亞紀念塔)을 만들어 세웠다고 한다. 두 번째 세워진 동상은 한국전쟁 당시 북한군에 의해 파괴되었고, 지금 우리가 보는 동상은 1955년 세 번째로 세워진 동상이라고 볼 수 있다. 다만 동상이 아닌 동상 밑 기단부는 맨 처음 만들어진 당시 모습 그대로를 유지하고 있는데, 기단부에는 총상으로 추정되는 흔적이 여러 군데 있는 것을 목격할 수 있다. 이 총탄에 관하여 70년대 민주화운동 때 생긴 총상이라는 이야기도 있고, 한국전쟁 당시 생긴 상흔이라고 보는

25. Ronald Wardhaugh. 1999.「현대 사회언어학」. 한신문화사.

설도 있으나, 언더우드 동상 탑신은 연세대학교의 독립과 자유를 향한 열망의 연대기를 함께 했음은 부정할 수 없는 사실이다.[26]

7) 현봉학

연세대학교 백양누리 동문광장에 가면 윤동주, 이태준, 현봉학의 부조동판이 걸려 있는 것을 볼 수 있다. 세 부조동판은 2016년부터 시행된 '연세 정신을 빛낸 인물'이라는 연세대학교의 명예를 드높인 인물을 선정하는 기념사업으로 설치된 것이며, 2018년에는 현봉학 박사(1922~2007)가 선정되어 나란히 자리를 차지하게 되었다.[27] 현봉학 박사는 세브란스의학전문학교(현 연세대학교 의과대학) 졸업생이자 병리학 강사로, 한국전쟁 중 흥남철수 작전 시 9만 8천여 명의 피난민을 구출해낸 공로자로서 '한국의 쉰들러'로 불리기도 한다.

흥남철수 작전은 1950년 12월, 국군과 유엔군이 중공군의 공세로 인해 평양시에 있던 모든 행정기관을 흥남 해상을 통해 철수하는 것이었는데, 이때 미 제10군단장 알몬드 장군이 무기와 장비 수송을 위해 피난민을 구출하기 어렵다고 하였으나 국군 제1군단장 김백일 장군과 이때 통역인으로서 함께 있었던 현봉학 박사의 설득으로 피난민 수송이 승인되었다.[28] 현봉학 박사는 이러한 공헌으로 2014년 12월, 한국전쟁 영웅으로 선정된 바 있으며, 아비규환의 전쟁 상황 속에서도 피난민을 구출하는 데 결정적인 역할을 한 현봉학 박사의 업적을 본 활동을 통해서 다시금 돌아볼 필요가 있다.

8) 유관순

서대문형무소는 1907년 일제가 한국의 애국지사들을 투옥하기 위하여 만든 감옥이다. 일제강점기 조국의 독립을 쟁취하고자 일본 제국주의에 맞서 싸웠던

26. 한국문화재재단 문화유산채널. 2010. "언더우드상을 보면 대한민국과 연세대의 역사가 보인다."
27. 연세대학교 홈페이지. "[연세 뉴스] 제3회 연세 정신을 빛낸 인물에 현봉학 박사."
28. 한국민족문화대백과 홈페이지.

독립운동가들이, 해방 이후 독재 정권기에는 민주화를 이루고자 독재정권에 맞서 싸웠던 민주화운동가들이 옥고를 치르고 희생당하던 역사적인 장소이기도 하다. 이는 근현대 우리 민족의 수난과 고통을 상징하는 곳이기도 하다. 현재 이곳은 역사적인 장소를 보존하고 전시하는 박물관이다. 처음 그곳의 이름은 경성감옥이었다가 1912년 서대문감옥, 그리고 1923년 서대문형무소로 이름을 바꾸었다.[29] 당시 1919년 16세 나이의 유관순 열사는 이화학당 학생으로서 3.1 독립만세운동에 앞장섰으며 이에 서대문형무소에 잡혀온 유관순 열사에게 일제는 혹독한 고문을 하였다. 이때 일본은 많은 회유도 하였으나 유관순 열사는 이에 굴하지 않고 조국의 만세를 외쳤고, 그의 용기는 대한민국 국민들의 큰 힘이 되었다.

현재 서대문형무소는 1987년 서울구치소가 경기도 의왕으로 이전하면서 남아있는 담장과 망루, 옥사 등의 일부를 보존하고 사적으로 지정하여 역사의 산 현장으로 꾸며 지금의 역사 학습장으로 만들어 놓았다. 뿐만 아니라 이곳에 들어가면 왼편으로 발굴된 지하 감옥이 있다. 이곳이 유관순 굴이라고 불리는데, 이는 여성 감옥으로써 유관순 열사가 감금되었던 곳이기도 하다.[30]

Ⅳ. 활용 방안

본 프로젝트를 더 효과적으로 알리고 역사의 중심지로서 서대문구를 강조하기 위해서는, 관광객과 서대문구를 방문하는 사람들에게 “1일 서대문 역사기행 일일 투어 코스”를 홍보하는 것이 중요하다. 따라서 본 조는 프로젝트를 알리기 위하여 기존에 있는 플랫폼을 활용하는 것과 더불어 구글맵에 투어 코스를 따라갈 수 있도록 제작하는 활용 방안을 제시하였다.

---

29. 최정규. 2010. 『죽기 전에 꼭 가봐야 할 국내 여행 1001』. 서울: 마로니에북스.
30. 국가보훈처 홈페이지.

첫째, 서대문구 애플을 활용하는 방안이다. 현재 서대문구에서 운영하는 애플은 "서대문마당"으로 굉장히 한정적인 사용을 보여 주고 있다. 실질적인 업데이트는 굉장히 드물고, 주변 인식도 전무하여 효과적인 효용성이 부재하는 상태이다. 과거 서대문구는 "놀러와 신촌"이라는 애플을 사용하여 신촌의 놀거리 및 맛집들을 간단한 지도로 표기하고, 이에 대한 설명을 오디오 파일로 제공하였으나, 이마저 현재 폐쇄된 상태이다. 사실 국내 관광객의 경우, 국내 포털사이트를 활용하여 필요한 정보를 손쉽게 알 수 있으나, 외국인 관광객들의 경우, 이러한 관광정보는 애플을 통해 가장 손쉽게 접할 수있다는 점에서, 애플의 활용, 특히 다양한 언어를 사용하여 애플을 업데이트시키는 작업은 필수적일 것이다. 실제로, 구글 플레이스토어에 접속해 보면, 구청 및 지역 차원에서 지원하는 애플은 소수이고, 이의 다운로드 수도 미미하다는 점, 더 나아가 외국어를 포함한 애플은 거의 존재하지 않으며, 혹여 포함한 애플인 경우에도 투어 코스가 아닌, 단순하고 단편적인 텍스트의 나열이라는 점에서 그 한계점이 여실히 드러난다.[31] 그러나 젊은 층이 많고, 외국인들의 수가 점점 늘어가는 신촌 및 서대문의 특성상, 기존의 애플을 재정비하여 활용한다면 큰 관광 효과가 있을 것으로 예상된다. 특히 최대한 많은 사람들에게 서대문구의 역사적 발자취를 알리자는 본 프로젝트의 목표 또한 이 애플을 활용하면 큰 효과를 볼 수 있을 것으로 예상된다. 따라서 애플에 '1일 서대문 역사기행 일일 투어 코스'를 표기하고, 그에 따른 설명을 오디오 파일의 형식으로 한국어, 영어, 중국어 등 다양한 언어로 녹음한다면, 다양한 관광객을 유치할 수 있을 것을 기대할 수 있을 것이다.

둘째, 본 프로젝트, '1일 서대문 역사기행 투어 코스'를 구글맵에 투어 코스를 넣어 쉽게 코스를 따라갈 수 있도록 하는 방안이다. 이는 외국인 관광객이 서대문구 애플을 다운받는 데에 어려움을 겪을 수 있다는 점을 고려하여 그들이 여행에 흔히 가장 많이 사용하는 구글맵을 활용하였다. 외국인 관광객들의 접근

31. 윤지환 2017. "한국 관광 애플, '대홍수 시대'에서 살아남기."

성을 높이기 위해, 서대문 애플과 같이 구글맵에도 한국어, 영어, 중국어 등으로 녹음된 오디오 가이드를 QR 코드를 통해 제공한다. 해당 코스는 "Trail of Independence, Freedom, Democracy"라는 명칭으로 명명하였다. 이는 독립, 민주주의, 그리고 자유를 영어로 번역한 것으로, 코스를 통해 세 단어의 역사적 발자취를 따라간다는 의미를 담고 있다.

마지막 방안은 서대문 홈페이지를 활용하는 것이다. 서대문 홈페이지에 들어가 '분야별정보 → 교육/문화관광 → 서대문여행' 순으로 클릭하게 되면, '추천 관광 코스'와 '가이드북 & 지도' 페이지가 존재한다. 여기에 본 프로젝트, '1일 서대문 역사기행 일일 투어 코스'를 게시할 것을 제안하고자 하는데, 이는 관광객뿐만 아니라 일반 서대문구를 방문하는 방문객들도 쉽게 접근할 수 있다는 장점을 지니기 때문이다. 홈페이지에 프로젝트를 게시함으로써 서대문구에 놀러 오는 방문객들에게 해당 투어 코스가 있다는 것을 인지시키고 더 널리 알리는 데 긍정적인 영향을 미칠 수 있을 것이라고 기대한다. 또한 서대문 홈페이지를 활용하는 것은 외국인 관광객들에게도 도움을 줄 것으로 보인다.

이러한 활용 방안을 바탕으로 진행된 프로젝트는, 현재, 해당 프로젝트는 각 장소 및 인물에 대한 설명이 한국어, 영어, 중국어, 일본어, 스페인어, 포르투갈어, 그리고 필리핀어로 번역되어 오디오 파일 및 비디오 파일로 제공되기에, 이러한 자료가 서대문 애플, QR 코드, 그리고 서대문 홈페이지의 추천 관광 코스의 일부로 제시된다면 다양한 외국인 관광객을 유치할 수 있을 것으로 보인다.

'서대문구 애플, 웹사이트, 구글맵, QR 코드 등의 온라인을 이용한 활용 방안을 제시함으로 '패키지 여행'이 아닌, '자유여행'의 형식으로 본인이 스스로 코스와 시간을 계획하여 관광할 수 있는 자율성을 부여해 준다는 점, 역사 탐방 및 가이드 투어에 대해 부담을 덜고, 언제 어디서든 투어 가이드를 이용할 수 있다는 점이 해당 프로젝트의 활용성을 극대화하는 방법이라고 볼 수 있다.

Ⅴ. 목표 및 기대 효과

활동의 주 목표는 서울특별시, 서대문구, 연세대학교의 협력을 통해 일궈낼 수 있는 외국인, 재외국민과 신촌 공동체와 관련된 콘텐츠를 개발을 하여 신촌의 정체성을 되찾고, 서울시민, 외국인, 연세인 모두가 하나의 구성원으로서 역할을 해 나가는 것이다. 본 프로젝트는 다음과 같은 효과를 기대한다.

첫 번째, 본 프로젝트를 통해 서대문의 인식을 변화시켜 제2의 전성기를 맞이하는 것을 기대한다. 과거 대한민국의 독립을 향한 외침, 민주주의의 확립을 위한 외침, 그리고 자유를 향한 외침까지 변화의 중심에는 서대문이 있었다. 본 프로젝트가 기획한 '1일 서대문 역사기행 일일 투어 코스'를 통해 과거에 서대문구에서 일어난 역사를 다시 상기시킨다. 그들의 흔적과 역사는 서대문에 고스란히 남아 있다. 이를 서대문구를 방문하는 사람들에게 소개함으로써 서대문구는 변화하는 역사의 중심에 있다는 사실을 알리고, 더 나아가 서대문의 인식에 대한 변화를 일으켜 서대문구의 정체성과 특색을 되찾아 제2의 전성기를 맞이하도록 돕는다.

두 번째, 역사의식의 함양이다. '1일 서대문 역사기행 일일 투어 코스'는 모두 과거의 20대들이 민족의 독립과 자유를 위해 어떠한 노력을 했는지에 대한 발자취를 따라가는 코스로 제작되었다. 현재 젊은 세대의 시민 참여가 증가하고 있으며 역사에 대한 관심이 높아지고 있다. 영화 1987의 흥행과 촛불시위만 보아도 젊은 세대들의 역사의식과 시민 참여에 대한 관심이 증가하고 있는 것을 알 수 있다. 이러한 점을 고려하였을 때, 과거의 20대의 시민 참여의 흔적을 보여 주는 '1일 서대문 역사기행 일일 투어 코스'는 젊은 세대의 이목을 끌 것이다. 뿐만 아니라, 서대문에는 다양한 대학들이 존재하여 젊은 층의 유동인구가 크고 공항철도가 존재하는 홍대입구 근처이기 때문에 외국인 관광객들의 유치가 가능하다. 이러한 점을 활용한다면 보다 효과적으로 많은 사람들에게 본 프로젝트에 대해 알릴 수 있을 것이며, 결과적으로 더 높은 역사의식을 가지고 더 많은 시민 참여를 기대할 수 있을 것이라고 예상된다. 또한, 외국인 관광객들에게 한국이 겪은 독립, 민주주의, 그리고 자유를 위한 운동에 대해 한 코스만으로 한국의 다양한 측면의 역사를 함양시킨다. 이를 더 효과적으로 진행하기 위해 본 프로젝트는 각 코스에 대한 소개를 한국어, 영어, 중국어 등으로 다양한 언어의 오디오 파일을 서대문구 애플이나 사이트를 통해 공유하는 방안을 활용하여 더 효과적으로 역사의식을 사람들에게 함양시킨다.

마지막으로 본 프로젝트가 로컬 거버넌스의 성공적인 예시가 되어 로컬 거버넌스를 확산시키는 데 기여하는 것이다. 좋은 구를 유지하고 구의 장기적인 발전을 위해서는 해당 구의 구청 외에 그 지역을 이용하고 거주하는 다양한 행위자들의 의견을 반영하는 것이다. 하지만 아직까지 로컬 거버넌스가 모든 구에서 실현이 되고 있지 않다. 본 프로젝트 역시 로컬 거버넌스의 일환이며 서대문구의 장기적인 발전을 위한 계획이다. 만일 이 프로젝트가 성공적으로 서대문에 채택되어 서대문이 제2의 전성기를 맞는 데 기여를 하게 된다면, 이는 로컬 거버넌스의 좋은 표본이 될 수 있을 것이라 믿는다. 이로써 다른 구들 역시 로컬 거버넌스를 실행에 옮기도록 하여 점점 더 로컬 거버넌스를 확산시키고 거버넌스의 일부로 자리잡을 수 있도록 실천하고 싶다. 이에 본 프로젝트는 서대문구의 발전에서 더 나아가 로컬 거버넌스가 전국적으로 실행될 수 있도록 이바지할 것을 기대한다.

VI. 결론

우리는 흔히 '역사를 잊은 민족에게는 미래가 없다'라는 말을 한다. 이는, 역사의 반복성을 강조하는 동시에, 역사의 한 부분을 차지하며, 현재의 대한민국을 만들어낸 한 명 한 명의 위인들의 중요성 또한 강조한다고 볼 수 있다. 따라서 현재를 살아가는 우리는, 과거의 위인들을 기억하고, 그들의 업적을 알려서 그를 바탕으로 미래를 구성해 나아가야 한다고 생각한다. 본 프로젝트는 이러한 목적

의식을 가지고, 현재 서대문구가 처해 있는 '젠트리피케이션' 현상에 대한 해결 방안으로 '역사'에 초점을 맞춘 '서대문 기행 일일 투어'라는 해결책을 제시하였다. 구체적으로는 '다크 투어리즘'이라는 개념을 활용하여 서대문구에서 일어난 역사의 현장, 그중에서도 한국전쟁과 독립운동, 민주화운동의 역사를 재조명하며 관광자원으로의 활용법을 모색하였다. '젊음의 상징'인 서대문구의 이미지에 맞추어, 우리나라의 역사를 바꾼 '20대', '대학생'에 초점을 맞추었다는 점에서 기존 서대문구가 제시한 타 역사투어 코스와도 차별성을 갖는다. 뿐만 아니라, 한국어, 영어, 중국어, 일본어, 스페인어, 포르투갈어, 필리핀어 등 다양한 언어 오디오 파일 및 비디오 파일이 애플과 QR 코드의 방식으로 제시된다는 점에서, 외국인 관광객 유치에 최적화되었다는 강점을 가지고 있다. 또한 단체 투어보다는 자유로운 여행을 추구하는 현 시대의 트렌드에 따라, 휴대폰을 사용하여 시간에 구애 받지 않고, 동선에 맞는 유적지를 선택하여 관광할 수 있다는 점에서, 역사 투어라는 진입장벽을 크게 낮춰 줄 수 있다고 생각한다.

이처럼 본 프로젝트는 서대문구에 외국인 관광객 및 국내 관광객을 유치하는 것뿐만 아니라, 역사의식의 함양이라는 목적의식을 바탕으로 시민 참여 또한 기대할 수 있다는 점, 그리고 외국인들에게는 짧은 기간 안에 전쟁과 독립, 민주화를 모두 겪은 나라로서 역사적 현장을 알릴 수 있다는 점에서 그 의의를 갖는다. 이를 통해 서대문구가 '살아 있는 역사의 현장'으로 젠트리피케이션 현상에서 벗어나 발돋움할 수 있을 것으로 기대한다.

참고문헌

광주시청 홈페이지. https://www.gjcity.go.kr/portal/bbs/view.do?bIdx=27951&ptIdx=14&mId=0101080200 (검색일: 2018.06.20).

경향신문. "6월과 촛불, 한길입니다." http://news.naver.com/main/read.nhn?mode=LSD&mid=sec&sid1=102&oid=032&aid=0002793480 (검색일: 2018.06.20).

국가보훈처 홈페이지. http://www.mpva.go.kr (검색일: 2018.05.25).

김연진. 2016. "문화예술분야 젠트리피케이션 대응을 위한 기초 연구." 『기본연구』. 한국문화관광연구원.

매일경제. 『매경이코노미』 제1847호. http://news.mk.co.kr/newsRead.php?year=2016&no=174465 (검색일: 2018.05.30).

서대문구 홈페이지. http://www.sdm.go.kr/educate/travel.do (검색일: 2018.06.20).

아데 뜨리아나 롤리타사리. 윤희정. 2017. "다크 투어리즘 관광자의 감정 반응 포지셔닝: 서대문형무소 역사관을 대상으로." 『관광연구저널』. 제31권 제5호.

연세대학교. 2017. 『연세대학교 홍보책자』. 연세대학교.

연세대학교 인문과학연구소. 1974.『인문과학(人文科學)』32. 연세대학교 인문과학연구소.

연세대학교 홈페이지. "[연세 뉴스] 제3회 연세 정신을 빛낸 인물에 현봉학 박사." http://www.yonsei.ac.kr/ocx/news.jsp?mode=view&ar_seq=20180516145505920054&sr_volume=616&list_mode=list&sr_site=S (검색일: 2018.04.25.)

______. "[연세 뉴스] 이한열 열사 추모 31주기." http://www.yonsei.ac.kr/ocx/news.jsp?mode=view&ar_seq=20180611164353989026&sr_volume=616&list_mode=list&sr_site=S (검색일: 2018.04.25).

연세춘추. "노수석, 너는 먼저 강이 되었으니" http://chunchu.yonsei.ac.kr/news/articleView.html?idxno=17579 (검색일: 2018.5.20.)

______. "안기창, 이이제 선배의 의거를 기리며." http://chunchu.yonsei.ac.kr/news/articleView.html?idxno=5373 (검색일: 2019.04.24.)

이한열 기념사업회 홈페이지. http://www.leememorial.or.kr (검색일: 2018.03.20).

윤지환. 2017. "한국 관광 애플, '대홍수 시대'에서 살아남기." 한류 스토리, 한국문화산업교류재단.

조종엽. “[아하 ! 東亞]〈22〉 논설위원 정인보, ‘조선의 얼’ 일깨우다.” 『조선일보』. 2018.01.22. http://news.donga.com/Issue/List/70060000000034/3/70060000000034/20180122/88292515/1? (검색일: 2019.04.25).

조현희. 2012. 『다크 투어리즘의 장소 활용 사례 분석을 통한 5.18 사적지의 장소 마케팅 전략』. 전남대학교 문화전문대학원.

최정규. 2010. 『죽기 전에 꼭 가봐야 할 국내 여행 1001』. 서울: 마로니에북스.

한국문화재재단 문화유산채널. 2010. “언더우드상을 보면 대한민국과 연세대의 역사가 보인다.” http://www.kheritage.tv/brd/board/275/L/menu/2476?brdType=R&bbIdx=1896 (검색일: 2018.06.01).

한국민족문화대백과. http://encykorea.aks.ac.kr (검색일: 2018.06.20).

황선희. 2006. 『보스턴: 젊은 지성과 교감하는 전통의 힘』. 서울: 살림.

Foley M. & Lennon J. J. 1996. “Heart of Darkness.” International Journal of Heritage Studies. 2(4).

Ronald Wardhaugh. 1999. 『현대 사회언어학』. 한신문화사.

용산구 청년주거 기본조례

용산구 청년주거 프로젝트: 살 집

숙명여자대학교 미디어학부 **김소라**

숙명여자대학교 정치외교학과 **유승현**

'미래도시 용산', '세상의 중심 용산'이라는 슬로건을 갖고 있는 용산구. 가온누리팀은 용산구에서 말하는 '미래'와 '세상의 중심'에 청년이 있는지 고민했다. 청년문제, 그 중에서도 청년주거 문제와 청년실업 문제는 시간이 지날수록 심화되고 있으며 양상 또한 다양해지고 있다.

이에 숙명여자대학교 캡스톤디자인 수업 '용산구 지역정치 프로젝트'를 수강하는 가온누리팀에서는 '용산구 청년주거 네트워크: 살 집'이라는 정책을 제안한다. 청년들이 서로 비빌 언덕이 되고, 소비자로서의 시민이 아니라 지역사회에 직접 참여하여 정치적인 의제를 만들어낼 수 있는 주체적 시민으로서 살아가기를 바라는 마음으로 프로젝트를 준비했다.

구체적인 정책 모형으로는 용산구 청년주거 기본조례를 제정하는 것, 조례를 바탕으로 용산구 청년에 관한 세부적인 데이터를 수집하는 것, 용산구청 집행부 내에 청년정책담당자를 지정하는 것, 그리고 용산구 청년주거 네트워크가 실질적인 활동을 펼칠 수 있도록 구 차원에서 기본 예산을 편성하는 것이 있다.

청년도 여느 시민과 다를 바 없는 동료 시민이다. 청년이 거주하는 지역에서 세심한 배려와 지원을 받는 경험은 곧 거주지역에 대한 애착과 효능감, 그리고 지역사회에 이바지하려는 마음으로 이어져 지역활동과 풀뿌리 민주주의의 기반이 될 수 있을 것이다. 청년정책, 청년지원은 곧 성숙한 민주주의 사회의 튼튼한 밑거름이 될 수 있다.

I. 들어가는 말

청년 주거, 청년 실업, 청년 빈곤이 사회적 문제로 대두된 것은 어제오늘 일이 아니다. 매 선거마다 청년문제를 정치로 풀어내려는 모습이 보이지만, 구체적인 정책보다는 형식적인 당위성만 오가고 있는 것이 현실이다. 서울시의 경우 청년 수당, 뉴딜일자리와 같은 정책을 통해 실질적인 청년 지원 정책의 모범을 보여 주고 있고, 지난 제19대 대통령선거에서 문재인 대통령은 청년실업 문제를 도시 재생 사업과 연결지은 도시재생 뉴딜일자리 정책을 공약으로 내놓기도 했다.

정부 차원, 시 차원에서의 청년 지원에 이어 기초지역구 차원에서의 세심한 청년정책도 필요하다. 서대문구가 청년주거권단체 '민달팽이유니온'과 청년주거 정책협약을 맺고, 구정에 청년 지원 부서를 신설했으며, 서대문구의회에서 청년 조례를 발의한 것이 대표적인 예시이다.

용산구는 어떨까? 용산구에는 청년정책이 전무하다. 기존의 정책은 정부 예산이나 서울시 예산을 이용한 소규모의 일자리 지원 정책으로, 소극적 지원에 그쳤다. 2018년 용산구 복지예산 중 '청년실업 해소 예산'은 전년 대비 21%(7,500만원) 감소했다. 용산구청 일자리경제과에서 밝힌 입장에 의하면, 서울시 공모사업에 선정되지 않았기 때문에 의도치 않게 청년예산이 삭감된 것이다. 그렇다고 하더라도 삭감된 예산에 준하는 예산을 편성해 내거나 다른 대안을 생각할 수 있었을텐데, 그렇게 하지 않은 것은 용산구의 청년정책에 관한 의지를 여실히 보여준다.

용산구는 서울에서 월세가 가장 비싼 지역에 속하며, 용산구 전체 인구 229,770명(2018년 2월 기준, 출처: 용산구청 홈페이지) 중 만 20~35세 청년 인구는 54,924명으로 24% 정도이다. 숙명여자대학교 주변의 대학가에 거주하는 청년 대학생을 포함하여 신혼부부, 취업준비자, 청년예술가들은 주거의 질에 비해 월등히 높은 비용으로 용산구에 거주하고 있는 상황이다.

또한 인구 통계에 있어서 청년인구에 관한 세부적인 데이터(1인 가구, 대학생

인구, 신혼부부 인구, 셰어하우스 인구 등)가 절대적으로 부족하다. 그렇기 때문에 용산구에 거주하는 청년이 얼마나 다양한 양상을 보이는 지에 관한 연구가 불가능하며, 이는 청년주거정책 수립이 어려워지는 것으로 이어진다.

이에 숙명여자대학교 캡스톤디자인 수업 '용산구 지역정치 프로젝트'를 수강하는 가온누리팀에서는 '용산구 청년주거 네트워크: 살 집'이라는 정책을 제안한다. 청년도 대한민국 국민, 시민이다. 청년이 거주하는 지역에서 세심한 배려와 지원을 받는 경험은 곧 거주지역에 대한 애착과 효능감, 그리고 지역사회에 이바지하려는 마음으로 이어져 지역활동과 풀뿌리 민주주의의 기반이 될 수 있을 것이다. 다시 말해, 청년정책, 청년지원은 곧 성숙한 민주주의 사회의 튼튼한 밑거름이다.

Ⅱ. 프로젝트 방향(기존 자료 분석)

1. 청년 주거 불안 문제

서울시가 '월세계약 조사' 자료를 분석한 결과에 따르면, 용산구는 서울에서 월세가 가장 비싼 축에 속한다. 동시에 청년층의 월세 계약 건수가 많은 지역이기도 하다. 청년들은 용산이 '비싼 동네'임에도 불구하고 업무 혹은 학업을 위해서 이곳에 산다. 살아야 한다. 국토부가 2018년 8월 발표한 '국토정책 브리핑'을 보면, 가구주 연령이 20세에서 34세 사이인 청년층 가구 가운데 주택 임대료가 소득의 절반을 차지하는 가구 규모는 26.3%에 달한다. 그리고 이 임대료 부담 과다 가구의 69%는 월세 거주자이다.[1]

청년층의 경제력에 비하여 높은 월세는 서울시 청년의 4명 중 1명이 주거 빈곤

1. 아주경제. 2017년 2월 16일. "종로·중·용산구 월세 가장↑…청년 많이 사는 곳 월세 비싸."

을 겪게 되는 결과를 초래하고 있다. 청년의 주거 빈곤은 단순히 청년계층만의 문제로 머무르지 않는다. 청년의 열악한 주거수준과 높은 주거 비용은 비혼·만혼, 저출산 그리고 청년층 주거 마련을 위한 부모세대 부담 증가 등 사회 다양한 문제들과 직·간접적으로 연결된다.[2]

이에 대학생 기숙사가 대안으로 활용될 수 있겠으나, 민자사업(민간투자사업)으로 지어진 기숙사를 포함한다고 해도 2012년 기준 전국 453개 대학의 기숙사 수용률은 16.1%에 그치고 있다. 20~30대 1·2인 가구가 주거비 마련을 할 때, 주거급여 등의 서비스 대상자가 아닌 이상 가족이나 친척, 친구 등으로부터 이자 부담 없이 빌려오는 형태가 대부분일 것으로 예상된다. 주변의 도움을 받아 주거 공간을 마련할 경우 더 안정적인 주택 점유 형태를 보이는데, 이는 공공이 청년세대의 주거를 지원한다면 주거 불안정에 처해 있는 청년세대의 주거문제가 상당 부분 개선될 여지가 있다는 것을 보여 준다.[3]

2. 청년주택

공공부문에서 청년의 주택문제를 적극적으로 해결하고자 하는 사례 중 하나가 서울시 2030 역세권 청년주택사업이다. 현재(2019년) 용산구 삼각지에 역세권 청년주택 1호가 지어지고 있다. 신혼부부, 대학생 등과 같은 사회 초년생이 많이 거주하고 있지만, 높은 주거 비용을 지불해야 하는 용산구에 대한 서울시 차원의 관심인 것이다.

2030 역세권 청년주택사업과 같이 '시' 차원에서 할 수 있는 청년주거정책이 있다면, 구 차원에서도 할 수 있는 부분이 분명히 존재한다. 서대문구가 매우 적절한 예시라고 할 수 있다. 서대문구는 지역의 청년주거정책에 있어 청년층의 목소리를 적극적으로 반영하고자 2016년 3월 민달팽이유니온과 청년주거복지사업

2. 박미선. 2017. "1인 청년가구 주거 여건 개선을 위한 정책 지원 방안." 국토연구원.
3. 정희주. 2013. 『청년세대 1·2인 가구 주택 점유 형태에 영향을 미치는 요인에 관한 연구』. 서울시립대학교.

상호협력 업무협약을 체결한 바 있다. 서대문구는 청년조례안을 만드는 등 청년 문제에 적극적인 의지를 보이고 있다.[4]

3. 용산구 청년주거 네트워크의 필요성

이러한 서울시와 서대문구의 모습을 적극 참고하여 용산구 내에서도 자체적으로 청년주거문제 해결을 위한 노력을 보여야 할 것이다. 용산구에는 청년정책을 위한 기초적인 자료조차 없는 것에 가깝다. 따라서 본 프로젝트에서는 용산구 내 청년주거정책의 기틀을 마련하고 청년의 목소리를 적극 반영할 수 있는 하나의 방법으로 '청년주거 네트워크: 살 집'을 제시하고자 한다.

Ⅲ. 현장 활동(심층면접)

1. 청년주거권단체 '민달팽이유니온' 최지희 운영위원장 인터뷰

"내가 아무리 여기서 몇 년을 살더라도 나는 언제나 주민으로 인정받지 못하는 뜨내기같은 느낌이 계속 있었어요. 주민으로 인정받지 못해서 영향력이 없는 것에서부터 동네 살아도 내 동네가 아닌 느낌? 그러면 우리도 우리만의 마을이라는 뿌리를 좀 내려 보자, 청년들이. 이런 것도 저희의 고민이었어요."

"그 지역에 오래 사셨던 분들, 사업을 하시는 사업체, 이런 곳들과의 네트워킹도 중요하지만, 늘 배제되고 있었던 청년 당사자들을 명백한 이해 관계자의 하나로 인정을 한다는 것이 중요하다고 생각하거든요." (최지희 운영위원장)

4. 서대문 자치신문. 2016년 4월 8일. "서대문구-민달팽이유니온, 청년주거복지 위해 맞손."

〈그림 1〉 민달팽이유니온 운영위원장 최지희씨(사진 왼쪽)

'민달팽이유니온'은 2016년 3월 서대문구와 함께 청년주택 공급과 청년주거권 네트워크 형성을 위한 협약을 맺은 바 있는 비영리단체이다. 서대문구를 기반으로 활동하는 청년주거권단체이고, 대학교 기숙사 문제를 고민하는 모임으로 시작해 '사회주택'이라는 민간 차원의 청년임대주택 사업으로 이어진 사회적기업이기도 하다.

민달팽이유니온의 최지희 운영위원장은 서대문구와 청년단체가 협약을 맺었다는 것 자체만으로 상징적인 행위였으며, 그로 인해 파생되는 효과들이 컸다고 말했다. 예를 들면 서대문구 주민참여 예산제에 참여하는 기회를 갖게 된 것, 서대문구에서 주관하는 도시재생아카데미를 진행하게 된 것, 또한 전(前) 위원장이 서대문구 청년정책위원회에서 이해 당사자로서 위원으로 활동한 것 등이 있다.

서대문구와 청년주거권 네트워크 협약을 맺은 것뿐만 아니라, 서울시 청년주거기본조례를 만드는 것에도 일조했다. 청년정책의 기본 근거 조례가 전무했기 때문에 실질적인 움직임이 불가능했고, 민달팽이유니온은 서울시와 함께 사회주택에 관한 지원 조례를 만드는 것에서 출발했다. 이는 서대문구의 청년기본조례에도 영향을 끼쳤다.

최지희 위원장은 청년이 지역에서 존재감을 드러내는 것을 강조했다. 그렇게 해야 관이 청년을 단순한 민원인으로 대하는 것이 아니라 동등한 시민으로서 대할 수 있고, 그것은 곧 청년을 정치적 주체로 인정하는 것이기 때문이다. 이후에 중요한 것은 청년들이 당사자 정치를 통해 청년문제를 해결하려는 움직임이 일어나는 것이다.

2. 용산구 거주 청년 숙명여자대학교 학생 박민회 인터뷰

"어르신들 눈에는 하루종일 밖에 어디 나가서 공부하고, 일하고, 저녁에나 슬리퍼 직직 끌고 지역사회 편의점 왔다갔다 하는 정도로 밖에 눈에 띄지 않지만, 여기 우리가 살고 있고 너무 힘들다는 걸 보여줘야 해요."

"청년들을 지원했을 때 그 지원이 장년들, 노년들에게 간다는 효과를 꼭 알았으면 좋겠어요. 그래서 마치 세대갈등을 꼭, 청년들 지원해 주면 노년에게 안 가고, 장년에게 안 가고 이런 식으로 세대갈등을 조장하는데. 그 사람들에게도 가정이 있고, 서로를 부양해야 하는 입장에 선다는 걸 알았으면 좋겠어요."

"친목 위주의 네트워크를 감당하기엔, 우리 청년들은 너무 바빠요. 그래서 정말로 만약 집을 구하거나 집주인과의 분쟁이 생기거나 했을 때 바로바로 도움을 받을 수 있는, 다양한 매뉴얼을 축적하는 네트워크가 있었으면 했어요. 거기에 조금 더 바라본다면 야채나 이런 것 공동구매하는 게 필요하다는 생각을 맨날 하거든요. 야채나 생활용품 공동구매가 가능한 네트워크로 발전했으면 해요." (용산구

〈그림 2〉 용산구 거주 청년 박민회씨(사진 오른쪽)

거주 청년 박민회)

숙명여자대학교에 재학 중인 20대 중반의 여성 청년과 인터뷰를 진행했다. 대학에 진학하며 서울에 올라왔고, 1년간 기숙사 생활을 하고 이후로는 학교 앞에서 자취를 하고 있다.

그는 지역 내 청년 커뮤니티가 필요하다고 강조함과 동시에 일상 자체가 바쁘고 버거운 청년들에게 알맞은 형태의 모임이 필요하다고 말했다. 예컨대 집 계약과 관련해 법적 문제가 있을 때에 참고할 수 있는 매뉴얼이나 도움을 받을 수 있는 모임, 혹은 생활용품이나 식재료를 공동구매할 수 있는 커뮤니티 등이 구체적인 예였다. 온라인을 기반으로 활동하는 것을 적극적으로 제안하기도 했다.

대학생 청년이기 전에 여성 청년으로서 좁게는 용산구, 크게는 서울이라는 도시에 살아가는 것에 관한 고충을 털어놓기도 했다. 여성이기 때문에 감당해야 하는 비교적 높은 주거비, 일상적인 위협 등이 그것이다. 용산구에 숙명여자대학교가 있는 만큼, 용산구 청년주거 네트워크가 출범하게 된다면 여성 청년의 주거문제와 관련한 고민이 반드시 필요하다는 결론을 내릴 수 있었다.

3. 용산구 건축디자인과 건축디자인팀 김범상 팀장 인터뷰

정책 모형을 구체적으로 논의하기 전에 용산구 삼각지 청년주택 담당공무원으로부터 삼각지에 지어지고 있는 제1호 서울시 역세권 청년주택에 관한 설명을 들을 수 있었다. 서울시 역세권 청년주택은 박근혜 정부에서 주도하던 기존의 청년주택 '행복주택'이 서울 외곽에 위치해 있어 비판을 받아왔다는 단점을 보완한 모델이다. 민간사업자가 역세권에 900%라는 파격적인 용적률의 건물을 지을 수 있게 하는 대신, 일부를 청년임대주택으로 활용하는 것이 주요 골자이다.

임대주택을 3:7로 나누어 30%는 SH(서울주택도시공사)에서 지속적으로 임대사업을 하고, 나머지 70%는 민간사업자가 의무적으로 임대료 상승률이 연 5%로 제한되는 청년임대주택을 운영하다가 8년이 지나면 분양이 가능해지는 시스템이다. 결과적으로 전체 임대주택의 30%는 SH에서 지속적으로 임대사업을 할 수 있다.

역세권 청년주택의 건축허가는 서울시장이 하지만, 집행은 용산구가 직접 한다. 다시 말해 삼각지 역세권 청년주택에 있어 용산구의 권한이 크다는 것이다. 이에 가온누리팀은 용산구청 건축디자인과에 삼각지 역세권 청년주택의 커뮤니티 공간 입주 및 운영에 있어서 청년들이 직접 다양한 아이디어를 낼 기회를 보장해달라고 제안했고, 긍정적으로 검토하겠다는 답변을 받았다.

Ⅳ. 정책 프로젝트 모형

1. 용산구 청년주거 기본조례(안)

용산구 내에서 청년주거문제에 대하여 법제화하여 구체적 매뉴얼을 갖추고 시행하기 위하여 본 네트워크 형성과 함께 '용산구 청년주거 기본조례(안)'를 제정

〈표 1〉 용산구 청년주거 기본조례(안)

제1조 (목적)	본 조례는 서울특별시 용산구 청년이 스스로 자립할 수 있도록 주거 지원 등 용산구 청년의 주거수준 향상과 자립 기반 강화, 권익 증진에 기여함을 목적으로 한다.
제6조 (청년 주거정책에 관한 기본계획)	① 구청장은 청년주거정책에 관한 기본계획(이하 "기본계획"이라 한다)을 5년마다 수립하여야 한다. ② 제1항의 기본계획은 다음 각 호의 내용이 포함되어야 한다. 1. 청년주거정책의 기본방향 및 추진목표 2. 청년주거정책에 관한 주요사항 가. 청년의 주거 안정 및 주거수준 향상 나. 청년주거수준 향상을 위한 연차별 사업계획 다. 청년주택 및 주거 복지 수요·공급에 관한 사항 라. 청년의 생활 안정 마. 청년의 주거 권리 보호 바. 청년의 부채경감 사. 청년문화의 활성화 아. 그 밖에 필요하다고 인정되는 정책 분야 3. 청년주거정책의 추진을 위한 재원 조달 방안 및 지원 체계 4. 청년주거정책 민·관 협력체계 구성 및 운영 5. 그 밖에 청년정책의 추진에 필요한 사항 ③ 구청장은 기본계획을 수립할 때에 구의 주요정책과 연계되도록 하여야 한다.
제9조 (청년주거 네트워크 설치 및 구성)	① 구청장은 청년주거정책에 관한 주요 사항을 심의하기 위하여 서울특별시 용산구 청년주거 네트워크(이하 "네트워크"라 한다)를 둔다. ② 네트워크는 다음 각 호의 사항을 심의한다. 1. 기본계획, 시행계획의 수립에 관한 사항 2. 시행계획의 연도별 추진 실적 및 평가에 관한 사항 3. 청년주거정책의 시행을 위한 관련 사업의 조정 및 협력에 관한 사항 4. 그 밖에 청년주거정책에 관하여 필요하다고 인정되는 사항
제11조 (청년주거 실태조사)	① 구청장은 다음 각 호와 관련하여 청년주거 실태조사를 실시할 수 있다. 1. 청년 최저주거기준 미달 가구에 관한 사항 2. 준주택 및 비정상거처에 거주하는 청년 가구 특성에 관한 사항 3. 청년의 주거정책에 대한 요구사항 4. 청년의 주택자금 조달 및 주거 이동에 관한 사항 5. 그 밖에 청년의 주거 실태 파악을 위해 필요한 사항 ② 청년주거 실태조사의 주기·방법 및 절차 등은 주거기본법 제20조를 따른다.

하고자 한다. 〈표 1〉은 서대문구의 청년기본조례와 서울시 청년주거 기본조례를 바탕으로 하여 만든 조례안의 일부를 옮겨온 것이다(전문은 별도로 첨부).

2. 네트워크의 구체적인 모형

1) 온라인과 오프라인을 모두 활용하는 네트워크

본 네트워크는 청년계층만을 대상으로 한다는 독특한 특성이 있다. 청년계층은 온라인을 통하여 다양한 사람들과 관계를 맺고, 온라인을 통하여 생활의 다양한 부분을 해결한다. 따라서 온라인 네트워크의 활성화는 청년계층 유입 요인으로 작용할 수 있을 것이다. 하지만 온라인만 위주로 네트워크가 형성된다면, 네트워크의 모습이 가벼워질 수 있다는 단점을 지닌다. 따라서 오프라인에서 주1회 이상의 정기회의와 워크샵 등을 개최하여 온라인과 오프라인이 모두 활성화되는 네트워크를 만들고자 한다. 오프라인과 온라인 각각의 구체적 활동 내용은 다음과 같다.

온라인	• 생필품 공동구매 • 생활정보 공유 • 청년주거와 관련하여 자유롭게 의견을 나눌 수 있는 공간
오프라인	• 주 활동 공간 • 주 1회 이상 정기회의 • 전문강사 초빙을 통한 워크샵개최

2) 용산구청과 청년네트워크를 연결하는 실무 담당자 채용

용산구청 내에 청년네트워크 실무 담당자를 두어, 용산구청과 청년네트워크 사이의 소통을 원활하게 이루어질 수 있도록 한다. 본 실무 담당자는 총회의 참석, 회원들 간 회의 참석, 회의에서 건의사항에 대한 용산구의 피드백을 전달해주며, 교육 프로그램을 정리하는 등의 업무를 담당할 것이다. 실무 담당자를 통하여 용산구와 청년네트워크 사이의 원활한 소통이 이루어질 것이다.

본 실무 담당자의 임금은 서울시 생활임금(9,211원, 2018년 기준) 기준으로 시간당 9,211원이다. 주 3회(월, 수, 금), 4시간씩 근무하도록 한다.

3) 예산안

본 프로젝트의 1년 예산안으로는 약 750만 원 정도이며, 구체적 내용으로는 교육프로그램 강사 초빙 (연 8회, 1시간당 15만 원=120만 원), 실무 담당자 월급(월442,128원; 연 5,305,536원), 홍보비(포스터 및 책자 제작 비용, 약 100만 원)로 구성된다.

4) 구체적 프로젝트 모형 정리

정책명	용산구 청년주거 네트워크: 살 집
담당부서	용산구청 주민생활지원국 사회복지과 주거복지팀 → 청년주거담당자 추가
예산안	약 750만 원 (1년기준)
구체적 프로젝트 모형	• '용산구 청년주거 기본조례' 제정을 통한 청년주거 네트워크 형성 • 청년주거기본법 시행을 감시할 수 있는 위원회 격 네트워크 • 용산구와 청년이 청년주거정책에 대하여 함께 논의할 수 있는 공간 • 온라인과 오프라인 모두 활성화되는 네트워크(청년 유입 및 홍보 용이) • 주1회 이상 정기적 회의 • 전문강사 초빙을 통하여 청년들에게 '주거권' 등 교육

Ⅴ. 프로젝트를 마무리하며

'미래도시 용산' '세상의 중심 용산'이라는 슬로건을 갖고 있는 용산구. 가온누리팀은 용산구에서 말하는 '미래'와 '세상의 중심'에 청년이 있는지 고민했다. 청년문제, 그중에서도 청년주거문제와 청년실업문제는 시간이 지날수록 심화되고 있으며, 양상 또한 다양해지고 있다. 이러한 상황에서 정부와 시에서 적극적으로 정책을 고안해야 하는 것은 당연하고, 기초지자체에서의 실천도 반드시 수반되어야 한다.

용산구는 숙명여자대학교 학생들을 비롯해 신혼부부, 취업준비자, 예술가 등의 다양한 청년들이 살고 있는 지역이다. 그에 비해 용산구에 거주하고 있는 청년에 관한 사회학적, 통계학적 연구는 매우 부족하다. 이것은 곧 지역단위의 청년정책이 수립되기 어려운 조건으로 연결된다.

용산구 지역정치프로젝트 수업에서 가온누리팀은 서울에서 집값이 가장 비싼 편에 속하는 용산구에 거주하는 청년들에 집중했다. 청년들이 서로 비빌 언덕이 되고, 소비자로서의 시민이 아니라 지역사회에 직접 참여하여 정치적인 의제를 만들어낼 수 있는 주체적 시민으로서 살아가기를 바라는 마음으로 프로젝트를 준비했다. 가온누리팀은 용산구에서 청년공동체를 적극적으로 지원할 것을 제안하는 바이다. 구체적인 정책 모형으로는 용산구 청년주거 기본조례가 만들어지는 것, 용산구청 주민생활지원국 사회복지과 주거복지팀에 청년주거담당자가 생기는 것, 그리고 구 차원에서 용산구 청년주거 네트워크가 실질적인 활동을 펼칠 수 있도록 기본 예산을 편성하는 것이 있다.

청년복지와 청년정책은 곧 국가를 이끌어갈 세대의 든든한 버팀목이 된다. 2018년 개헌안에 지방분권이 강조되었던 것처럼, 각 지자체의 자치권이 중요한 시대로 자리잡고 있다. 정부 차원, 시 차원에서 진행해온 청년정책, 이제는 지역구 차원에서도 논의되고 진행되어야 한다. 지역의 지원을 받고 자기계발에 집중하는 경험을 쌓은 청년은 자연스럽게 지역활동과 참여가 가능해질 것이다. 이는 곧 풀뿌리 민주주의의 실현으로 돌아온다.

본 프로젝트를 마무리하고 6개월이 지난 2019년 2월, 용산구의회에서 용산구 청년기본조례가 통과되었다. 한 차례의 부결과 청년 당사자 간담회를 거쳐 수정 가결되었다. 반가운 소식이지만, 반가움에서 그치지 않아야 한다. 지방자치단체나 정치권에서 '청년'이라는 키워드를 이용하여 유행에 뒤처지지 않는다는 것을 보여주기식으로 전시하는 행정을 경계해야 할 것이다. 조례를 바탕으로 실질적인 청년정책이 다양하게 펼쳐질 수 있도록 당사자들이 주체적으로 견인해나갈 것을 기대한다.

참고문헌

박미선. 2017. “1인청년가구 주거 여건 개선을 위한 정책지원 방안.” 국토연구원.

서대문자치신문. 2016년 4월 8일. “서대문구–민달팽이유니온, 청년주거복지 위해 맞손.” http://www.newsjj.net/news/articleView.html?idxno=1130 (검색일: 2018.05.01).

아주경제. 2017년 2월 16일. “종로·중·용산구 월세 가장↑…청년 많이 사는 곳 월세 비싸.” https://www.ajunews.com/view/20170216073501896 (검색일: 2018.05.01).

정희주. 2014 “청년세대 1·2인 가구 주택 점유 형태에 영향을 미치는 요인에 관한 연구” 『대한국토도시계획학회』 국토계획, v.49 n.2(통권 204호) (2014–04) pp. 95~100

인터뷰 개요

민달팽이유니온 최지희 운영위원장 인터뷰 (2018년 05월 10일, 스타벅스 소공로북창점)

박민회씨 인터뷰 (2018년 05월 16일. 열정도 두화당)

첨부자료

서울특별시 용산구 청년주거 기본 조례(가)

제1조(목적) 이 조례는 서울특별시 용산구 청년이 스스로 자립할 수 있도록 주거 지원 등 용산구 청년의 주거수준 향상과 자립기반 강화, 권익증진에 기여함을 목적으로 한다.

제2조(기본이념) 이 조례는 청년을 우리 사회의 독립적인 구성원으로 인정하고, 청년 당사자 스스로 능동적인 삶을 영위할 권리를 보장해 사회 일원으로서의 책임과 의무를 다하도록 하는 것을 기본이념으로 한다.

제3조(용어의 정의) 이 조례에서 사용하는 용어의 정의는 다음과 같다.

1. "청년"이란 「민법」상 미성년자가 아닌 자로서 만 39세 이하인 자를 말한다.
2. "청년주거정책"이란 청년의 주거권리 보호와 주거복지 확대, 권익 증진, 청년 발전을 목적으로 하는 정책을 말한다.

제4조(구청장의 책무) 서울특별시 용산구청장(이하 "구청장"이라 한다)은 청년 주거정책의 추진을 위한 경제·사회·문화적 환경을 마련하도록 노력하여야 한다.

제5조(다른 조례와의 관계) 청년주거정책에 관하여 다른 조례에 특별한 규정이 있는 경우를 제외하고는 이 조례에서 정하는 바에 따른다.

제6조(청년 주거정책에 관한 기본계획)

① 구청장은 청년주거정책에 관한 기본계획(이하 "기본계획"이라 한다)을 5년마다 수립하여야 한다.

② 제1항의 기본계획은 다음 각 호의 내용이 포함되어야 한다.

1. 청년주거정책의 기본방향 및 추진목표
2. 청년주거정책에 관한 주요사항
   가. 청년의 주거안정 및 주거수준 향상
   나. 청년 주거수준 향상을 위한 연차별 사업계획
   다. 청년주택 및 주거복지 수요·공급에 관한 사항
   라. 청년의 생활안정
   마. 청년의 주거권리 보호
   바. 청년의 부채 경감
   사. 청년문화의 활성화
   아. 그 밖에 필요하다고 인정되는 정책 분야
3. 청년주거정책의 추진을 위한 재원조달 방안 및 지원체계
4. 청년주거정책 민·관 협력체계 구성 및 운영
5. 그 밖에 청년정책의 추진에 필요한 사항

③ 구청장은 기본계획을 수립할 때에 구의 주요정책과 연계되도록 하여야 한다.

제7조(시행계획의 수립·시행 등)

① 구청장은 제6조에 따라 수립된 기본계획의 연도별 시행계획을 수립·시행하여야 한다.

② 구청장은 제1항에 의해 수립한 시행계획과 전년도 시행계획에 따른 추진실적을 제9조에 따른 청년주거 네트워크에 매년 보고하여야 한다.

제8조(청년주거정책 연구 등)

① 구청장은 청년주거정책을 수립하기 위하여 청년주거정책 연구 및 기초조사를 실시할 수 있다.

② 구청장은 제1항의 업무를 수행하기 위하여 전문성을 가진 기관, 법인 및 단체 등에 관련 사업을 위탁할 수 있다.

제9조(청년주거 네트워크 설치 및 구성)

① 구청장은 청년주거정책에 관한 주요 사항을 심의하기 위하여 서울특별시 용산구 청년주거 네트워크(이하 "네트워크"라 한다)를 둔다.

② 네트워크는 다음 각 호의 사항을 심의한다.

1. 기본계획, 시행계획의 수립에 관한 사항
2. 시행계획의 연도별 추진 실적 및 평가에 관한 사항
3. 청년주거정책의 시행을 위한 관련 사업의 조정 및 협력에 관한 사항
4. 그 밖에 청년주거정책에 관하여 필요하다고 인정되는 사항

제10조(네트워크 회의 등)

① 네트워크의 회의는 월 1회 정기회의를 개최하고, 회원 1/3 이상의 회의 소집 요구가 있을 때에는 수시로 개최할 수 있다.

② 네트워크의 사무를 처리하기 위하여 네트워크에 실무자를 둔다.

③ 소속 공무원이 아닌 실무자에게 예산의 범위에서 수당과 여비를 지급할 수 있다.

제11조(청년주거 실태조사)

① 구청장은 다음 각 호와 관련하여 청년주거 실태조사를 실시할 수 있다.

1. 청년 최저주거기준 미달 가구에 관한 사항
2. 준주택 및 비정상거처에 거주하는 청년 가구 특성에 관한 사항

3. 청년의 주거정책에 대한 요구사항
4. 청년의 주택자금 조달 및 주거 이동에 관한 사항
5. 그 밖에 청년의 주거실태 파악을 위해 필요한 사항

② 청년주거 실태조사의 주기·방법 및 절차 등은 주거기본법 제20조를 따른다.

제12조(관련기관·단체와의 협력 등) 구청장은 청년주거정책의 시행을 위하여 중앙행정기관, 지방자치단체, 관련 기관 및 그 밖의 단체 등과 적극 협력하여야 한다.

제13조(청년주거단체 등에 대한 행정적·재정적 지원)

① 구청장은 청년주거단체와 청년주거정책의 시행에 기여하는 단체 또는 기관 등에 행정적·재정적 지원을 할 수 있다.

② 제1항에 따른 경비의 지원 방법·절차, 그 밖에 필요한 사항은 「서울특별시 용산구 지방보조금 관리조례」에 따른다.

부칙

이 조례는 공포한 날부터 시행한다.